mental ray
mit 3ds Max 2011

Klaus Kohlmann

mental ray

mit 3ds Max 2011

Bibliografische Information der Deutschen Bibliothek
Die Deutsche Bibliothek verzeichnet diese Publikation
in der Deutschen Nationalbibliografie;
detaillierte bibliografische Daten sind im
Internet über *http://dnb.ddb.de* abrufbar.

ISBN 978-3-8266-5092-5
1. Auflage 2010

Alle Rechte, auch die der Übersetzung, vorbehalten. Kein Teil des Werkes darf in irgendeiner Form (Druck, Kopie, Mikrofilm oder einem anderen Verfahren) ohne schriftliche Genehmigung des Verlages reproduziert oder unter Verwendung elektronischer Systeme verarbeitet, vervielfältigt oder verbreitet werden. Der Verlag übernimmt keine Gewähr für die Funktion einzelner Programme oder von Teilen derselben. Insbesondere übernimmt er keinerlei Haftung für eventuelle, aus dem Gebrauch resultierende Folgeschäden.

Die Wiedergabe von Gebrauchsnamen, Handelsnamen, Warenbezeichnungen usw. in diesem Werk berechtigt auch ohne besondere Kennzeichnung nicht zu der Annahme, dass solche Namen im Sinne der Warenzeichen- und Markenschutz-Gesetzgebung als frei zu betrachten wären und daher von jedermann benutzt werden dürften.

Printed in Germany

© Copyright 2010 by mitp-Verlag
Verlagsgruppe Hüthig Jehle Rehm GmbH
Heidelberg, München, Landsberg, Frechen, Hamburg
www.mitp.de

Lektorat: Sabine Schulz
Sprachkorrektorat: Petra Heubach-Erdmann
Satz: III-satz, Husby, www.drei-satz.de

Inhalt

	EINFÜHRUNG	7
E.1	Einleitung	8
E.2	Konfiguration der Software	9
E.3	Laden von Bildtexturen	11
E.4	Erneuern der Pfade von Bildtexturen	13
E.5	Verwaltungseinstellungen für Speicher- und Geschwindigkeitsanforderungen	14
E.6	Danksagung	15

Kapitel 1	DIREKTES UND INDIREKTES LICHT	17
1.1	Gamma-Korrektur	18
1.2	Rendering-Algorithmen in mental ray	20
1.3	Indirekte Beleuchtung in 3ds Max	22
1.4	Einrichten des Lichts	22
1.5	Exposure Control (Belichtungskontrolle)	24
1.6	GI – Global Illumination	26
1.7	Parameter der GI	28
1.8	Diagnostics	31
1.9	Streufarben	32
1.10	Animation mit GI	37
1.11	Ambient Occlusion (Umgebungsokklusion)	38
1.12	Finalgather	41
1.13	Der ursprüngliche Gedanke der Final-Gathering-Technik	43
1.14	Finalgather alleine	45
1.15	Animationen mit GI und FG	52
1.16	Das photometrische Licht	55

Kapitel 2	OBERFLÄCHENBEARBEITUNG	63
2.1	Arch & Design	64
2.2	Vorbereitungen zur Oberflächenvergabe	65
2.3	Die Templates – Materialvoreinstellungen	83
2.4	Autodesk Materials	84
2.5	Konklusion Oberflächenbearbeitung	91
2.6	Autodesk Material Library	92

Kapitel 3	KAUSTISCHE LICHTEFFEKTE	93
3.1	Kaustiken für Glas	94
3.2	Kaustiken für Wasser	100

INHALT

Kapitel 4 EXTERIEUR 115
    4.1 Vorbereitung 117
    4.2 Oberflächenbearbeitung 121

Kapitel 5 DAS TAGESLICHTSYSTEM 169
    5.1 Einrichtung 171
    5.2 Konfiguration..................................... 174
    5.3 Das Daylight-Objekt 175
    5.4 Der physische Himmel 182
    5.5 Sonnenuntergang 187
    5.6 Wetterdaten...................................... 190

Kapitel 6 INTERIEUR 191
    6.1 Tag/Innen.. 193
    6.2 Abend/Innen 239
    6.3 Nacht/Innen..................................... 240

Kapitel 7 SUBSURFACE SCATTERING 245
    7.1 Vorbereitung und Konfiguration 246
    7.2 Kerngruppen des SSS-Materials 249
    7.3 Gebrauch von Texturen......................... 260
    7.4 Augen.. 269

INDEX 273

E

Einführung

E.1 Einleitung 8
E.2 Konfiguration der Software 9
E.3 Laden von Bildtexturen 11
E.4 Erneuern der Pfade von Bildtexturen 13
E.5 Verwaltungseinstellungen für Speicher- und Geschwindigkeitsanforderungen 14
E.6 Danksagung 15

EINFÜHRUNG

E.1 Einleitung

Würde man über mental ray in Autodesk 3ds Max ein Buch schreiben und dabei alle Facetten und Möglichkeiten berücksichtigen wollen, müsste dieses Buch mehrere Bände im Umfang des vorliegenden umfassen. Sie, verehrte Leser und Leserinnen, müssten dieses kolossale Werk anschließend durcharbeiten, was beinahe an eine Jahresbeschäftigung grenzt. Es kann daher nicht Aufgabe sein, einen Katalog über alle mental-ray-Funktionen zu erstellen und eine Auswahl davon anhand notgedrungen klein bleibender Beispiele darzulegen, wie sie teilweise schon in der Hilfefunktion von 3ds Max einsehbar sind. Isolierte Kleinaufgaben können nicht das Verständnis von Funktionalität und Kompetenz zur Selbstständigkeit vermitteln, wenn es darum geht, verschiedene Materialien und Lichtsetzungen in den Kontext der globalen Beleuchtung einzubetten. Vielmehr sollen Wege, die in Architektur, (Industrie-)Design oder einfach nur Kunst ständig wiederkehren, mit dem Ziel der photorealistischen Bildberechnungen anhand agenturtypischer Projekte gezeigt und vertieft werden. Nur so wird die gegenseitige Einflussnahme verschiedener mental-ray-Konzepte übergreifend und kontextuell erstmalig verständlich. Darum hat sich dieses Buch zur Aufgabe gemacht, anhand von größer angelegten Projekten, wie sie oft in Werbung und Industriedesign verlangt werden, häufig wiederkehrende Techniken zur Erzielung elektronisch-naturalistischer Renderings zu vertiefen. Seien Sie versichert, dass viele grundlegende Basistechniken vermittelt werden, dass Sie den Weg und die Philosophie von mental ray zur Genüge kennen lernen werden und anschließend befähigt sein werden, selbst geeignete Wege und Lösungen für Ihre eigenen künftigen 3-D-Projekte mit mental ray mit erheblich größerer Leichtigkeit zu finden.

Dies war früher nicht leicht. Die Arbeit mit mental ray stellte in der Vergangenheit eine große Herausforderung dar. So hat seine Einführung mit Autodesk 3ds Max 6 im Jahr 2003 nur eine spärliche Dokumentation begleitet, was vielen 3-D-Graphikern den Einstieg erschwerte. Zudem schienen Konkurrenzrenderer wie V-Ray durch die Bereitstellung nützlicher Funktionen weiter in 3ds Max vorgedrungen zu sein, als es mental ray zu diesem Zeitpunkt war. Doch kamen in den letzten Jahren mental-ray-Entwicklungen in allen Bereichen von 3ds Max hinzu. Zudem war und ist mental ray unschlagbar in der physikalischen Korrektheit seiner Beleuchtungskonzepte. Die heutigen Erfordernisse in Sachen naturalistische Bildsynthese lassen es nur logisch erscheinen, dass sich mental ray in 3ds Max verankert und dass sämtliche Standardeinstellungen und Benutzeroberflächenlayouts von 3ds Max auf das Konzept von mental ray abzielen.

Im Gegensatz zu Modelling- oder Animationslehrbüchern lässt sich die Auseinandersetzung mit Oberflächenbearbeitung und Rendering mit mental ray nicht auf knappe Anweisungen beschränken. Vielmehr muss eine anwenderbezogene Überblickskompetenz geschult werden, was in den Projekten dieses Buches vermittelt werden soll, so dass Sie hinterher befähigt sein werden, eigene Methoden im Umgang mit den Möglichkeiten von mental ray zu finden.

Das Buch richtet sich an fortgeschrittene Anfänger der Autodesk-Software 3ds Max, die bereits erste Modellierungsarbeiten, einfache Texturierungsaufgaben und kleine Lichtsetzungsanforderungen erfolgreich absolviert haben. Dagegen werden alle Techniken, die zu den Themen Beleuchtung, Materialien, Oberflächenbearbeitung und Rendering mit mental ray gehören, in Projektarbeiten ausführlich beschrieben und angewandt. Ziel ist es, größerformatige Projekte, die bereits fertig ausmodelliert vorliegen, von Anfang an mit mental-ray-Materialien und Lichtquellen bis zum finalen Rendering zu bearbeiten.

Hierauf aufbauend werden dem Leser in Kapitel 1 die beiden zentralen Konzepte von mental ray zur Berechnung der indirekten Beleuchtung – Photon-Technik und Finalgather – anhand von Projektszenen genauestens untersucht und erarbeitet. Hier wird auch erläutert, weshalb der Gebrauch der Gamma-Korrektur wichtig ist und wie sie einzusetzen ist. Die Beherrschung von indirektem Licht ist unabdingbare Voraussetzung für die Oberflächenbearbeitung, der sich Kapitel 2 widmet. Dieses Kapitel versteht sich als Einsteigerkapitel für die beiden zentralen Materialien in mental ray, für Arch & Design sowie für die Autodesk Materials. Nicht nur die Parameter und die Bedienbarkeit werden erklärt, sondern es werden Materialkomponenten klassischer Oberflächenanforderungen analytisch zerlegt, um dem Leser ein Gespür für Materialerfordernisse zu vermitteln, die zum Anrühren eigener Materialien notwendig sind.

Neben der indirekten Beleuchtung und den Materialien beschreibt Kapitel 3 das Konzept von kaustischen Lichteffekten, dargestellt anhand der klassischen Materialien Glas und Wasser.

Der erste Schwerpunkt der Projektarbeit mit mental ray findet sich in Kapitel 4, wo eine vollständige Außenszene bearbeitet wird. Hier werden mental-ray-Materialien aus Natur und Industrie behandelt. Neben den bereits kennen gelernten Schattierern wird der Car-Paint-Schattierer eingesetzt, um ein Automodell nach Methoden des Industriedesigns zu gestalten.

Da Oberflächen und Materialien buchstäblich vom Licht neu definiert werden, befasst sich Kapitel 5 mit dem Tageslichtsystem unter mental-ray-Konfigurationen. Hier werden neben den verschiedenen Sky-Modellen weitere Parameter erarbeitet, die verschiedene Tageslichtnuancierungen entstehen lassen.

Nach der Außenszene bildet die Inszenierung eines Innenraums den zweiten Schwerpunkt in Kapitel 6 der Projektarbeiten des Buches. Verschiedenste Oberflächen werden bei adäquater Innenraumbeleuchtung sowohl bei Tag, bei Dämmerung als auch bei Nacht angerührt.

Das letzte Kapitel, Kapitel 7 befasst sich mit Subsurface Scattering, einem Konzept von mental ray, das Volumenstreuung u.a. bei menschlicher Haut simuliert. Am Beispiel eines menschlichen Kopfes soll die Haut mit Hilfe dieser Technik bearbeitet werden.

E.2 Konfiguration der Software

In diesem Buch beziehen sich Ausführungen auf die englischsprachige 3ds Max Version 2011 Design. Die englischsprachige Fassung wurde gewählt, da nach Erfahrungen des Autors diese Version im Agenturbetrieb verstärkt anzutreffen

Hinweis

EINFÜHRUNG

ist. Wo aber die deutsche Übersetzung von Begriffen in diesem Buch als hilfreich für die Nutzer der deutschsprachigen Version erachtet wird, werden Begriffe der deutschen Version in Klammern nach dem englischen Ausdruck genannt. Außerdem werden stets Menüfenster von Parametern und Schaltflächen der englischen Version mit abgebildet, damit sich Besitzer der deutschsprachigen Version auch optisch orientieren können.

Alle Übungen sind mit der alleinigen Version 3ds Max 2011 Design ausführbar, wo mental ray in der Version 3.8 implementiert ist. Es werden keine weiteren Plugins oder Erweiterungen benötigt. Alle Bildtexturen, die zur Ausführung erforderlich sind, finden sich im mitinstallierten Texturordner ../maps/ innerhalb des 3ds-Max-Systemordners. Zusätzliche Bildtexturen werden zusammen mit der Buch-DVD zur Verfügung gestellt. Beim Start der Version 2011 Design ist mental ray als Renderer bereits eingestellt. Die standardgemäße Einschaltung des mental-ray-Layouts liegt in der Auswahl unter CUSTOMIZE → CUSTOM UI AND DEFAULTS SWITCHER, wo mental-ray-Systemkonzepte zu- oder abgewählt werden können. Hier können Sie alternativ auch zum SCANLINE-Renderer bzw. zu anderen installierten Renderern zurückschalten (ABBILDUNG E.1).

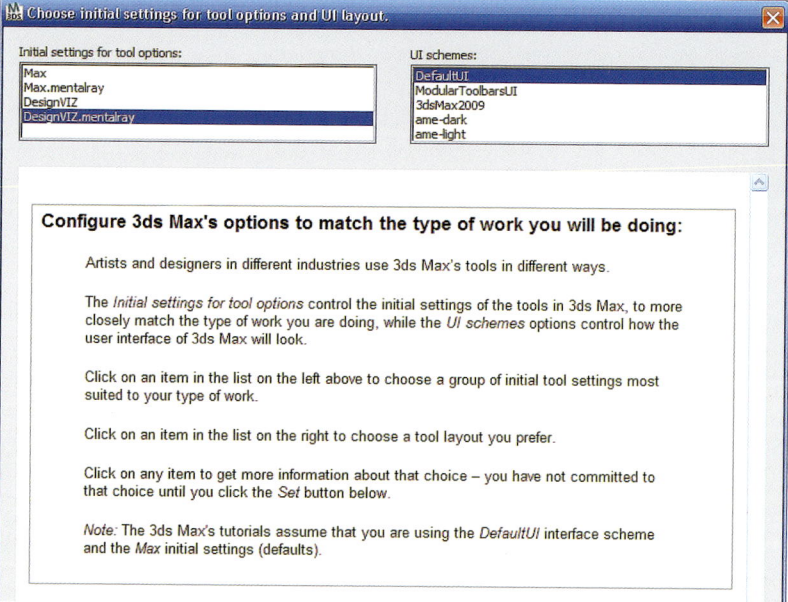

Abbildung e.1
Standardgemäß ist beim Start von 3ds Max das mental-ray-Konzept aktiviert.

Längeneinheiten müssen vor Beginn der ersten Übung klar definiert und abgestimmt werden.

- Dazu begeben Sie sich zu CUSTOMIZE → UNITS SETUP und schalten ggfs. die Maßeinheit METRIC (CENTIMETERS) ein. Klicken Sie außerdem unbedingt auch auf die Schaltfläche SYSTEM UNIT SETUP, wo Sie ebenfalls CENTIMETER als interne Längeneinheiten angeben.

Diese Einstellung gilt für alle Übungen des Buches und kann nur vor Beginn einer Projektarbeit eingestellt werden, sonst würde eine Fehlskalierung Ihrer Szene resultieren. Die Projektszenen dieses Buches bringen jedoch ihren eigenen

Maßstab mit, weshalb Sie beim Öffnen einer Buchprojektszene nur die Übernahme der Maßeinheit bestätigen müssen, falls sie nicht mit der gegenwärtigen Voreinstellung Ihrer Programmversion korrespondiert.

E.3 Laden von Bildtexturen

Häufig werden Sie dazu aufgefordert, eine Bildtextur zu laden. Da das Buch sich an fortgeschrittene Anfänger richtet, dürfte diese Aktion keine großen Schwierigkeiten für Sie bedeuten. Dennoch soll an dieser Stelle einmalig der Weg dazu aufgezeigt werden.

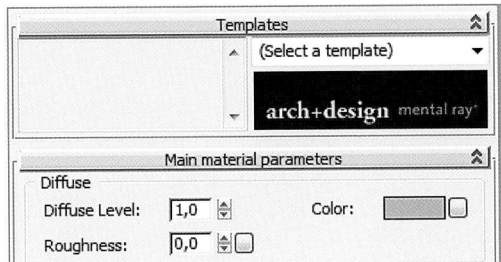

Abbildung e.2
Ein Ausschnitt des Arch & Design-Materials. Hier kann unter COLOR eine Streufarbentextur geladen werden.

- Um eine Bildtextur am Beispiel eines Arch & Design-Materials in dessen DIFFUSE-Kanal zu laden, klicken Sie auf das Rechteck rechts neben der grauen Fläche bei COLOR (ABBILDUNG E.2). Daraufhin öffnet sich der MATERIAL/MAP BROWSER (ABBILDUNG E.3).
- Doppelklicken Sie unter MAPS → STANDARD → BITMAP, worauf sich das BITMAP-Ladefenster öffnet.
- Im BITMAP-Ladefenster klicken Sie sich zum gesuchten Verzeichnis der Bilddateien und wählen die gesuchte Datei aus.

Mit dieser Map können beinahe alle Grafikformate geladen werden, einschließlich HDRI.

- Achten Sie darauf, dass USE SYSTEM DEFAULT GAMMA aktiv ist, da alle Bildtexturen für die Projektarbeiten des Buches einer Gamma-Korrektur unterzogen werden müssen, wie sie in Kapitel 1 beschrieben wird.

Daraufhin wird im Feld des SLATE MATERIAL EDITOR der Bitmap-Container gezeigt, der mit dem DIFFUSE-Kanal des Arch & Design-Materials konnektiert wurde.

- Alternativ können Sie auch die Bitmap direkt aus dem MATERIAL/MAP BROWSER ins Feld ziehen, es mit einer Bildtextur beladen und mit dem Kanal des A&D-Materials konnektieren.

Auf der Buch-DVD sind alle Projektarbeiten in bestimmten Arbeitszwischenstadien sowie auch im finalen Status vorhanden, um sie beispielsweise zu Kontrollzwecken einsehen zu können. Die einer Szene zugewiesenen Materialien befinden sich alle im SLATE MATERIAL EDITOR mit seiner neu eingeführten Diagrammdarstellung. Auf diesen neuen Modus sind die Lehrgänge in diesem Buch zugeschnitten, natürlich können Sie aber alle Materialerstellungen auch im bewährten Compact Materialeditor nachvollziehen.

EINFÜHRUNG

Abbildung e.3
Linke Spalte: der
MATERIAL/MAP BROWSER.
Hier suchen Sie die erste
Map von oben aus: BITMAP.

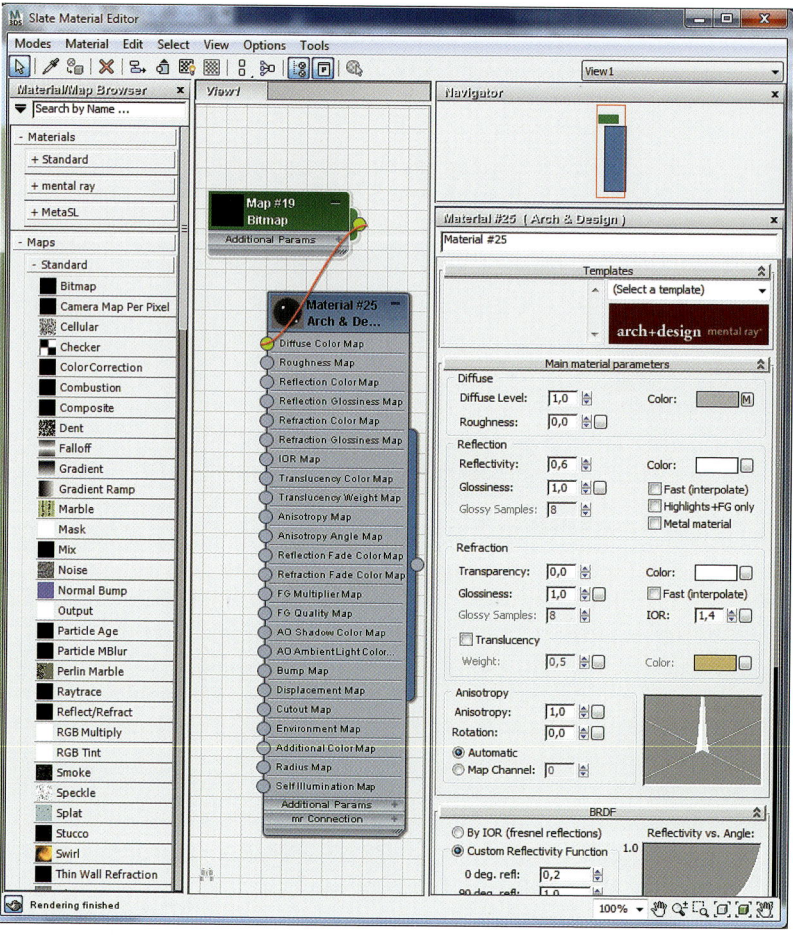

Abbildung e.4
Das Bitmap-Ladefenster.
Achten Sie darauf, dass
USE SYSTEM DEFAULT GAMMA
aktiviert ist.

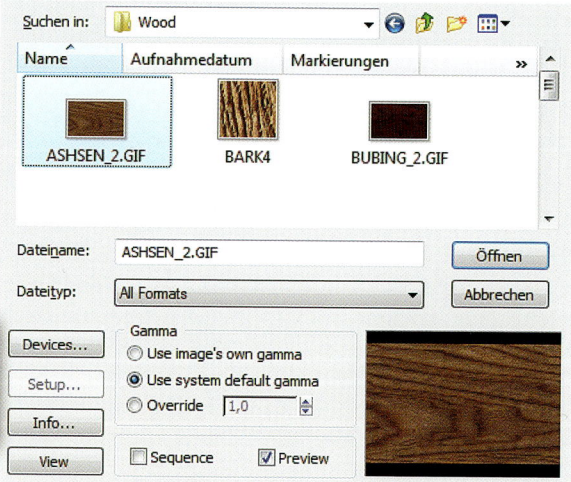

E.4 Erneuern der Pfade von Bildtexturen

Sehr oft werden Übungsszenen geöffnet, die auf Bildtexturen zurückgreifen. Meist handelt es sich um Texturen, die sich im mitgelieferten 3ds-Max-maps-Verzeichnis befinden. Somit kann 3ds Max die Pfade zu diesen Dateien selbst finden. In wenigen Fällen muss jedoch der Pfad zu Texturen manuell wiederhergestellt werden, falls Texturen nicht gefunden werden. Beim Öffnen der Szene wird ein Warnhinweis mit einer Liste der nicht gefundenen Texturen ausgegeben. Um die Pfade zu den Texturen wiederherzustellen, gibt es den komfortablen Weg über das ASSET TRACKING, das im Folgenden hier beschrieben wird.

Sie werden beim Öffnen einer Max-Szene mit dem Warnhinweis auf fehlende Texturen konfrontiert (Fenster MISSING EXTERNAL FILES) und wollen die Pfade aktualisieren. Oder Sie haben eine Max-Szene geöffnet, bei der Sie feststellen wollen, auf wie viele Texturen zurückgegriffen wird und wie Sie die Pfade überprüfen und/oder ändern können.

- Schließen Sie alle Warnfenster auf fehlende Texturen, sofern noch angezeigt.
- Öffnen Sie den ASSET TRACKER unter 3DS (=DATEI) → MANAGE → ASSET TRACKING. Das Fenster sieht aus wie in Abbildung e.5.

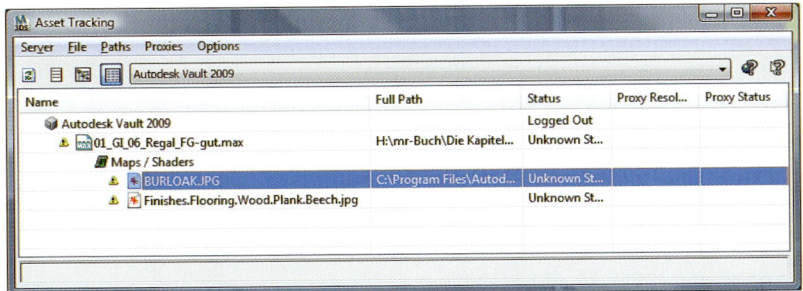

Abbildung e.5
Mit ASSET TRACKING können Sie erkennen, wie viele Texturen in der Szene gebraucht werden und wo diese gespeichert sind. Die Pfade können hier neu eingestellt werden.

In der Liste werden unterhalb des Namens der Szene alle verwendeten Texturen mit Pfaden aufgelistet. Falls ein Pfad ungültig ist, wird dies in der Rubrik STATUS als NOT FOUND deklariert, vorausgesetzt, dass das ASSET TRACKING in einen Server eingeloggt ist, was aber nicht unbedingt notwendig ist.

Das gelbe Warnsymbol und die Statusmeldung UNKNOWN STATUS bedeuten, dass das ASSET TRACKING nicht in einen Provider eingeloggt ist, was hier nicht weiter ausgeführt werden soll.

Hinweis

- Zum Ändern eines Pfades markieren Sie die betreffende Textur und klicken auf FILE → BROWSE, worauf sich das Bitmap-Ladefenster öffnet, wie in Abbildung e.4 zu sehen. Dort können Sie die Textur neu holen. Aktualisieren Sie das ASSET TRACKING durch Klick auf die Schaltfläche REFRESH bzw. FILE → REFRESH.
- Alternativ können Sie den Pfad erneuern, wenn Sie PATHS → SET PATHS wählen, um im folgenden Fenster den Pfad zur gesuchten Textur neu einstellen.
- Speichern Sie die Szene neu ab, um die geänderten Pfade zu sichern.

EINFÜHRUNG

E.5 Verwaltungseinstellungen für Speicher- und Geschwindigkeitsanforderungen

Wenn der Renderprozess gestartet wird, wird die gesamte Geometrie einer Szene an den mental ray Renderer übergeben. Inwieweit dabei mit Texturen verfahren wird, kann mit den folgenden Parametern festgelegt werden. Sie bestimmen Geschwindigkeit und Speicheranspruch. Sie finden sich im Renderdialogfenster unter PROCESSING (RENDERING → RENDER SETUP → PROCESSING) und sollen nachfolgend kurz umrissen werden.

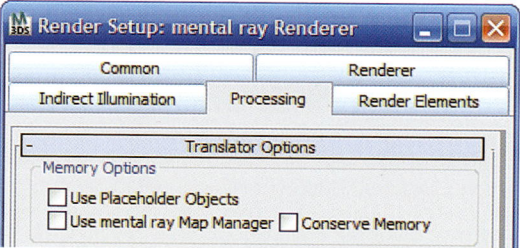

Abbildung e.6
MEMORY OPTIONS in der Gruppe der TRANSLATOR OPTIONS

Die MEMORY OPTIONS in der Gruppe der TRANSLATOR OPTIONS des Renderdialogs wurden in 3ds Max 2010 Design restrukturiert, so fehlt seitdem z.B. der Parameter der früheren Versionen zur Einstellung des verfügbaren Speichers in MB (Abbildung e.6).

Für die Projektszenen dieses Buches ist im Allgemeinen keine dieser Optionen nötig, soweit nicht in den Kapiteln anderweitig angegeben.

Option Use Placeholder Effects

Aktivieren Sie diese Option, wenn Sie große Mengen an Geometrie außerhalb des Kamerablickfeldes haben. Somit werden Geometrien nur auf Anfrage in den mental ray Renderer geladen, was in diesem Fall eine Geschwindigkeitssteigerung bringt. Dies ist auch bei geringer Speicherverfügbarkeit zu empfehlen, kann aber hier u.U. auf Kosten der Renderzeit gehen.

Option Use mental ray Map Manager

Wenn die Option deaktiviert ist, werden alle Bildtexturen schon vor dem Renderprozess in den Arbeitsspeicher geladen. Von dort werden sie zum Rendern mental ray übergeben. Der Prozess verläuft schnell, weil sich die Texturen bereits beim Öffnen der Szene im Arbeitsspeicher befinden und nicht erst von der Festplatte gelesen werden müssen, was aber ausreichend Speicher voraussetzt.

Wird die Option aktiviert, werden diejenigen Bildtexturen direkt von der Festplatte gelesen, für die es eine Anfrage seitens des Renderers gibt, woraufhin sie in ein mental-ray-geeignetes Format in den Arbeitsspeicher geladen werden.

Wenn der Arbeitsspeicher zu gering bemessen ist, kann mental ray die umformatierten Texturen nach Gebrauch wieder aus dem Arbeitsspeicher löschen. Aufgrund des erneuten Lesens von der Festplatte kann dieser Renderprozess länger dauern, dafür werden nur diejenigen Texturen geladen, die zum Rendern benötigt werden und nicht beispielsweise die, die sich außerhalb des Kamerablickfeldes befinden.

Schalten Sie diese Option ein, wenn große Szenen mit hoher Polygonzahl gerendert werden sollen, und vor allem, wenn große Texturen (ab ca. 2K) benutzt werden sollen bei nur geringem verfügbaren Arbeitsspeicher.

Option Conserve Memory

Wenn die Vermutung naheliegt, dass der Speicher für die zu rendernde Szene zu knapp bemessen ist, empfiehlt sich die Nutzung dieser Option, da der verfügbare Speicher auf Kosten der Geschwindigkeit sorgfältiger genutzt wird. Mental ray legt beim Rendern temporäre map-Dateien ab, so dass diese Option empfohlen ist, wenn hoch aufgelöste Bilder gerendert werden sollen.

E.6 Danksagung

Für das Zustandekommen dieses Fachbuches danke ich Herrn Thomas Driemeyer und Steffen Römer von mental images GmbH für Ihre beratende Mithilfe.

Ferner danke ich Marta Janiszewska für Ihre Unterstützung sowie Michael Langmayer von Autodesk und Iris Asche von 3DPowerstore für die Hilfe bei der Beschaffung der Softwarevoraussetzungen.

Meinen Eltern gewidmet

Kapitel 1

1

Direktes und indirektes Licht

1.1	Gamma-Korrektur	18
1.2	Rendering-Algorithmen in mental ray	20
1.3	Indirekte Beleuchtung in 3ds Max	22
1.4	Einrichten des Lichts	22
1.5	Exposure Control (Belichtungskontrolle)	24
1.6	GI – Global Illumination	26
1.7	Parameter der GI	28
1.8	Diagnostics	31
1.9	Streufarben	32
1.10	Animation mit GI	37
1.11	Ambient Occlusion (Umgebungsokklusion)	38
1.12	Finalgather	41
1.13	Der ursprüngliche Gedanke der Final-Gathering-Technik	43
1.14	Finalgather alleine	45
1.15	Animationen mit GI und FG	52
1.16	Das photometrische Licht	55

1.1 Gamma-Korrektur

Der Begriff Gamma-Korrektur umfasst im Wesentlichen eine Maßnahme, um Computergrafiken im Hinblick auf die Vielfalt der Wiedergabemedien möglichst unverfälscht und »rendergetreu« wiederzugeben. Verschiedene Wiedergabemedien, darunter alleine die technische Vielfalt unter Computerbildschirmen, besitzen stets ihre individuellen Wiedergabecharakteristika in Bezug auf Helligkeit und Farbneutralität. Handelsübliche Computermonitore – sowohl Röhrenmonitore als auch Flachbildschirme – verwenden einen nichtlinearen Farbraum, was sich dadurch äußert, dass z.B. die RGB-Farbe 200/ 200/ 200 gegenüber dem RGB-Wert 100,100,100 nicht einfach doppelt so hell dargestellt wird, sondern tendenziell noch etwas heller. Das menschliche Sehzentrum nimmt Farben und Helligkeit ebenfalls in einer nichtlinearen und vor allem nichtabsoluten Weise wahr, weswegen der unwirklich heller gewordene RGB-Wert 200/ 200/ 200 tatsächlich nicht über eine doppelte Helligkeit hinausgehend empfunden wird. Somit erscheint der Monitor dem menschlichen Auge als uniform, und Korrekturen scheinen nicht notwendig zu sein.

Probleme entstehen aber, wenn Renderer in einem absoluten Linearraum arbeiten, um physikalisch korrekte Farb- und Helligkeitswerte auszugeben. Diese würden dann vom nichtlinearen Monitor falsch bzw. zu hell dargestellt werden.

Eine bekannte Methode zum Ausgleich ist die weitverbreitete Gamma-Korrektur 2,2.

Die Gamma-Korrektur verändert also den linearen Farbraum der auszugebenden Renderings für eine Anpassung an den nichtlinearen Farbraum von Monitoren, damit sie auf diesen wieder einigermaßen korrekt erscheinen. Eine perfekte Anpassung an die Vielfalt verschiedener Monitore ist jedoch nicht möglich. Hierbei gilt zu beachten, dass auch geladene Texturen intern einer solchen Gamma-Korrektur für eine Weiterverarbeitung im Linearraum wie die 3-D-Applikation unterzogen werden müssen.

Es gilt daher die Empfehlung, falls Renderings auf verschiedenen Monitoren und für die Printumgebung ausgegeben werden sollen, sowohl Renderings als auch geladene Texturen der Gamma-Korrektur zu unterziehen.

Für die Arbeit mit indirekter Beleuchtung ist eine Gamma-Korrektur unabdingbar.

3ds Max bietet vielfältige Möglichkeiten an, die Gamma-Korrektur sowohl für geladene Bilddateien als auch für auszugebende Renderings auszuüben. Die Gamma-Korrektur 2,2 kann beispielsweise grundsätzlich eingestellt werden unter CUSTOMIZE → RENDERER → GAMMA & LUT. Setzen Sie die Parameter zu Beginn Ihrer Arbeit so, wie aus Abbildung 1.1 ersichtlich.

Für unsere Übungen gehe ich davon aus, dass zu ladende Bitmaps (Texturen) noch nicht gammakorrigiert wurden, doch müssen auch sie einer solchen Korrektur unterzogen werden. Dies habe ich bei den oben vorgenommenen Einstellungen unter INPUT GAMMA und OUTPUT GAMMA mit dem Wert 2,2 ausgeführt. Aktivieren Sie abschließend auch unter MATERIALS und COLORS die Optionen AFFECT COLOR SELECTORS und AFFECT MATERIAL EDITOR zwecks Gamma-Korrektur in der Darstellung im Materialeditor und bestätigen Sie durch OK.

1.1 Gamma-Korrektur

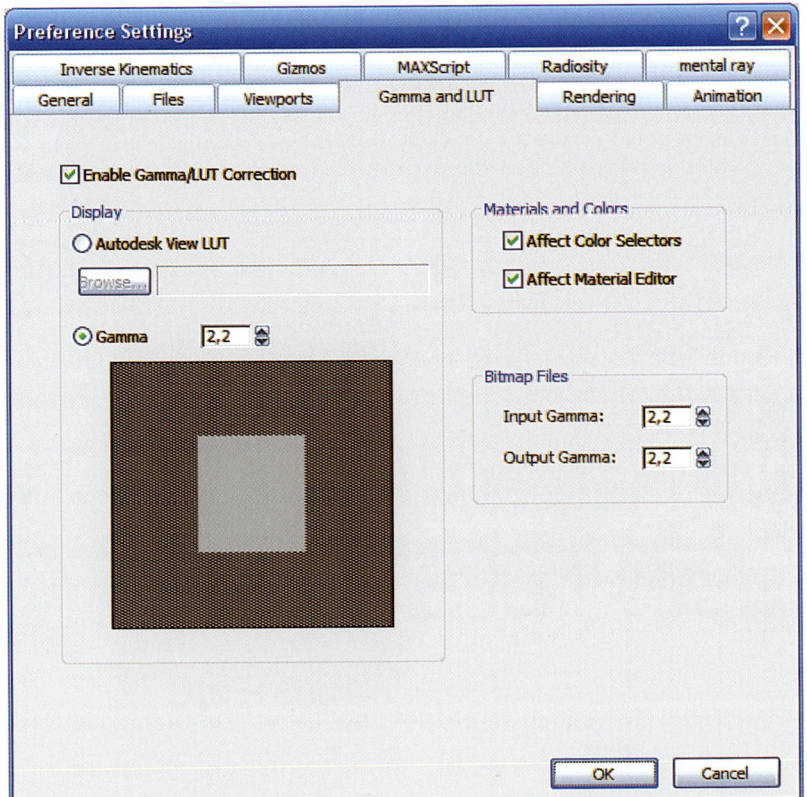

Abbildung 1.1
Die korrekte Gamma-Einstellung in 3ds Max

Mit all jenen Einstellungen haben Sie die Gewissheit, dass Renderings auf verschiedenen Monitoren und auch anderen Umgebungen größtmöglich identisch und genuin aussehen.

Um den Umgang mit der Gamma-Korrektur zu üben, wird in den Kapiteln an geeigneter Stelle auf die richtige Handhabung mit der Korrektur beispielsweise von Texturen hingewiesen. Die eingesetzte Belichtungskorrektur MR PHOTOGRAPHIC EXPOSURE sorgt dafür, dass ausgehende Renderings ebenfalls mit einer Gamma-Korrektur gespeichert werden.

Anstatt 2,2 empfiehlt Autodesk die Nutzung des Gammawerts 1,8, um Renderings auch auf die andersgeartete Nichtlinearität des Farbraums von Film und Photografie anzupassen, wobei der Wert 1,8 einen guten Kompromiss zwischen den vielfältigen nichtlinearen Farbwelten darstellt. Außerdem bietet Autodesk die LUT-Korrektur an, falls Renderings ausschließlich auf Autodesksoftware weiterverarbeitet werden. Auf die letzten beiden werde ich jedoch für die Übungen nicht eingehen.

Hinweis

Beachten Sie folgende Tipps und Vorgehensweisen in Bezug auf die Gamma-Korrektur:

Kapitel 1
DIREKTES UND INDIREKTES LICHT

1. Falls Sie eine 3ds-Max-Übungsdatei aus diesem Buch öffnen, werden Sie gefragt, ob die Gamma-Einstellungen 2,2 der Datei für das System übernommen werden sollen, was Sie stets bestätigen.
2. Alle zu ladenden Bildtexturen, sofern sie für wie auch immer geartete Farbausgabe innerhalb der 3-D-Szene bestimmt sind, müssen einer Gamma-Korrektur unterzogen werden, außer sie wurden im Vorfeld schon korrigiert.

Hinweis

3. Bildtexturen, die nur aus reinem Schwarz und/oder reinem Weiß (RGB = 0/0/0 bzw. RGB 255/ 255/ 255) bestehen, müssen nicht gammakorrigiert werden.
4. Bilddateien, die für Bump (Relief), Displacement (3-D-Verschiebung) oder Normal Maps benutzt werden, müssen nicht gammakorrigiert werden, da sie für keine Farbwiedergabe der 3-D-Szene bestimmt sind.
5. HDRI werden in der Regel linear gespeichert und müssen nicht gammakorrigiert werden.

Zu empfehlen ist ein Blick in die neue Dokumentation GAMMA PIPELINE in der Hilfedatei von 3ds Max Design 2011 (Abbildung 1.2).

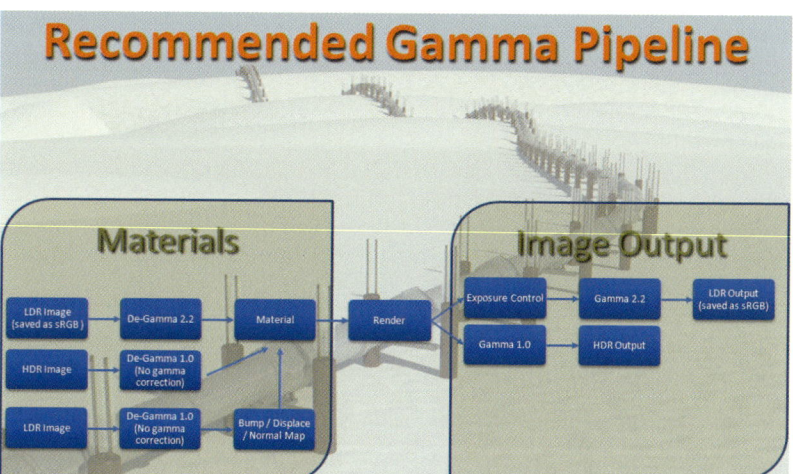

Abbildung 1.2
Der von Autodesk empfohlene Weg zur Handhabung von Bildern mit der Gamma-Korrektur

1.2 Rendering-Algorithmen in mental ray

Zur Berechnung von Bildern einer auf der Basis von Polygonen aufgebauten 3-D-Szene nutzt mental ray das bekannte Ray-Trace-Verfahren, das oft auch als Strahlenrückverfolgung bezeichnet wird.

In der realen Natur nehmen von der Kamera zu erfassende Lichtstrahlen einen Ausbreitungsweg ein, der von der Lichtquelle als Anfangspunkt ausgeht, an einer oder mehreren Objektgeometrien durch Abprall meist in eine andere Richtung gelenkt wird und in die Kamera als Endpunkt führt. Raytrace arbeitet mit einer Datenstruktur, die – vereinfachend ebenfalls als *Strahl* bezeichnet – darauf abzielt, genau diesen Weg aufzunehmen. Ihr Weg wird jedoch in umgekehrter Richtung von der Kamera ausgehend über reflektierende Objekthindernisse zurück zu seinem Ursprung – der Lichtquelle – verfolgt. Der Vorteil der Rückwärtsverfolgung ist, dass nur jene Strahlenwege verfolgt werden müssen, die für den Abbildungsraum der Kamera interessant sind, und nicht unendlich viele Strahlenwege, die von der Lichtquelle in alle Richtungen ausgesandt werden.

Durch Strahlenrückverfolgung wird die Farbe eines Pixels des zu berechnenden Bildes in der Kameraabbildungsebene bestimmt.

Lichtstrahlen werden entgegen ihrer Ausbreitungsrichtung von der Kamera aus verfolgt (primary rays), prallen an 3-D-Objekten auf bzw. ab, fragen dabei die verwendeten Materialshader u.a. nach Reflexionen und Refraktionen ab, die meist eine andere Richtung bedingen (secondary rays), bis sie irgendwann in ihrem Ursprungsort, der Lichtquelle, enden.

Auf diese Weise wird neben Verdeckungen von hintereinanderliegenden Objekten auch Farbigkeit von Geometrieobjekten berechnet sowie Eigenschaften wie Spiegelungen (Reflexionen) und/oder Lichtbrechung durchsichtiger Oberflächen (Refraktionen).

Zusätzlich zu diesem Algorithmus sind diverse Beschleuniger entwickelt worden, von denen der bekannteste die Binary Space Partitioning (BSP) ist.

Mental ray nutzt darüber hinaus auch das weniger komplizierte Scanline-Verfahren, bei dem alle Objekte der Szene auf eine zweidimensionale Fläche projiziert werden, der Kameraabbildungsebene. Dort werden sie Bildzeile für Bildzeile abgetastet. Dadurch wird die Berechnung von beispielsweise zwei hintereinanderliegenden, sich verdeckenden Geometrieobjekten von drei auf zwei Dimensionen vereinfacht und kann somit schneller ausgeführt werden. Da jedoch keine Lichtstrahlen im dreidimensionalen Raum verfolgt werden, können Eigenschaften wie Reflexionen, Refraktionen bestimmter Objekte nicht erfasst werden. Lediglich Transparenzen bzw. durchsichtige Materialien ohne Lichtbrechungscharakter werden berücksichtigt, da diese keine Richtungsänderung bedingen.

Um eine schnelle Bildberechnung zu gewährleisten, kann mental ray beide Verfahren kombinieren. Zuerst wird das Scanline-Verfahren eingesetzt, bis der Augenblick eintrifft, in dem eine Richtungsänderung des Lichtstrahls aufgrund vorliegender Spiegelungen oder Lichtbrechung notwendig wird. Für die weitere Berechnung schaltet der Renderer um auf die Raytrace-Technik, die bis zum Ende des Strahlenweges beibehalten wird, bis erneut ein Strahl von der Kamera ausgesandt wird.

Die rückwärtsgerichtete Strahlenverfolgung ist wichtiges Merkmal des Raytrace-Verfahrens, das nicht zu verwechseln ist mit den in mental ray ausgeführten Techniken zur Berechnung von indirektem Licht, die allesamt vorwärtsgerichtet sind, also Lichtquellen als Anfangspunkt nehmen.

Kapitel 1 — DIREKTES UND INDIREKTES LICHT

1.3 Indirekte Beleuchtung in 3ds Max

Die Begriffe Global Illumination bzw. indirekte Beleuchtung beschreiben denselben Sachverhalt: Licht wird von Lampenobjekten abgestrahlt und von der Objektgeometrie reflektiert.

Anhand einer einfachen Szene werden chronologisch richtige Schritte im Umgang mit Licht und Materialien erarbeitet, um die indirekte Beleuchtung umzusetzen.

Auf diese Weise erhalten Sie mit einfachen Schritten einen Überblick in die umfassenden Arbeitswege, die eine 3ds-Max-Szene im Umgang mit mental ray einfordert. Später im Buch werden wir diese Schritte, die Sie zunächst überblickartig durchlaufen werden, im Einzelnen näher beleuchten.

Laden Sie die Szene `01_GI_01.max`. Übernehmen Sie die Gamma-Einstellungen der Datei. Die Szene greift auf eine Textur des in 3ds Max mitgelieferten Verzeichnisses `../maps/Wood/` zurück.

In dieser Szene befindet sich eine Kamera in einem geschlossenen Raum mit einer Lampe, einem Sessel und einer Vase. Die Szene kann als vergrößerte Variante der so genannten Cornell-Box verstanden werden. An der Decke befindet sich eine Lampengeometrie, von der eine Lichtquelle leuchten soll, die wir selbst einrichten werden.

1.4 Einrichten des Lichts

Im ersten Schritt werden wir das Licht in der Szene einrichten, bevor wir zur Materialvergabe schreiten. Um die Lichtsetzung nicht zu komplex geraten zu lassen, wollen wir den Raum mit nur einer Lichtquelle beleuchten.

Die Lichtpalette in 3ds Max lässt sich grob in die beiden Kategorien Standardlichter sowie photometrische Lichter unterteilen. Mental ray unterstützt beide Lichttypen, jedoch sind für photorealistische Bildberechnungen nur photometrische Lichtquellen in Betracht zu ziehen. Diese arbeiten im Gegensatz zu den Standardlichtern u.a. stets mit einer bestimmten, einzustellenden Farbtemperatur und können somit das in der Natur verfügbare Licht am treffendsten simulieren. Autodesk hat die photometrischen Lichter ab Version 3ds Max 2010 Design zum Standard erklärt, während die konventionellen Lichter auf eine sekundäre Stufe gerückt sind. Ihr Einsatz wird spätestens in Kombination mit der MR Photographic Exposure Control völlig ungeeignet, denn sie strahlen nur ein vergleichsweise schwaches Licht ab bzw. bedingen einen um ein Vielfaches erhöhten Multiplikator. Die Empfehlung für photorealistische Renderings lautet daher: Verwenden Sie für alle Beleuchtungsarbeiten stets photometrische Lichter.

1.4 Einrichten des Lichts

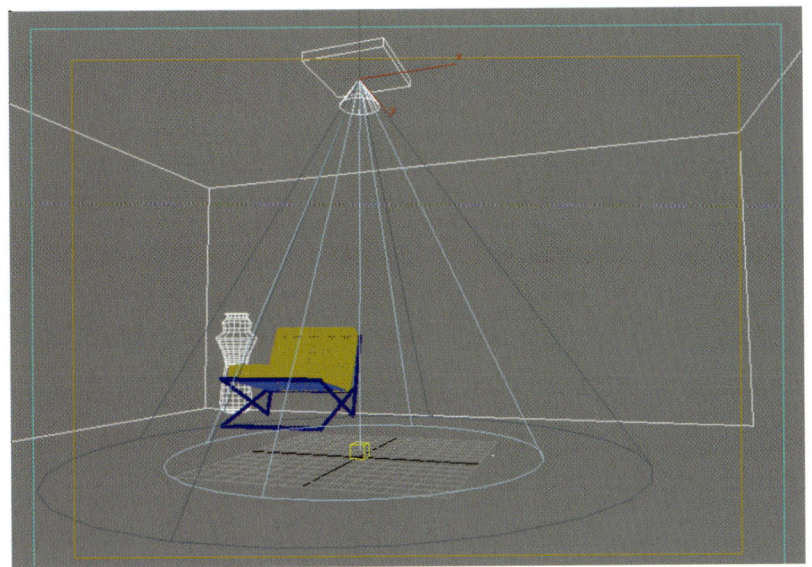

Abbildung 1.3
Mit einem photometrischen Licht sorgen wir für die indirekte Beleuchtung.

- Installieren Sie im FRONT-Viewport ein photometrisches Target-(Ziel-)Licht »TPhotometricLight01«. Während der Einrichtung wird 3ds Max Sie fragen, ob sogleich eine MR PHOTOGRAPHIC EXPOSURE CONTROL mitinstalliert werden soll. Antworten Sie mit *Ja*.
- Das Licht positionieren Sie bei x = 0cm / y = 0cm / z = 225cm bzw. dicht unterhalb der Lampenbox, mit dem Target auf dem Boden darunter x = 0cm / y = 0cm / z = 0cm, wie in Abbildung 1.3 zu sehen. Aktivieren Sie SHADOWS und wählen Sie RAY TRACED SHADOWS. Unter LIGHT DISTRIBUTION (TYPE) stellen Sie SPOTLIGHT ein. Sodann erhalten Sie Zugriff auf die Parameter HOTSPOT/BEAM und FALLOFF/FIELD in der Gruppe der DISTRIBUTION (SPOTLIGHT), wo Sie den HOTSPOT auf 50 und den FALLOFF auf 70 einstellen. Das Spotlicht leuchtet nun den Boden aus.
- Unter INTENSITY/COLOR/ATTENUATION schalten Sie in der COLOR-Gruppe auf D65 ILLUMINANT (REFERENCE WHITE) ein, falls dies nicht schon der Fall ist.

Somit haben wir ein Licht generiert, das einen hohen Weißanteil besitzt und somit temperaturfarbneutraler ist als beispielsweise jene Lichttypen, die unter der TEMPLATES-Gruppe auswählbar sind.

- SHAPE/AREA SHADOWS: Wählen Sie RECTANGLE mit LENGTH und WIDTH jeweils 50cm.

Die Lampe verwandeln wir von einem Punktlicht in ein Flächenlicht, das heißt, die Leuchtfläche besitzt dieselbe Ausdehnung wie unsere Lampengeometrie »Lampe_01« in der Szene. Dazu befassen wir uns im letzten Abschnitt des Kapitels näher. Lassen Sie die übrigen Einstellungen zunächst, wie sie sind.

1.5 Exposure Control (Belichtungskontrolle)

Bevor wir mit dieser Lichtquelle ein Bild rendern können, müssen wir uns um die schon erwähnte EXPOSURE CONTROL (Belichtungskontrolle) kümmern. Die Belichtungskontrolle wird wichtig, da photometrische Lichter viel Lichtenergie abstrahlen, die das berechnete Bildergebnis unter Umständen zu hell bzw. zu dunkel geraten lassen können, ein Phänomen, das unter Standardlichtern bisher unbekannt war. Die MR PHOTOGRAPHIC EXPOSURE CONTROL ist im vorigen Schritt bereits automatisch eingestellt worden, falls 3ds Max Sie danach fragte. Falls nicht, können wir das nun nachholen.

- Öffnen Sie sie unter RENDERING → EXPOSURE CONTROL (Abbildung 1.4).

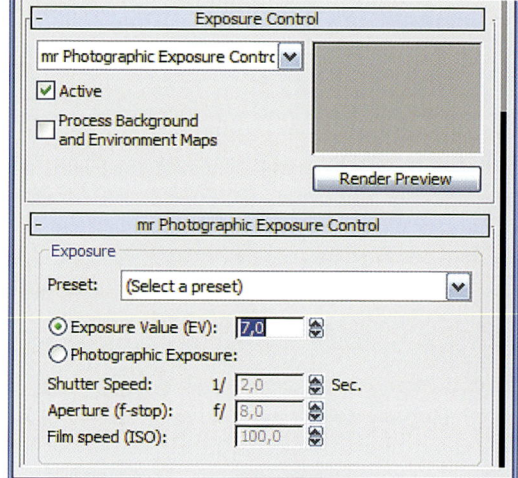

Abbildung 1.4
Die mr Photographic Exposure Control (Belichtungskontrolle)

Unter der Rubrik EXPOSURE CONTROL des sich öffnenden Fensters erkennen Sie den Hinweis NO EXPOSURE CONTROL.

- Wählen Sie nun den Eintrag MR PHOTOGRAPHIC EXPOSURE CONTROL.

Somit haben wir die Einrichtung der Belichtungskontrolle nachgeholt.

Diese Methode der Belichtung wurde eigens für den Gebrauch mit mental ray entwickelt. Die Belichtungskontrolle mit seinen einstellbaren Parametern erinnert an jene der Photografie. Die Handhabung wird sogar noch komfortabler, denn wir können hier die Belichtung auch anhand eines einzigen Werts steuern, der so genannten EXPOSURE VALUE (EV).

- Aktivieren Sie das zu rendernde Ansichtsfenster CAMERA01 und klicken Sie unter der Rubrik EXPOSURE CONTROL auf RENDER PREVIEW.
  Die Belichtung kann nun anhand der im kleinen Vorschaufenster sichtbaren Beleuchtung des Bodens so eingestellt werden, dass es nicht zu hell, aber auch nicht zu dunkel erscheint.

- Stellen Sie den EV-Wert auf 7,0.

1.5 Exposure Control (Belichtungskontrolle)

Dies hat zur Folge, dass das Licht auf dem Boden hell genug wird, aber nicht allzu arg ausbrennt. Schließen Sie das Fenster wieder. Rendern Sie die Szene mit der CAMERA01 in der empfohlenen Auflösung von 640x480px und betrachten Sie das fertige Bild (Abbildung 1.5).

Wir erkennen sofort die eine kleine Erhellung des Lichts auf dem Boden und an der Decke die Lampengeometrie selbst. Diese wurde mit einem selbst leuchtenden Material versehen, das wir uns später näher ansehen werden. Auffallend ist vielmehr, dass vieles im Raum pechschwarz bleibt.

Der 3-D-Graphiker musste in früheren Zeiten vor Einführung der indirekten Beleuchtung einfach so viele direkte Lichter setzen, bis die letzte schwarze Zone ausgeleuchtet ist.

Abbildung 1.5:
Direktes Licht erhellt nur Flächen, die sich im direkten Strahlengang der Lampe befinden. Alles andere bleibt finster.

Zwar werden einige Gegenstände, die sich im Lichtkegel des Spotlichts befinden, teilweise erhellt, doch entspricht diese Situation keinesfalls einem realistischen Lichtverhalten. Selbst mit einer 100-W-Glühbirne (die in unserem Licht übrigens unter TEMPLATES einstellbar ist), müssten wir den Sessel und die Zimmerecken erkennen können. Der Hauptgrund liegt darin, dass nach wie vor nur direktes Licht berechnet wird: Licht wird von der oberen Deckenlampe abgestrahlt und fällt nach unten auf ein erstes Hindernis, den Boden. Der Boden wird erhellt, das Licht breitet sich anschließend nicht mehr weiter aus. Aufgrund des gewählten Lichttyps SPOTLIGHT, das Licht stur innerhalb eines engen Lichtkegels abstrahlt, gelangt kein einziger erhellender Lichtstrahl in die übrigen Zonen außerhalb des Kegels. Der übrige Raum bleibt so vollkommen finster. In der Natur würde das Licht jedoch noch viele weitere Schritte unternehmen: Neben dem Teil der Lichtenergie für die Erhellung des Bodens wird ein anderer Teil der übrig gebliebenen Lichtenergie von diesem reflektiert und in den Raum gestreut, bis es auf ein zweites Hindernis trifft, z.B. eine Zimmerwand. Hier wird erneut ein Teil der Lichtenergie für die Illumination verbraucht, ein übrig gebliebener Teil abermals zurückgeworfen. Die Reflexionen passieren in der Natur unendlich oft, dabei strebt die Lichtenergie gegen null. Diese Form der Lichtreflexion nennt man *light bounces* (Streufarbenreflexionen).

Die Technik der globalen Beleuchtung simuliert diesen Lichtsachverhalt und bezeichnet ihn als globale Beleuchtung bzw. indirektes Licht. Mit indirektem Licht wird nicht mehr das (direkte) Licht aus der Richtung der Lichtquelle bezeichnet, sondern ausschließlich das von den Zimmerwänden zurückgeworfene Licht.

Mental ray bietet zwei Methoden zur Berechnung von indirektem Licht: GLOBAL ILLUMINATION (GI) und FINALGATHER (FG).

Das Entwicklerteam von Autodesk 3ds Max entschied sich, neben GI und FG das dritte in mental ray angebotene Verfahren zur Berechnung der indirekten Beleuchtung – Importons und Irradiance Particles – nicht in 3ds Max zu integrieren. Diese Verfahren böten eine durchweg schnellere Berechnung der Beleuchtung, sind aber kameraabhängig, was bedeutet, dass eine Änderung der Kameraperspektive bzw. der Kamerabewegung eine neue Lösung zur indirekten Beleuchtung nach sich ziehen würde. Möglicherweise werden diese Verfahren eines Tages als Plugin integrierbar sein.

1.6 GI – Global Illumination

Wir beginnen mit der Methode GI, auch Photon-Mapping genannt, die eine physikalisch korrekte, kameraunabhängige Berechnungstechnik darstellt.

- Sie schalten sie ein unter RENDERING → RENDER → INDIRECT ILLUMINATION → GLOBAL ILLUMINATION (GI), wo Sie bei ENABLE ein Häkchen setzen (Abbildung 1.6).

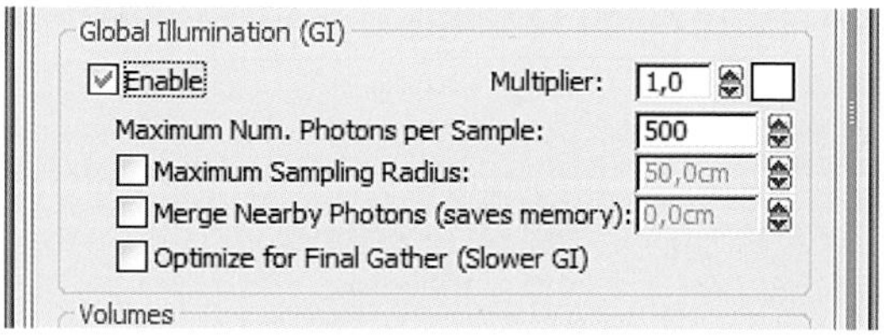

Abbildung 1.6
Renderdialog: Mit ENABLE schalten wir die indirekte Beleuchtung ein.

Belassen Sie alle Parameter, wie sie sind, und rendern Sie ein Bild (Abbildung 1.7).

Sie erkennen anhand des zusätzlich mit indirektem Licht gerenderten Bildes, dass neben dem Spotlicht nun auch der übrige Gesamtraum erhellt wird. Das auf den Boden einfallende Licht wird nun von diesem gestreut und in den Raum reflektiert.

Sofort fällt auf, dass das Ergebnis qualitativ sehr fleckig erscheint.

Photonen sind kleine Energiepakete, werden von der Lichtquelle aus verschossen und nehmen dabei denselben Weg ein wie die Lichtstrahlen. Jedes Mal, wenn Photonen auf ihrem Weg durch den Raum auf ein Geometrieobjekt treffen, fragen sie den Materialschattierer ab, ob es sich u.a. um eine hellere oder dunk-

1.6 GI–Global Illumination

lere Oberfläche handelt. Dabei erhellen sie diese Oberfläche in einer Kreisregion mit der Größe des eingestellten Radius, und das zu reflektierende Licht erhält den Farbstich des Oberflächenmaterials. Nur die bei einem pechschwarzen Objekt aufprallenden Photonen werden absorbiert, ansonsten werden sie in einem materialabhängigen Streuungswinkel in den Raum zurückgeworfen (Abbildung 1.8).

Abbildung 1.7
Indirektes Licht erhellt nun den Raum. Doch das indirekte Licht ist noch sehr fleckig.

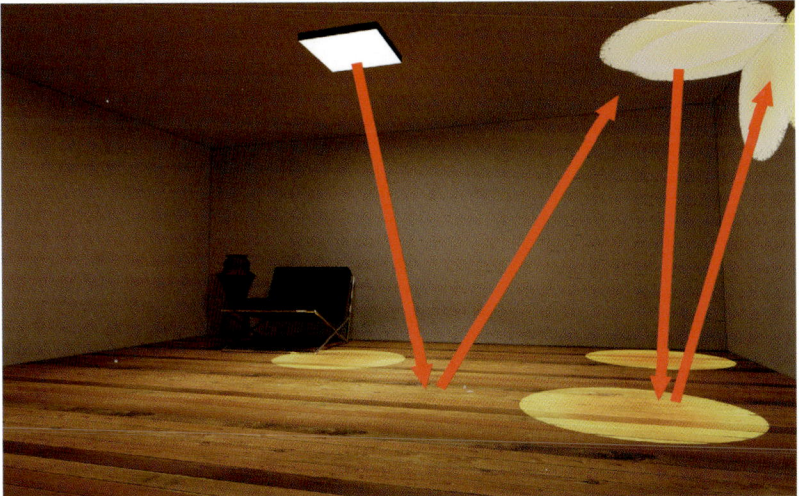

Abbildung 1.8
Der Weg einiger weniger Photonen. Der Boden als das erste Hindernis wird noch ignoriert, aber am zweiten Hindernis entfalten die Photonen ihre illuminierende Wirkung.

Eine Ausnahme bildet die erste Reflexion, in unserer Szene auf dem Boden. Diese Streufarbenreflexion wird noch dem direkten Licht zugeschrieben, und die Photonen entfalten ihre Wirkung erst an/ab dem zweiten Objektaufprall. Nach zehn Reflexionsdurchläufen – der Standardeinstellung in 3ds Max Design 2011 – wird der Vorgang abgebrochen, und die Photonen erlöschen. Diese Reflexionsanzahl ist unter den GI-Parametern bei TRACE DEPTH eingestellt (Abbildung 1.9).

Abbildung 1.9
Renderdialog: Anzahl der Reflexionen

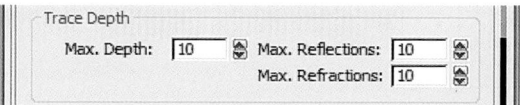

Die Summe aller Streufarbenreflexionen kann in einer so genannten Photon-Map mit dreidimensionaler Struktur abgespeichert werden unter der Gruppe REUSE FG UND GI DISK CACHING. Dies entbindet diese Technik vom Kamerastandpunkt, und es wird möglich, die Kamera bei Nutzung einer gespeicherten und damit fixen Photon-Map bewegen bzw. animieren zu können, wodurch z.B. ein Kameraflug in einem Gebäude ermöglicht wird.

1.7 Parameter der GI

Betrachten wir die Parameter der GI näher unter RENDERING → RENDER → INDIRECT ILLUMINATION → CAUSTICS AND GLOBAL ILLUMINATION (GI) (siehe vorige Abbildung 1.6): Unter MAXIMUM NUM. PHOTONS PER SAMPLE ist der Wert 500 angegeben. Es gibt nur selten eine Belichtungssituation, wo Sie den Wert verändern müssen. Meist, so auch in unserer Szene, können Sie ihn belassen. Die illuminierende Wirkung der Photonen manifestiert sich in kreisrunden Lichtinseln. Die Photonen selbst sind dagegen nie sichtbar. Die Samples geben die Photonenanzahl an, die hierfür beim Rendern berücksichtigt werden.

MAXIMUM SAMPLING RADIUS: Unter diesem wichtigen Parameter stellen Sie die Größe des zu erhellenden Bereiches ein, der mittels Photonen illuminiert wird und mit Hilfe der Samples-Anzahl verfeinert wird. Ist diese Option deaktiviert, stellt mental ray den Radius automatisch auf 0,1 der Szenengröße ein. Selten jedoch handelt es sich hierbei um einen geeigneten Wert, mit dem eine vorliegende Szene überzeugend ausgeleuchtet werden kann. Denn je kleiner diese Lichtinseln werden, desto mehr kann die Detailfreude der Oberfläche transportiert werden, wodurch sich aber die Renderzeit erhöht. Umgekehrt kann ein größerer Radius die Renderzeit reduzieren, wenn sowieso keine Details auf homogenen Oberflächen vorliegen. Es sei empfohlen, stets einen für die eigene Szene adäquaten Radius zu finden. Wenn die Kamera einen Innenraum vollständig erfasst (keine Detailansicht) wie in unserer Szene, dann gilt die Regel »Radius = ca. Deckenhöhe«.

- Aktivieren Sie RADIUS, stellen Sie ihn auf 200cm und rendern Sie ein neues Bild.

Das resultierende Bild ist ausgewogener, die Zimmerwände werden nun egalisierend erhellt (Abbildung 1.10).

Neben der Anzahl der Streufarbenreflexionen dieser Photontechnik ist die Anzahl der Photonen selbst wichtig, die pro Lampe in den Szenenraum verschossen werden. Sie liegt standardgemäß bei 20.000. Da wir nur mit einem Licht arbeiten, werden also insgesamt 20.000 Photonen verschossen, die als Parameter LIGHT PROPERTIES unter der Option AVERAGE GI PHOTONS PER LIGHT einstellbar ist (Abbildung 1.11).

1.7 Parameter der GI

Abbildung 1.10
Max Samping Radius = 200cm

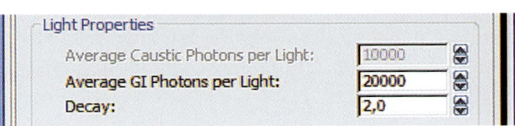

Abbildung 1.11
Anzahl der Photonen pro Lichtquelle

Dieser Wert gilt global für jedes eingerichtete Lichtobjekt, doch unter den Lichtparametern der Änderungspalette kann auch eine individuelle Photonenanzahl eingestellt werden. Die Anzahl der Photonen ist insofern wichtig, da stets eine ausreichend hohe Photonendichte vorhanden sein muss, um die Qualität der indirekten Beleuchtung zu gewährleisten. Ein Experiment soll die Wirkung einer reduzierten Photonenanzahl verdeutlichen:

- Reduzieren Sie den Wert Average GI Photons per Light auf 10 und rendern Sie ein Bild (Abbildung 1.12).

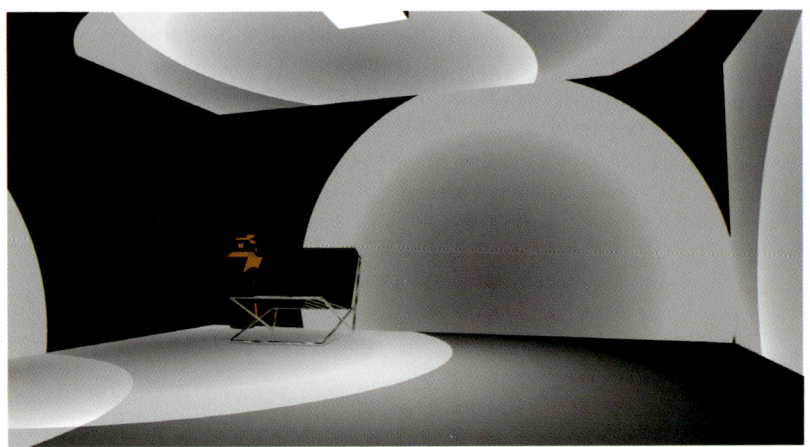

Abbildung 1.12
Average GI Photons per Light = 10 statt 20.000

10 Photonen sind viel zu wenig, sie erhellen den Raum nur unzureichend mit indirektem Licht. Deutlich sehen wir aber die Wirkung der gering vorhandenen Photonen in Form kreisrunder Illuminationsinseln.

- Kehren Sie anschließend wieder auf den alten Wert 20.000 zurück.

Der Vollständigkeit halber sei hier der Wert DECAY erwähnt. In der Natur fällt die Lichtenergie mit doppelter Distanz zum Hindernis auf ein Viertel der ursprünglichen Niveaus ab nach dem Gesetz $1/Distanz^2$. Der Wert 2 unter DECAY vertritt dieses Verhalten bei den Photonen. Aus Gründen der physikalischen Korrektheit sollte der Wert unverändert bleiben, nur wenn besondere Effekte erwünscht sind, kann dieser natürliche Lichtabfall beeinflusst werden. Die Reduzierung auf 1 (= 1/Distanz) bedeutet, dass das Licht weniger stark abfällt bei doppelter Entfernung zum angestrahlten Objekt, die Helligkeit des Bildes also zunimmt. Der Wert Null bedeutet, dass gar kein Lichtabfall stattfindet: Das Licht ist ständig gleichbleibend hell, egal, wie weit entfernt sich das angestrahlte Objekt von der Lampe befindet.

Obwohl Licht in der Natur unendlich oft von den Zimmerwänden reflektiert bzw. zurückgeworfen wird, brechen die Photonen, die diesen Vorgang für uns simulieren, nach 10 Reflexionsdurchgängen ab. 10 Streufarbenreflexionen reichen für unseren Vier-Wände-Raum vollkommen aus. In früheren Versionen von 3ds Max war dieser Wert auf 5 eingestellt.

Ein Experiment soll aufzeigen, wenn die Streufarbenreflexionen gering eingestellt werden:

- Stellen Sie die Anzahl der MAX. REFLECTIONS auf 1 und rendern Sie ein neues Bild.

Das Ergebnis sieht so aus wie Abbildung 1.13.

Abbildung 1.13
Das Experiment zeigt die Situation, wenn die Anzahl der Streufarbenreflexionen auf 1 reduziert wird.

Das fertige Bild zeigt, dass die Wände zwar illuminiert werden, der Boden aber sich so verhält wie bei unserem ersten Test mit ausschließlich direktem Licht. Teile des Bodens verbleiben wieder pechschwarz, weil der Boden nur durch direktes Licht beleuchtet wird: Photonen treffen zwar von der Lichtquelle auf den

Boden als das erste Hindernis, doch bleiben sie noch inaktiv, weil der gesamte Boden dem direkten Licht gehört. Erst während ihres zweiten Aufpralls auf Zimmerwand bzw. Decke entfalten sie ihre illuminierende Wirkung. Da anschließend ihr Weg aber gemäß der eingestellten Anzahl 1 nun zu Ende geht, fallen von Wänden und Decken jedoch keine weiteren Photonen mehr zurück auf den Boden, und der Boden bleibt von indirektem Licht ausgeschlossen.

- Kehren Sie anschließend wieder auf den alten Wert 10 zurück.

1.8 Diagnostics

Die Dichte der abgestrahlten Photonen im Raum entscheidet über die Qualität der indirekten Beleuchtung. Diese kann bei zu geringer Dichte einen fleckigen Charakter erhalten, der insbesondere auf homogenen Flächen wie unseren Zimmerwänden sehr auffällt und störend wird.

Sehr aufschlussreich für die Feststellung der Photonendichte ist das Diagnostic-Werkzeug.

- Die Diagnostics schalten Sie in der Renderpalette unter PROCESSING → DIAGNOSTICS ein: Setzen Sie ein Häkchen bei ENABLE und wählen Sie PHOTON (DENSITY) aus Abbildung 1.14.

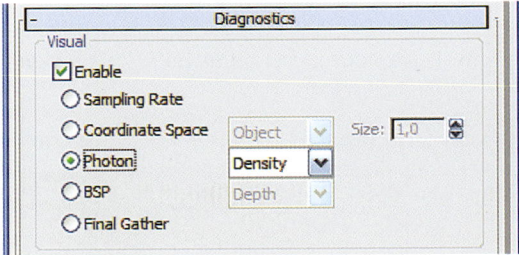

Abbildung 1.14
Renderdialog:
DIAGNOSTICS

Wenn Sie nun das Bild rendern, wird als Resultat ein so genanntes Falschfarbenbild der Photonendichte geliefert (Abbildung 1.15).

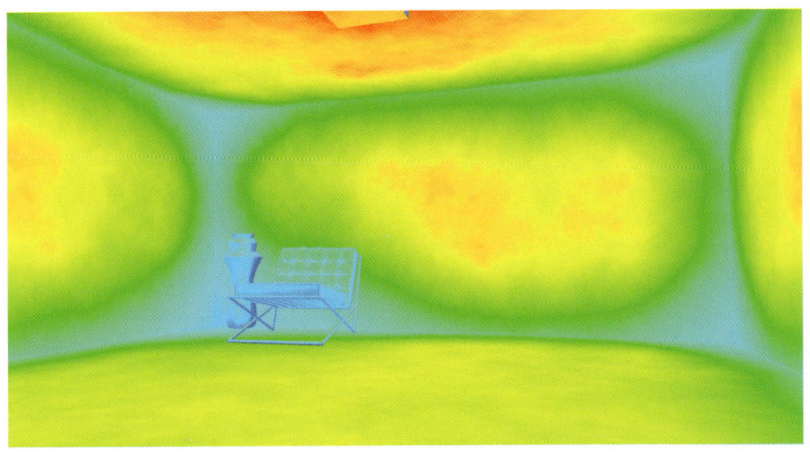

Abbildung 1.15
DIAGNOSTICS über
Photonen (Density)

Die Farbskala stellt hierbei die Photonendichte von 0% bis 100% in den Farben Blau, Cyan, Grün, Gelb bis Rot dar. Blaue Raumzonen signalisieren: Photonendichte minderwertig bis nicht vorhanden, dagegen zeigt Rot: ausreichende Dichte von Photonen vorhanden.

Sie werden zu späterer Stelle Maßnahmen kennen lernen, was zu tun ist, wenn die Dichte nicht ausreicht.

1.9 Streufarben

Die Photonen, die den Strahlengang des Lichts im Raum simulieren, transportieren nicht nur Helligkeitswerte, sondern auch Farbinformationen, weswegen man von Streufarbenreflexionen spricht. Das reflektierte Licht transportiert dabei die vergebene Oberflächen- bzw. Materialfarbe der Geometrie mit.

Für den nächsten Schritt werden wir mit Materialien arbeiten.

Laden Sie dazu die Szene 01_GI_02.max. Die Einstellungen dieser Szene entsprechen denen, wie wir sie aus den vorigen Schritten gefunden hatten.

Der Sessel, Boden, die Vase sowie die Deckenlampe besitzen bereits ein Arch & Design-Material (A&D), die Zimmerwände dagegen werden wir selbst bearbeiten, als Vorbereitung für die späteren Übungen mit den mr-Materialien. Die Handhabung des A&D-Materials selbst werden wir erst im nächsten Kapitel ausführlich vertiefen, daher sei an dieser Stelle zunächst eine Kurzbeschreibung erlaubt.

Öffnen Sie den Materialeditor.

- Ziehen Sie in das Feld VIEW1 des SLATE MATERIAL EDITOR ein MULTI/SUB-OBJECT-Material, dem Sie die Bezeichnung »Raum« geben und dessen SET NUMBER Sie auf 3 stellen. Löschen Sie alle angeschlossenen Materialien #1 bis #10 aus dem Feld.

Tipp Um nicht das vorgeschlagene MULTI/SUB-OBJEKT-Material mit 10 Elementen laden zu müssen, können Sie die Anzahl der Elemente reduzieren, indem Sie im SLATE MATERIAL EDITOR → OPTIONS → PREFERENCES → NUMBER OF SUB-MATERIALS die gewünschte Anzahl als Vorschlag einstellen. Für die Projekte in diesem Buch sei die Anzahl 3 empfohlen.

Drei der vier Wände besitzen die Material-ID 1, während der Boden Material-ID 2 und eine letzte Wand die ID = 3 hat.

- Für die ersten beiden SUB-MATERIAL-Kanäle laden Sie je ein mr-A&D-Material.
- Für das in Kanal 1 angeschlossene A&D-Material, dem Sie die Bezeichnung »Wände« geben, wählen Sie unter der Gruppe TEMPLATES die MATTE FINISH-Voreinstellung (Matte Oberfläche) und ändern die DIFFUSE COLOR auf Reinweiß bzw. RGB = 1,0/ 1,0/ 1,0 (Abbildung 1.16).
- Für das zweite A&D-Material in Kanal 2 wählen Sie als Voreinstellung SATIN VARNISHED WOOD (Holz, seidenglänzend), vergeben den Namen »Boden« und reduzieren die REFLECTIVITY von 0,7 auf 0,25.

1.9 Streufarben

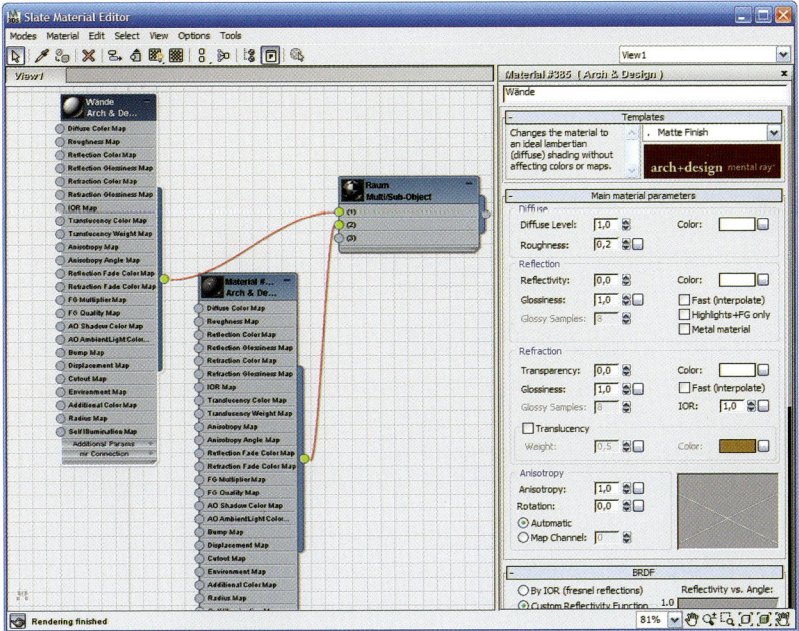

Abbildung 1.16
Das ARCH & DESIGN-Material von mental ray, angeschlossen an ein MULTI/SUB-Material. Wählen Sie die Voreinstellung MATTE FINISHED.

- Für den dritten Kanal kopieren Sie das erste A&D-Material »Wände« aus dem ersten Kanal. Dies tun Sie, indem Sie das Symbol im Feld von VIEW1 mit gedrückter Shifttaste verschieben (im Compact Materialeditor ziehen Sie es in einen freien Slot als COPY, nicht als Instanz). Bezeichnen Sie es »Wand_spezial« und stellen die Verbindung zu Kanal 3 von »Raum« her. »Wand_spezial« werden wir später noch verändern.
- Weisen Sie das MULTI/SUB-OBJECT-Material »Raum« dem gleichnamigen Objekt in der Szene zu.

Nun werden wir für eine hellere Lampe sorgen.

- Wählen Sie »TPhotometricLight01« aus und schalten Sie in der Rubrik LIGHT DISTRIBUTION (TYPE) von SPOTLIGHT um auf UNIFORM DIFFUSE.

Die bedeutet, dass das Licht nun halbkugelförmig in alle Richtungen nach unten abgestrahlt wird.

Rendern Sie ein Bild (Abbildung 1.17).

Wenn wir das gerenderte Bild in Bezug auf Farben beurteilen, erkennen wir, dass die Wände nicht wirklich einfach nur weiß erscheinen, obwohl wir ein Material dieser Farbe zugewiesen haben. Die Lampe strahlt Licht von einer bestimmten Farbtemperatur ab, außerdem nimmt das indirekte Licht einen Teil der Farbe des Reflexionskörpers mit, das in unserem Fall vom braunen Boden dargestellt wird. Speichern Sie dieses Bild ab, da wir es für einen späteren Vergleich brauchen, oder legen Sie es im RAM-Player ab (RENDERING → RAM PLAYER → linkes grünes Teekannensymbol und mit OK bestätigen).

Abbildung 1.17
Das Licht wird halbkugelförmig nach unten in den Raum abgestrahlt, die Wände besitzen nun zugewiesene Materialien.

- Im dritten Kanal unseres »Raum«-Materials mit der Bezeichnung »Wand_spezial« ändern Sie nun die DIFFUSE COLOR von Weiß auf ein reines Rot bzw. RGB = 1/ 0/ 0.

Dies hat zur Folge, dass die rechte Zimmerwand in ein kräftiges Rot eingefärbt wird. Rendern Sie die Szene erneut und vergleichen Sie beide Renderings. Nachdem unser indirektes Licht schon durch die braunen Farben des Bodens beeinflusst wurde, strahlt nun die rote Wandfarbe zusätzlich auf die verbleibenden weißen Wände ab. Diesen Effekt nennt man *Color Bleeding*. Die Photonen transportieren Farbeigenschaften ihrer Objekte mit (Abbildung 1.18).

Abbildung 1.18
Durch die rote Zimmerwand der einen Seite erhält das indirekte Licht einen roten Farbstich, der sich auf den übrigen Raum auswirkt (*Color Bleeding*).

Auf diesen Color-Bleeding-Effekt können Sie Einfluss nehmen. Das A&D-Material besitzt einen eingebauten Photon-Basic-Shader, jenen Materialalgorithmus, der u.a. für Color Bleeding verantwortlich zeichnet. Dieser kann verändert/ersetzt werden durch ein selbst gewähltes Material, einer Map oder Farbe.

1.9 Streufarben

- Öffnen Sie dazu im Material »Wand_spezial« die unterste Gruppe MENTAL RAY CONNECTION.
- Im dortigen Kanal PHOTON klicken Sie auf das rechtsgelegene Schlosssymbol, um es zu aktivieren. Für den PHOTON-Kanal wählen Sie unter MAPS → MENTAL RAY den PHOTON BASIC-Schattierer und stellen seine DIFFUSE-Farbe auf Grün bzw. RGB = 0/ 1/ 0.

Abbildung 1.19 zeigt den MATERIAL/MAP BROWSER, der auch den PHOTON BASIC (BASE)-Schattierer auflistet, den wir auswählen, sodass er in der MENTAL RAY CONNECTION im Photon-Kanal erscheint.

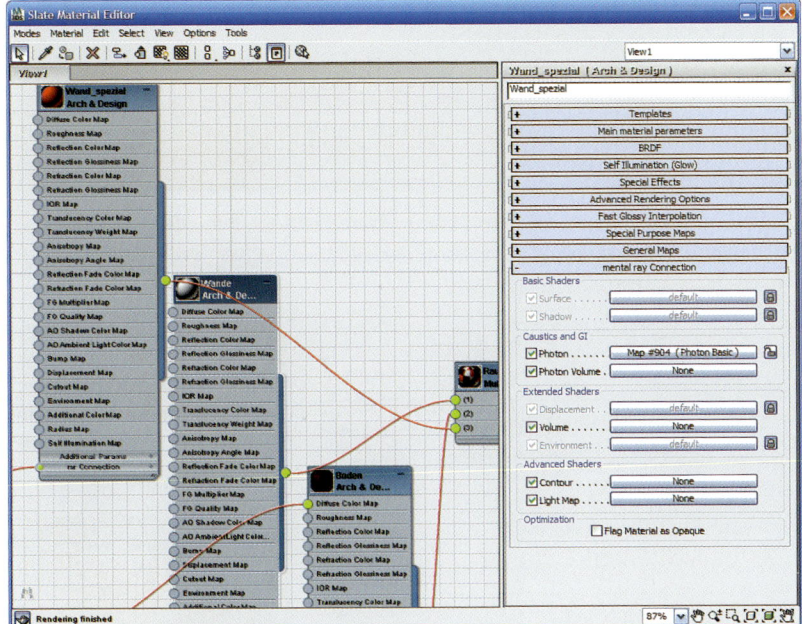

Abbildung 1.19
Im A&D-Material »Wand_spezial« fügen wir eine PHOTON BASIC-Map ein.

Wenn Sie nun das Bild rendern, erscheint die rechte Zimmerwand zwar noch immer genauso rot, doch suggerieren wir den darauf auf- und abprallenden Photonen, jene Wand als völlig grün zu betrachten. Demzufolge wird grünliches Licht von dieser Wand ins Zimmer reflektiert (Abbildung 1.20). Ein Vorgang, der natürlich unrealistisch ist und wohl nur für bestimmte grafische Kontrastbetonungen Verwendung finden dürfte.

Sie können auf diese Weise auch die Helligkeit des indirekten Lichtes steuern. Diesen Status können Sie in der Szene 01_GI_03.max einsehen.

Um Color Bleeding zu mildern bzw. ganz zu unterbinden, wählen Sie für die DIFFUSE-Farbe der PHOTON BASIC-Map eine ähnliche wie die der übrigen Zimmerwände oder stellen ein neutrales Grau ein. Je dunkler Sie dieses Grau stellen, desto schwächer wird der Color-Bleeding-Effekt. Falls Sie eine Textur als Tapetenmuster benutzt haben, können Sie diese Map auch für die PHOTON BASIC-Map verwenden, mit den entsprechenden Veränderungen, die Sie wünschen.

Abbildung 1.20
Als Experiment reflektiert die rote Zimmerwand nun grünes Licht in den Raum aufgrund unserer Einstellungen.

Die Photon-Map lässt sich wie eingangs erwähnt als Datei im *.pmap-Format speichern. Die Parameter finden Sie im Renderdialog unter der Gruppe REUSE (FG AND GI DISK CACHING) (ABBILDUNG 1.21).

Abbildung 1.21
Renderdialog: die Gruppe zum Speichern der Photon-Map

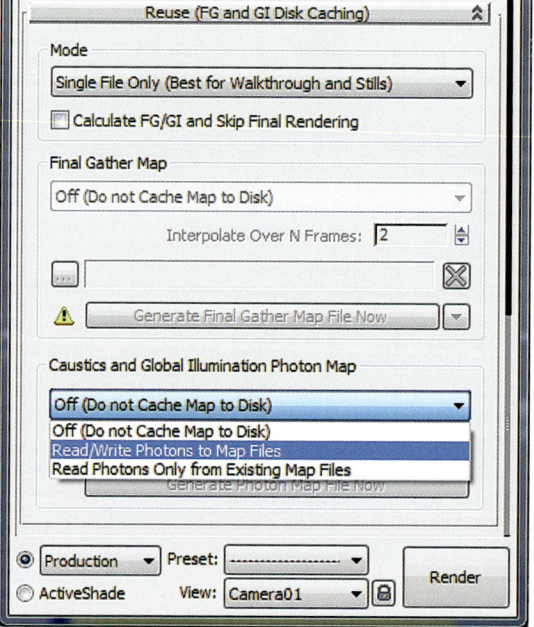

Für Netzwerk-basierte Renderfarmen kann diese Photon-Map auch vorberechnet werden, damit alle am Renderprozess beteiligten Maschinen der Renderfarm darauf zurückgreifen können. Das Vorberechnen der Photon-Map führt uns zum nächsten Abschnitt.

1.10 Animation mit GI

Bisher haben wir stets ein Einzelbild gerendert. Es stellt sich die Frage, wie die Photon-Map der GI generiert werden soll, wenn eine Animationssequenz berechnet werden soll.

Laden Sie die Szene 01_GI_04.max. Beim Öffnen übernehmen Sie die Gamma-Einstellung der Datei. Die Szene greift auf eine Textur des in 3ds Max mitgelieferten Verzeichnisses ../maps/Wood/ zurück.

In dieser Szene befindet sich eine animierte Kamera, die den Raum durchfliegt, mit einer Länge von 100 Filmbildern bzw. vier Sekunden. Hiervon wollen wir einen Filmclip rendern.

Da sich sonst außer der Kamera nichts bewegt, handelt es sich hierbei um eine Animation vom Typ »walkthrough« (Durchgang). Bei einer Walktrough-Animation stehen sowohl die Geometrie der Szene als auch die Lichter still. Einzig und alleine nur die Kamera verändert ihre Perspektive. Für diesen Typ können wir eine gesamte Animationssequenz rendern unter Rückgriff auf eine einzelne, zuvor berechnete und abgespeicherte Photon-Map. Dies hat den Vorteil, dass die Photon-Map nur einmal für ein Filmbild erstellt wird, um sie dann für die restlichen Filmbilder der Animation wieder zu verwenden, was einen beträchtlichen Zeitvorteil einbringt.

Im nächsten Schritt wollen wir eine solche Photon-Map auf Vorrat speichern. GI ist in dieser Szene als indirekte Beleuchtung bereits eingeschaltet, die Einstellungen entsprechen den zuvor gefundenen, das heißt, der MAXIMUM SAMPLING RADIUS beträgt 200cm.

In der Gruppe REUSE (FG AND GI DISK CACHING) (ABBILDUNG 1.21) gibt es die Gruppe MODE.

- Schalten Sie hier die Option SINGLE FILE ONLY (BEST FOR WALKTHROUGH AND STILLS).

Dies bedeutet, dass eine Photon-Map nur für ein Filmbild gespeichert wird, die hinterher für die gesamte Animationssequenz gelesen werden soll. Wir erinnern uns, dass die Photon-Map abhängig von der Position der Lichtquellen, aber unabhängig von der Position von Kameras berechnet wird. Daher dürfen wir ein und dieselbe Map für alle Arten von Kamerapositionen und -bewegungen verwenden, um sie sowohl für Stills (Standbilder) als auch für Animationen vom Typ Walkthroughs zu benutzen. Erst ab dem Moment, wo wir auch Geometrien verändern bzw. animieren wollten, müssten wir den anderen Modus ONE FILE PER FRAME (BEST FOR ANIMATED OBJECTS) wählen.

Im Bereich CAUSTICS AND GLOBAL ILLUMINATION PHOTON MAP finden Sie drei Einträge. Uns interessiert der zweite Eintrag: READ/WRITE PHOTONS TO MAP FILE.

- Schalten Sie READ/WRITE PHOTONS TO MAP FILE ein und wählen Sie einen Speicherort, an dem die Photon-Map gespeichert werden soll. Vergeben Sie den Namen »Photon-Map für Durchgang_1«.
- Nun berechnen wir die Photon-Map, ohne dass ein Bild gerendert wird, indem wir auf die darunterliegende Schaltfläche GENERATE PHOTON MAP FILE NOW klicken.

DIREKTES UND INDIREKTES LICHT

Die Photon-Map wird schnell und nahezu unsichtbar berechnet, sie ist als »Photon-Map für Durchgang_1.pmap« gespeichert und ca. 420 KB groß. Diese Photon-Map finden Sie auch auf der Buch-DVD.

- Schalten Sie um auf den dritten Eintrag READ PHOTONS ONLY FROM EXISTING MAP FILES.

Dies bedeutet, dass jetzt nur noch unsere zuvor abgespeicherte Map zur Animation verwendet wird. Nachträgliche Änderungen in der Geometrie oder an Materialien sind von nun an nicht mehr erlaubt und würden die Lösung der indirekten Beleuchtung verfälschen. Dagegen könnten Sie die Kamerafahrt sehr wohl nachträglich bzw. jederzeit unter Beibehaltung der Photon-Map umgestalten.

Die Animation reicht von 0 bis 75 Frame. Vergewissern Sie sich, dass 3ds Max auf PAL steht und nicht auf NTSC (PLAY-Schaltfläche → Rechtsklick). Rendern Sie die Szene über die animierte Camera01 in der empfohlenen Auflösung 640x480px.

Das Rendern der gesamten Sequenz benötigt nun wesentlich weniger Zeit, als wenn wir von jedem Filmbild eine eigene Photon-Map erstellen wollten, was bei Walktroughs unnötig wäre.

1.11 Ambient Occlusion (Umgebungsokklusion)

Neben der GI können wir uns bei dieser Gelegenheit das mr-Konzept AMBIENT OCCLUSION (Umgebungsverdeckung bzw. Umgebungsokklusion, AO) betrachten. Es wird sehr oft als Beleuchtungskonzept verstanden, weil es zwar eine Licht-Schatten-Situation darstellt, die zudem unabhängig von jeglichen Lichtquellen ermittelt wird, jedoch handelt es sich in Wahrheit um keine errechnete Lichtsituation, sondern um eine visualisierte Nah-Fern-Beziehung zwischen Geometrieobjekten. Wird ein Abstand oder eine Lücke zwischen zwei Objekten kleiner, werden beide Objekte an ihrer zugewandten Seite umso dunkler dargestellt, unabhängig davon, welche Lichtverhältnisse vorherrschen.

AO wurde entwickelt, um der Beobachtung beizukommen, dass in Ritzen oder Kanten geringere Beleuchtungsverhältnisse herrschen. Eine Simulation dessen hat den Vorteil, dass Ecken, Kanten und Ritzen durch den so geschaffenen Hell-dunkelkontrast wohltuend stärker betont würden.

Die Technik von AO versendet von Messpunkten Strahlen halbkugelförmig in alle Richtungen und diese werden auf Kollision mit einem Objekt geprüft. Mit Hilfe von Strahlen, die ungehindert ihren Weg fortsetzen können, bzw. mit Strahlen, die auf eine Geometrie stoßen, können Richtungen ermittelt werden, wo imaginäres Licht herkommen kann und wo Dunkelheit vorzuherrschen hat.

Auf der SIGGRAPH 2002 wurde die Technik *Ambient Occlusion* zum ersten Mal popularisiert, die von Mitarbeitern der Industrial Light & Magic entwickelt wurde. Sie verleiht einer 3-D-Szene einen bestimmten Grad an Global-Illumination-Realismus, jedoch ohne im Vergleich dazu die langwierig anmutenden, zu berechnenden Techniken der indirekten Beleuchtung einzusetzen. Ambient

1.11 Ambient Occlusion (Umgebungsokklusion)

Occlusion wurde zusammen mit der Implementierung von mental ray für 3ds-Max-Artists zugänglich gemacht; sie kann dagegen auf dem Scanline-Renderer jedoch nicht angewendet werden. AO kann in der Szene lichtquellenunabhängige Helldunkelkontraste erschaffen und wird oft dazu benutzt, um eine indirekte Beleuchtung (GI) zu simulieren. Diese Abschattierung ist physikalisch unkorrekt und wird daher oft nur als Graustufeneffekt zum herkömmlichen Renderbild multipliziert.

Laden Sie die Datei 01_AO_01.max. Übernehmen Sie die Gamma-Einstellungen der Datei. Die Datei greift auf Texturen des mitgelieferten maps-Verzeichnisses zurück.

Im Feld VIEW2 des SLATE MATERIAL EDITOR bzw. im zweiten Slot des Compact-Materialeditors befindet sich ein A&D-Material »Umgebungsverdeckung«. Es handelt sich nur um ein einfaches, weißes Material.

- Aktivieren Sie in UMGEBUNGSVERDECKUNG unter der Gruppe SPECIAL EFFECT die Rubrik AMBIENT OCCLUSION und ändern Sie die MAX DISTANCE auf 50,0cm (Abbildung 1.22).

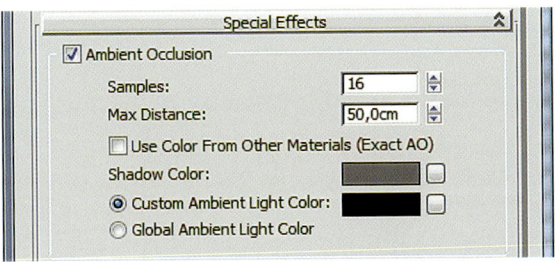

Abbildung 1.22
Umgebungsverdeckung

Dies bedeutet, dass von der Stelle, an der zwei Geometrieobjekte sich berühren, die Umgebungsverdeckung in einer Distanz von 50,0cm berechnet wird und mit Schattierung zu rechnen ist.

Um die Szene mit einem reinen AO zu berechnen, werden wir dieses Material für alle Geometrieobjekte zuweisen.

- Dies tun wir komfortabel, indem wir RENDERING → RENDER SETUP → PROCESSING aufrufen und ein Häkchen bei MATERIAL OVERRIDE setzen (Abbildung 1.23). Außerdem ziehen Sie mit gedrückter linker Maustaste das AO-Material »Umgebungsverdeckung« in den hiesigen Kanal.

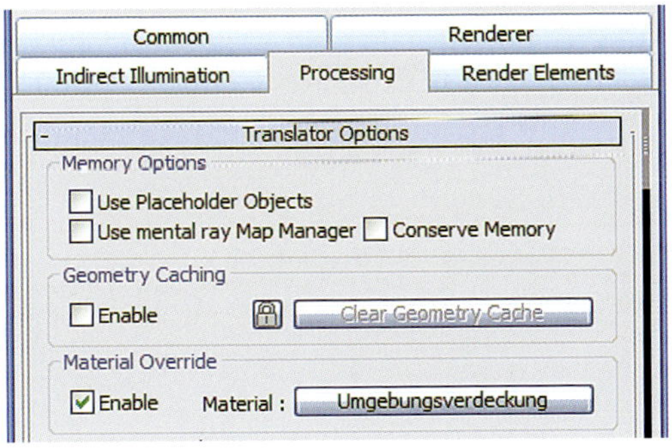

Abbildung 1.23
Mit MATERIAL OVERRIDE wird der gesamten Szene nur ein Material zugewiesen.

Rendern Sie nun ein Bild (Abbildung 1.24). Sie sehen einen Schwarz-Weiß-Kontrast. An jeder Stelle, wo sich Geometriekörper nahe kommen, entsteht ein dunkler Kontrast, der umso dunkler wird, je mehr sich die Geometrien näher kommen.

Abbildung 1.24
Reines Ambient Occlusion mit MAX DISTANCE = 50cm

Man benutzt Ambient Occlusion, um somit nachträglich einige Schattenpartien im Bild subversiv zu verstärken. Das A&D-Material hat diesen Algorithmus bereits eingebaut und kann bei Bedarf aktiviert werden. Wir werden nun die Szene mit dem vorigen Schattierer rendern, uns dabei aber des kontrastverstärkenden Mittels der Ambient Occlusion bedienen.

- Entfernen Sie dazu das Häkchen bei MATERIAL OVERRIDE wieder und öffnen Sie im Feld VIEW1 des SLATE MATERIAL EDITOR das benutzte MULTI/SUB-OBJECT-Material mit dem Namen »Raum«.

In allen Kanälen finden Sie je ein A&D-Material, das jeweils unter der Gruppe SPECIAL EFFECTS den Ambient-Occlusion-Algorithmus aufweist. Es ist dieselbe Anordnung wie aus der vorigen Szene.

- In jedem A&D-Material der beiden oberen Kanäle – »Wände« und »Boden« – aktivieren Sie AO und setzen die MAX DISTANCE auf 5,0cm (das dritte Material ist nicht zugewiesen).

Wenn wir nun das Bild rendern, erhalten die Raumkanten eine deutlich hervorgehobene und kontrastierende Wirkung der Zimmerwandkanten (siehe Abbildung 1.25) Mit dieser Technik, auf die wir insbesondere in Kapitel 6 zurückkommen werden, können so schwache Objektschatten verstärkt werden.

Abbildung 1.25
Ambient Occlusion
angewandt

Diese Szene finden Sie auf der beiliegenden Buch-DVD unter dem Namen 01_AO_02.max.

1.12 Finalgather

Die Qualität und die Homogenität von Renderings ist auf eine ausreichende Photonendichte angewiesen, die jedoch nicht immer anzutreffen ist. In bestimmten topologischen Raumaufteilungen kann nur eine verschwindend geringe Anzahl von Photonen in die entlegenen Winkel des Innenraumes gelangen.

Eine solche Situation finden Sie in der Szene 01_FG_01.max, die Sie öffnen. Übernehmen Sie die Gamma-Einstellungen der Datei.

Es handelt sich um denselben Raum, der um ein Nebenzimmer erweitert wurde, in dem sich neben Camera02 auch ein Standregal befindet.

- Öffnen Sie RENDERING → RENDER SETUP → INDIRECT ILLUMINATION und aktivieren Sie zunächst GLOBAL ILLUMINATION (GI) mit den Werten MAX PHOTONS = 500 und dem bereits gefundenen Wert MAXIMUM SAMPLING RADIUS = 200cm.
- Darüber hinaus aktivieren Sie noch die DIAGNOSTICS für PHOTONS (DENSITY).

Wenn Sie das Bild der Ansicht Camera02 rendern, erhalten wir wieder ein so genanntes Falschfarbenbild. Wie Sie sich erinnern, signalisieren bläuliche Farben eine nur geringe Photonendichte. Das gesamte Regal, das in Tiefblau dargestellt wird, erhält also nur eine ungenügende Photonenanzahl, zu wenig, als dass sie für eine detailreiche Ausleuchtung sorgen könnte (Abbildung 1.26).

Kapitel 1 — DIREKTES UND INDIREKTES LICHT

Abbildung 1.26
Renderdialog: Über DIAGNOSTICS erhalten wir ein Falschfarbenbild, das Aufschluss über die Photonendichte gibt.

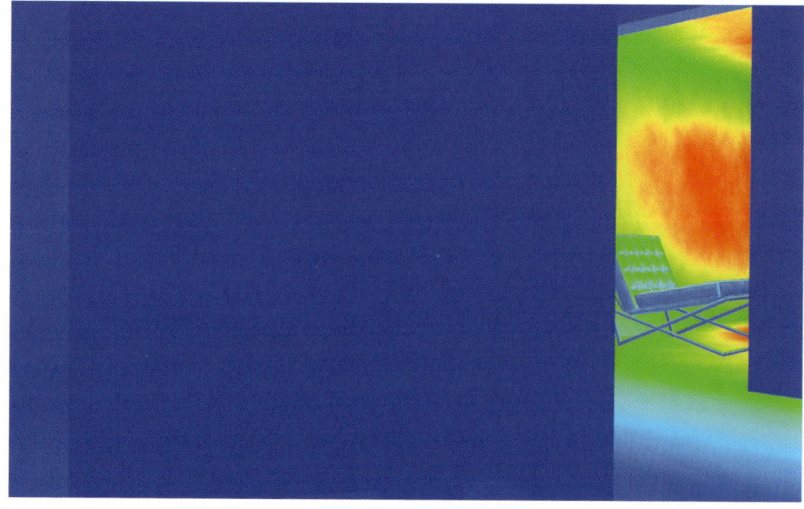

Das liegt zum einen daran, dass wir nur ein einzelnes Spotlight strahlen lassen, das noch dazu im anderen Zimmer leuchtet. Von der Lampe des Nebenzimmers gelangen nur wenige Photonen durch die Tür in den Raum mit dem Regal und der Camera02. Erschwert wird die Situation dadurch, dass kein direktes Licht in den Nebenraum gelangt. Das Regal wird also ausschließlich durch indirektes Licht beleuchtet, das von den Zimmerwänden herrührt. Es gelangen kaum Photonen in die einzelnen Regalfächer hinein, um diese zu illuminieren. Wir erkennen es im gerenderten Bild daran, dass seine Ausleuchtung inkorrekt ist, das Regal passt sich in seiner Lichtstimmung nicht der im Raum gegebenen an. Die Regalfächer werden unzureichend schattiert (Abbildung 1.27).

Abbildung 1.27
Nur wenig Photonen gelangen aus dem Nebenzimmer in die Regalfächer hinein. Es herrscht eine ungenügende Photonendichte.

Es gibt nun mehrere Möglichkeiten, die Beleuchtung alleine mit Mitteln der GI zu verbessern. Wir könnten zum einen versuchen, die Anzahl der Photonen zu erhöhen, damit mehr Photonen in den Nebenraum gelangen, zum anderen die Anzahl der Streufarbenreflexionen erhöhen, damit ebenfalls mehr Photonen vor ihrem Erlöschen noch in den Nebenraum gelangen könnten. Doch würde dies nur unnötig die Renderzeit erhöhen und gleichzeitig die Speicherressourcen Ihres Rechners in Anspruch nehmen, ohne dass wir wesentliche Verbesserungen erkennen würden. Denn das Erhöhen der Photonenzahl unter AVERAGE GI PHOTONS PER LIGHT läuft erfahrungsgemäß auf ein ungünstiges Kosten-Nutzen-Verhältnis hinaus, weil selbst durch stark maximierte Photonenzahl die Dichte in unserem Nebenraum nur mäßig und unzureichend ansteigen würde.

Für Bildzonen, die für die erforderliche Mindestanzahl an Photonen unzugänglich bleiben, hat mental images die Technik des Finalgather entwickelt.

1.13 Der ursprüngliche Gedanke der Final-Gathering-Technik

Zu unserem Szenenbeispiel 01_FG_01.max mit dem Standregal, bei dem sich die Regalfächer auf der lichtquellenabgewandten Seite in einem Nebenraum fernab des direkten Lichtes befinden, verirren sich nur wenige bis gar keine Photonen.

Das ist der Punkt, an dem Finalgather eingeschaltet wird, eine alternative Methode zur Erzeugung von indirektem Licht. Sie sucht nun nicht mehr nach Photonen, sondern verteilt auf den sichtbaren Oberflächen der Szenengeometrie so genannte Finalgather-Punkte (FG-Points). Von jedem dieser Punkte werden primäre Messstrahlen halbkugelförmig in alle Richtungen versendet und messen die Illumination an ihren Objekthindernissen, indem sie den dort vorhandenen Materialshader untersuchen. Sie erfragen u.a. die Eigenschaften Reflexionen, Refraktion und Transparenzen und erzeugen daraufhin neue Sekundärstrahlen, die diese Charakteristika transportieren. Der Weg, den die Strahlen einnehmen, entspricht der Ray-Tracing-Richtung. In der Standardeinstellung werden 500 Strahlen pro Punkt versendet. Abbildung 1.28 zeigt einen einzelnen Messpunkt, von dem einige wenige zu versendende Strahlen angedeutet sind.

Der Finalgather-Prozess wird vorrangig als *diffuse effect* praktiziert, das heißt, er spielt sich auf Streufarbenniveau ab. Dabei können Detailschatten in unmittelbarer Objektnähe schnell verloren gehen, weswegen die oben erwähnte Technik der Ambient Occlusion eingesetzt werden kann.

Sie werden nun Finalgather anhand unserer vermeintlich einfachen, in Wahrheit doch kniffligen Lichtsituation kennen lernen.

- Belassen Sie GI mit unseren bisherigen Werten, deaktivieren Sie DIAGNOSTICS und schalten Sie zusätzlich zur GI nun FINAL GATHER ein. Den Schieberegler, der verschiedene Qualitätsstufen anzeigt, stellen Sie auf die Option MEDIUM.

Abbildung 1.28
Von einem FG-Punkt werden Messstrahlen in alle Richtungen versendet.

Belassen Sie die übrigen Werte und rendern Sie ein Bild. Der Rendervorgang besteht aus einem *basic pass* und einem *rendering pass*. Nachdem das Bild fertig gerendert wurde, ist die Beleuchtung zwar nicht heller geworden, aber wir erkennen eine deutlich differenziertere Ausleuchtung des Regals. Alle Objekte werden auf ihrer dunklen, lichtabgewandten Seite natürlicher und heller schattiert (Abbildung 1.29).

Abbildung 1.29
Global Illumination mit zusätzlich aktiviertem Finalgather

Finalgather steht an finaler Stelle zur Berechnung der indirekten Illumination. Wir haben sie nach der Berechnung der Photon-Map eingesetzt. Sie generiert indirektes Licht in Bildzonen, die eine ungenügende Photonendichte aufweisen. Wir haben jedoch als Nachteil eine erhöhte Renderzeit in Kauf nehmen müssen. Die Finalgather-Technik funktioniert physikalisch korrekt, wenn entsprechende Material-Schattierer eingesetzt werden. Der Einsatz von konventionellen Schattierern, wie beispielsweise die 3ds-Max-eigenen Standardmaterialien, beeinflussen das FG-Ergebnis in einer Weise, dass von keiner physikalischen Korrektheit mehr gesprochen werden kann.

Die 3ds-Max-Standardmaterialien bieten die MENTAL RAY CONNECTION, mit denen jene Materialien um wichtige mental-ray-Eigenschaften erweitert werden können, die zu einer physikalischen Korrektheit führen. Ich werde in Kapitel 3 auf die MENTAL RAY CONNECTION zurückkommen.

Hinweis

1.14 Finalgather alleine

Finalgather wird zwischenzeitlich von der Mehrheit der Anwender alleine benutzt, weil es ohne Photonen auskommt, die entsprechende Schattierer benötigen, die in anderen 3-D-Applikationen nicht immer verfügbar sind. Doch in 3ds Max 2011 Design brauchen Sie sich diesbezüglich keine Sorgen zu machen, selbst wenn Sie einmal Geometrie ohne mental-ray-Schattierer rendern wollen, so ist die Photon-Technik einsetzbar. Dazu mehr in Kapitel 6.

Wir wollen anhand der nächsten Szene untersuchen, wie die Parameter dieser Technik zu bedienen sind.

Laden Sie dazu die Datei 01_FG_02.max. Übernehmen Sie die Gamma-Einstellungen der Datei. Sie greift auf Bildtexturen zurück, die sich im mitgelieferten maps-Verzeichnis befinden.

Wir befinden uns wieder im Nebenraum, jedoch aus der Sicht der Camera03, die von der Tür aus in den Raum blickt. Eine Zimmerwand ist rot, die anderen weiß. Das Standregal wurde gedreht. Der gesamte Nebenraum wird teilweise durch direktes Licht beleuchtet, das durch die offene Tür hineinfällt. Rendern Sie die Szene über Camera03, und Sie sehen, dass außer dem Lichtschein, der durch die Tür hineinfällt, der übrige Raum im Dunkeln bleibt, was darauf hindeutet, dass keine indirekte Beleuchtung berechnet wird (Abbildung 1.30).

Abbildung 1.30
Der Nebenraum ohne indirekte Beleuchtung

- Schalten Sie nun FINAL GATHER ein und wählen Sie die DRAFT-Einstellung, die die unterste Qualitätsstufe darstellt (Abbildung 1.31).

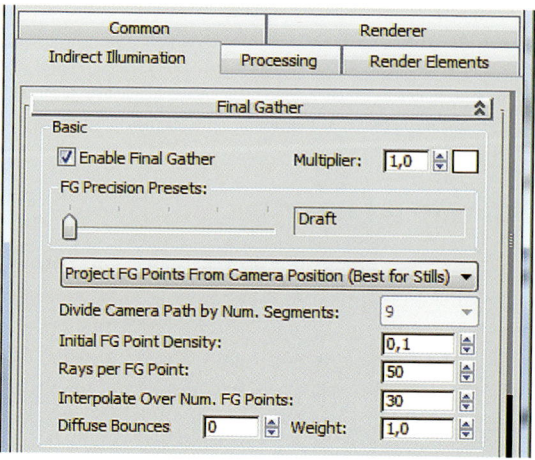

Abbildung 1.31
Renderdialog: Wir schalten FINAL GATHER ein im DRAFT-Modus.

Rendern Sie dieselbe Einstellung noch einmal, es sieht aus wie Abbildung 1.32.

Abbildung 1.32
Dieselbe Szene, jedoch mit Finalgather berechnet

Wir sehen anhand des fertig gerenderten Bildes, dass der Raum mit indirektem Licht illuminiert wird. Das Standregal ist sichtbar. Doch stellen wir bei genauem Hinsehen fest, dass die Qualität der Beleuchtung noch verbesserungswürdig ist. Die Zimmerwände werden nur mit fleckig-verrauschtem Licht beleuchtet, außerdem erscheint der Raum nicht gleichmäßig ausgeleuchtet. Die Fächer des Regals wirken unnatürlich.

Anhand dieser Situation lernen Sie nun die Parameter von Finalgather kennen.

Mit dem Wert INITIAL FG POINT DENSITY erhöhen wir die Dichte der so genannten FG-Punkte in der Szene, d.h. die Anzahl der Punkte, die sich über alle Geometrieoberflächen verteilen, von denen aus Messstrahlen in den Raum versendet werden. Der Wert steht im DRAFT-Modus auf 0,1. Die FG-Punkte können mit den DIAGNOSTICS sichtbar gemacht werden. Wenn Sie in den DIAGNOSTICS die Option FINAL GATHER aktivieren, erhalten Sie im gerenderten Bild eine Vielzahl grüner Punkte – die sichtbar gewordenen FG-Punkte, wie sie in Abbildung 1.33 dargestellt sind.

Abbildung 1.33
FG-Punkte in der Szene können über die DIAGNOSTICS-Funktion als kleine grüne Punkte im Bild sichtbar gemacht werden. Sie geben Aufschluss über die Punkteverteilung.

- Deaktivieren Sie DIAGNOSTICS wieder.
- Erhöhen Sie nun den Wert INITIAL FG POINT DENSITY von 0,1 auf 10 und rendern Sie erneut ein Bild.

Das Ergebnis sieht anders aus, doch nicht unbedingt besser. Wir haben eine Situation vorliegen, in der eine drastisch erhöhte Messpunktedichte keinen Vorteil bringt. Offenbar hat unsere Dichte von 0,1 ausgereicht.

- Stellen Sie daher den Wert wieder auf 0,1 zurück.
- Verändern Sie stattdessen nun den Wert bei RAY PER FG POINT. Dies ist die Anzahl der Messstrahlen, die von jedem Punkt aus versendet wird. Erhöhen Sie diese von 50 auf 1000.

Nun sieht das Resultat wie in Abbildung 1.34 zu sehen deutlich besser aus; die Wände sind weniger fleckig, die Fächer des Regals plastischer bzw. detailgenauer. Dabei hat sich unsere Renderzeit gerade mal nur verdoppelt, obwohl wir das Zwanzigfache der Messstrahlen eines jeden FG-Punktes in den Raum versenden. Wir stellen also fest, dass für unsere Beleuchtungssituation nicht mehr FG-Punkte Verbesserungen herbeiführen, sondern eine niedrige FG-Punkte-Zahl bei deutlich erhöhter Messstrahlenanzahl.

Das Bild besitzt dennoch einen noch sanften fleckigen Charakter. Wir könnten nun die RAYS PER FG POINT ein weiteres Mal erhöhen. Doch sehen wir uns lieber den dritten wichtigen Parameter an: INTERPOLATE OVER NUM. FG POINTS. Der Wert steht in der DRAFT-Stufe auf 30, was bedeutet, dass für jeden FG-Punkt nach 30 weiteren FG-Punkten in der Nachbarschaft Ausschau gehalten wird und diese zur Berechnung eines gemeinsamen Mittelwerts herangezogen werden. Das Gebiet mit den 30 benachbarten FG-Punkten wird umso größer, je weiter diese entfernt liegen. Mit diesem Parameter können wir die letzten Lichtflecken eliminieren, doch geht uns dadurch Detailgenauigkeit verloren, wie Sie im folgenden Test sehen werden.

Abbildung 1.34
Rays per FG Point = 1000

- Wir erhöhen den Wert INTERPOLATE OVER NUM. FG POINTS von 30 auf 150 und rendern das Bild erneut. Das Ergebnis sieht aus wie Abbildung 1.35.

Abbildung 1.35
Rays per FG Point = 1000 und Interpolate Over Num. FG Points = 150

Das Bild wird homogener, die letzten Lichtflecken sind verschwunden, die Renderzeit hat sich aber um weitere 50% erhöht. Den Verlust der Detailgenauigkeit sehen wir in den Fächern des Regals. Die Interpolation von 150 FG-Punkten verursacht in den Regalfächern unansehnliche Vignetten. Für die Homogenität des übrigen Raumes scheint die Interpolation dagegen angebracht zu sein. Die Ursache liegt darin, dass die verwinkelten Fächer des Regals eine höhere FG-Punkt-

1.14 Finalgather alleine

dichte benötigen als die unkomplexen Flächen der Zimmerwände. Erhöhen Sie daher den Wert RAYS PER FG POINT von 0,1 auf 0,2.

Dafür können wir aber wieder an anderer Stelle etwas einsparen.

- Setzen wir zum einen die Interpolation wieder runter auf 50, und zum anderen können wir es uns aufgrund der erhöhten FG-Punktdichte erlauben, die RAYS PER FG POINT ebenfalls zu reduzieren: Setzen Sie den Wert von 1000 runter auf 500.

Wenn wir uns das Bild berechnen lassen, erhalten wir ein zufriedenstellendes Ergebnis bei minimalster Renderzeit. Nur bei genauerem Hinsehen entdecken wir noch ein kleinstes, fleckiges Bildrauschen.

- Dies können Sie auch noch unterbinden, indem Sie INTERPOLATE OVER NUM. FG POINTS auf 100 einstellen (Abbildung 1.36).

Abbildung 1.36
Eine gesunde Mischung: RAYS PER FG POINT = 500, INTERPOLATE OVER NUM. FG POINTS = 100 und RAYS PER FG POINT = 0,2

Zurückblickend haben wir eine gesunde Mischung verschiedener Werte dreier wichtiger Parameter vorgenommen. Wegen der Regalfächer mussten wir die FG-Punktdichte auf 0,2 erhöhen, sonst hätten 0,1 für die ansonsten detailarme Zimmerszene ausgereicht. Da wir einen großen Helldunkelkontrast haben, mussten wir auch die Anzahl der Messstrahlen pro FG-Punkt deutlich erhöhen, was sich aber in der Renderzeit nicht so drastisch auswirkte und trotzdem eine fleckenfreie Illumination einbrachte. Die letzten Lichtflecken konnten wir dadurch egalisieren, dass der Wert eines jeden FG-Punktes einer Interpolation zu weiteren 50 benachbarten FG-Punkten unterzogen wurde.

Wir schauen uns nun noch zwei weitere Parameter an. In der ADVANCED-Gruppe finden Sie den Regler für NOISE FILTERING.

Er steht auf STANDARD in der Voreinstellung. Der Zweck des Filters besteht darin, den fleckigen Charakter zu minimieren, was jedoch auf Kosten der Renderzeit geht. Der Filter beschneidet abtrünnige Messstrahlen, die ein ungleichmäßig helleres Bild signalisieren als der Rest der ausgesandten Strahlen desselben FG-Punktes. Wenn also der Mittelwert aller Messstrahlen, die von demselben FG-

Punkt versendet werden, von einigen wenigen Strahlen zu arg ins Helle abweicht, dann werden diese Strahlen in der Finalgather-Lösung ignoriert. Den Filter zu erhöhen bedeutet, mehr Messstrahlen wegzufiltern, die zu stark vom gemeinsamen Mittelwert in Richtung Helligkeit abweichen. In der Praxis wird durch Erhöhung des Filters das Bild dunkler. Durch Ausschalten des Filters erhalten wir mehr Helligkeit, aber die Flecken treten deutlicher hervor.

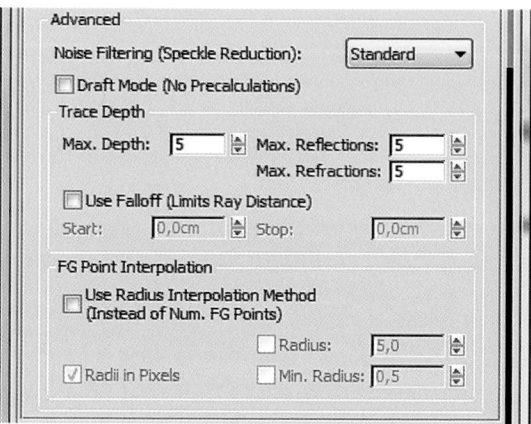

Abbildung 1.37
Weitere Einstellungen der FINAL GATHER-Gruppe

Für unsere Szene empfiehlt es sich, den Filter entweder auf Standard zu belassen oder ihn abzuschalten. Im letzteren Fall wird unsere Szene dadurch heller. Hätten wir noch einige fleckige Beleuchtungen, würden diese Flecken stärker hervortreten.

USE RADIUS INTERPOLATION METHODE: Vor der Version 3ds Max Design 2010 war diese Methode Standard von 3ds Max. Sie stellt eine Alternative zu der bereits getesteten INTERPOLATE OVER NUM. FG POINTS dar, die nach der definierten Anzahl an benachbarten FG-Punkten sucht, egal wie weit diese voneinander entfernt liegen. Die ältere Methode der ADVANCED-Gruppe weitet ihr Suchgebiet nicht so weit aus, bis die eingestellte Anzahl an FG-Punkten gefunden wurde, sondern schränkt ihren Suchradius von vornehrein ein, egal wie viele FG-Punkte sich darin befinden. Anhand der nach dieser Methode gefundenen FG-Punkte wird ein FG-Illuminationswert interpoliert.

Für unsere Szene ist diese Methode nicht praktikabel, denn wir arbeiten mit einem starken Helldunkelkontrast, sodass wir nach dieser Methode immer leicht fleckige Ergebnisse erhalten würden. USE FALLOFF: Die Messstrahlen, die von den FG-Punkten in die Szenerie versendet werden, lassen sich in ihrer Reichweite auch beschränken mittels des Parameters USE FALLOFF. Die Falloff-Methode lässt versendete Messstrahlen ab einer gewissen Distanz (START) anfangen, schwächer zu werden, bis sie schließlich zu einer Enddistanz (STOP) vollends inaktiv bzw. gestoppt werden. Die Strahlen nach einer bestimmten Distanz allmählich aufzulösen, soll anderweitig herrührendem indirektem Licht, beispielsweise eines HDR-Hintergrundbilds, Gelegenheit geben, sich in den dafür vorgesehenen Szenenregionen zu entfalten.

Der letzte Parameter, den wir uns noch anschauen werden, sind die Streufarbenreflexionen, die standardgemäß auf null eingestellt sind. Dies bedeutet analog zur Photon-Mapping-Technik, dass Licht nur ein einziges Mal von Objekten in den Raum zurückgeworfen wird. In Finalgather können auch mehrere Streufarbenreflexionen (Lichtstrahlenaufprall- und -rückprall) ausgeführt werden, indem man die Anzahl bei DIFFUSE BOUNCES erhöht. In Wahrheit wird aber bei einem DIFFUSE BOUNCES-Wert von z.B. 1 das Verfahren einfach ein zweites Mal ausgeführt, nachdem der erste Finalgather-Durchlauf für neue Illumination sorgte, wodurch sich auch die Renderzeit nahezu verdoppelt.

Wenn mehrere Diffuse Bounces für erachtenswert gehalten werden, so ist eher der gemeinsame Einsatz von Photon-Mapping und Finalgather zu empfehlen, anstatt die DIFFUSE BOUNCES zu erhöhen. Einerseits gelangt zwar wie in unserer Szene nicht immer die ausreichende Photonendichte in den Abbildungsraum der Kamera, andererseits sind jene nur wenig vorhandenen Photonen aufgrund ihrer schnelleren Berechnung besser für den Streufarbenreflexionsprozess (und anderen Eigenschaften wie Refraktionen) geeignet. Photonen und Finalgather unterstützen sich hier also gegenseitig und reduzieren die Renderzeit. Ein Experiment soll dies verdeutlichen:

Nehmen Sie folgende Einstellungen für eine kombinierte Berechnung mit Photon-Mapping und Finalgather vor:

- Stellen Sie EV auf 3,0, da eine höhere Anzahl von Photonen mehr Lichtenergie in unserem Nebenraum erzeugt, weswegen wir die Belichtung dahingehend korrigieren müssen.
- Aktivieren Sie GLOBAL ILLUMINATION.
- FINAL GATHER stellen wir von CUSTOM auf die DRAFT-Stufe zurück und nehmen damit alle zuvor getätigten Einstellungen zurück, da wir mit deutlich reduzierten Operationen auskommen. Lediglich INITIAL FG POINT DENSITY erhöhen wir wieder auf 0,2. Um eine höhere Detaildichte kommen wir nicht herum.
- Dasselbe gilt für die RAYS PER FG POINT, die wir leicht auf 100 erhöhen.
- Damit eine Mindestanzahl an Photonen den Raum erhellen, erhöhen wir die Photonenanzahl AVERAGE PHOTONS NUM. PER LIGHT von 20.000 auf 100.000.

Rendern Sie ein Bild.

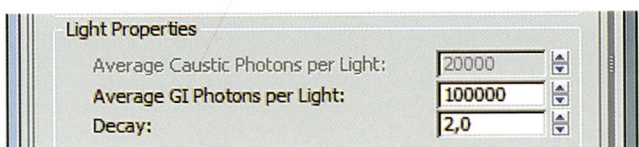

Abbildung 1.38
Die Anzahl der Photonen, die für jedes Licht verschossen wird, erhöhen wir auf 100.000.

Das Ergebnis ist verblüffend: Bei einem Bruchteil der Renderzeit gegenüber der Berechnung mit Finalgather alleine wird die Kombination das bisher beste Ergebnis. Obwohl wir nur eine knapp ausreichende Photonendichte haben und FG nur im untersten DRAFT-Modus ausführen, erhalten wir ein weiches, fleckenloses, mit Color Bleeding und hoher Detaildichte versehenes Bild (Abbildung 1.39). Die weiße Farbe des Regals kommt nun endlich vollends zur Geltung. Es fehlt nur etwas Kontrast.

- Dazu gehen Sie in die EXPOSURE CONTROL und stellen die drei Werte von HIGHLIGHTS, MIDTONES und SHADOWS auf jeweils 1,0.

Abbildung 1.39
Eine Kombination mit GI und FG kommt mit minimalster Renderzeit aus. Die reinweiße Farbe des Regals kommt zur Geltung.

1.15 Animationen mit GI und FG

Genauso wie mit der Photon-Map kann auch mit vorberechneten FG-Maps gearbeitet werden, damit u.a. nicht für jedes einzelne Filmbild einer Animation eine Finalgather-Berechnung vorangehen muss.

Laden Sie die Szene 01_AN_01.max. Übernehmen Sie die Gamma-Einstellungen der Datei. Die Szene greift auf eine Textur des in 3ds Max mitgelieferten Verzeichnisses ../maps/Wood/ zurück.

Die Szene enthält eine Kamerafahrt, somit zählt auch diese Szene zum Typ »Walkthrough«, das heißt, außer der animierten Kamera befinden sich keine bewegten Geometrien in der Szene. Wir wollen nun einen Filmclip mit der vorliegenden Kamerafahrt rendern, ähnlich wie schon im Abschnitt »Animationen mit GI« praktiziert. Auch hier wollen wir eine Animationssequenz von Frame 0 bis 100 mit einer vorberechneten Photon-Map und diesmal auch einer vorberechneten Finalgather-Map rendern.

- Aktivieren Sie GI mit MAXIMUM NUM. PHOTONS PER SAMPLE = 500 und lassen Sie alle anderen Optionen deaktiviert.
- Erhöhen Sie unter LIGHT PROPERTIES die AVERAGE GI PHOTONS PER LIGHT von 20.000 auf 100.000, wie schon zuvor praktiziert.
- Aktivieren Sie FINALGATHER mit denselben Einstellungen wie zuvor, das heißt, wählen Sie die DRAFT-Stufe und ändern Sie hinterher lediglich INITIAL FG POINT DESITY = 0,2 und RAYS PER FG POINT = 100.

Bevor wir die Photon-Map und die Finalgather-Map rendern, müssen wir uns Gedanken um die Belichtung machen. Der vordere Raum mit der Lampe fordert eine Belichtung von EV = 7,0 ein, während der hintere Raum mit dem Regal eine Belichtung von EV = 3,0 benötigt. Wir wollen keine Veränderungen der Szenenlichter vornehmen, also müssen wir unter MR PHOTOGRAPHIC EXPOSURE die EXPOsure Value während der Animation nachregulieren, um Über- bzw. Unterbelichtungen zu vermeiden. Da der EV-Wert, mit dem wir sonst hantieren, ein Sammelbecken verschiedener Parameter darstellt, wollen wir diesen ignorieren und einen anderen, einzelnen Parameter zur Belichtung animieren.

- Vergewissern Sie sich, dass EV bei Frame #0 auf 7,0 steht.
- Schalten Sie in der mr Photographic Exposure Control von Exposure Value (EV) um auf Photographic Exposure.
  Wenn von EV = 7,0 auf Photographic Exposure umgestellt wird, steht die Shutter Speed (Verschlusszeit) auf 1/ 2,0 sec.
- Schalten Sie den Animationsmodus ein und schieben Sie den Zeitschieber auf Frame #70. Reduzieren Sie Shutter Speed auf 1/ 0,125 sec.
- Fahren Sie den Zeitschieber nun zurück auf Frame #63. Erhöhen Sie nachträglich Shutter Speed auf 1/ 2 sec. Verlassen Sie den Animationsmodus.
- Öffnen Sie den Curve Editor. In der Spur Environment → Exposure Control → Shutter Speed löschen Sie von den drei entstandenen Keys den ersten auf Frame #0. Die fertige Animationskurve sieht aus wie in Abbildung 1.40. Schließen Sie den Curve Editor wieder.

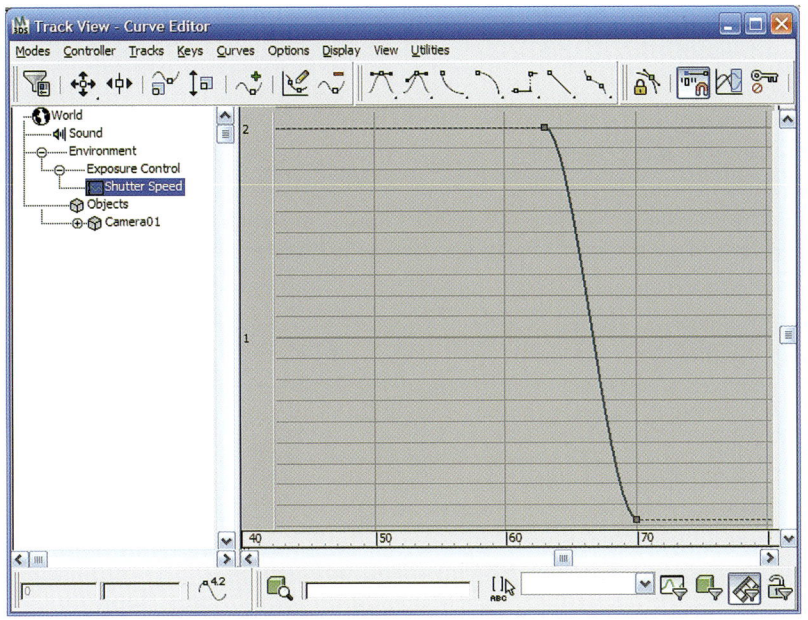

Abbildung 1.40
Curve Editor: Die fertige Animationskurve für unsere Belichtung, wo wir Shutter Speed (Verschlusszeit) animierten.

Änderungen der Verschlusszeit oder der Blende werden in der professionellen Filmarbeit stets vermieden, da sie als unschön gelten. Doch zur Übung unserer indirekten Beleuchtung ist sie angebracht.

Hinweis

Nun können wir die Maps für indirekte Beleuchtung vorberechnen lassen. Beginnen wir erst mit der GI-Photon-Map, da wir hier schon Erfahrungen besitzen.

- Wählen Sie unter Mode die Option Single File Only (Best for Walkthrough and Stills).

DIREKTES UND INDIREKTES LICHT

- Schalten Sie im Bereich CAUSTICS AND GLOBAL ILLUMINATION PHOTON die Option READ/WRITE PHOTONS TO MAP FILE ein und wählen Sie einen Speicherort, an dem die Photon-Map gespeichert werden soll. Nennen Sie die »Photon-Map für Durchgang_2«.
- Nun rendern wir die Photon-Map, indem wir auf die darunterliegende Schaltfläche GENERATE PHOTON MAP FILE NOW klicken.

Die Photon-Map ist als »Photon-Map für Durchgang_2.pmap« gespeichert worden. Diese Photon-Map finden Sie auch auf der Buch-DVD.

- Schalten Sie um auf den dritten Eintrag READ PHOTONS ONLY FROM EXISTING MAP FILES.

Kommen wir nun zur Vorberechnung der FG-Map. Die Vorgehensweise ist im Vergleich zur Photon-Map-Berechnung etwas komplizierter.

Unter der Gruppe FINAL GATHER wählen Sie den Eintrag PROJECT POINTS FROM POSITIONS ALONG CAMERA PATH.

Mit dieser Wahl verlassen wir eine Finalgather-Berechnung vom Typ »einfacher Standpunkt der Kamera«. Unsere Kamerafahrt zeigt naturgemäß mehrere Perspektiven. Nun wird der Parameter DIVIDE CAMERA PATH BY NUM. SEGMENTS: aktiv. Dies bedeutet, dass der gesamte Animationszeitraum durch den hier angegebenen Faktor in Teilsegmente zerlegt wird. Zu jedem neuen Segment innerhalb der Animationslinie werden FG-Punkte neu verteilt. Eine Regel, in wie viele Teilsegmente eine zu rendernde Animation zerlegt werden soll, lautet: Ein Segment kann so lange dauern, bis es zu einer maßgeblichen Änderung des Bildmotivs kommt bzw. bis sich die Lichtsituation deutlich ändert, oder präziser formuliert: wenn sich mehr als 50% des Bildinhalts verändert haben. Danach soll ein neues Segment beginnen. Unsere Kamerafahrt würde man am besten in drei Segmente zerlegen, die ein jeweils unterschiedliches Bildmotiv aufweisen:

1. Erster Raum
2. Türzone
3. Hinterer Raum

- Wählen Sie nun den nächstgelegenen Wert, in unserem Falle die 4, die Sie unter DIVIDE CAMERA PATH BY NUM. SEGMENTS: einstellen.
- Im Bereich FINAL GATHER MAP der Gruppe REUSE (FG AND GI DISK CACHING) belassen Sie unter MODE den Eintrag SINGLE FILE ONLY (BEST FOR WALKTHROUGH AND STILLS).

Damit geben wir an, dass nur eine einzelne FG-Map-Datei angelegt werden soll. Der andere Eintrag ONE FILE PER FRAME (BEST FOR ANIMATED OBJECTS) ist zu wählen, wenn animierte Geometrien oder Lichter eine Rolle spielen. Hierfür würden dann mehrere bis viele FG-Map-Dateien für einzelne Frames oder mehrere Segmente gespeichert werden.

- Schalten Sie ein: INCREMENTALLY ADD FG POINTS TO MAP FILES.

Mit dieser Einstellung geben wir an, dass die abzuspeichernde FG-Map während der Berechnung stets aktualisiert wird. Dies geschieht, indem zur bereits bestehenden FG-Map Variationen hinzuaddiert und in dieselbe Datei mitgespeichert werden. In welchen Schritten die Aktualisierung voranschreitet, geben wir nachfolgend an.

- Wählen Sie zunächst einen Speicherort für die FG-Map, die den Namen »FG-Map für Durchgang_2« erhalten soll.
- Klicken Sie auf das Pfeilsymbol neben der Schaltfläche GENERATE FINAL GATHER MAP FILE NOW.
- Hier geben Sie an, nach jedem wievielten Bild eine aktualisierte FG-Map zur bestehenden hinzuaddiert werden soll. Da es keine zahlreichen Motiv- und Helligkeitsänderungen während unserer Kamerafahrt gibt, wählen wir den großzügigen Eintrag FROM 0 TO 100, EVERY 10 FRAME(S).

Hätten wir ONE FILE PER FRAME (BEST FOR ANIMATED OBJECTS) gewählt, würden wir hiermit die Anzahl der zu speichernden FG-Map-Dateien angeben.

Sodann werden insgesamt elf FG-Maps errechnet, die in unserem Fall zu einer großen Datei zusammengefasst und abgespeichert werden. Die Vierteilung der FG-Maps rührt von unserer Einstellung DIVIDE CAMERA PATH BY NUM. SEGMENTS her, die wir auf 4 eingestellt hatten.

Die fertige Datei »FG-Map für Durchgang_2.fgm« ist etwas über 1 MB groß. Sie befindet sich auch auf der Buch-DVD.

- Schalten Sie um auf READ FG POINTS ONLY FROM EXISTING MAP FILE.

Nun haben wir sowohl die Photon-Map als auch die FG-Map vorberechnet vorliegen und können die Szene rendern. Während des Renderns wird keine indirekte Beleuchtung mehr errechnet, da auf die bestehenden Maps zurückgegriffen wird. Auch hier gilt, dass von nun an Änderungen an Geometrie und Lichtern nicht mehr zulässig sind, da sonst die gespeicherten Maps ungültig würden.

1.16 Das photometrische Licht

Bisher hatten wir in unseren Übungen stets ein photometrisches Licht eingesetzt. Lichtquellen sind zwar keine Angelegenheit von mental ray, doch ist es wichtig, sich mit dieser Kategorie der Lichtquelle, die es neben den Standardlichtern gibt, einmal näher zu befassen, da sie in der Arbeit mit mental ray ständige Begleiter sind.

Für mental ray ist der alleinige Einsatz von photometrischen Lichtern unabdingbar. Standardlichter sollten nie eine reguläre Rolle mit mental ray in Bezug auf den Anspruch physikalischer Korrektheit spielen. Ein wichtiger Grund für den Verzicht von Standardlichtern ist die physikalisch korrekte Simulation der Farbtemperatur von natürlichem Licht, den photometrische Lichter simulieren können. Farbtemperatur bedeutet, dass jedes Licht einen charakteristischen Farbstich aufweist, der in Kelvin gemessen wird. Tageslicht besitzt in der Regel eine Farbtemperatur von 5600 Kelvin, wohingegen das typische Licht eines Photoblitzlichts oder eines Scheinwerfers im Bereich 3400 eingeordnet wird. Auch wenn das menschliche Auge geübt ist, Farbstiche im Licht zu kompensieren, so müssen Lichtquellen diesen unbedingt aufweisen.

1.16.1 Farbtemperatur

Diesen Farbstich nachzuempfinden ist Hauptaufgabe von photometrischen Lichtern. Laden Sie dazu die Szene 01_PH_01.max. Die Einstellungen dieser Szene entsprechen denen, wie wir sie aus den vorigen Schritten gefunden hatten.

- Selektieren Sie »TPhotometricLight01« und begeben Sie sich in die Modifikationspalette.
- Aktivieren Sie SHADOWS und wählen Sie RAY TRACE SHADOWS.

Auf die Schatten werde ich später eingehen.

Um nicht erst die Farbtemperatur verschiedener Leuchtmittel ergründen zu müssen, kann sich der 3-D-Graphiker Voreinstellungen bedienen.

- Wählen Sie unter TEMPLATES die Voreinstellung 100 W BULB (ABBILDUNG 1.41).

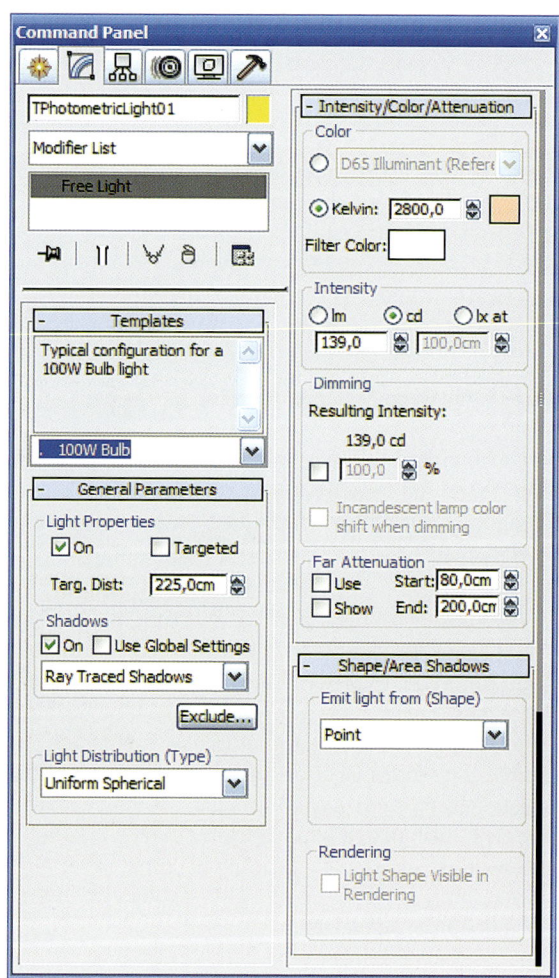

Abbildung 1.41
Modifikatorpalette: Wir wählen die 100-Watt-Glühbirne.

Rendern Sie ein Bild über Camera01 in der Auflösung 640x480px (Abbildung 1.42).

Abbildung 1.42
Die Lampe besitzt nun die Charakteristik einer 100-Watt-Glühbirne.

Abbildung 1.43
Nun haben wir eine 250-Watt-Lampe eingeschaltet mit den dazu passenden ies-Daten.

Wir erkennen den orange Farbstich bzw. die Farbtemperatur der 100-W-Glühbirne, die nun als Lichtquelle den Raum erhellt. Beachten Sie, dass die Farbtemperatur mit 2800 Kelvin im Bereich INSENSITY/COLOR/ATTENUATION angegeben ist. In Wahrheit ist mit dieser Voreinstellung noch wesentlich mehr definiert worden.

Kapitel 1 — DIREKTES UND INDIREKTES LICHT

Die Intensität des Lichtes entspricht der einer 100-Watt-Birne in jener Raumgröße und ist mit 139cd (Candela) angegeben. Deswegen ist es wichtig, dass der Maßstab der Raumgeometrie unbedingt realgetreu eingehalten wird.

Ein weiterer Faktor ist der Lichtabfall, der bei jedem Licht identisch ist. Mit doppelter Distanz nimmt die Lichtstärke auf 25% der ursprünglichen Helligkeit ab.

- Betrachten wir eine weitere Voreinstellung; wählen Sie hierfür die Voreinstellung RECESSED 250 WALLWASH (WEB).

Das Licht ist naturgemäß heller aufgrund der höheren Wattzahl. Darüber hinaus besitzt diese Voreinstellung eine andere Farbtemperatur als die Glühlampe, denn es wurde das Licht D65 ILLUMINANT (REFERENCE WHITE) eingeschaltet – das eher ein Tageslicht darstellt, das etwa eine Mittagssonne in Westeuropa darstellt. Diese Voreinstellung zeigt viele Facetten des realen Tageslichts.

1.16.2 Licht- und Intensitätsausbreitung

Neben der Farbtemperatur und der Helligkeit spielt auch der Lichtverlauf eine wichtige Rolle. Er simuliert die Austrittsintensität und den Austrittswinkel des Lichts, der nicht unbedingt nach allen Seiten hin identisch ist. Diese können im photometrischen Licht mittels einer ies-Datei geladen werden, was wir im folgenden Schritt untersuchen.

Eine ies-Datei enthält den gespeicherten Lichtverlauf eines bestimmten Leuchtkörpers. Ies-Dateien von verschiedenen Lampentypen enthalten verschiedene Daten. So wird z.B. der Lichtaustrittsverlauf einer länglichen Leuchtstoffröhre berücksichtigt, der sich stark von dem eines Wolframfadens der Glühbirne unterscheidet. Bei Letzteren wird auch ggfs. der Refraktionsindex des Glühbirnenglases berücksichtigt. Das ies-Dateiformat ist von der Dachorganisation Iesna standardisiert worden.

Eine ies-Datei kann in photometrische Lichter geladen werden:

- Schalten Sie in der Gruppe LIGHT DISTRIBUTION (TYPE) um auf PHOTOMETRIC WEB.

Daraufhin erscheint die Gruppe PHOTOMETRIC WEB. Hier befindet sich im Kanal die geladene ies-Datei POINT_RECESSED_WALLWASH_250W.

- Ersetzen Sie diese ies-Datei mit der POINT_STREET, die sich im Verzeichnis .../sceneassets/photometric/ befindet.
- Für dieses Licht, das eigentlich für eine Straßenlaterne bestimmt ist, müssen wir die Belichtung auf EV = 10 umstellen.

Deutlich sehen wir im Vergleich zur vorigen Abbildung einen anderen Austrittsverlauf des Lichtes von der Lichtquelle.

IES steht für »Illuminating Engineering Society«, der Organisation mit Sitz in New York, die sich als Forum und Austauschplattform für alle Lichtschaffende versteht. Aktivitäten und Projekte, die sich dem Licht in differierenden Formen widmen, werden hier gebündelt und sowohl für Wissenschaft und Forschung als auch für professionelle und nichtprofessionelle Beleuchter oder sonstige Lichtschaffende zugänglich gemacht.

1.16 Das photometrische Licht

Abbildung 1.44
Dasselbe Licht, aber mit einer anderen ies-Datei

ies-Daten werden dagegen oft von Lampenherstellern generiert und zur Verfügung gestellt, um Leuchtcharakteristik verschiedener Lampentypen ihrer Produktpalette zu demonstrieren.

Nachfolgend eine Auswahl von Internetseiten, auf denen Näheres zum Thema ies gefunden werden kann.

1. www.iesna.com oder www.ies.org
   Die Organisation, die das ies-Dateiformat entwickelte.
2. www.dialux.de
   »Deutsches Institut für Angewandte Lichttechnik«. Im Bereich DIALux/Plug-Ins/Kataloge werden viele Lampenhersteller aufgelistet, die ihrerseits ies-Dateien anbieten.

Darunter:

1. www.zumtobel.de
   Im Bereich »Download → photometrische Daten« gibt es ein großes Paket ies-Daten.
2. www.bega.de
   Im Bereich »Planungshilfen« gibt es ein herunterladbares Paket mit ies-Daten.
3. www.fagerhult.de
   Fagerhult ist ein Hersteller für Decken- und Wandbeleuchtung. Eine ies-Sammlung gibt es im »Download«-Bereich.
4. www.trilux.de
   Großes Paket ies-Dateien im Bereich »Service → Software«. Sehr interessant: Der Hersteller bietet auch Lampenmodelle seines Sortiments in 3-D-Formaten an, darunter auch im Max-Format.

Kapitel 1 — DIREKTES UND INDIREKTES LICHT

1.16.3 Schatten

Neben der Farbtemperatur, dem Lichtabfall und dem Intensitätsverlauf bleiben noch die Schatten als ein wichtiges Charakteristikum in der Arbeit mit Lichtquellen zu erwähnen.

Zum Berechnen von Schatten haben wir bisher auf RAY TRACE SHADOWS zurückgegriffen. Im Unterschied zu den alternativ zur Verfügung stehenden SHADOW MAPS werden bei den Ray-Trace-Schatten keine Schattentexturen angelegt, sondern echte Abwesenheit von Licht aufgrund von Geometrieverdeckungen über die Strahlungsrückverfolgung ermittelt.

Ein beliebiger Punkt auf der Objektgeometrie wird dann in Schatten verhüllt, wenn sich zwischen ihm und der Lichtquelle eine andere Objektgeometrie befindet. Über die flexible Ray-Trace-Methode können Messstrahlen auch von solchen Punkten in Richtung der Lichtquellen ausgesendet werden, nicht nur von der Kamera. Der Strahl untersucht seinen Weg zur Lichtquelle. Trifft er dabei auf ein anderes Objekthindernis, so wird die Geometrieillumination, die er als Ausgangspunkt nutzt, auf null herabgesetzt. Somit bleibt das Objekt bei ausschließlich direkter Beleuchtung finster. Bei dem Einsatz von indirekter Beleuchtung sorgen andere Ray-Trace-Strahlen für Illumination, falls diese auf ihrem Weg nicht selbst wiederum durch Objekthindernisse eine Helligkeit von null übermitteln.

Laden Sie dazu die Szene 01_PH_02.max. Die Einstellungen dieser Szene entsprechen denen, wie sie in Abbildung 1.44 gezeigt werden, mit der Voreinstellung RECESSED 250 WALLWASH (WEB) und der dazu passenden ies-Datei sowie eingestellten RAY TRACE SHADOWS.

Kennzeichen von Ray-Trace-Schatten sind messerscharfe Schattenkanten. Sie können nur dadurch aufgeweicht werden, dass die Lichtquelle eine dimensionale Ausdehnung hat, die größer als null ist. Die in 3ds Max verfügbaren ADVANCED RAY TRACED SHADOWS, mit denen dies möglich ist, werden von mental ray nicht unterstützt.

Im Augenblick steht unser Licht jedoch noch auf der Einstellung POINT, was bedeutet, dass der Lichtquellenkörper genau 0,0 cm groß ist.

Wir werden im folgenden Schritt die Lichtquelle zu einem Rechteck umwandeln, das genauso groß ist wie die installierte Deckenlampe unserer Szene, und daraufhin die Schatten untersuchen.

- Selektieren Sie »TPhotometricLight01«. SHAPE/AREA SHADOWS: Wählen Sie RECTANGLE mit LENGTH und WIDTH jeweils 50cm (Abbildung 1.45).
  Diesen Schritt haben wir im oberen Abschnitt des Kapitels einmal vollzogen, sind jedoch nicht näher darauf eingegangen.

Rendern Sie ein Bild über Camera01 (Abbildung 1.46).

Wie Sie anhand des gerenderten Bildes erkennen, werden Lichtstrahlen nun aus geringfügig verschiedenen Richtungen ausgesandt, was ausreicht, um die messerscharfen Kanten verschwimmen zu lassen. Außerdem wird der Grad der Kantenaufweichung mit zunehmender Distanz zum Schattenspender größer, einem realistischen Sachverhalt. Beachten Sie dabei aber auch, dass sich die Renderzeit erhöht.

1.16 Das photometrische Licht

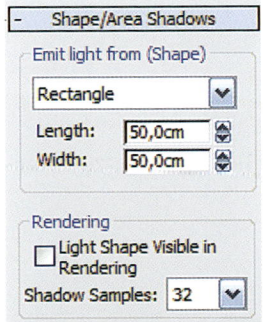

Abbildung 1.45
Modifikationspalette: Mit dieser Einstellung verwandeln wir den Leuchtkörper in die Form eines Rechtecks, was sich u.a. auch auf Schatten auswirkt.

Abbildung 1.46
Die Schattenkanten werden weicher.

Zum Vergleich testen wir die Einstellung MENTAL RAY SHADOW MAP.

- Schalten Sie beim selektierten Licht unter GENERAL PARAMETERS um auf MENTAL RAY SHADOW MAPS.

Shadow-Maps (Abbildung 1.47) werden schnell berechnet und liefern auf den ersten Blick ein ordentliches Ergebnis. Dabei sind sie aber weniger akkurat, weil sie z.B. die dimensionale Größe der Lichtquelle völlig außer Acht lassen. Bei Nah- bzw. Detailrenderings muss die Auflösung der Shadow Map erhöht werden, da sonst u.U. an den Schattenkanten ein Treppcheneffekt auftreten kann.

Ray-Trace-Schatten interpretieren im Gegensatz zu genuinen Schatten-Maps darüber hinaus Objekttransparenzen. Lediglich die MENTAL RAY SHADOW MAPS besitzen einen Parameter, wo transparente, aber nichtakkurate Schatten simuliert werden können.

Abbildung 1.47
Modifikationspalette:
MENTAL RAY SHADOW MAP

Schatten-Maps belegen je nach Anspruch der Auflösung und Anzahl von Lichtquellen Texturspeicher. Dafür werden sie schneller berechnet und können weiche Kanten unabhängig von der Größe der Lichtquelle aufweisen.

Da für photorealistische Renderings in der Regel auf Lichtquellen mit einer bestimmten dimensionalen Größe zurückgegriffen wird, die der Reallichtquelle gleichkommen, empfiehlt sich bei dieser Gelegenheit der Einsatz von Ray-Trace-Schatten, was jedoch in Bezug auf Berechnungszeiten nicht immer ein günstiges Kosten-Nutzen-Verhältnis darstellt.

Ich werde auf den Sachverhalt in Kapitel 2 und 6 zurückkommen.

Kapitel 2

2 Oberflächen- bearbeitung

2.1 Arch & Design 64
2.2 Vorbereitungen zur Oberflächenvergabe 65
2.3 Die Templates – Materialvoreinstellungen 83
2.4 Autodesk Materials 84
2.5 Konklusion Oberflächenbearbeitung 91
2.6 Autodesk Material Library 92

Kapitel 2 — OBERFLÄCHENBEARBEITUNG

Abbildung 2.1
Anhand dreier Trinkgefäße werden wir unterschiedliche Materialien generieren.

Eine weitere große Rolle im Zusammenspiel photorealistischer Renderings mit mental ray spielen neben indirekter Beleuchtung die verwendeten Materialien und Oberflächen von Objektgeometrien. Neben Techniken für die Beleuchtung ist auch der adäquate Einsatz von Schattierern wichtig, da sie das Verhalten von Renderings entscheidend beeinflussen. Ein Schattierer soll verstanden werden als die Summe aller Algorithmen, die Einfluss nehmen auf Oberflächenbeschaffenheiten der Objektgeometrie, und von Eigenschaften wie Glanz oder Mattheit, Reflexion, Refraktion oder Rauheit.

Mental ray stellt eine Vielzahl an Schattierern zur Verfügung. Gerade in den letzten Max-Versionen wurde auf dem Gebiet der Schattiererverfügbarkeit einiges an Entwicklung vollzogen. Neue Schattierer wie Arch & Design oder die Autodesk Materials ersetzen die bisher für mental ray verfügbaren wie DGS oder Lume.

Unser Interesse zielt demzufolge auf die wichtigen Schattierer in mental ray ab: zum einen den Arch & Design-Schattierer. Er wurde eigens für Architekturvisualisierungen und Designvisualisierungen geschrieben. Zum anderen werden die in 3ds Max 2011 hinzugekommenen Autodesk Materials untersucht.

2.1 Arch & Design

Mit Arch & Design (A&D) können gängige Oberflächen von Glanzmaterialien wie z.B. poliertes Holz, Metall und Glas generiert werden. Hierfür bietet der Schattierer alle Parameter unter einem Dach. In früheren Zeiten musste der 3-D-Artist bisher in verschiedenen Arsenalen der Max-eigenen Standard-, mental-ray- oder Lume-Materialien seine Schattierer zu einem so genannten Schattierer-Baum im Materialeditor zusammenbauen. Der leicht bedienbare A&D-Schattierer bietet dagegen Möglichkeiten, wirkungsvoll alle Anforderungen des Architektur-, Produkt- oder Industriedesigns zu vereinen. Die Bezeichnung all-in-one passt treffend, da kein Werkzeug fehlt, um viele differenzierte, reflektierend-glänzende oder transparente Oberflächen physikalisch korrekt zu generieren. Dazu zählen (getöntes) Glas, Metall, Keramik, Holz oder Stein, um nur die gebräuchlichsten zu nennen. Die universelle Einsatzmöglichkeit des Schattierers wird ermöglicht durch die Zusammenführung verschiedener Algorithmen wie Hochglanz, Reflexion, Refraktion, Transparenz/Transluzenz oder Anisotropie. Der Schattierer wurde nochmals erweitert durch die Möglichkeit der Selfillumination (Selbstleuchten), wie sie bereits im vorigen Kapitel für die Deckenlampengeometrie zum Einsatz kam.

Bezüglich der Nutzungsvoraussetzungen gilt für den A&D-Schattierer, dass er stets unter einer Belichtungssteuerung (EXPOSURE CONTROL) gerendert werden soll, z.B. die MR PHOTOGRAPHIC EXPOSURE CONTROL oder alternativ die LOGARITHMIC EXPOSURE CONTROL. Außerdem soll auch hier auf photometrische Lichter zurückgegriffen werden und indirektes Licht – also GI oder FG – zur Berechnung zugeschaltet werden.

2.2 Vorbereitungen zur Oberflächenvergabe

Öffnen Sie die Datei 02_AD_01.max und übernehmen Sie die Gamma-Einstellungen der Szene.

In der Szene befinden sich drei Trinkgefäße auf einer Tischplatte, die von einem photometrischen Licht beleuchtet werden. Die Geometrien besitzen noch keine Materialien.

Wie angekündigt stellen wir nach installierter Beleuchtung zunächst die EXPOSURE CONTROL (Belichtungskontrolle) ein. Öffnen Sie RENDERING → EXPOSURE CONTROL (Abbildung 2.2). Klicken Sie auf RENDER PREVIEW, nachdem Sie sich vergewissert haben, dass MR PHOTOGRAPHIC EXPOSURE CONTROL als Belichtungssteuerung ausgewählt ist. Eine Belichtungskontrolle dient in erster Linie dazu, dem hohen Energiehaushalt photometrischer Lichter Herr zu werden. Für die Arbeit mit jenen Lichtern ist die Steuerung der Belichtung unabdingbar geworden, was im Gegensatz zu den Standardlichtern steht. Die MR PHOTOGRAPHIC EXPOSURE CONTROL greift dabei auf Parameter zurück, die aus der klassischen Photographie her bekannt sind. Blende, Verschlusszeit und Filmempfindlichkeit können eingestellt werden. Aktivieren Sie die Option EXPOSURE VALUE (EV), um die Belichtung nur mit einem einzigen Parameter zu steuern.

- Stellen Sie die Belichtung am besten auf EV = 6,0 ein.

Eine endgültig eingerichtete Beleuchtung sowie eine korrekt eingestellte Belichtung ist unabdingbare Voraussetzung für jedes adäquate Shading, da Lichtintensität und Farbtemperatur des Lichts Materialien buchstäblich neu definieren.

Abbildung 2.2
Die mr-Belichtungskontrolle

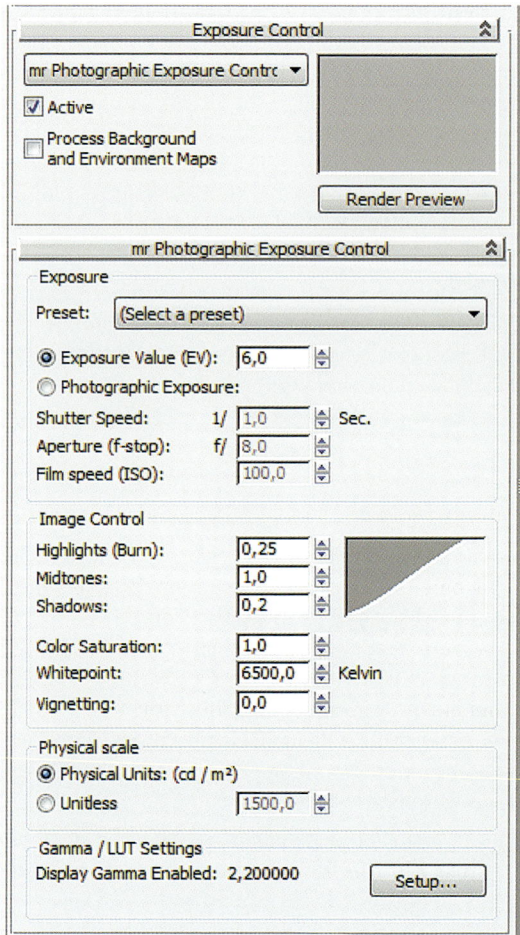

- Nachdem Sie die Belichtungskontrolle eingestellt haben, laden Sie bei der Gelegenheit eine HDRI-Datei für die Environment-Map unter RENDERING → ENVIRONMENT, die wir als Hintergrundbild verwenden wollen. In der oberen Gruppe COMMON PARAMETERS desselben Fensters laden Sie die Datei KC_outside_Xsm_blur.hdr ohne Gamma-Korrektur, die sich im Max-Systemverzeichnis unter ../maps/HDRs/ befindet. In diesem Fall ist es nicht notwendig, bestimmte HDRI-Einstellungen im HDRI LOAD SETTINGS-Fenster vorzunehmen, wie wir es zu späterer Stelle aber tun werden.

Die Bilddatei sorgt für eine adäquate Umgebung, die sich in reflektierenden Materialien spiegeln wird, wie Sie noch sehen werden.

- Vergewissern Sie sich, dass, nachdem Sie diese Map geladen haben, unter COMMON PARAMETERS die Option USE MAP aktiviert ist.
- Ziehen Sie sich diese Map per Drag&Drop als Instanz in einen Slot des Materialeditors bzw. in das VIEW1-Feld des SLATE MATERIAL EDITOR, schalten dort gegebenenfalls unter der Gruppe COORDINATES von TEXTURES um auf ENVIRON

2.2 Vorbereitungen zur Oberflächenvergabe

mit der Option SPHERICAL ENVIRONMENT und ändern den OFFSET/WIDTH von 0,0cm auf 0,08cm.
- Vergeben Sie »Hintergrund« als Namen.

Mit diesen Koordinaten haben wir die Umgebungsmap ein wenig feinpositioniert.

Wir haben die im ENVIRONMENT-Kanal geladene Textur per Drag&Drop als Instanz in den Materialeditor zur komfortablen Konfiguration gezogen. »Instanz« bedeutet hier, dass sich jede Veränderung im Materialeditor auch gleichzeitig im ENVIRONMENT-Kanal auswirken wird.

Hinweis

- Öffnen Sie das RENDER-SETUP-Fenster und aktivieren Sie unter INDIRECT ILLUMINATION die GI mit den Werten MAXIMUM NUM. PHOTONS PER SAMPLE = 200. Belassen Sie die übrigen Werte.

2.2.1 Die polierte Holzplatte

Wir beginnen nun mit der Materialvergabe des ersten Objekts, der Tischplatte.

Das mr-A&D-Material finden wir in den Slots des COMPACT MATERIAL EDITORS ab der Version 3ds Max 2010 Design bereits vorliegen. In früheren Max-Versionen müssten wir über den MATERIAL/MAP BROWSER durch Klick auf den GET MATERIAL-Button aus der Liste der verfügbaren Materialien das »Arch & Design (mi)« mit dem gelben Symbol auswählen, doch erübrigt sich dieser Schritt ab 3ds Max 2010. Das Material besitzt in der ersten Gruppe so genannte TEMPLATES – voreingestellte Materialien, die wir in späteren Kapiteln analysieren werden. Für dieses Kapitel werden wir diese ignorieren, da wir uns die einzelnen Parameter erst näher anschauen und selbst erarbeiten wollen (Abbildung 2.3).

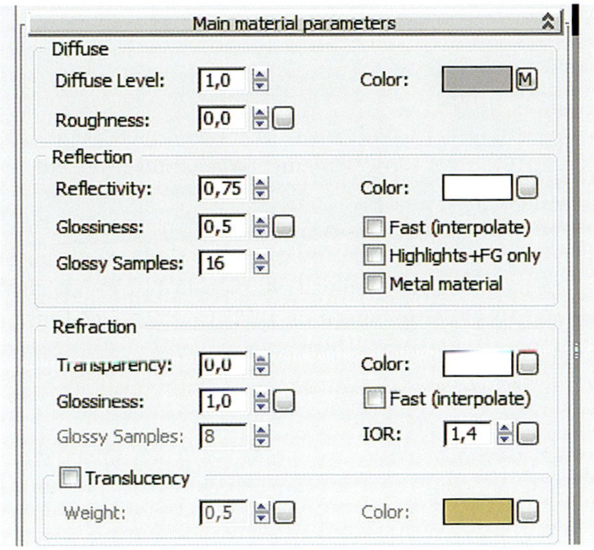

Abbildung 2.3
Mit den drei Gruppen DIFFUSE, REFLECTION und REFRACTION im Bereich werden wichtige Komponenten eine jeden Materials definiert.

Die Tischplatte soll eine poliert-glänzende Holztextur erhalten. Öffnen Sie den Materialeditor.

- Für ein neues A&D-Material, welches Sie im MATERIAL/MAP BROWSER unter MATERIALS → MENTAL RAY finden und dieses in das Feld VIEW 1 des Slate Material Editors ziehen, vergeben Sie den Namen »Tisch«. Unter den MAIN MATERIAL PARAMETERS laden wir für COLOR bei DIFFUSE (Streufarben) die Textur ASHSEN_2.GIF, die sich im Max-Systemverzeichnis unter ../maps/Wood/ befindet. Laden Sie diese Bilddatei mit der Gamma-Korrektur, indem Sie im Ladefenster die Option USE SYSTEM DEFAULT GAMMA anklicken, und vergeben Sie »Holz« als Namen.
- In der COORDINATES-Gruppe der Bitmap »Holz« deaktivieren Sie USE REAL-WORLD SCALE und ändern Sie die TILING-Werte für U auf 6,0 und für V auf 3,0.

Zu der REFLECTION-Gruppe gehören Überlegungen, ob das Material eine Glanzeigenschaft erhalten soll oder nicht.

- Da wir eine polierte Holzoberfläche haben wollen, stellen wir unter »Tisch« die REFLECTIVITY auf 0,75 und die GLOSSINESS auf 0,5.

GLOSSINESS wirkt sich auf die Schärfe der Umgebungsdetails aus, die im Holz gespiegelt werden. Der Wert 1 bedeutet, es handelt sich um einen perfekten Spiegel, wogegen ein niedriger Wert die Spiegelung unschärfer und matter erscheinen lässt.

In dem Augenblick, wo wir Spiegelungen erhalten, müssen wir uns um deren Qualität Gedanken machen, die berechnet werden soll. Die GLOSSY SAMPLES stehen standardgemäß auf 8. Damit wird die Anzahl der Strahlen, die für die Spiegelung verantwortlich sind, beeinflusst. Geringere Werte reduzieren die Renderzeit, lassen aber feine Details der Spiegelung verschwinden, was unterm Strich eine schmutzigere Spiegelfläche bewirkt.

- Da es sich um eine großflächige, nahezu bildfüllende Geometrie handelt, investieren wir hier eine akkuratere Einstellung, indem wir den Wert von 8 auf 16 erhöhen.

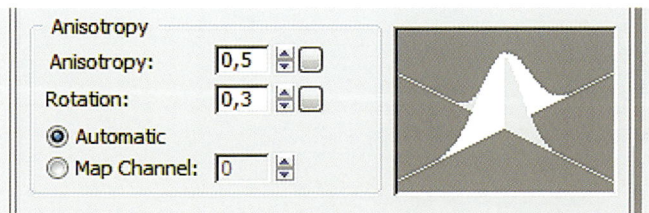

Abbildung 2.4
Die ANISOTROPY-Gruppe

Die Gruppe REFRACTION überspringen wir, da es sich bei Holz um kein durchsichtiges Material handelt, wo wir uns um die Lichtbrechung kümmern müssten. Verändern werden wir aber den Wert bei ANISOTROPY. Dort beeinflussen wir die Form des Glanzpunktes. Der Wert 0 lässt den Glanzpunkt kreisrund erscheinen, dagegen der höchste Wert 1 nur noch als schmaler Streifen. Die Form des Glanzpunktes gibt Aufschluss darüber, ob ein Objekt stumpf, glänzend oder poliert-glänzend dargestellt wird.

- Vergeben Sie die Werte 0,5 für ANISOTROPY und 0,3 für die ROTATION.

Hinweis

Der A&D-Schattierer achtet intern darauf, dass bei Einstellung der Parameter für DIFFUSE, REFLECTIVITY und TRANSPARENCY keine überschüssige Lichtenergie herbeigezaubert wird, was geschehen könnte, wenn die Werte dieser Parameter in ihrer Summe den Wert 1.0 übersteigen. Wenn der Wert für TRANSPARENCY auf 1.0 steht, können keine Streufarben vorhanden sein. Der TRANSPARENCY-Wert wird intern vom Streufarbenwert abgezogen.

2.2.2 BRDF

Nun kommen wir zur BRDF-Gruppe (Abbildung 2.5). BRDF steht für *Bidirectional Reflectance Distribution Function*. Damit lässt sich die Reflexionseigenschaft eines Objekts unter Berücksichtigung verschiedener Betrachtungswinkel einstellen, was bei Oberflächen wie poliertem Holz, Plastik, Keramik, Metall notwendig wird.

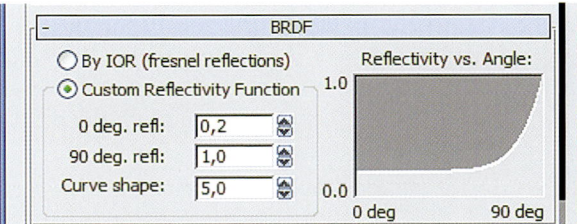

Abbildung 2.5
Bidirectional Reflectance Distribution Function (BRDF)

Eine Oberfläche wie poliertes Holz spiegelt die Umgebung intensiver, wenn man sie aus einem flachen Winkel betrachtet, und wird dagegen matter, je steiler der Winkel ist (Abbildung 2.6). Dies begründet sich auf eine mehrschichtige Zusammensetzung derartiger hybrider Oberflächen, und der Grad dieser Veränderung unterscheidet sich von Material zu Material. Dagegen wird die Eigenschaft intensiv spiegelnder Materialien wie Glas oder Wasser vom Refraktionsindex (Index of Refraction, IOR) bestimmt, auf den ich später eingehe.

Abbildung 2.6
Auf der Tischplatte zeigt sich bei steilem Winkel eine stärkere Spiegelung als bei flachem Winkel.

Für Standbilder ohne animierte Kameraperspektive ist es zwar beinahe nicht notwendig, die Voreinstellung wesentlich zu verändern, da die Reflexionseigenschaft auch einfach mit dem obigen REFLECTIVITY-Parameter einmalig eingestellt werden kann, wohl aber bei einer Animation mit einem sich ändernden Kamerastandpunkt.

Wir wollen in unserem Fall so tun, als sei das Material für eine animierte Kamera vorzubereiten.

Da es hierfür keine Normativwerte für verschiedene Materialien wie z.B. unser Holz gibt, müssen für jedes der in Frage kommenden Materialien individuell zwei Grenzwerte festgelegt werden: für den steilsten (0 Grad) und für den flachsten Kamerawinkel (90 Grad). Dazwischen wird interpoliert, wie es gemäß der CURVE SHAPE dargestellt wird. Die Form dieser Curve Shape wird durch einen Wert beeinflusst, der standardgemäß auf 5 steht. Ein kleinerer Wert bedeutet, dass der Spiegeleffekt beim 90-Grad-Blickwinkel stärker hervortritt. Für unser poliertes Holz können wir die Voreinstellung belassen, dagegen würden wir die Glanzeigenschaft beispielsweise für einen matten Laminatboden in der 0-Grad-Grenze auf ca. 0,01 reduzieren. Es empfiehlt sich, zwei Testrenderings für die beiden Extremblickwinkel der animierten Kamera zu tätigen.

Für unser Standbild können wir aber die Einstellungen der BRDF belassen.

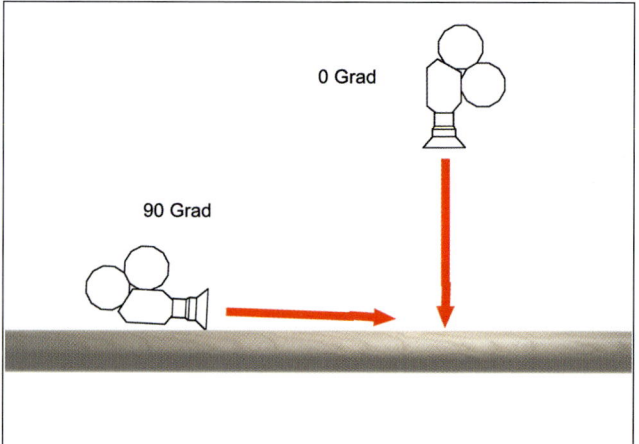

Abbildung 2.7
Die beiden extremen Blickwinkel, die als Parameter in der BRDF-Gruppe eingestellt werden

Wir überspringen einige weitere Gruppen und wenden uns zur Gruppe SPECIAL PURPOSE MAPS. Hier finden wir den Kanal für BUMP MAP (Relief, Abbildung 2.8).

- Kopieren Sie dieselbe Textur »Holz«, wie wir sie für den DIFFUSE-Kanal benutzt hatten, in diesen Kanal als Instanz (Rechtsklick über dem DIFFUSE-Kanal → COPY und anschließend Rechtsklick über dem BUMP-Kanal → PASTE (INSTANCE)).

Relief Mapping nutzt die vorhandenen Helligkeitsunterschiede der Bilddatei, um die Oberfläche aufzurauen. Farben werden dabei ignoriert.

2.2 Vorbereitungen zur Oberflächenvergabe

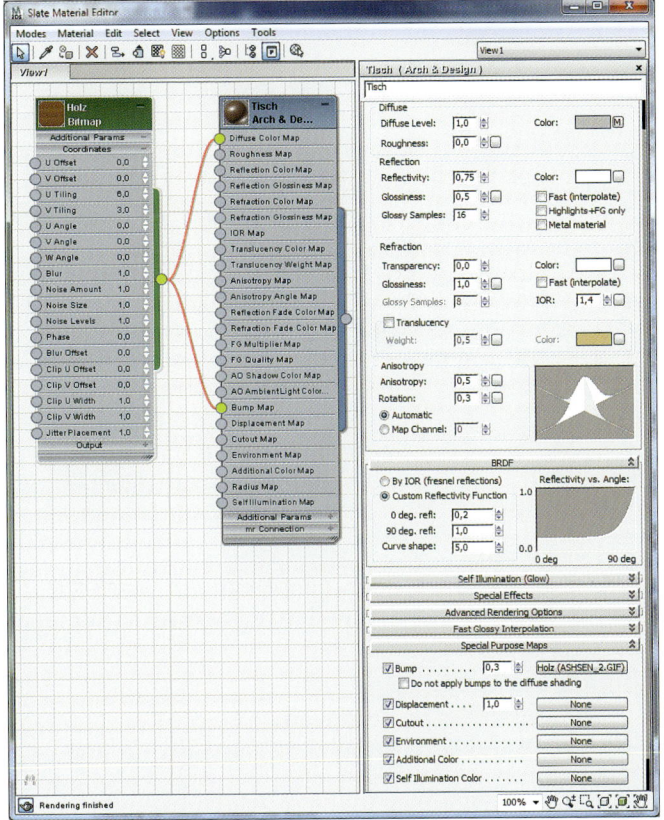

Abbildung 2.8
SLATE MATERIAL EDITOR: das gesamte »Tisch«-Material. Die Gruppe der SPECIAL PURPOSE MAPS ganz rechts unten beherbergt auch den Kanal für das Bump-(Relief-)Mapping.

- Weisen Sie das Material »Tisch« dem gleichnamigen Objekt der Szene zu.

Rendern Sie ein Bild über Camera02 in der empfohlenen Auflösung 600x330px.

Abbildung 2.9
Der Tisch hat die bearbeitete Oberfläche.

2.2.3 Die Porzellantasse

- Für ein neues A&D-Material vergeben Sie die Bezeichnung »Tasse«.
- Für den DIFFUSE-Kanal laden Sie eine MARBLE-Map (Marmor) und nennen sie »Tassenmuster«. Schalten Sie das Mappingverfahren der COORDINATES-Gruppe unter SOURCE auf EXPLICIT MAP CHANNEL um und geben 90 Grad für ANGLE/W ein. Unter den MARBLE PARAMETERS vergeben Sie die Werte 0,5 für SIZE und 0,1 für VEIN WIDTH. Die beiden Grundfarben ändern Sie wie folgt: COLOR #1 RGB = 255/ 153/ 254 und COLOR # 2 RGB = 56/ 26/ 93.

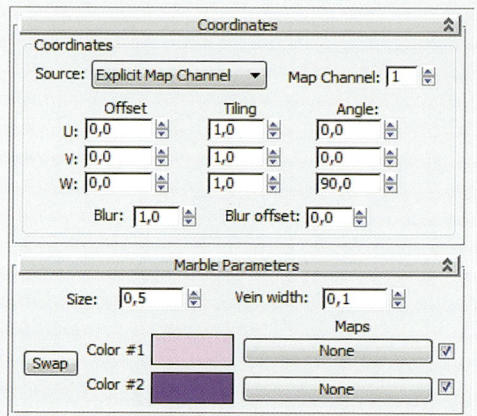

Abbildung 2.10
Mit der Marble-Map fügen wir eine 3ds-Max-eigene Map ein, die sich problemlos in den A&D-Schattierer von mental ray integrieren lässt.

- Um das Porzellan etwas matter zu gestalten, erhöhen Sie in »Tasse« den Wert bei ROUGHNESS auf den mittleren Wert 0,5.

Dadurch wird die Überblendzone vom diffusen Licht auf das ambiente Licht vergrößert, was einen matteren Effekt bewirkt.

- REFLECTIVITY stellen Sie auf 0,25 und GLOSSINESS bleibt bei 1,0.
- Weisen Sie das Material dem Objekt »Tasse« zu (Abbildung 2.11).

Abbildung 2.11
Die Porzellantasse

2.2.4 Der Metallbecher

Wenden wir uns nun dem Metallbecher zu.

- In einem leeren Slot des Materialeditors vergeben Sie im vorhandenen A&D-Material die Bezeichnung »Metall« bzw. ziehen Sie ein A&D-Material in das VIEW1-Feld. Für die DIFFUSE-Gruppe ändern Sie die Farbe auf ein mittleres Grau (RGB = 0,5/ 0,5/ 0,5), falls nicht schon der Fall, und den ROUGHNESS-Wert ebenfalls auf 0,5.

Mental ray verwendet den klassischen Wertebereich für den RGB-Farbraum, der von 0,0 bis 1,0 (ergo 0% bis 100%) reicht, während 3ds-Max-eigene Maps den 8-Bit-Integer-Bereich 0 bis 255 nutzen.

Hinweis

- Die REFLECTIVITY erhält den höchstmöglichen Wert 1, die Größe des Glanzpunktes unter GLOSSINESS den Wert 0,8.

GLOSSINESS ist ein wichtiger Wert für beinahe alle reflektierenden Materialien. Er gibt die Schärfe/Unschärfe der Reflexion an. Niedrigere Werte bedeuten eine unscharfe Reflexion, erkennbar an dem sehr breiten und mattdunklen Glanzpunkt. Höhere Werte lassen die Reflexion schärfer werden, erkennbar am helleren, kleineren und intensiveren Glanzpunkt (Abbildung 2.12).

Abbildung 2.12
V.l.o.n.r.u.: GLOSSINESS = 0,1 bis 0,9

Kapitel 2

OBERFLÄCHENBEARBEITUNG

Die GLOSSY SAMPLES geben die Renderqualität der gespiegelten Fläche an, wie schon oben angedeutet wurde. Diese sollten in unserem Falle wieder auf 16 stehen. Je detailfreudiger das Spiegelbild sein soll, desto höher ist dieser Wert einzustellen, insbesondere dann, wenn es sich um ein vordergründiges Objekt mit Hauptdarstellercharakter handelt. Einen Einfluss auf die Farbigkeit des Glanzpunktes hat die folgende Option:

- Aktivieren Sie METAL MATERIAL.

  Dies hat zur Folge, dass die Farbe der Spiegelung mit der Eigenfarbe bzw. der eingestellten Diffusfarbe des Materials getönt wird. Dies steht im Gegensatz zu anderen spiegelnden Materialien wie Glas, wo die Farbe des Glanzpunktes und der Spiegelung nicht der Eigenfarbe entspricht, sondern die Farben der gespiegelten Umgebung annehmen.

Unser Chrommaterial soll eine stark spiegelnde Oberfläche erhalten.

- Deswegen stellen wir die BRDF unter 0 DEG. REFL. ein auf 0,9.

  Dies bedeutet, dass unser Metall auch unter einem sehr flachen Betrachtungswinkel eine stark spiegelnde Eigenschaft zeigt. Wir belassen die übrigen Einstellungen, wie sie sind (Abbildung 2.13).

- Weisen Sie das Material »Metall« dem gleichnamigen Objekt in der Szene zu.

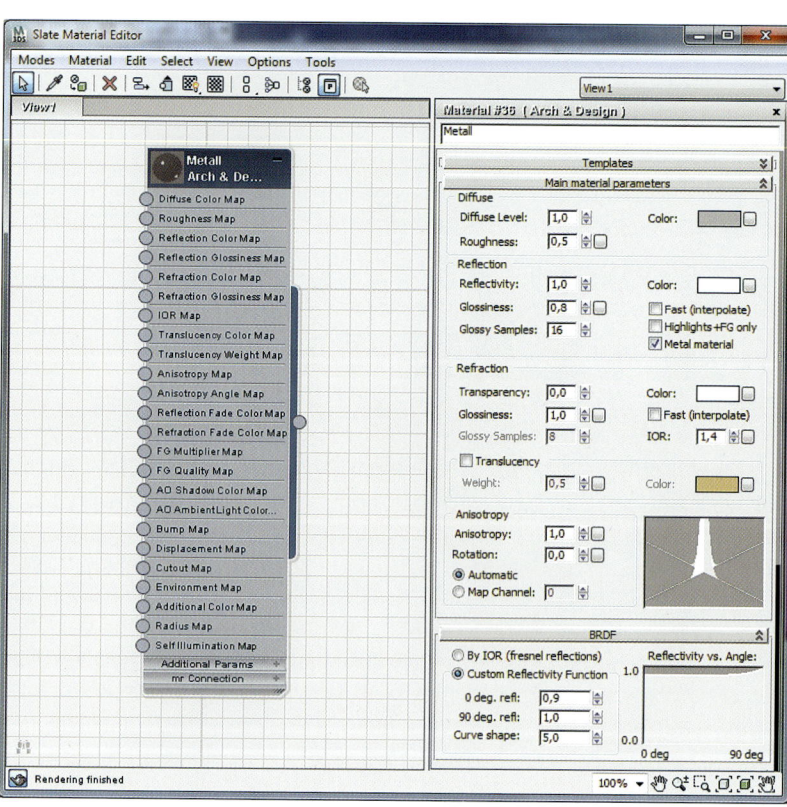

Abbildung 2.13
Alle Einstellungen für den Metallbecher

2.2 Vorbereitungen zur Oberflächenvergabe

Abbildung 2.14
Der fertige Metallbecher

2.2.5 Das Glas

Glas besitzt im Gegensatz zu den übrigen beiden Materialien die Fähigkeit zur Transparenz.

- Benennen Sie ein neues A&D-Material mit dem Namen »Glas«. In der Diffuse-Gruppe reduzieren Sie alle Werte auf 0, denn die Farbe des Glases spielt keine Rolle, da wir ein farbloses Glasmaterial generieren wollen.

Tipp
Einen Parameter können Sie schnell auf null stellen, indem Sie direkt auf dem Parameterspinner einen Rechtsklick ausführen.

Wie Sie getöntes Glas erstellen können, sehen wir uns später genauer an.

- Glas hat eine hohe Reflexionseigenschaft, weswegen wir den höchstmöglichen Wert 1 für Reflectivity einstellen. Glossiness behält denselben Wert.
- Die Reflexionsfarbe erhält eine wichtige Rolle. Wir stellen diese Farbe auf ein reines Weiß, falls dies nicht schon der Fall ist.
- Erstmalig verändern wir die Transparency unter der Refraction-Gruppe auf den höchstmöglichen Wert 1, was maximale Durchsichtigkeit bedeutet.

Der Wert Glossiness sorgt dafür, wie unscharf die Lichtdurchlässigkeit bzw. Refraktion wird. 1 bedeutet klares Glas, ein niedrigerer Wert lässt die dahinterliegende Umgebung, die man durch das Glas sehen kann, unschärfer werden.

Kommen wir nun zum wichtigsten Punkt für durchsichtige Materialien. Immer wenn Transparenzen ins Spiel kommen, muss die Frage nach der Lichtbrechung geklärt werden. Wenn Lichtstrahlen von einem optisch dünneren Medium (Luft) in ein optisch dichteres Medium (Glas) gelangen, werden Lichtstrahlen zu ihrem Lot hin gebrochen. Dies bedeutet, dass der Verlauf von Lichtstrahlen beim Durchtritt ins Glas und aus dem Glas heraus in eine andere Richtung gelenkt wird. Dies bezeichnet man als *Refraktion*. Diese Lichtbrechung lässt sich bei jedem Material mit einem Refraktionsindex (Index of Refraction, IOR) angeben.

Wir sehen uns die in 3ds Max mitgelieferte Tabelle der Refraktionsindices für verschiedene Materialien an:

Tabelle 2.1
Werte für den Refraktionsindex gebräuchlicher Materialien (Auswahl). Sie setzen voraus, dass sich die Kamera in der Luft bzw. im Vakuum befindet. Eine ausführlichere Auflistung ist in der 3ds-Max-Hilfe einsehbar.

Material	IR-Refraktionsindex (Index of Refraction, IOR)
Vakuum	1,0
Luft	1,0003
Wasser	1,333
Glas	1,5 bis 1,7
Diamant	2,419

- Wir setzen bei Glas den Wert 1,6 für den IOR-Parameter ein.

Dies führt uns außerdem gleich zur Gruppe BRDF.

- Schalten Sie hier die Option BY IOR ein, was bedeutet, dass die Reflexion nur noch von diesem Wert bestimmt wird.

Diese Option können Sie beinahe immer dann wählen, wenn es sich um glasklare, durchsichtige Materialien handelt, mit dem passenden IOR-Wert versehen. Abbildung 2.15 zeigt das Glas mit verschiedenen IOR-Werten, angefangen von IOR = 1 bis IOR = 6. Falsche Werte können Glasmaterialien unecht aussehen lassen. Wird der IOR-Wert sehr hoch gewählt, beispielsweise IOR = 5 oder 10, ähnelt die Lichtbrechung der Funktion, wie sie für identische flache und steile Blickwinkel eingestellt würden.

Abbildung 2.15
V.l.o.n.r.u.: IOR = 1 bis IOR = 6. Bei IOR = 1 ist das Glas nahezu unsichtbar, da Lichtstrahlen ungebrochen und geradlinig durchgehen.

Betrachten wir die weiteren Parameter unter der Gruppe ADVANCED TRANSPARENCY OPTIONS (Abbildung 2.16). Bei unserem Glas handelt es sich um ein aus Splines erstelltes Drehobjekt mit Hilfe des Lathe-Modifikators (Drehverfahren) und es weist sowohl eine Außen- als auch eine Innenfläche auf. Aus diesem Grund ist die Option SOLID zu wählen. Sehr oft verhält es sich dagegen so, dass z.B. für

Fensterscheiben nur eine Plane verwendet wird, die als solche keine Rückfläche besitzt. Für diese Art von Glasscheibe wäre die Option THIN-WALLED angebracht.

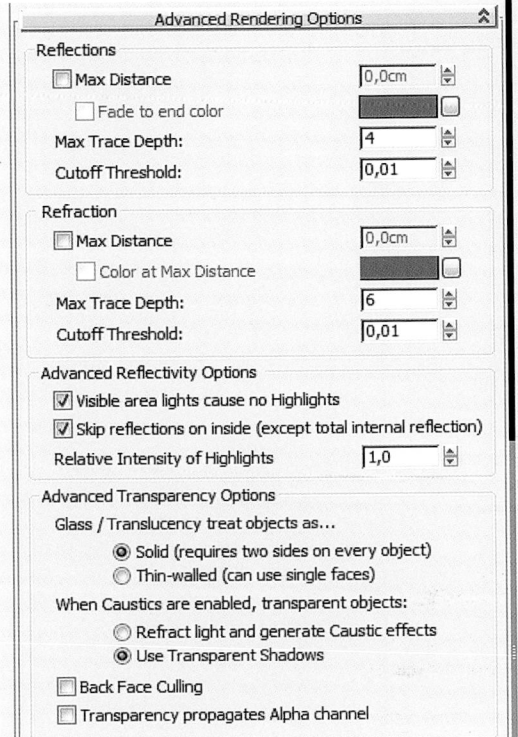

Abbildung 2.16
Die Gruppe der ADVANCED RENDERING OPTIONS: Hier werden weitere Eigenschaften für transparente Oberflächen eingestellt.

- Deaktivieren Sie BACK FACE CULLING.

Wichtig für transparente Objekte: Man sieht nicht nur die Vorderseite, sondern meist – wenn es sich nicht um eine plane Glasscheibe handelt – auch die Rückseite. Die Option BACK FACE CULLING schließt aber rückseitige Flächen vom Renderer aus, weswegen wir die Option aufheben.

- Weisen Sie das Material dem Objekt »Glas« in der Szene zu.

Nun haben wir alle Geometrien mit Oberflächen versehen und rendern nun das fertige Bild. Das Ergebnis sollte aussehen wie Abbildung 2.1 am Anfang des Kapitels.

Die fertige Szene können Sie in der Datei 02_AD_02.max der Buch-DVD einsehen. Die Szene greift auf Texturen des mitgelieferten maps-Verzeichnisses zurück.

Zum Einsparen von Renderzeiten ist unter der Gruppe ADVANCED TRANSPARENCY OPTIONS die Funktion MAX DISTANCE interessant. Insbesondere, wenn das Glasobjekt keine wichtige Hauptdarstellerrolle besitzt, können Sie die Distanz, nach der keine Reflexionen mehr in die Berechnung eingehen, kleinhalten. Zum Testen setzen Sie ein Häkchen und geben als Distanz beispielsweise 0,5cm ein. Damit haben Sie die Zeit für die Bildberechnung nahezu halbiert, doch müssen

Sie sich darüber im Klaren sein, dass das Glas damit einige wesentlichen Reflexionen verliert, die es u.U. erst lebensecht geraten lassen könnten. Nutzen Sie die Funktion daher insbesondere dann, wenn sich Glasobjekte nur unscheinbar im Bildhintergrund aufhalten. Die Reflexionen blenden in diesem Fall hinter der angegebenen Distanz normalerweise in die Umgebungsfarbe (ENVIRONMENT) über, außer Sie aktivieren die Option FADE TO END COLOR. Dies bewirkt, dass Reflexionen jenseits der angegebenen Distanz in die eingestellte Farbe überblenden. Für unsere Zwecke lassen Sie die Funktion deaktiviert. Abbildung 2.17 zeigt alle Einstellungen.

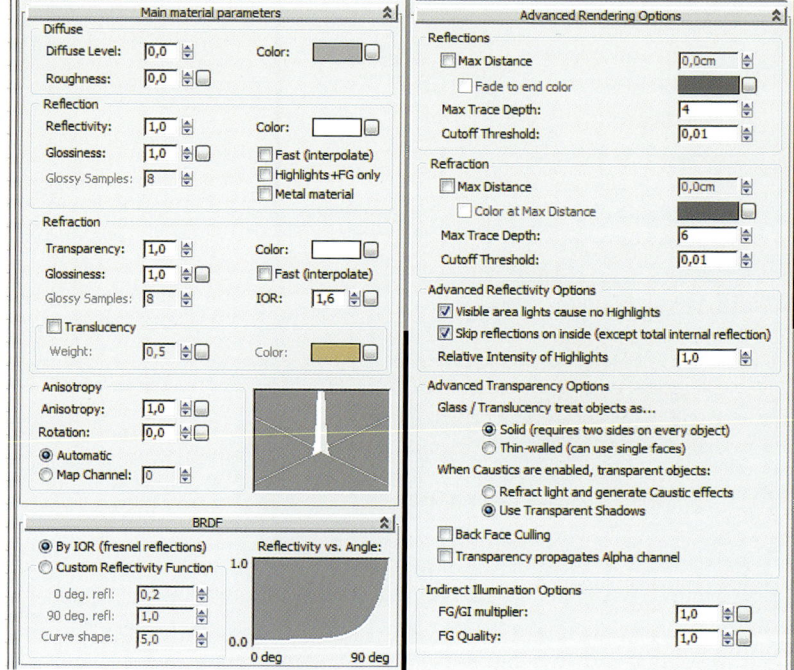

Abbildung 2.17
Alle vorgenommenen Einstellungen für Glas

2.2.6 Getöntes Glas

Falls das Trinkglas keine farblose Struktur besitzen soll, liegt es zunächst nahe, eine Glasfarbe einfach entweder im DIFFUSE-Kanal von Weiß auf beispielsweise Grün umzustellen oder dieses unter der REFLECTIVITY zu tun. Doch die Annahme ist irrig. Man erhält erst verwertbare Ergebnisse, wenn man die Farbe unter TRANSPARENCY einstellt. Aber auch dieses Ergebnis ist physikalisch unkorrekt, denn bei dichterem Glas, das an den Rundungen links und rechts außen anzutreffen ist, müsste die grüne Farbe intensiver werden als bei weniger dichtem Glas des mittleren, frontaleren Bereichs, was aber hierdurch nicht erreicht wird.

Ein akkurates Ergebnis erhält man in der Gruppe, in der wir uns zuletzt befanden.

- Ändern Sie die Glasfarbe nur unter ADVANCED RENDERING OPTIONS → REFRACTION → MAX DISTANCE → COLOR AT MAX DISTANCE und belassen Sie alle anderen Farbkanäle wie zuvor gehabt.

- Deaktivieren Sie ggfs. die Max Distance des Bereichs Reflection, wo wir im Schritt zuvor experimentierten.
- Stellen Sie als Längenangabe 0,2cm und als Tönungsfarbe RGB = 0,0/ 1,0/ 0,0 ein (Grün).

Nachdem Sie ein Bild gerendert haben, erscheint das Glas in einer überzeugend grünen Tönung (Abbildung 2.18). Das Ergebnis der grünen Tönung können Sie auch in der Datei 02_AD_03.max einsehen. Beim Öffnen übernehmen Sie die Gamma-Einstellungen der Datei. Sie greift auf Texturen des mitgelieferten 3ds-Max-maps-Verzeichnisses zurück.

Abbildung 2.18
Grün getöntes Glas

Wenn dagegen die Option Max Distance alleine aktiviert ist, wird die Refraktion auf die Distanz beschränkt. Ist das Glas dicker, findet dahinter keine Refraktion statt. Die Transparenz endet einfach nach der angegebenen Länge und wird Schwarz. Dies kann für bestimmte Glassorten interessant sein wie z.B. Rauchglas. Ist dagegen die Option Color at Max Distance aktiviert, findet keine Beschränkung der Refraktion statt, sie erhält aber die eingestellte Farbe.

Mit zunehmender Max Distance wird die Tönung abgemildert (Abbildung 2.19).

Abbildung 2.19
V.l.n.r.: Max Distance = 1,0cm bis 3,0cm

Beachten Sie bitte, dass das grün getönte Glas einen ebenso grünen Schatten wirft. Dies haben wir mit der Farbgebung im Farbkanal unter Color at Max Distance erreicht. Die Schattenfarbe hätten wir auch bereits unter dem Farbkanal der Transparency-Gruppe eingeben können, doch haben wir diesen Kanal weiß belassen, damit wir das physikalisch korrekte Ergebnis in Bezug auf die Glasdicke mit der oben beschriebenen Methode erhalten. Wie gefärbtes Glas farbige Schatten beispielsweise durch eine Bildtextur werfen kann, wird im nächsten Kapitel beschrieben.

2.2.7 Farbiges Glas mit Schatten

Laden Sie die Datei 02_AD_04.max. Übernehmen Sie die Gamma-Einstellungen der Datei.

Die Szene wird mit einer EXPOSURE VALUE von EV = 8,0 belichtet, außerdem greift sie im ENVIRONMENT-Kanal auf eine HDRI-Datei aus dem in 3ds Max mitgelieferten gleichnamigen Verzeichnis zurück.

Die Szene wird von einem photometrischen Licht beleuchtet.

- Schalten Sie als indirekte Beleuchtung GI hinzu mit MAXIMUM SAMPLING RADIUS von 200 (Abbildung 2.20).

Abbildung 2.20
Das Glas soll farbig getönt werden und einen farbigen Schatten werfen.

Mit diesem Senfglas wollen wir eine Bildtextur zuweisen, die nach Möglichkeit auch einen Schatten werfen soll.

- Im Materialeditor benennen Sie ein neues A&D-Material mit dem Namen »Farbiges Glas«.
- Setzen Sie in der DIFFUSE-Gruppe alle Parameter auf null und sowohl in der REFLECTION- als auch in der REFRACTION-Gruppe alle auf 1,0, außer IOR, der den

2.2 Vorbereitungen zur Oberflächenvergabe

Wert 1,5 erhält. In der BRDF-Gruppe schalten Sie um auf BY IOR (FRESNEL REFLECTIONS).

Nun holen wir uns eine Bildtextur für den COLOR-Kanal bei TRANSPARENCY.

- Dazu laden Sie in den TRANSPARENCY-Farbkanal die Bildtextur Mountains.jpg aus dem in 3ds Max mitgelieferten Ordner ../maps/Backgrounds/ unter Beibehaltung des Systemgammas. Nennen Sie die Bildtextur »Berge« und deaktivieren Sie USE REAL-WORLD SCALE.

Die Textur wird auf beiden Seiten des Glases gestülpt. Erfahrungsgemäß wird dadurch die Textur zu sehr lichtschluckend, da wir durch insgesamt vier Glaswände blicken, das heißt, die Textur viermal abgebildet wird. Um dies abzumildern, werden wir die Helligkeit der Textur anheben.

- Dazu öffnen Sie unter »Berge «die OUTPUT-Gruppe, aktivieren ENABLE COLOR MAP und justieren die Kurve wie in Abbildung 2.21 ersichtlich. Hier ist der linke Punkt der Diagonalen auf 0,326 und der Endpunkt auf 1,642 einzupegeln.

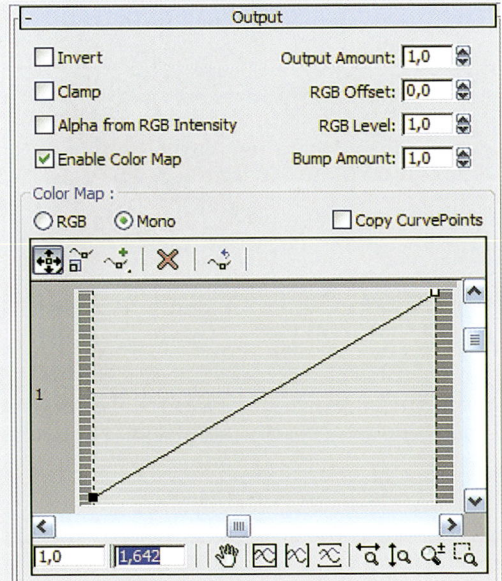

Abbildung 2.21
COLOR MAP: Linker Punkt = 0,326, rechter Punkt = 1,642.

- Vergewissern Sie sich, dass bei »Farbiges Glas« unter ADVANCED RENDERING OPTIONS die Option USE TRANSPARENT SHADOWS aktiviert ist.
- Weisen Sie das Material dem Objekt »Senfglas« zu.

Die Option BACK FACE CULLING auszuschalten ist nun Geschmackssache. Werden die Glasinnenseiten ignoriert, kommt die Textur besser zur Geltung, jedoch wird die Darstellung unrealistisch. Im Folgenden werden wir daher die Option deaktivieren.

- Deaktivieren Sie unter ADVANCED RENDERING OPTIONS die Option BACK FACE CULLING.

Rendern Sie ein Bild über die Camera03 in der empfohlenen Auflösung 600x500px. Die Bildtextur erscheint im Glas und auch als Schatten (Abbildung 2.22).

Der Schatten besitzt messerscharfe Kanten, eine Folge des auf POINT eingestellten photometrischen Lichtes.

- Selektieren Sie das Licht »TPhotometricLight01« und schalten Sie unter der Gruppe SHAPE/AREA SHADOWS um von POINT auf DISC und vergeben Sie einen DISC-Radius von 5,0cm (Abbildung 2.23).

Abbildung 2.22
Die Bildtextur erscheint im Glas und als Schatten.

Dadurch erhält die Lichtquelle eine größere Dimension, was sich in weicheren Schatten auswirkt.

Hinweis

In Ergänzung zu Kapitel 1 sehen wir nun transparente Schatten, wie sie durch die Ray Trace Shadows ermöglicht werden. Im Gegensatz dazu sind SHADOW MAPS naturgemäß nicht in der Lage, Transparenzen des Schattenspenders zu interpretieren, lediglich die MENTAL RAY SHADOW MAPS besitzen einen Parameter, wo transparente, aber nichtakkurate Schatten simuliert werden können.

Abbildung 2.23
Mit dieser Einstellung verleihen wir der Lichtquelle eine größere Form.

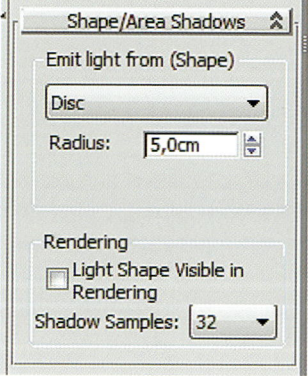

Die fertige Szene können Sie in der Datei 02_AD_05.max betrachten.

Abbildung 2.24
Der Schatten ist weicher.

2.3 Die Templates – Materialvoreinstellungen

Nachdem wir uns im A&D-Schattierer eigene Materialien anrührten, werfen wir nun einen Blick auf die voreingestellten Materialien (TEMPLATES, Abbildung 2.25).

Unter TEMPLATES gibt es eine Reihe verschiedener, oft gebräuchlicher Oberflächen, die einfach ausgesucht und zugewiesen werden können (Abbildung 2.26).

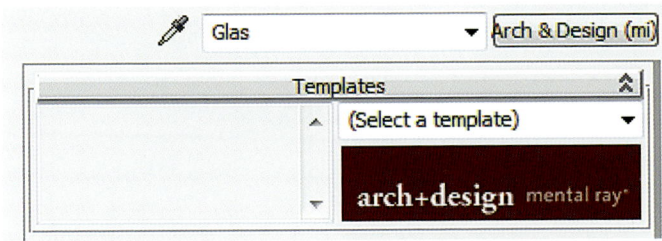

Abbildung 2.25
Wer schnell ein adäquates Material braucht, kann sich unter den TEMPLATES bedienen.

Eine kurze Beschreibung eines jeweiligen Materials erhalten Sie im Fenster links der Dropdown-Bar der TEMPLATES. Etwas verbessert hat sich in 3ds Max 2011 Design die Beibehaltung des Templatenamens, der in früheren Versionen – einmal ausgewählt – nicht wieder rekapituliert werden konnte. Dennoch geht die Templatebezeichnung verloren, wenn die Szene geschlossen und neu geladen wird. Es empfiehlt sich daher, die Bezeichnung des ausgewählten Templates unter Umständen in den Materialnamen einzubinden, damit man später einen Anhaltspunkt darüber hat, auf welches Template sich das Material stützt.

Abbildung 2.26
Alle Materialvoreinstellungen auf einen Blick

Der Vorteil dieser Templates liegt vor allem in der Zeitersparnis. Anstatt lange an jedem Parameter zu experimentieren, greift man auf ein passendes, vorgefertigtes Material zurück und weist es dem Objekt zu. Diese Materialien können ebenso schnell für eigene Bedürfnisse verändert oder angepasst werden. Teilweise setzen die A&D-Materialien Texturen ein, die sich im ../maps/ArchMat/-Verzeichnis des 3ds-Max-Systemordners befinden. Oft muss nur eine vorhandene Streufarbentextur im Materialeditor mit einer eigenen Textur versehen oder ersetzt werden, um das individuell gewünschte Material zu erhalten. Sehr gut ist auch der didaktische Nutzen der Templates, so erkennen wir beispielsweise anhand des GLASS-Materials, mit welchen Parametern sowohl bei SOLID als auch bei THIN GLASS gearbeitet wurde. Analysen einzelner Templates können daher sehr hilfreich sein. Ich werde auf die Materialvoreinstellungen in späteren Kapiteln zurückkommen.

2.4 Autodesk Materials

Die in der Version 3ds Max 2011 Design neu hinzugekommenen Autodesk Materials stellen eine Alternative zum A&D-Schattierer dar. Autodesk Materials ersetzten die früheren ProMaterials, die gerade mal über zwei Max-Versionen – 3ds Max 2009 und 2010 – Bestand gehabt haben. Szenen dieser beiden älteren Versionen mit ProMaterials können problemlos in Max 2011 aufgerufen werden bzw. die ProMaterials im Materialeditor editiert werden – aber neue ProMaterials können nicht mehr angerührt und zugewiesen werden.

Die Autodesk Materials ähneln sehr stark den früheren ProMaterials, treten aber ihnen gegenüber häufig in einer abgespeckteren Form auf.

Autodesk Materials stellen eine schneller handhabbare Alternative zum umfangreichen A&D-Shader dar. Sie sollen als Brücke zu anderen Autodesk-Applikationen dienen, wo Autodesk Materials ebenfalls anzutreffen sind oder in Zukunft implementiert werden sollen. Autodesk Materials bestehen aus einem Set von insgesamt 14 gebräuchlichen Materialien. Sie erkennen sie an der Bezeichnung AUTODESK unter den mental-ray-Materialien im MATERIAL/MAP BROWSER (Abbildung 2.27).

Abbildung 2.27
Material/Map-Übersicht:
Autodesk Materials

Im Gegensatz zum A&D-Schattierer, der alles innovativ unter einem Dach vereint, muss der 3-D-Artist hier wieder unter mehreren seinen richtigen Materialtyp auswählen.

Für diese Materialien, die auf dem A&D-Schattierer basieren, gelten dieselben Nutzungsvoraussetzungen wie für den A&D-Schattierer: Um physikalisch akkurate Ergebnisse zu erzielen, müssen maßstabsgetreue Geometrien mit photometrischen Lichtern in Verbindung mit indirekter Beleuchtung berechnet werden.

In der folgenden Übung werden wir dieselbe Szene erneut mit Autodesk Materials zuweisen, damit ein Vergleich mit dem A&D-Schattierer möglich ist.

Laden Sie die Szene 02_AM_06.max unter Beibehaltung der Gamma-Einstellung der Datei. Dieselben Trinkgefäße erscheinen wieder ohne Material, jedoch ist die ENVIRONMENT MAP bereits geladen, die MR PHOTOGRAPHIC EXPOSURE CONTROL bereits eingeschaltet und die GI aktiviert. Die Datei greift auf Texturen des ../maps/-Verzeichnisses zurück.

2.4.1 Die polierte Holzplatte II

Öffnen Sie den Materialeditor. Wir erstellen unsere Materialien in derselben Reihenfolge wie zuvor und beginnen mit dem Tisch.

- Im SLATE MATERIAL EDITOR ziehen Sie ein AUTODESK HARDWOOD-Material in das Feld VIEW1 bzw. laden ein AUTODESK HARDWOOD-Material in einen freien Slot des Compact-Materialeditors.

Wenn wir uns die Palette seiner Parameter ansehen, so bemerken wir zunächst die andere Terminologie im Vergleich zum A&D-Schattierer (Abbildung 2.28).

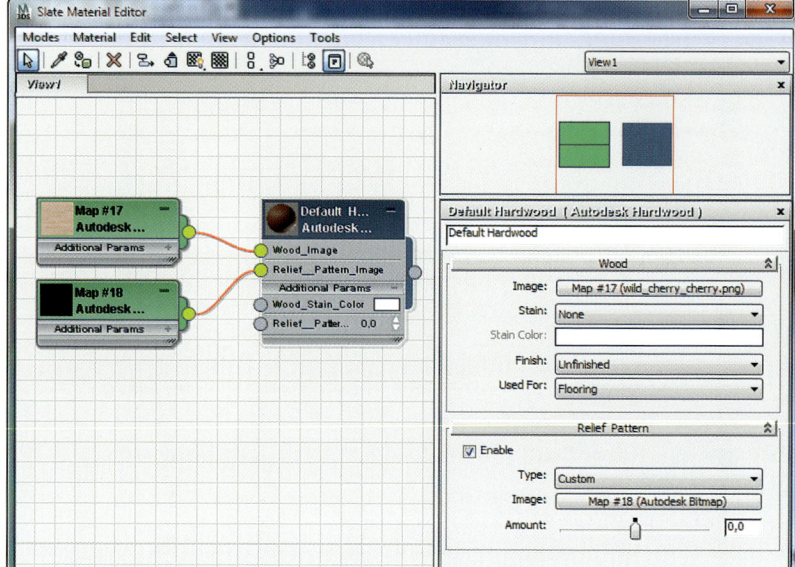

Abbildung 2.28
Materialeditor: die Parameter von AUTODESK HARDWOOD

Doch schnell werden Sie anhand der nächsten Schritte erkennen, dass für die Einstellungen dieselbe Parameternatur gilt wie beim A&D-Material.

Das AUTODESK HARDWOOD-Material trägt die Bezeichnung »Default Hardwood«. Im Kanal IMAGE finden wir eine bereits geladene Textur. Diese könnten wir zwar verwenden, doch wollen wir sie mit derselben Textur ersetzen, die vorher Verwendung fand, um gleiche Ausgangsbedingungen zu schaffen.

- Klicken Sie auf das an WOOD → IMAGE angeschlossene Symbol des Feldes (Bezeichnung »Map #17« in Abbildung 2.28) bzw. in den Kanal IMAGE, um so in die AUTODESK BITMAP zu gelangen. Dort laden wir die bereits bekannte Textur ASHSEN_2.GIF aus dem mitgelieferten ../maps/Wood/-Verzeichnis des 3ds-Max-Systemordners unter Beibehaltung des Systemgammas in den Kanal SOURCE und ersetzen somit die dort vorhandene Textur wild_cherry_cherry.png. Vergeben Sie »Holz« als Bezeichnung.

In der SCALE-Gruppe der Bitmap ändern Sie die WIDTH und die HEIGHT. Wir hatten beim A&D-Material als TILING-Werte für U = 3,0 und V = 6,0 vergeben. Die Möglichkeit, dass wir REAL-WORLD SCALE deaktivieren, haben wir im HARDWOOD-Material nicht mehr. Wir können uns annähern:

- Vergeben Sie unter SCALE/WIDTH = 0,333cm und unter HEIGHT = 0,167cm.
- Die Glanzeigenschaft der polierten Tischplatte stellen wir bei DEFAULT HARDWOOD unter FINISH ein. Hier sind vier Stufen auswählbar, wir entscheiden uns für die Stufe SEMI-GLOSS VARNISH.

Hier haben Sie bestimmt bereits erkannt, dass die Bedienphilosophie der Autodesk Materials darin besteht, unter mehreren vorgegebenen Stufen eine auszusuchen, anstatt mit Zahlenwerten zu arbeiten.

- Als USED FOR belassen wir den Eintrag FURNITURE.

Damit nehmen wir Einfluss auf die anisotropische Glanzeigenschaft. FURNITURE verleiht dem Material kein Relief. Falls der andere verfügbare Eintrag FLOORING ausgewählt wird, verwendet Max 2011 intern den OCEAN-Schattierer der LUME TOOLS (siehe MATERIAL/MAP BROWSER → MAPS → MENTAL RAY, siehe auch Kapitel 3), um sanfte Wölbungen für großflächige Holzböden entstehen zu lassen.

Interessant ist der darunter befindliche Bereich RELIEF PATTERN. Dahinter verbirgt sich eine andere Bezeichnung für Bump Mapping (Relief Mapping). Wird hier der Eintrag BASED ON WOOD GRAIN belassen, erhalten wir dasselbe Ergebnis, als wenn wir die »Ashsen_2«-Streufarbentextur in den Relief-Kanal kopierten, analog zu unserer vorigen A&D-Übung. Das heißt, diese Option greift die Streufarbentextur automatisch auf und setzt voraus, dass eine geladen wurde. CUSTOM erlaubt hingegen die Ladung einer völlig anderen Textur. Hierfür müsste dann eine Map in den CUSTOM MAP-Kanal geladen werden.

- Wir belassen unter RELIEF PATTERN die Option BASED ON WOOD GRAIN.
- Vergeben Sie als Materialnamen »Tisch« und weisen Sie es dem gleichnamigen Objekt der Szene zu.

Wir stellen insgesamt fest, dass das Holzmaterial nur die für Holz wichtigen Parameter beinhaltet. Es fehlt beispielsweise die Transparenz, da man davon ausgeht, dass Holz niemals durchsichtig sein kann. Es fehlen aber auch renderbeschleunigende Reduktionsmöglichkeiten der Glanzpunkte wie beispielsweise REFLECTION GLOSSY SAMPLES oder REFRACTION GLOSSY SAMPLES, die immerhin noch die alten ProMaterials aufweisen.

Das AUTODESK MATERIAL HARDWOOD erhält andererseits durch die Reduktion auf die relevanten, vorgefertigten Einstellungen eine deutlich schnellere Bedienbarkeit, was für alle anderen Autodesk Materials gilt.

2.4.2 Die Porzellantasse II

Wenden wir uns der Porzellantasse zu.

- Laden Sie AUTODESK CERAMIC in den SLATE MATERIAL EDITOR. Bezeichnen Sie es als »Tasse«.
- CERAMIC schalten Sie um auf PORCELAIN. Unter COLOR schalten Sie um auf USE MAP und laden wieder die MARBLE-Map, wo wir 90° unter ANGLE/W, die SIZE auf 0,5, VEIN WIDTH auf 0,1, als Farbe für COLOR #1 = RGB 255/ 153/ 254 und unter COLOR #2 = RGB 56/ 26/ 93 einstellen. Ändern Sie die SOURCE auf EXPLICIT MAP CHANNEL. Vergeben Sie »Tassenmuster« als Namen.

Kapitel 2 — OBERFLÄCHENBEARBEITUNG

Belassen Sie die übrigen Einstellungen, wie sie sind (Abbildung 2.29).

Abbildung 2.29
AUTODESK CERAMIC-Material

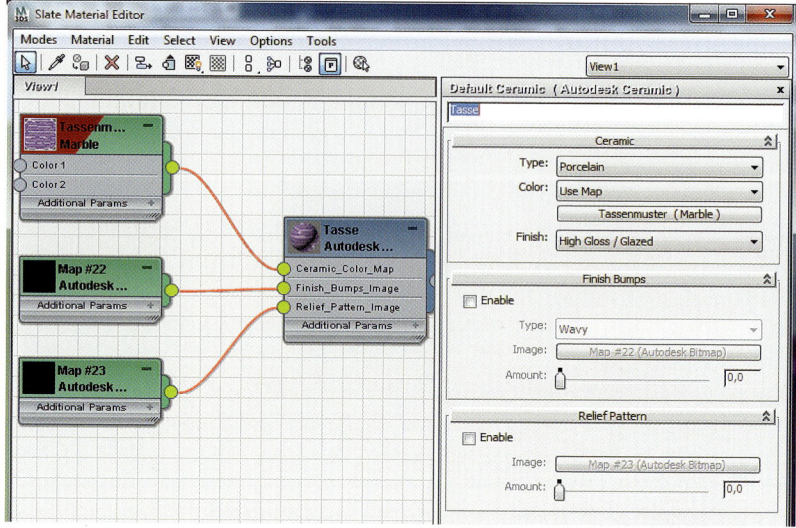

- Weisen Sie es dem gleichnamigen Objekt der Szene zu.

2.4.3 Der Metallbecher II

Für den Metallbecher werden wir erneut ein Chrommaterial zuweisen.

- Laden Sie AUTODESK METAL. Wählen Sie unter TYPE die Einstellung CHROME, nennen Sie es »Metall« und weisen Sie es dem Objekt mit der Bezeichnung »Metall« der Szene zu.

Der verchromte Metallbecher ist mit diesem Material schon fertig bearbeitet; die Einfachheit der Materialerstellung ist mit dem AUTODESK METAL nicht zu überbieten.

Das Material besitzt eine so genannte CUTOUT-Möglichkeit. Dies bedeutet, dass Transparenzen eingebaut werden können. Dies wollen wir in einem Experiment ausprobieren.

- Aktivieren Sie in »Metall« die Gruppe CUTOUTS. Belassen Sie den Type STAGGERED CIRCLES und vergeben Sie die Werte DIAMETER = 2,0cm und CENTER SPACING = 1,0cm.

Rendern Sie ein Bild über Camera02. Im Ergebnis erkennen Sie, dass Teile des Metallbechers durchsichtig wurden. STAGGERED CIRCLES stellt dabei ein parametrisches Muster dar.

Natürlich können Sie auch eine Schwarz-Weiß-Textur verwenden, die in den Kanal IMAGE zu laden ist, wenn Sie als Type CUSTOM wählen. Schwarze Bildteile sind opak, hellere Bildteile durchsichtig.

Wir wollen aber den Becher normal rendern und setzen die Option daher zurück.

- Deaktivieren Sie CUTOUTS wieder.

2.4 Autodesk Materials

Abbildung 2.30
AUTODESK METAL mit aktiviertem CUTOUT-Muster für Transparenzen

2.4.4 Das Glas II

- Für das Glasmaterial laden Sie das AUTODESK SOLID GLASS und weisen es dem Glasobjekt in der Szene zu, nachdem Sie es mit »Glas« bezeichnet haben.

Bevor wir jedoch die Szene rendern können, müssen wir dem Glasobjekt Texturkoordinaten zuweisen, die im Gegensatz zum prozedural arbeitenden A&D-Schattierer notwendig sind.

- Selektieren Sie »Glas« in der Szene und weisen Sie einen UVW-MAP-Modifikator zu, den Sie auf CYLINDRICAL MAPPING einstellen. Deaktivieren Sie REAL-WORLD MAP SIZE und wählen Sie das X-ALIGNMENT.

Ein erstes Rendering zeigt, dass wir noch Einstellungen vornehmen müssen (Abbildung 2.31).

Reflexionseigenschaft, Farbe und Refraktionsindex passen noch nicht zueinander. Dies liegt darin begründet, dass die Grundeinstellungen von SOLID GLASS für die Natur einer planaren Fensterscheibe bestimmt sind.

- Stellen Sie REFLECTANCE auf 10.

Abbildung 2.31
Autodesk Solid Glass mit Grundeinstellungen

Die Reflectance stand vorher auf null, was bedeutet, dass kaum etwas von der Umgebung reflektiert wurde.

- Um den Refraktionsindex auf den adäquaten Wert von 1,5 zu stellen, schalten Sie Refraction auf Custom und geben 1,5 ein.

Nun rendern wir ein Bild und analysieren das Ergebnis (Abbildung 2.32).

Abbildung 2.32
Das Ergebnis mit Autodesk-Materialien

Auf den ersten Blick sieht das Bild dem mit den A&D-Materialien ähnlich, und dennoch zeigen sich Unterschiede vor allem bezüglich der Reflexionseigenschaften. Die Reflexionsstufen, die wir für die Tischplatte und für die Tasse wählten, sind intensiver als bei unseren Einstellungen mit dem A&D-Schattierer. Ebenso macht sich ein geringfügig unterschiedlicher Refraktionsindex im Glas bemerkbar. Betrachten wir das Resultat zusammenfassend, so überzeugen die Autodesk Materials nahezu genauso wie die zuvor generierten A&D-Schattiererergebnisse.

Die Komprimierung eines jeden Materials auf die notwendigen einstellbaren Parameter macht die Bedienung leichter, und aus diesem Grund sind die Autodesk Materials für Anfänger besonders interessant, da keine materialuntypischen Parameter verändert werden können und somit die Natürlichkeit des Materials nicht verfälscht werden kann. Die über Stufen einstellbare Bedienphilosophie der Autodesk Materials weist Grenzen bezüglich Steuerungsmöglichkeiten auf, doch reichen die Einstellungen in den meisten Fällen wohl aus. Auffallend ist außerdem noch, dass die Berechnungszeit länger dauert als mit der A&D-Version.

Der A&D-Schattierer ist in der Geschwindigkeit der Bildberechnung unschlagbar.

Hinweis

Die Autodesk-Materialien finden ihren Einsatz, wenn

1. wenig Bearbeitungszeit für die Oberflächengenerierung zur Verfügung steht bzw. wenn die Materialkomponenten des gewünschten Materials nicht bekannt sind.
2. es sich beim Ergebnis nur um ein Standbild handelt und keine Animationssequenz, da hier der Zeitaufwand für die Bildberechnung immens ansteigt.
3. das gewünschte Material aus den Autodesk-Anwendungen wie Revit, AutoCAD oder Inventor bereits bekannt bzw. erprobt ist.

Die fertige Szene können Sie in der Datei 02_AM_07.max betrachten.

2.5 Konklusion Oberflächenbearbeitung

Alle Materialien in der Natur besitzen geringere oder stärkere Reflexionseigenschaften. Ein Spiegel besitzt volle Reflexionseigenschaft, bestimmte andere Oberflächen wie Gummi besitzen eine geringe Reflexionseigenschaft. Streng genommen muss der Parameter REFLECTIVITY stets mit einem Wert versehen werden, denn ein Objekt gänzlich ohne Reflexion bliebe unsichtbar, denn erst die Reflexion sorgt dafür, dass Lichtstrahlen vom Objekt ausgehend in Richtung des Betrachterauges bzw. der Kamera gesendet werden.

Wenn Reflexionen im Spiel sind, muss immer eine geeignete Umgebung gespiegelt bzw. reflektiert werden. Dazu greift man wie in unserer Szene meist auf eine Hintergrund- oder Umgebungsbilddatei zurück. Volle Brillanz erhält man, wenn man eine HDRI-Datei nimmt, da dieses Bildformat von sich aus Licht mit der

Farbe seiner Motive in die Szene abstrahlt und dabei für zusätzlichen Realismus sorgt.

Für einige dunkelfarbene Materialien mit breit-diffusem Glanzpunkt lohnt es sich nicht wirklich, die vorhandene Umgebung korrekt spiegeln zu lassen, was die Renderzeit und das Ergebnis in ein ungünstiges Kosten-Nutzen-Verhältnis katapultieren. Daher gibt es im A&D-Material die Möglichkeit, einen lichtquellen- und umgebungsunabhängigen Glanzpunkt mit einer unscharfen Pseudoreflexion einzuschalten, die deutlich weniger Berechnungszeit abverlangt: HIGHLIGHTS+FG ONLY. Sie stellt die Methode aus der frühen Zeit der 3-D-Graphik ohne die Möglichkeit der indirekten Beleuchtung dar. Diese Option werden wir in späteren Kapiteln näher untersuchen.

Besonders wichtig bei korrekter Reflexion werden Umgebungsbilder, wenn transparente Objekte wie Glas vordergründig in der Szene auftauchen. Diese Objekte leben geradezu von der zu spiegelnden Umgebung. Sie entscheidet darüber, wie lebendig die Glasoberfläche zu wirken beginnt. Die Schattierer erlauben aber auch, dass anstatt einer global wirkenden Hintergrundbilddatei eine individuell auf das Material abgestimmte Reflexions-Map integriert werden kann.

Sie haben nun von dem A&D-Material in Bezug auf seine umfangreichen Möglichkeiten lediglich die Spitze des Eisberges kennen gelernt. In den weiteren Projekten werden Sie eine Vielzahl nützlicher Werkzeuge situationsbezogen kennen lernen.

2.6 Autodesk Material Library

Neben den Autodesk-Materialien bietet 3ds Max 2011 Design auch die neue Bibliothek der Autodesk-Materialien. Hier befinden sich reichhaltige Sorten, eingeteilt in 22 Kategorien, die an dieser Stelle gar nicht alle aufgezählt werden können. Sie basieren auf den eben erwähnten Autodesk-Materialien, sind jedoch an vielen Stellen weiterentwickelt bzw. bieten mehr Steuerungsmöglichkeiten.

Da wir uns innerhalb der Projektarbeit dieses Buches mehr der analytischen Anrührung und Herstellung von Materialien widmen, werden wir auf die Bibliothek nicht weiter zurückgreifen, da fertige Materialpakete keine Kompetenzen zur Oberflächengenerierung verschaffen.

Ebenso wie die Autodesk-Materialien benötigen die Materialien dieser Bibliothek deutlich mehr Berechnungszeit, weshalb ihr Einsatz unter dem Gesichtspunkt der Renderzeit wohlüberlegt sein sollte.

Ihr Blick für Materialkomponenten ist nach Lektüre des Kapitels so weit geschärft, dass Sie in der Lage sind, diese Bibliotheksmaterialien in ein A&D-Material umzubauen, was deutlich schnellere Bildberechnungen ermöglicht.

Kapitel 3

3
Kaustische Lichteffekte

3.1 Kaustiken für Glas 94
3.2 Kaustiken für Wasser 100

Kapitel 3

KAUSTISCHE LICHTEFFEKTE

Abbildung 3.1
Die beiden Gläser werfen kaustische Lichteffekte auf den Boden.

Unter kaustischen Lichteffekten versteht man die Lichtprojektion auf ein Objekt, die von einem anderen Objekt über Reflexion oder Refraktion hervorgerufen wird (Abbildung 3.1). Sie sind in alltäglicher Natur stets anzutreffen und ihr Einsatz in der 3-D-Szene erhöht beträchtlich den Realismus. Mental ray erstellt Kaustiken auf der Basis der Photon-Map-Technik. Zwei klassische Materialien wollen wir für den infrage kommenden Einsatz von Kaustiken heranziehen: Glas und Wasser.

3.1 Kaustiken für Glas

Laden Sie die Szene `03_K_01.max` unter Beibehaltung der Gamma-Einstellungen der Datei.

3.1 Kaustiken für Glas

In der Szene befinden sich zwei Trinkgläser: ein Sektglas und ein Senfglas auf einer Tischplatte. Die Szene besitzt noch keinerlei zugewiesene Materialien, wird aber bereits mit einem photometrischen Licht beleuchtet. Ebenso ist ein Hintergrundbild eingerichtet. Es handelt sich dabei um das bereits bekannte HDRI KC_outside_Xsm_blur.hdr, das sich im Max-Systemverzeichnis unter ../maps/HDRs/ befindet. Die Belichtungskontrolle wurde bereits auf EV = 8,0 eingestellt.

Wir werden zwei verschiedene Glasmaterialien erstellen, ein Autodesk-Material für das Sektglas und ein A&D-Material für das Senfglas. Doch zuvor weisen wir erst der Tischplatte ein neutrales Material zu.

- Öffnen Sie den SLATE MATERIAL EDITOR. Ziehen Sie ein neues A&D-Material in das Feld VIEW1 und wählen Sie unter TEMPLATES ein MATTE FINISH-Material (Matte Oberfläche), nennen Sie es »Tisch« und weisen Sie es dem gleichnamigen Objekt zu.

- In einem weiteren A&D-Material schalten Sie das Template SOLID GLAS (Glas, Dicke Geometrie) ein. Nennen Sie es »Senfglas« und weisen Sie es dem gleichnamigen Objekt in der Szene zu. Stellen Sie die Farbe unter COLOR der REFRACTION-Gruppe auf Weiß.

- Ziehen Sie ein drittes Material AUTODESK SOLID GLASS in das Feld. Vergeben Sie »Sektglas« als Namen und weisen Sie es dem gleichnamigen Objekt zu. Vergeben Sie 10 für REFLECTANCE und schalten Sie REFRACTION um auf CUSTOM mit einem Wert von 1,5.

Zunächst müssen beide Gläser in der Szene als Generatoren für Kaustiken definiert werden.

- Selektieren Sie beide Gläser der Szene gleichzeitig, um über das Rechtsklickmenü zu den OBJECT PROPERTIES (Objekteigenschaften) zu gelangen. Dort springen Sie zur Registrierkarte MENTAL RAY und setzen ein Häkchen bei GENERATE CAUSTICS. Bestätigen Sie mit OK (Abbildung 3.2).

- Öffnen Sie RENDERING → RENDER SETUP → INDIRECT ILLUMINATION. Dort aktivieren Sie unter der Gruppe CAUSTICS AND GLOBAL ILLUMINATION (GI) sowohl die GLOBAL ILLUMINATION (GI) als auch die CAUSTICS.

Rendern Sie ein Bild über Camera02 in der empfohlenen Auflösung 600x580px (Abbildung 3.3).

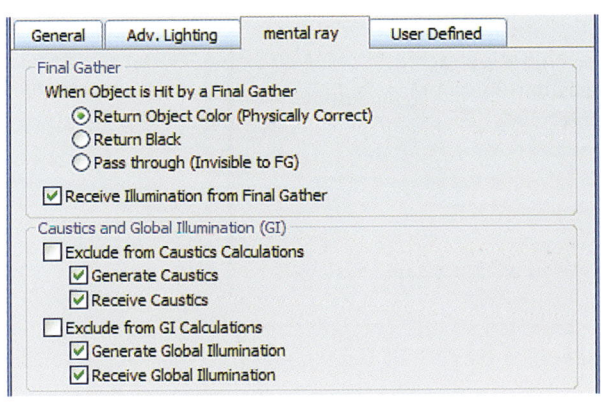

Abbildung 3.2
Menü Objekteigenschaften: Jedes Objekt, das Kaustiken hervorrufen soll, muss erst ein Häkchen bei GENERATE CAUSTICS unter den Objekteigenschaften erhalten.

Abbildung 3.3
Die Effekte bei Standardeinstellungen

Schatten und Kaustiken stehen bei mental ray in einer besonderen Beziehung. Ohne Kaustiken greift das A&D-Material auf einen speziellen Schattenalgorithmus zurück, wenn transparente Objekte transparente Schatten werfen. Wenn stattdessen refraktiv hervorgerufene kaustische Lichteffekte aktiviert sind, werden dann normalerweise keine transparente Schatten mehr geworfen. In ein und derselben Szene sind zum einen transparente Schatten erwünscht (flache Glasscheibe), zum anderen jedoch kaustische Effekte (Trinkglas). Das A&D-Material bietet die Möglichkeit, zwischen beiden Varianten umzuschalten, um so beide Varianten in einer Szene rendern zu können.

- Wir schalten nun im A&D-Material »Senfglas« in der Rubrik ADVANCED RENDERING OPTIONS → ADVANCED TRANSPARENCY OPTIONS die Option REFRACT LIGHT AND GENERATE CAUSTIC EFFECTS ein (Abbildung 3.4).

Abbildung 3.4
Menü A&D-Schattierer: Kaustische Lichteffekte für transparente Objekte erfordern die Einstellung REFRACT LIGHT AND GENERATE CAUSTIC EFFECTS.

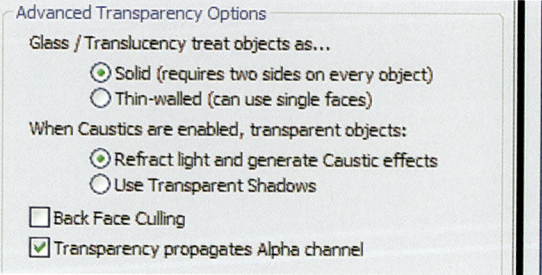

Nun wird auf den transparenten Schatten verzichtet, daraufhin werden die kaustischen Lichteffekte deutlich dargestellt (Abbildung 3.5). Die Kaustiken des

3.1 Kaustiken für Glas

Autodesk-Materials werden dagegen bereits mit opakem Schatten berechnet. Hier gibt es keine Parameter, um dies zu korrigieren. Hier kommen transparente Schatten nur zutage, wenn REFRACTION auf 1,0 zurückgedreht wird, wodurch jedoch der Glascharakter verloren ginge.

Abbildung 3.5
Kaustiken treten nun stärker hervor.

Werden dagegen transparente Schatten inklusive Kaustiken gewünscht, muss unter den Rendereinstellungen die Option OPAQUE SHADOWS WHEN CAUSTICS ARE ENABLED deaktiviert werden (Abbildung 3.6), wodurch Schatten teilweise transparent werden können, was in der Praxis aber nicht immer der Fall ist.

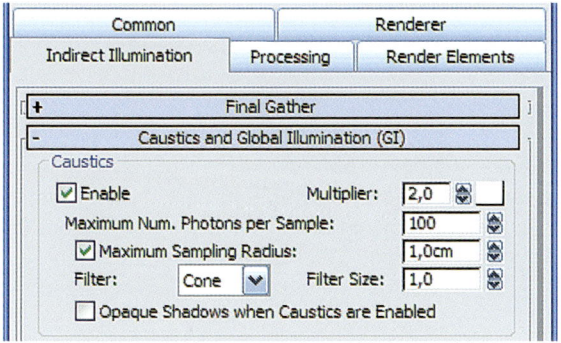

Abbildung 3.6
Renderdialog: Für transparente Schatten muss die Option OPAQUE SHADOWS deaktiviert bleiben.

Nun verbessern wir noch ein wenig die Qualität.
- Stellen Sie im Renderdialog unter CAUSTICS den MULTIPLIER auf 2,0, damit die kaustischen Lichteffekte intensiver werden.

Kapitel 3 — KAUSTISCHE LICHTEFFEKTE

Eine Erhöhung des Parameters hängt von der Intensität der Lichtquelle ab und von der Helligkeit des verwendeten Materials, das die Effekte auffängt, in unserem Fall die Tischplatte.

Der Wert MAXIMUM NUM. PHOTONS PER SAMPLE der CAUSTIC-Rendereinstellungen steht standardgemäß auf 100 – ein Wert, der für die meisten Szenen ausreicht. Eine Erhöhung des Werts lässt den Effekt weniger schmutzig erscheinen, dafür etwas weicher.

Wichtiger ist der Parameter MAXIMUM SAMPLING RADIUS. Mit ihm steuern Sie den Wirkungskreis, hervorgerufen durch die Kaustikphotonen, was in Anhängigkeit der Objekte der Szene steht. Ist der Parameter deaktiviert, beträgt die Größe 1/100 des Gesamtumfangs der Szene.

- Wir schalten unter CAUSTICS den MAXIMUM SAMPLING RADIUS ein und stellen ihn auf 1,0cm.

Abbildung 3.7
MULTIPLIER = 2,0,
RADIUS = 1,0cm

Abbildung 3.7 zeigt den Radius = 1,0. Je kleiner der Wert wird, desto schärfer werden die Facetten des Gesamteffekts, doch wird eine größere Photonenanzahl bei gleichzeitig höherer Renderzeit benötigt, da sonst der Lichteffekt zu arg gesprenkelt aussieht. Die Photonenanzahl CAUSTIC PHOTONS steht derzeit auf 20000 für die Lichtquelle der Szene und harmoniert gut mit unserem Radius von 1cm.

- Reduzieren Sie den MAXIMUM SAMPLING RADIUS weiter von 1,0 auf 0,5cm.

Rendern Sie ein Bild und betrachten Sie das Ergebnis. Bei diesem kleineren Wert wirkt der Lichteffekt plötzlich gepunktet oder gesprenkelt; ein Zeichen dafür, dass – falls der Radius für bessere Schärfe beibehalten werden soll – nun die Photonenanzahl erhöht werden muss.

- Gehen Sie zur Gruppe LIGHT PROPERTIES und erhöhen Sie den Wert unter AVERAGE CAUSTICS PHOTONS PER LIGHT auf 50000 (Abbildung 3.8).

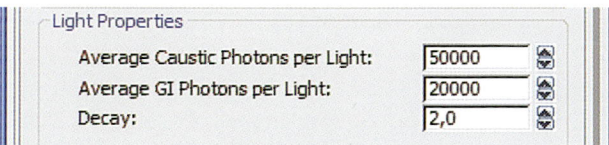

Abbildung 3.8
Renderdialog: Erhöhung der Anzahl der Kaustikphotonen auf 50000

Im Ergebnis sehen die kaustischen Effekte nun brillanter aus, was jedoch drastisch auf Kosten der Rechenzeit geht.

Abbildung 3.9
MAXIMUM SAMPLING RADIUS = 0,5 cm, AVERAGE CAUSTICS PHOTONS PER LIGHT = 50000

Zu erwähnen bleibt noch der Filter. Seine Wahl erlaubt ebenfalls verschiedene Schärfestufen des Lichteffekts. Es gibt drei Stufen: BOX, CONE und GAUSS. BOX lässt die Lichtinseln etwas unschärfer erscheinen, spart aber Renderzeit ein. CONE lässt die Effekte schärfer erscheinen, fordert jedoch höhere Renderzeit ein. Der Gaussfilter lässt die Lichteffekte etwas weicher erscheinen, was eher wieder an den BOX-Filter erinnert. Ein wenig mehr Schärfe kann auch durch die Reduzierung der Filtergröße erreicht werden. Standardgemäß steht die SIZE auf 1,1.

- Schalten Sie FILTER um auf CONE und reduzieren Sie FILTER SIZE auf 1,0.

Das gerenderte Bild wird in Abbildung 3.10 gezeigt. Die Lichtinseln werden weicher, das gesprenkelte Aussehen gemildert.

Diesen Status können Sie auch in der Datei 03_K_02.max einsehen.

Abbildung 3.10
Cone-Filter und
Filter-Size = 1,0

3.2 Kaustiken für Wasser

Laden Sie die Szene 03_K_03.max. Übernehmen Sie die Gamma-Einstellung der Datei.

Wir befinden uns am Strand. Es sind nur zwei Objekte in der Szene, die Wasseroberfläche und der Meeresboden. Die Wasseroberfläche verursacht kaustische Lichteffekte, die auf den Meeresboden projiziert werden (Abbildung 3.11).

Zuallererst kümmern wir uns um die Beleuchtung. Da die Szene in der Dämmerung angesiedelt ist, begnügen wir uns mit einem photometrischen Licht, das nur Kunstlichtcharakter besitzt.

- Erstellen Sie ein photometrisches Targetlicht am besten im Front-Ansichtsfenster. Bei der Frage, ob die MR Photographic Exposure Control eingeschaltet werden soll, antworten Sie mit Ja.
- Positionieren Sie das Licht an x = 0,0cm / y = 65,0cm / z = 100,0cm mit dem Target an x = 0,0cm / y = -4,0cm / z = -11,0cm (Abbildung 3.12).
- Wählen Sie für die MR Exposure Control EV = 10,0.

3.2 Kaustiken für Wasser

Abbildung 3.11
Die Wasserwellen werfen kaustische Lichteffekte auf den Meeresgrund.

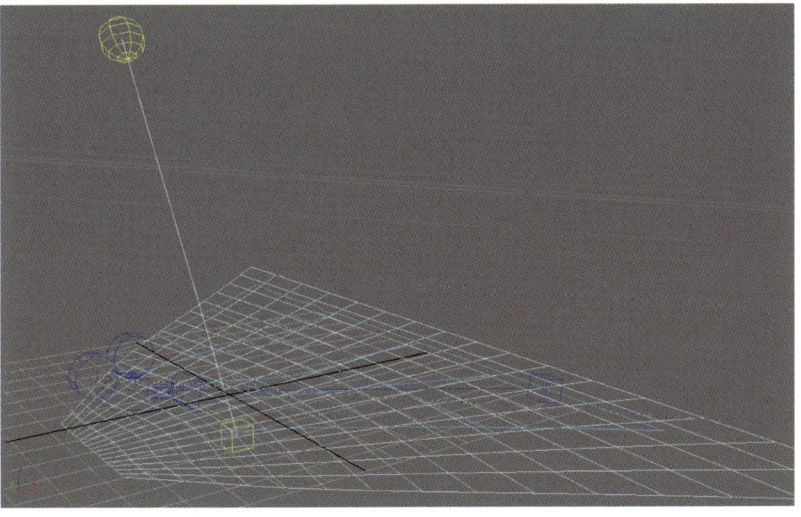

Abbildung 3.12
Die photometrische Lichtquelle sendet Kaustikphotonen aus.

- Deaktivieren Sie im photometrischen Licht die Schatten, da die Szene so angelegt ist, dass die Wasseroberfläche keinen Schatten auf den Meeresboden werfen soll.

Abbildung 3.13
Modifikationspalette: das Licht mit deaktivierten Schatten

Nun wenden wir uns dem Hintergrund zu.

- Für ENVIRONMENT laden Sie die Bitmap SKY.JPG aus dem ../maps/Skies/-Verzeichnis unter Anwendung des Systemgammas. Ziehen Sie per Drag&Drop eine Instanz in das Feld des SLATE MATERIAL EDITOR. Dort nennen Sie sie »Himmel« und ändern folgende Eigenschaften.
- Stellen Sie das ENVIRONMENT MAPPING um auf SPHERICAL ENVIRONMENT.

Wir wollen, dass sich der Himmel in der Meeresoberfläche spiegelt, daher darf die Methode der Texturplatzierung nicht auf SCREEN stehen, obwohl dies für unsere Absicht ausgereicht hätte.

- Die SPHERICAL-Einstellung benötigt noch eine Feinjustage, daher ändern Sie OFFSET/WIDTH auf 0,1cm, SIZE/WIDTH auf 0,4cm und SIZE/HEIGHT auf 0,2cm.
- Öffnen Sie die OUTPUT-Gruppe, aktivieren Sie ENABLE COLOR MAP und passen Sie die Kurve wie aus der Abbildung 3.14 ersichtlich an, wo der linke Punkt bleibt und der rechte Punkt auf 1,566 verschoben wird.

Dies bewirkt, dass die Bildtextur heller wird.

Nun werden wir die beiden Geometrieobjekte mit Materialien versehen.

- Im Materialeditor nennen Sie ein neues A&D-Material »Meeresboden«. Hier laden wir für den DIFFUSE-Kanal die Bildtextur SAND3.JPG aus dem ../maps/Ground/-Verzeichnis unter Beibehaltung des Systemgammas. Stellen Sie die TILING-Werte sowohl für U als auch für V auf jeweils 12, nachdem Sie USE REAL-WORLD SCALE deaktiviert haben. Stellen Sie unter der OUTPUT-Gruppe den RGB LEVEL von 1,0 auf 1,9, um der Textur mehr Helligkeit zu verleihen. Vergeben Sie »Sand« als Namen für die Bitmap.
- Wir werden die Textur noch ein wenig mit der RGB MULTIPLY-Map tönen. Ziehen Sie dazu aus der Kategorie MAPS des MATERIAL/MAP BROWSER eine RGB MULTIPLY-Map in das Feld. Lösen Sie die Verbindung der »Sand«-Bitmap zum A&D-Material und stellen Sie die Verbindung her zur RGB MULTIPLY (COLOR 1), die dann zum DIFFUSE-Kanal des A&D geht. (Im Compact Material Editor klicken Sie auf die Schaltfläche BITMAP und wählen im erscheinenden MATERIAL/MAP-BROWSER die RGB MULTIPLY-Map. Geben Sie an, dass die vorgefundene Bildtextur beibehalten werden soll, indem Sie KEEP OLD MAP AS SUB-MAP angeben.) Vergeben Sie »Sand_Tönung« als Namen (Abbildung 3.15).

3.2 Kaustiken für Wasser

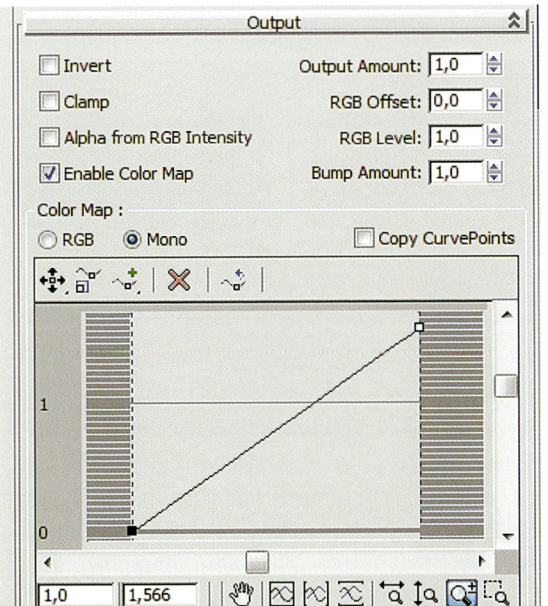

Abbildung 3.14
COLOR MAP: Der rechte Punkt wird auf 1,566 verschoben.

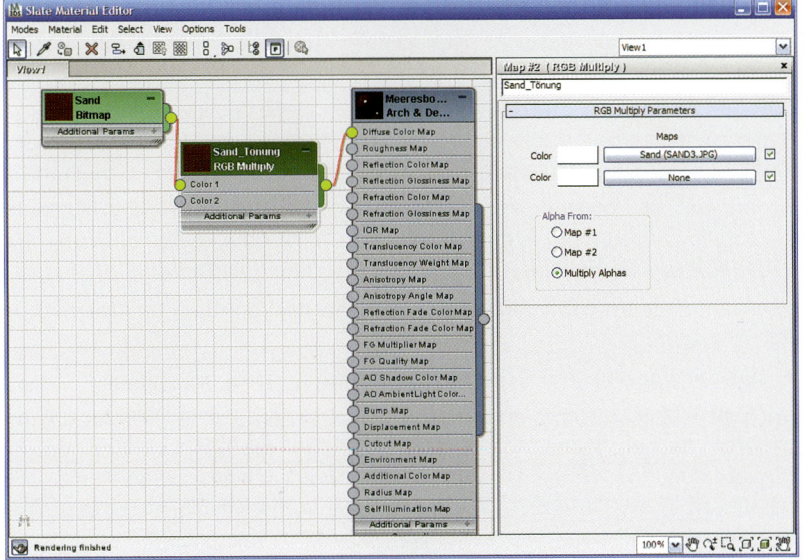

Abbildung 3.15
SLATE MATERIAL EDITOR: die Oberfläche »Meeresboden«

- Daraufhin wählen Sie als Farbe für den zweiten, unteren Kanal RGB = 231/ 248/ 114 (Abbildung 3.16).

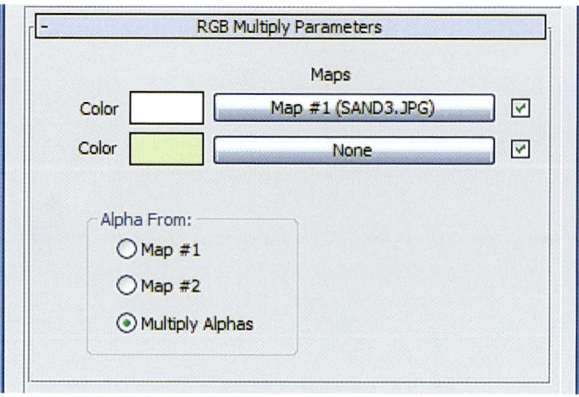

Abbildung 3.16
Materialeditor: Die Textur »Sand« wird mit der RGB MULTIPLY-Map getönt.

Damit haben wir die Bildtextur mit der soeben eingestellten Farbe getönt.

- Vergewissern Sie sich, dass unter den MAIN MATERIAL PARAMETERS von »Meeresboden« der DIFFUSE LEVEL auf 1,0, REFLECTIVITY und GLOSSINESS der REFLECTION-Gruppe auf 0,1 und TRANSPARENCY auf 0,0 steht. Weisen Sie dieses Material dem Objekt »Sandboden« zu.

Die Wasseroberfläche soll zum einen die Himmelsfarben reflektieren und zum anderen kaustische Welleneffekte auf den Sandboden werfen.

- In einem neuen A&D-Material, dem Sie den Namen »Wasseroberfläche« geben, laden Sie für den DIFFUSE-Kanal die OCEAN (LUME)-Map mit der Bezeichnung »Wellen«.

Autodesk hatte bei der Integration von mental ray ab der Version 6.0 die Lume-Materialien mitgeliefert, um den Mangel der bis dahin nur spärlich vorhanden mental-ray-Schattierer quantitativ auszugleichen.

- Ändern Sie folgende Parameter im OCEAN (LUME)-Schattierer: LARGEST: 7,87cm, SMALLEST: 0,08cm, STEEPNESS: 1,0. Mit diesen Werten haben wir die größte und die kleinste Welle definiert (Abbildung 3.17).

Nachdem wir nun die Streufarben festgelegt haben, sorgen wir für die Reflexion der »Wasseroberfläche«:

- Erhöhen Sie den Wert für REFLECTIVITY auf 1,0.

Unter den TEMPLATES existiert eine Materialvoreinstellung für Wasser, das für unseren flachen Kamerablickwinkel aufgrund des eingestellten Bump-(Relief-)Mappings weniger gut geeignet ist. Wir können aus diesem Grund auch darauf verzichten, den IOR für Wasser auf 1,33 einzustellen, denn wir beabsichtigen keine Transparenz für unser Wassermaterial, sondern nur Reflexion.

- Wir belassen unser Material vorerst und weisen es dem Objekt »Wasseroberfläche« zu.

Wir werden später noch weitere Veränderungen im Rahmen unseres Kaustikeffekts vornehmen.

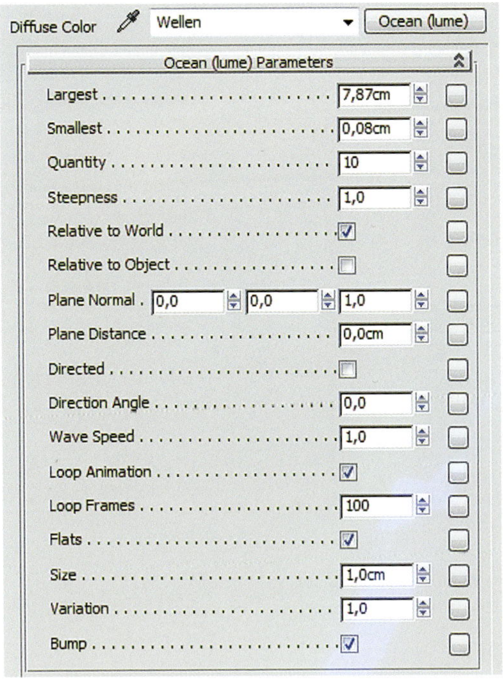

3.2 Kaustiken für Wasser

Abbildung 3.17
OCEAN (LUME)-Map: die Parameter für die prozedurale Wellentextur

Nun folgen die Rendereinstellungen. Die Wasseroberfläche soll die Effekte generieren, daher muss die kaustische Wirkung in ihren Objekteigenschaften festgelegt werden.

- Selektieren Sie das Szenenobjekt »Wasseroberfläche« und gehen Sie in die OBJECT PROPERTIES via Rechtsklickmenü (siehe vorige Abbildung 3.2). Unter der Gruppe MENTAL RAY aktivieren Sie GENERATE CAUSTICS und bestätigen mittels OK.
- Dasselbe gilt für das Lichtobjekt »TPhotometricLight001«, wo Sie ebenfalls GENERATE CAUSTICS aktivieren
- Aktivieren Sie als indirekte Beleuchtung FINALGATHER im DRAFT-Modus mit den gegebenen Einstellungen, aktivieren Sie außerdem CAUSTICS unter der Gruppe CAUSTICS AND GLOBAL ILLUMINATION (GI).

Bevor wir nun ein erstes Bild rendern, müssen wir unser Material noch etwas bearbeiten. Wie vom vorigen Abschnitt her bekannt, werden Kaustiken durch Reflexion oder durch Refraktion generiert. Da sich die Wasserlinien unterhalb der Wasseroberfläche manifestieren sollen, können sie nicht durch Reflexion generiert werden. Dagegen scheidet die Refraktion auch aus, da unser Wassermaterial keine Refraktion aufweist. Es ist dennoch möglich, dass das Objekt »Wasseroberfläche« Kaustiken auf den Sandboden projiziert. Dazu bedienen wir uns einer PHOTON BASIC-Map und gehen wie folgt vor.

- Öffnen Sie die unterste Gruppe MENTAL RAY CONNECTION des A&D-Schattierers unseres Materials »Wasseroberfläche« und entriegeln Sie den Kanal PHOTON.

Hinweis

Laden Sie hier eine PHOTON BASIC (BASE)-Map und vergeben Sie »Wasserkaustiken« als Namen für die Map (Abbildung 3.18).

Abbildung 3.18
A&D-Schattierer: Die MENTAL RAY CONNECTION ganz unten bietet die Möglichkeit, ältere mr-Schattierer einzubinden.

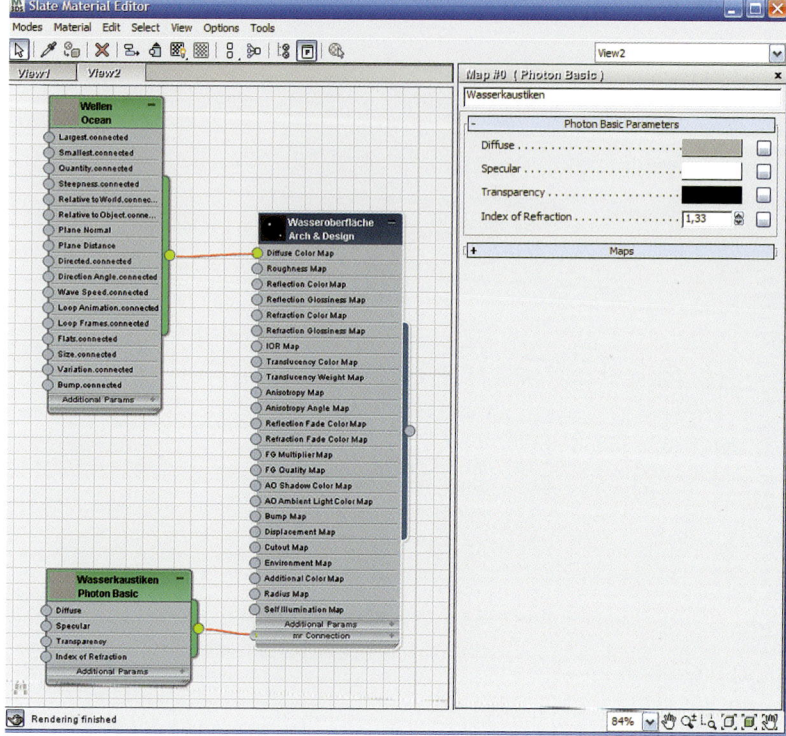

- In der PHOTON-Map »Wasserkaustiken« stellen Sie den INDEX OF REFRACTION (IOR) auf 1,33 ein, den passenden Wert für Wasser (Abbildung 3.19).

Wir schalten den Refraktionsindex hinzu, obwohl wir es wie oben erwähnt mit keinem transparenten Material zu tun haben. Dennoch werden die Kaustiken nach dem Refraktionsindex gebrochen, da sie die Wasseroberfläche durchdringen.

- Bei »Wasserkaustiken« ändern Sie die schwarz eingestellte Farbe unter TRANSPARENCY auf ein reines Weiß.

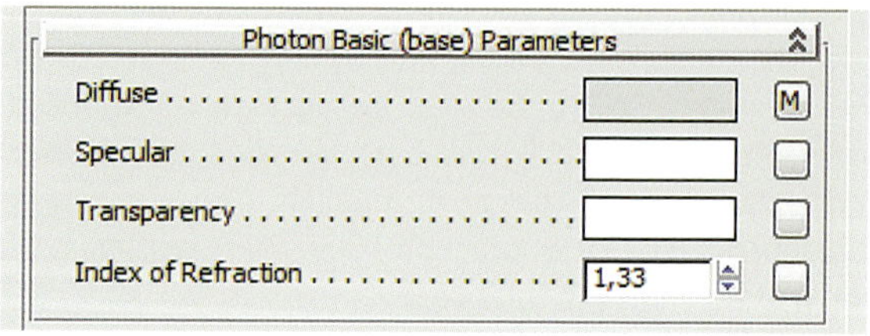

Abbildung 3.19
A&D-Material: der PHOTON BASIC (BASE)-Schattierer

3.2 Kaustiken für Wasser

Nun benötigen wir eine Bump-(Relief-)Map für den DIFFUSE-Kanal des PHOTON BASIC-Schattierers. In früheren Versionen von 3ds Max hätten wir einfach auf die mental-ray-BUMP (3DS MAX)-Map zurückgreifen können, doch diese Map wird (zusammen mit einigen anderen) seit 3ds Max 2011 nicht mehr im MATERIAL/MAP BROWSER aufgelistet. Sie ist nur noch latent in den Map-Bibliotheken vorhanden, um Szenen aus früheren Versionen problemlos aufrufen zu können oder um als Begleit-Map zu anderen Schattierern zu erscheinen, wie beispielsweise dem SSS FAST SKIN-Schattierer (s. Kapitel 7).

Wählen wir einen anderen Weg, der im Vergleich zur früheren Bump-Map geringfügig umständlicher erscheint, aber letztendlich zum selben Ziel führt. Außerdem lernen wir ein neues Material kennen: MATERIAL TO SHADER.

- Für den DIFFUSE-Kanal der PHOTON-Map »Wasserkaustiken« laden Sie ein MATERIAL TO SHADER. Vergeben Sie »Photon Relief Material« als Namen.

Wie der Name sagt, können damit Materialien an Stellen im Materialbaum verwendet werden, wo sonst nur Maps ihre Funktion ausüben können.

Als zu ladendes Material verwenden wir einen neuen A&D-Schattierer.

- Laden Sie ein neues A&D-Material, das in den Kanal MATERIAL von »Photon_Relief_Material« geladen wird, und bezeichnen Sie es mit »Relief«.

Wie schon oben erwähnt, interessiert uns nun lediglich der Bump-Kanal des gesamten A&D-Materials. Wir werden hier eine weitere Map laden, und die übrigen Funktionen des A&D-Materials ignorieren wir. Die wichtigen Parameter entfalten sowieso keine Wirkung, da wir uns innerhalb des Photon-Kanals von »Wasseroberfläche« befinden.

- Für den Bump-Map-Kanal von »Relief« laden Sie eine WAVES-Map, nennen Sie sie »Wellen_Map« und nehmen Sie folgende Einstellungen in der Gruppe der WAVES-Parameter vor: WAVE RADIUS = 250, NUM WAVE SETS: 13, WAVE LEN MAX = 4,0, WAVE LEN MIN = 1,75, AMPLITUDE = 2,0 (Abbildung 3.20). Belassen Sie die übrigen Werte.
- Den Betrag des Bump-Map-Kanals von »Relief« erhöhen Sie von 0,3 auf 2,0.

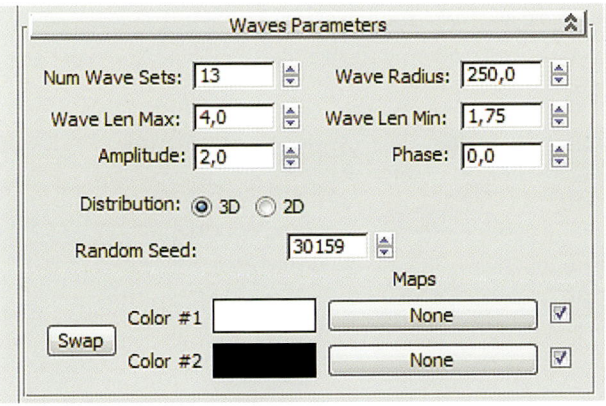

Abbildung 3.20
WAVES-Textur: die Parameter der Wellentextur

Abbildung 3.21 zeigt den vollständigen Schattiererbaum.

Abbildung 3.21
Material-/Map-Übersicht: das Material »Wasseroberfläche«

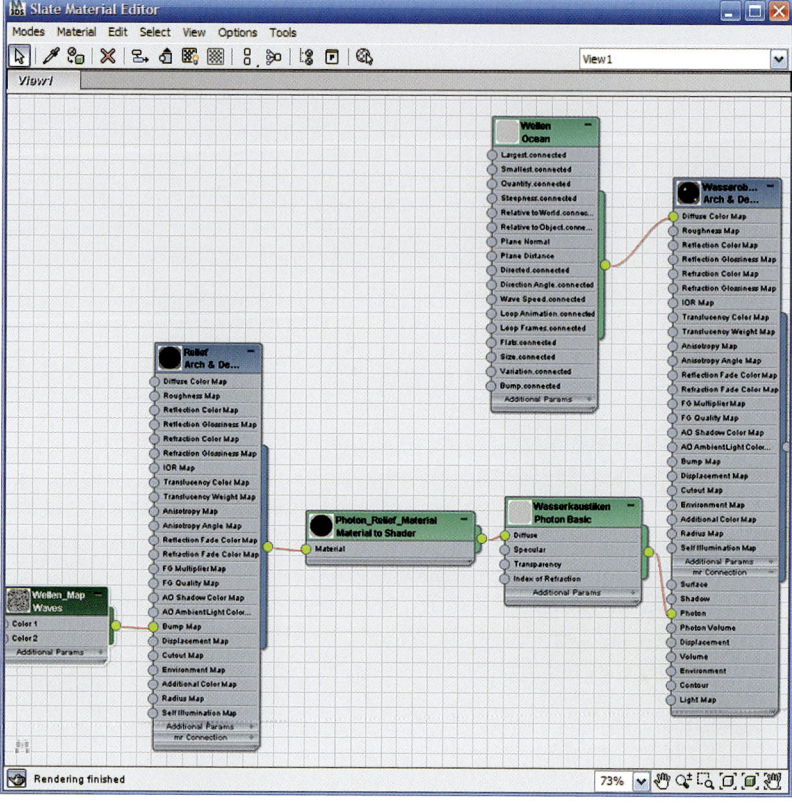

Mit den Maps im Photon-Kanal suggerieren wir eigens für die Kaustikphotonen eine Relieftextur, die aus einem Wellenmuster besteht, hervorgerufen durch unsere Waves-Map. Dieses Relief-(Bump-)Mapping existiert also nicht für die Streufarben, das heißt, sie wird unsichtbar bleiben.

Nun können wir ein erstes Testrendering starten über die Camera01 in der empfohlenen Auflösung 640x300px.

Abbildung 3.22
Die kaustischen Effekte sollen von den Wellenmustern hervorgerufen werden.

3.2 Kaustiken für Wasser

Der erste Test zeigt zwar einen ersten kaustischen Effekt, der jedoch kaum als solcher zu erkennen ist, da er noch feinjustiert werden muss. Die Anzahl der Kaustikphotonen ist zu gering, um scharfe Wellenlinien hervorrufen zu können.

- Erhöhen Sie unter der CAUSTICS-Gruppe den Parameter MAXIMUM NUM. PHOTONS PER SAMPLE von 100 auf 200.
- Aktivieren Sie darunter MAXIMUM SAMPLING RADIUS und legen Sie als RADIUS 0,1cm fest.

Dies ist der Hauptparameter, um unsere Lichteffekte zu schärfen. Die höhere Schärfe erfordert jedoch deutlich mehr Kaustikphotonen als in der Standardeinstellung, da er sonst zu gesprenkelt aussehen würde.

- Daher erhöhen wir die Anzahl unter LIGHT PROPERTIES → AVERAGE CAUSTIC PHOTONS PER LIGHT auf 500.000.

Wenn wir nun ein Bild rendern, sehen wir das Wellenmuster der WAVES-Map auf dem Boden, verursacht durch die Kaustikphotonen bei erträglicher Renderzeit.

Abbildung 3.23
Renderdialog: MAXIMUM SAMPLING RADIUS = 0,1cm, AVERAGE CAUSTIC PHOTONS = 500.000

Doch es geht noch schärfer und schöner.

- Ändern Sie den FILTER auf CONE und reduzieren Sie FILTER SIZE auf 1,0.
- Reduzieren Sie MAXIMUM SAMPLING RADIUS weiter auf 0,04cm und erhöhen Sie die Anzahl der Photonen durch Hinzufügen einer weiteren Null auf 5.000.000.

Rendern Sie die Szene erneut, das Ergebnis sieht aus wie Abbildung 3.24. Beachten Sie bitte, dass sich die Renderzeit mit den erhöhten Kaustikphotonen deutlich verlängert.

Die fertige Szene können Sie sich in der Datei 03_K_04.max ansehen.

Wie zuvor erwähnt, kann der kaustische Effekt mit einer BUMP (3DS MAX)-Map erstellt werden, wie er aber seit 3ds Max 2011 nicht mehr auswählbar ist. Aus diesem Grund ist dieselbe Szene 03_K_04_2010.max in der Version 2010 auf der Buch-DVD mitgeliefert, in der dieser Effekt mit dieser Map herbeigeführt wird.

Hinweis

Nun haben Sie kaustische Lichteffekte kennen gelernt. Bei dieser Gelegenheit werden wir das mental ray DEPTH OF FIELD (Tiefenunschärfe) ausprobieren.

Kapitel 3 — KAUSTISCHE LICHTEFFEKTE

Abbildung 3.24
Renderdialog: MAXIMUM SAMPLES = 0,04cm, AVERAGE CAUSTIC PHOTONS = 5.000.000

Für dieses Ziel kann der 3-D-Grafiker unter zwei Methoden auswählen. Die ältere f-Stop-Methode und eine neue, in 3ds Max 2011 eingeführte Methode über den neuen Schattierer DEPTH OF FIELD / BOKEH. Zunächst sei im Folgenden die f-Stop-Methode erklärt.

Wenn eine Target Camera (Zielkamera) in der Szene installiert ist, ist es besonders einfach, Tiefenunschärfe zu aktivieren. Das Target der Kamera markiert die Stelle im Bild, an der völlige Schärfe vorherrscht. Die Distanz davor zur Richtung der eigentlichen Kamera sowie die Distanz in Blickrichtung der Kamera hinter dem Ziel bilden den Unschärferaum ab.

Betrachten Sie die Stelle in der Perspektivansicht von oben, wo sich das Target der Camera01 befindet (Abbildung 3.25). Das Target wurde bereits an passender Stelle positioniert. Die Bereiche davor und dahinter werden mit zunehmender Distanz der Unschärfe unterzogen.

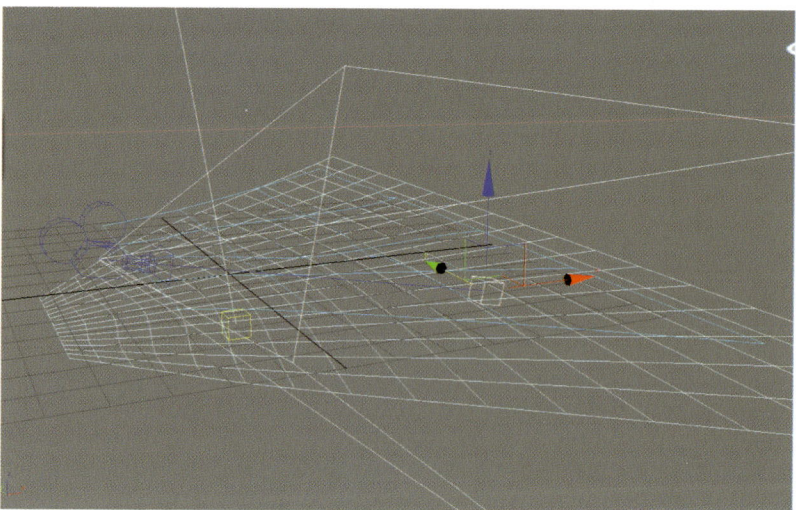

Abbildung 3.25
Das mit den Transformationspfeilen markierte Objekt ist das Target der Kamera.

3.2 Kaustiken für Wasser

- Selektieren Sie die Camera01 und aktivieren Sie in der Modifikationspalette die Option MULTI-PASS EFFECT und wählen Sie den Eintrag DEPTH OF FIELD (MENTAL RAY).

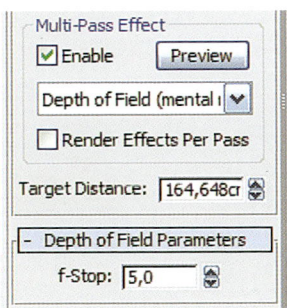

Abbildung 3.26
Modifikationspalette: die Parameter für die MR DEPTH OF FIELD (Tiefenunschärfe)

Ist dieser Algorithmus ausgewählt, wird die Distanz der Kamera zum Ziel angegeben. Sodann wird die Stärke der Tiefenunschärfe relevant: der F-STOP. Der Focus-Stop gibt den Grad der Unschärfe an, die größer wird, je höher der Wert bei F-STOP wird. So reicht zum Beispiel die Wasseroberfläche bis ganz dicht an den Brennpunkt der Kamera heran: Diese Kante wird mit höherem F-STOP-Wert unschärfer. Dasselbe gilt auch für den Bereich hinter dem Ziel.

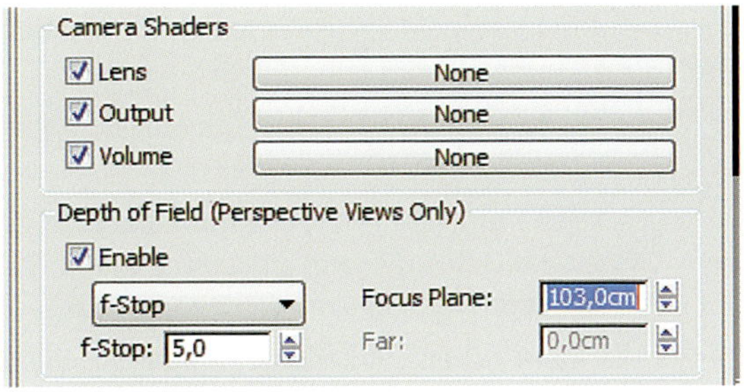

Abbildung 3.27
Das Menü für Tiefenunschärfe, falls keine installierte Kamera vorhanden ist

Falls Sie auf keine installierte Kamera zurückgreifen können, ist es auch möglich, vom Perspektivansichtsfenster Tiefenunschärfe berechnen zu lassen. Dazu nehmen Sie Einstellungen unter RENDERING → RENDER SETUP → RENDERER → CAMERA EFFECTS vor. Die Werte in Abbildung 3.27 zeigen die äquivalenten Einstellungen unserer Targetkamera der Szene für eine Perspektivansicht ohne Kamera, die aber unserer Kameraansicht entspricht. Der Unterschied ist, dass kein Target die Scharfzone angibt, sondern diese durch eine unsichtbare Focus Plane markiert wird.

Die höhere Unschärfe bedingt aber leider gleichzeitig auch eine höhere Sampling-Rate, was die Renderzeit wieder einmal in die Höhe treibt. Verzichtet man darauf, bleibt der unscharfe Bereich grieselig und verrauscht.

- Gehen Sie in den Renderdialog: RENDERING → RENDER SETUP → RENDERER → SAMPLING QUALITY und erhöhen Sie SAMPLES PER PIXEL bei MAXIMUM von 4 auf 64.

Wir akzeptieren den gegebenen F-Stop-Wert von 5,0 und rendern ein Bild über die Camera01 (Abbildung 3.28).

Abbildung 3.28
Kaustische Lichteffekte mit Tiefenschärfe.
Maximum Sampling = 64.

Das Ergebnis mit den gewählten Sampling-Einstellungen zeigt gerade die untere Grenze des qualitativ Akzeptablen. Beinahe müsste man mit diesem Sampling-Wert von 64 die Tiefenunschärfe wieder etwas mildern, indem man F-Stop von 5,0 auf z.B. 4,0 reduziert, was aber auch die Unschärfe wieder reduziert, um so dem 64er-Sampling entgegenzukommen. Alternativ kann man die Sampling-Rate auf die nächste Stufe 256 erhöhen, was jedoch ein ungünstiges Kosten-Nutzen-Verhältnis in Bezug auf die Bildberechnungszeit nach sich zieht.

Nun betrachten Sie die neue Methode über den Depth of Field / Bokeh - Schattierer.

Laden Sie erneut die Szene 03_K_04.max , um wieder zum Ursprung zurück zu kehren. Übernehmen Sie beim Öffnen die Gammaeinstellungen der Szene. Sie greifen auf mehrere Texturen des mitgelieferten maps-Verzeichnisses zurück.

- (Optional:) Deaktivieren Sie die kaustischen Lichteffekte, indem Sie unter Caustics innerhalb der Gruppe Caustics and Global Illumination (GI) das Häkchen bei Enable entfernen, um nicht lange mit der Berechnung der kaustischen Lichteffekte konfrontiert zu werden (vgl. Abbildung 3.6).
- Stellen Sie ggfs. unter Rendering → Render Setup → Renderer → Sampling Quality die Samples per Pixel bei Maximum von 64 wieder auf 4 zurück.
- Öffnen Sie die Gruppe Camera Effects unter Rendering → Render Setup → Renderer → Camera Effects.

In den Camera Effects finden wir drei Kanäle für Camera Shaders vor. Einer davon heißt Lens (vgl. Abbildung 3.27).

- Klicken Sie hier auf die Schaltfläche None, und wählen Sie aus dem sich öffnenden Material / Map Browser aus der Gruppe Maps → mental ray den Schattierer Depth of Field / Bokeh.
- Öffnen Sie den Slate Material Editor, in welchen Sie in das freie Feld eine Instanz des Depth of Field / Bokeh – Schattierers per Drag & Drop ziehen.

Nun erhalten Sie im Slate Material Editor Steuerungszugriff auf die Parameter dieses Schattierers, der sich im Camera-Shaders – Kanal Lens befindet.

3.2 Kaustiken für Wasser

Sehen Sie sich die Parameter näher an (Abbildung 3.29). FOCUS PLANE definiert die Entfernung, in der die Kamera scharf abbildet.

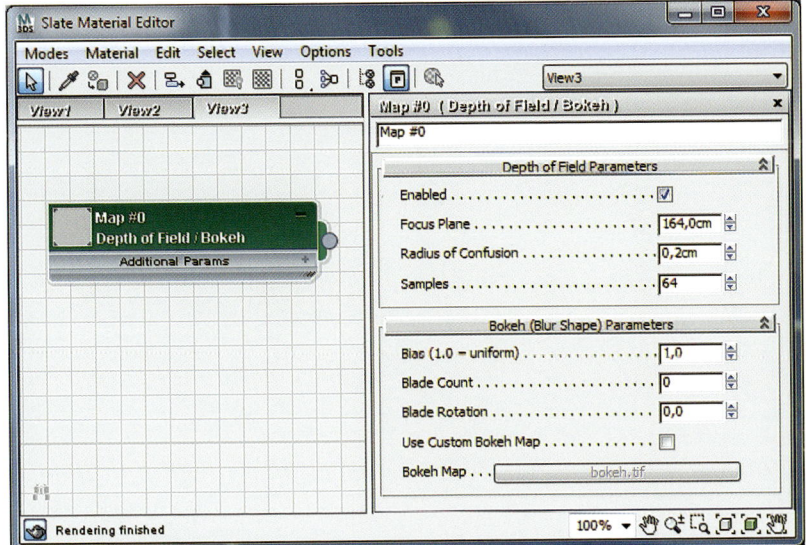

Abbildung 3.29
Slate Material Editor: Die Instanz des DEPTH OF FIELD / BOKEH-Schattierers steuert denselben im Bereich der CAMERA EFFECTS.

- Vergeben Sie den Wert 164cm, der Entfernung des Kameratargets von der Kamera, für FOCUS PLANE.
- Die Kamera muss nicht notwendigerweise ein Target besitzen, um die Distanz der FOCUS PLANE zu definieren. Das Target ist in diesem Fall nur eine Orientierung.
- Reduzieren Sie den RADIUS OF CONFUSION von 1cm auf 0,2cm. Er gibt die Stärke der Unschärfe an.
- Erhöhen Sie die SAMPLES von 4 auf 64.
- Höhere SAMPLES-Werte lassen die unscharf berechneten Bildmotive weniger verrauscht erscheinen, jedoch steigt die Renderzeit drastisch an.

Der Schattierer unterscheidet sich in der Effizienz kaum von der zuvor beschriebenen f-Stop-Methode. Man hat lediglich alle Parameter auf einen Blick. Beide Methoden nehmen viel Zeit für die Bildberechnung in Anspruch. Es bleibt zu überlegen, ob man Tiefenschärfe nicht in der Nachbearbeitung beispielsweise mit Photoshop schneller erreicht. Dazu ist die Erstellung einer Maske hilfreich, wie sie Abbildung 4.38 des Kapitels 4 zeigt, die mit Hilfe von RENDER SUBSET OF SCENE erstellt wurde.

Im zweiten Teil des Schattierers finden wir die Parameter zu BOKEH. BOKEH (japanisch *boke* = unscharf, verschwommen) ist eine besondere Methode, um Lichter bzw. Lichtquellen innerhalb der Unschärferegion ästhetisch adäquater darzustellen. Laternen in der Dunkelheit beispielsweise, die sich im Hintergrund und damit in der Unschärferegion befinden, erhalten einen leichten Verzerrungseffekt, hervorgerufen durch das Linsengruppensystem eines realen Kameraobjektivs, der mit den BOKEH-Parametern simuliert werden kann. Die Wirkung erinnert ein wenig an ähnlich subjektiv behandelte Lens-Flare-Effekte, die die Newtonringe von Kameraobjektiven nachahmen.

Hierbei gibt der Parameter BIAS (1,0 = UNIFORM) den Grad der Verzerrung an, der eintritt, wenn ein von 1 verschiedener Wert eingegeben wird. BLADE COUNT definiert einen Verzahnungseffekt des unscharf gewordenen Lichtes. Je höher der Wert, desto runder erscheint der Unschärfekranz des Lichts. BLADE ROTATION kann die Richtung der Verzerrung ausrichten.

Kapitel 4

4
Exterieur

4.1 Vorbereitung 117
4.2 Oberflächenbearbeitung 121

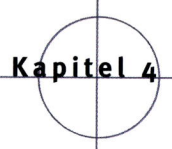

Kapitel 4

EXTERIEUR

Abbildung 4.1
Neben dem bereits bekannten A&D-Material kommt der CAR PAINT-Schattierer zum Einsatz.

In diesem Kapitel werden wir ein groß angelegtes Projekt behandeln, das eine Außenszene unter freiem Himmel mit einem Auto auf einem Landungssteg am Wasser zeigt. Auf diese Weise soll Tageslicht als Außenbeleuchtung und Materialverhalten unter Sonnenlicht untersucht werden.

Bei dem Auto handelt es sich um ein namenloses Fantasiemodell mittlerer polygonaler Größe.

Falls Sie auf einen Rechner mit weniger als 3 GB Arbeitsspeicher zurückgreifen, empfiehlt sich die Einschaltung der Option CONSERVE MEMORY, die Sie unter RENDERING → RENDER SETUP → PROCESSING → TRANSLATOR OPTIONS finden.

Wie in den vorangegangenen Beispielen werden wir zuerst das Licht installieren, was Voraussetzung für eine Bearbeitung der Szene mit Oberflächen und Materialen ist. Als Lichtquelle werden wir das Tageslichtsystem von 3ds Max einrichten. Mit ihm kann man das Licht einer jeden Tages- und Nachtzeit in einer Exterieur-Szene photorealistisch simulieren. Voraussetzung zum Kennenlernen seines umfangreichen Potenzials ist jedoch wiederum eine vollendete Oberflächenbearbeitung der Szene. Darum werden wir zu Beginn unserer Arbeit das Tageslichtsystem zunächst nur pro forma einrichten. Die eigentliche Auseinandersetzung mit dem Tageslichtsystem erfolgt im anschließenden Kapitel.

Neben dem Wagen selbst, der mit dem MENTAL RAY CAR PAINT SHADER bearbeitet wird, benötigen auch weitere Oberflächen wie Wasser und Holz unsere Aufmerksamkeit.

4.1 Vorbereitung

Laden Sie die Datei 04_Ext_01.max und übernehmen Sie die Gamma-Einstellung der Datei. Die Option für indirekte Beleuchtung ist ausgeschaltet, eine Belichtungskontrolle nicht aktiviert. Auf Geometrieseite wurden die Bauteile des Autos an einen Dummy verknüpft, und der Wagen steht auf Brettern, die zu einer Gruppe zusammengefasst wurden. Die Szene ist in drei Ebenen aufgeteilt, die Sie im Ebenenmanager einsehen können. Das Wagenmodell befindet sich auf der Ebene Auto. Da wir erst mit der Oberflächenbearbeitung aller anderen Gegenstände beginnen, können Sie eventuell diese Ebene so lange ausblenden, um eine bessere Handhabung der Ansichtsfenster zu gewährleisten, insbesondere, wenn Sie keine leistungsfähige Grafikkarte besitzen (Abbildung 4.2).

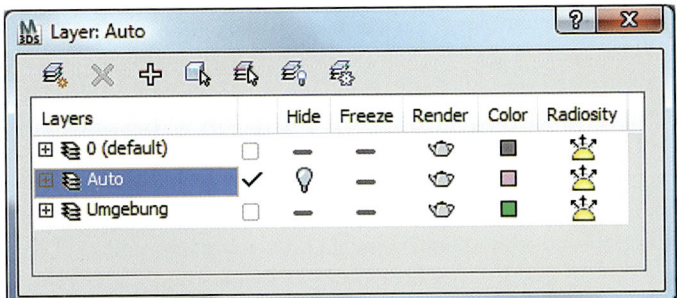

Abbildung 4.2
Layermanager: Die Ebene Auto wird ausgeblendet.

Als ersten Schritt werden wir ein Tageslichtsystem installieren, nur um das richtige Licht zu haben, ohne das keine adäquate Oberflächenbearbeitung möglich ist. Die tiefer gehende Auseinandersetzung mit dem Tageslicht folgt hingegen in Kapitel 5.

- Aktivieren Sie die Top-Ansicht und klicken Sie auf CREATE → LIGHTS → DAYLIGHT SYSTEM. Sodann werden Sie mit einem Fenster DAYLIGHT SYSTEM CREATION konfrontiert, das Sie fragt, ob Sie aufgrund des Tageslichtsystems auch die mr-Photographic-Belichtungskontrolle mitinstallieren wollen. Antworten Sie wie schon in den vorigen Kapiteln mit *Ja* (Abbildung 4.3).

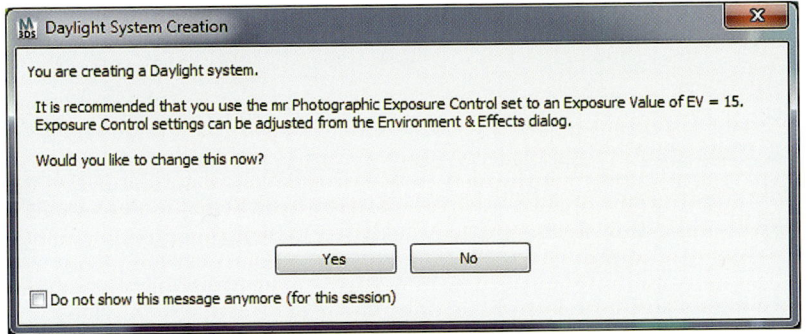

Abbildung 4.3
Die mr Photographic Exposure Control wird automatisch eingerichtet.

- Im Ansichtsfenster von oben platzieren Sie es durch Aufziehen mit der Maus etwa über dem Fahrzeug. Die Größe der COMPASS ROSE ist nicht von Bedeutung.

Abbildung 4.4
Die zum Tageslichtsystem dazugehörige Hintergrundtextur wird ebenfalls automatisch mitinstalliert.

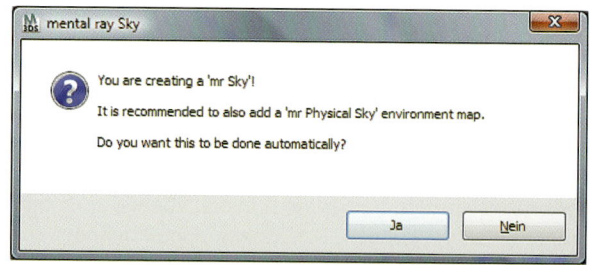

Noch bevor Sie die Maus loslassen, werden Sie erneut gefragt, ob Sie als Umgebungstextur gleich eine MR PHYSICAL SKY-Map installieren wollen. Auch hier antworten Sie mit *Ja* (Abbildung 4.4). Nun können Sie durch Bewegen der Maus noch die Höhe des Sonnenlichts festlegen, jedoch nichts anderes. Die Höhe ist zunächst egal, daher können Sie mit einem finalen Mausklick nun die Installation beenden. Sie haben neben dem Tageslichtsystem automatisch die richtige Belichtungskontrolle und eine adäquate Umgebungs-Map installiert. Das Tageslichtsystem besteht aus den beiden Objekten COMPASS01 und dem eigentlichen Licht DAYLIGHT01.

- Wählen Sie DAYLIGHT01 und gehen Sie in die Gruppe DAYLIGHT PARAMETERS der Modifikationspalette. Dort aktivieren Sie MANUAL, was bedeutet, dass Sie die Position des Lichtes per Koordinateneingaben setzen können und nicht über die Angabe von Ort und Zeit des Tageslichts (Abbildung 4.5). Dazu mehr im nächsten Kapitel.

Abbildung 4.5
Um das Tageslichtsystem mit der Maus verschieben zu können, aktivieren wir vorher die entsprechende Position.

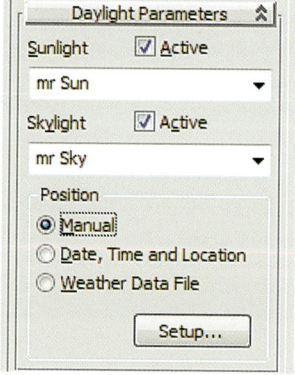

- Positionieren Sie COMPASS01 auf x = 0cm / y = 0cm / z = 0cm und das Lichtobjekt auf x = 600cm / y = -1270cm / z = 2600cm (Abbildung 4.6).

Wir sehen uns nun noch die beiden Schattierer an, die das System mit unserer Erlaubnis eingerichtet hat.

- Öffnen Sie RENDERING → EXPOSURE CONTROL.

Wir entdecken die MR PHYSICAL SKY-Map im Kanal für ENVIRONMENT, außerdem wurde die Belichtungskontrolle ausgewählt und auf EV = 15 eingestellt (Abbildung 4.7). Ob wir diesen Wert akzeptieren, werden wir später entscheiden.

4.1 Vorbereitung

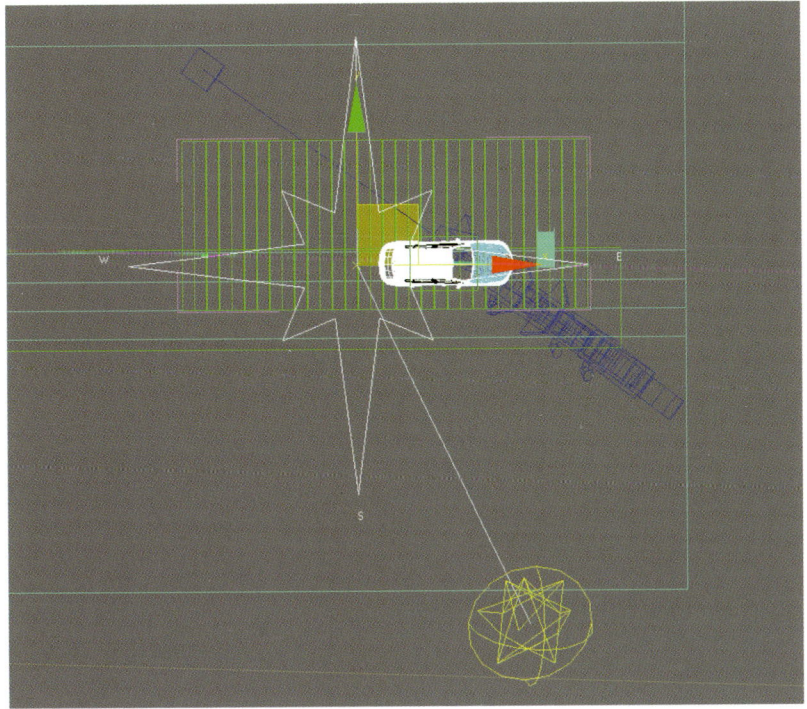

Abbildung 4.6
Ansicht von oben: das Tageslichtsystem mit der Compass Rose und der Lichtgruppe in ihren richtigen Positionen

Zunächst kopieren wir – als Vorbereitung für die späteren Tageslichtkonfigurationen – die MR PHYSICAL SKY in den Materialeditor.

- Dazu öffnen Sie diesen und ziehen die MR PHYSICAL SKY mit gedrückter Maustaste (Drag&Drop) als Instanz in das Feld VIEW1 des SLATE MATERIAL EDITOR (bzw. in einen freien Slot des Compact-Materialeditors).
- Vergeben Sie »Himmel« als Name für das Material.

Achtung

Durch einen Programmfehler kann es vorkommen, dass die vergebene Bezeichnung für die ENVIRONMENT-Map nach Abspeichern und Wiederaufrufen der Szene zurückgesetzt wird, wenn sich eine Instanz davon im Materialeditor befindet.

- Öffnen Sie nun RENDERING → RENDER SETUP → RENDERER und begeben Sie sich in die Gruppe CAMERA EFFECTS. Dort finden Sie die Kanäle unter CAMERA SHADER LENS und VOLUME (Abbildung 4.8). Hierher ziehen Sie abermals als Instanz je eine MR PHYSICAL SKY-Map. Für eine genauere Beschreibung sei hier ebenfalls auf Kapitel 5 verwiesen.

Nun werden wir noch die indirekte Beleuchtung einschalten. Obwohl es sich um eine Außenszene handelt, sind wir auf indirekte Beleuchtung angewiesen, da die Wasseroberfläche unterhalb der Bretter des Landungsstegs Licht erhalten soll.

- Öffnen Sie den Reiter INDIRECT ILLUMINATION und schalten Sie FINAL GATHER ein. Wählen Sie die Voreinstellung LOW. Da wir für diese Außenszene nicht so viel Detail brauchen, reduzieren wir INITIAL FG POINT DENSITY auf 0,1.

Abbildung 4.7
Die Einrichtung des Tageslichtsystems hat als Environment Map (Hintergrundtextur) eine MR PHYSICAL SKY-Map installiert. Außerdem wurde unsere Belichtungskontrolle auf die MR PHOTOGRAPHIC EXPOSURE eingestellt, wobei wir den Wert für EXPOSURE VALUE (EV) = 15 noch verändern werden.

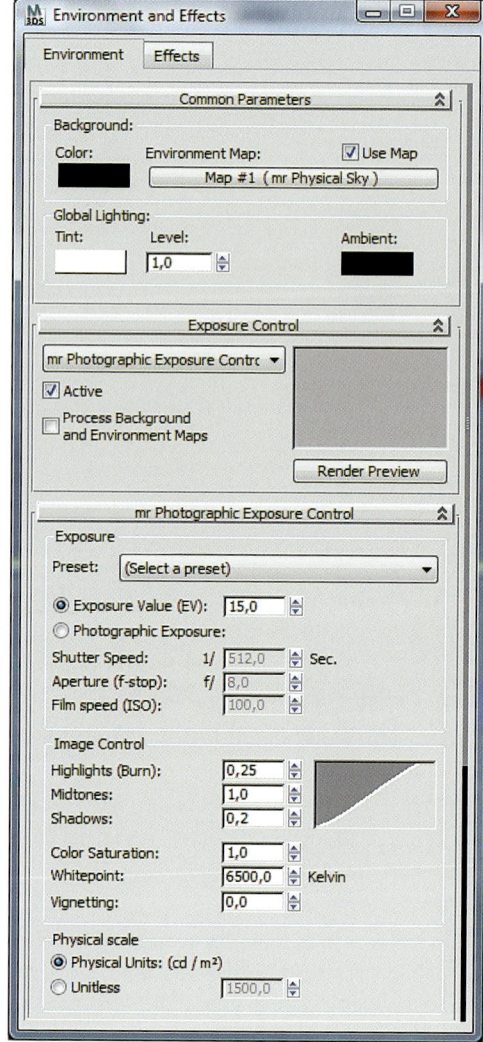

Durch diese Reduktion wendet mental ray ersichtlicherweise für den Schatten unterhalb des Autos weniger Sorgfalt auf, doch darauf können wir vorerst verzichten.

Nun haben wir alle Beleuchtungsoptionen so weit konfiguriert, dass wir uns der Oberflächenbearbeitung zuwenden können. Betrachten wir die EXPOSURE CONTROL. Sie steht derzeit auf EV = 15.

- Reduzieren Sie diese auf EV = 13, da wir ein helleres Hochsommerlicht erhalten wollen.

4.2 Oberflächenbearbeitung

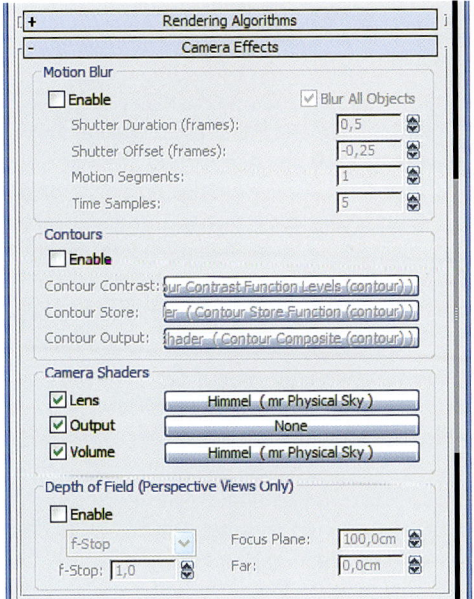

Abbildung 4.8
Die MR PHYSICAL SKY, die zusammen mit dem Tageslichtsystem installiert wurden, haben wir als Instanz sowohl in den Lens-Kanal als auch in den Volume-Kanal kopiert. Damit ist das System adäquat konfiguriert.

4.2 Oberflächenbearbeitung

4.2.1 Der Sandstrand

Im mitgelieferten Verzeichnis für Texturen befindet sich eine Bildtextur, die wir für unseren Sandstrand verwenden können. Sie finden sie unter ../maps/Ground/SAND3.JPG und haben sie im vorigen Kapitel schon einmal benutzt. Diese Textur liegt in nur geringer Auflösung vor, außerdem zeigt sie nur einen Ausschnitt einer Sandfläche. Dafür ist diese Textur kachelbar, das heißt, sie kann beliebig oft wie die häufig zitierte Badezimmerkachel nebeneinander platziert werden, um so die Auflösung zu vergrößern. Einen Nachteil besitzen gekachelte Texturen: Schnell erkennt man die Wiederholung des immer selben Musters, weswegen man tiefer in die Trickkiste greifen muss, um den Vorteil nicht auf Kosten eines sich wiederholenden Musters erkaufen zu müssen. Wir werden nun ein A&D-Material bauen, das diese Kachelmöglichkeit implementiert, ohne den Wiederholungseffekt allzu offensichtlich werden zu lassen.

- Holen Sie ein A&D-Material in das Feld des SLATE MATERIAL EDITOR und vergeben Sie den Namen »Sand«. Stellen Sie DIFFUSE LEVEL auf 1,0 und ROUGHNESS auf 0,5. Dagegen reduzieren Sie REFLECTIVITY und TRANSPARENCY auf 0,0.
- Für den DIFFUSE-Kanal laden Sie zunächst eine MIX-Map, die Sie mit »Texturmischung« bezeichnen.

Die MIX-Map bietet zwei Kanäle, die mit unserer »Sand«-Textur beladen werden, sowie einen dritten Kanal, der für die Mischung gedacht ist.

- Laden Sie nun für den ersten Kanal COLOR #1 die oben erwähnte SAND3.JPG-Textur. Bei den Ladeoptionen geben Sie an, dass die Gamma-Einstellungen des Systems geltend gemacht werden sollen.

Nun müssen Überlegungen angestellt werden, wie häufig die Kachelung ausgeführt werden muss bzw. für welche Perspektive. Die Wiederholung einer Kachelung wird als solche erkennbar, je weiter wir uns von dem Objekt entfernen. Wir wollen, dass die Kachelung im hintergründigen Bereich adäquat aussieht, da der vordergründige Sandbereich vom Wasser verdeckt werden wird. Trotzdem muss auch hier die Sandtextur erhalten bleiben, denn im Rahmen der indirekten Beleuchtung muss eine Reflexion des Sandes für das Wasser wichtig sein. Deswegen stellen wir die Kachelung in den nächsten Schritten dementsprechend ein, indem wir die Bildtextur vergrößert zuweisen.

- Nachdem Sie die Textur geladen haben, vergewissern Sie sich, dass USE REAL-WORLD SCALE aktiv ist. Diesmal nutzen wir diese Option. Unter SIZE vergeben Sie sowohl für die U- als auch die V-Richtung 300,0cm. Nennen Sie diese Map »Sand_300«.

- Gehen Sie wieder zurück zur »Texturmischung« und kopieren Sie »Sand_300« in den zweiten Kanal COLOR #2 als COPY, nicht als Instanz. Benennen Sie den Namen dieser Kopie um in »Sand_200«. Ändern Sie die SIZE um in 200 für U und V. Außerdem drehen Sie diese Textur um 45 Grad, indem Sie unter ANGLE/W 45 Grad eingeben.

Abbildung 4.9
SLATE MATERIAL EDITOR: die Textur für den Sandboden

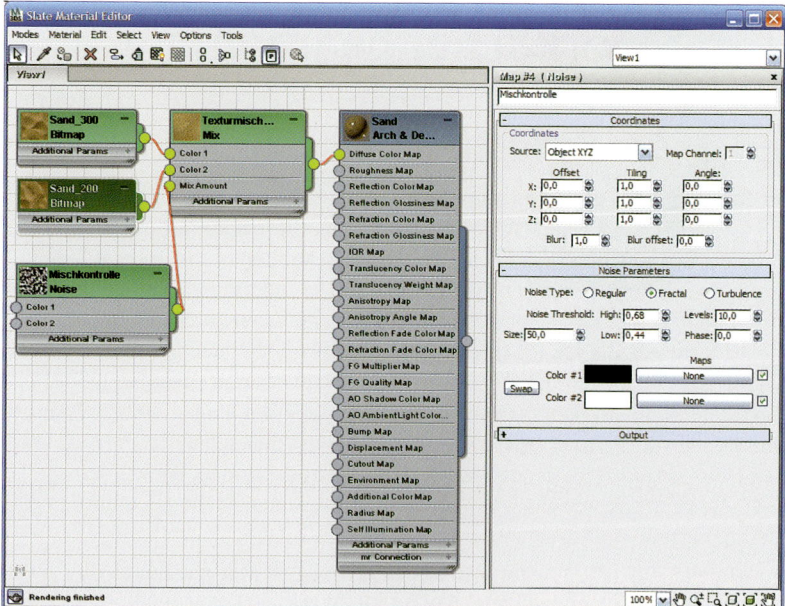

Beide Sandtexturen unterscheiden sich in der Häufigkeit der Kachelung und in der Orientierung. Nun fehlt uns noch die Steuerung für eine geeignete Mischung dieser beiden Sandtexturen.

- Dazu laden Sie eine NOISE-Map (Rauschen) für den dritten Kanal, den Sie »Mischkontrolle« nennen. Schalten Sie in der Gruppe NOISE PARAMETERS den

4.2 Oberflächenbearbeitung

Type auf Fractal um, stellen Sie die Size auf 50, unter Noise Threshold den High-Wert auf 0,68 und den Low-Wert auf 0,44. Die Levels erhöhen Sie auf den höchstmöglichen Wert 10.

Somit haben wir eine Noise-Map entwickelt, die in ihrer Maskenfunktion entweder die eine oder die andere Sandtextur mit ihrer Orientierung durchscheinen lässt.

- Weisen Sie das Material (Abbildung 4.9) dem gleichnamigen Objekt in der Szene zu.

Die Vergabe von Texturkoordinaten in der Geometrie ist nicht notwendig. Nun haben wir unsere erste Geometrie bearbeitet. Sie wird vom Wasser verdeckt, später jedoch erhält das Wasser eine transparente Oberfläche, damit der Sandboden hindurchschimmern wird (Abbildung 4.10).

Rendern Sie ein Bild in der empfohlenen Auflösung 600x380px über Camera01.

Abbildung 4.10
Der Sand wird vom Wasser noch verdeckt, doch später wird die Wasseroberfläche transparent.

4.2.2 Die Hügel

Die Hügel befinden sich im Hintergrund und sollen deswegen eine einfach und schnell zu berechnende Oberfläche erhalten.

- Wir wählen ein A&D-Material, das wir mit »Hügel« bezeichnen und es dem gleichnamigen Objekt zuweisen.
- Stellen Sie, falls noch nicht der Fall, Diffuse Level auf 1,0 und sowohl Reflectivity als auch Transparency auf null. Die Roughness erhöhen wir auf 0,2.
- Für den Diffuse-Kanal laden wir eine Textur aus dem in Max mitgelieferten Verzeichnis /maps/Concrete/CONCGRAY.JPG. Beim Laden wählen Sie wie für jede Textur die Gamma-Option Use default System Gamma.
- In der Bitmap, die Sie mit »Fels« bezeichnen, deaktivieren Sie Use Real-World Scale und stellen beide Tiling-Werte auf jeweils 4.

- Für den BUMP-Kanal (Relief) laden Sie eine prozedurale SPECKLE-Map (Flecken) und nennen sie »Relief«. Erhöhen Sie den BUMP-Betrag von 0,3 auf 2,0. In der SPECKLE-Map erhöhen Sie ihre SIZE auf 1000.

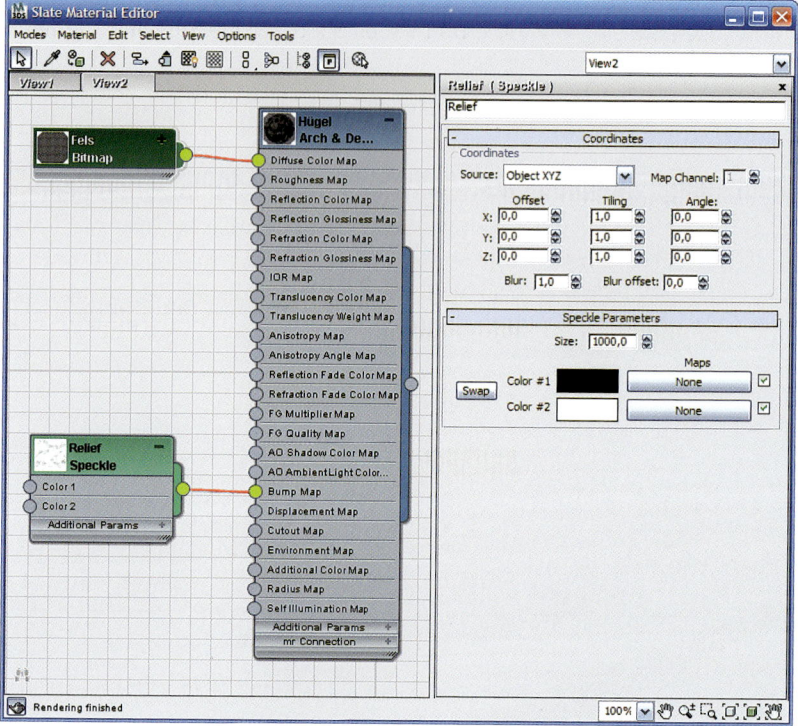

Abbildung 4.11
Da sich die Hügel im Hintergrund befinden, genügt ein niederkomplexes Material.

4.2.3 Der Liegestuhl

Der Liegestuhl dient als optisches Gegenüber zum Fahrzeug.

- Im Materialeditor holen Sie das Material AUTODESK HARDWOOD ins Feld bzw. in einen neuen, freien Slot.

Wir wählen ein Autodesk-Material, um das Material mit gewöhnlichem Charakter besonders schnell fertigzustellen, da hier im Gegensatz zum A&D nur wenige Parameter bedient werden wollen.

- Nennen Sie es »Liegestuhl« und weisen Sie es dem gleichnamigen Objekt zu.

Als Image ist eine Textur geladen mit der Bezeichnung wild_cherry_cherry.png. Diese wollen wir ersetzen.

- Für den BITMAP-Kanal laden Sie die Textur TUTASH.JPG aus dem mitgelieferten ../maps/WOOD/-Verzeichnis mit Systemgamma und nennen Sie es »Holz«.
- Aktivieren Sie STAIN und belassen Sie die weiße Farbe, wählen Sie für FINISH die Option SATIN VARNISHED und stellen Sie unter USE FOR die Option FURNITURE ein.

- Das RELIEF PATTERN aktivieren wir und belassen den Eintrag BASED ON WOOD GRAIN, setzen aber AMOUNT auf 2,0.

Dies bedeutet, dass das Bump (Relief) Mapping auf der Textur basiert, die unter IMAGE geladen wurde (Abbildung 4.12).

- Begeben Sie sich in »Holz«. Dort finden Sie SCALE, wo Sie beide Werte für WIDTH und HEIGHT auf jeweils 2,0cm reduzieren.

SCALE ist eine andere Bezeichnung für TILING, die wir sonst im Bitmap-Menü vorfinden.

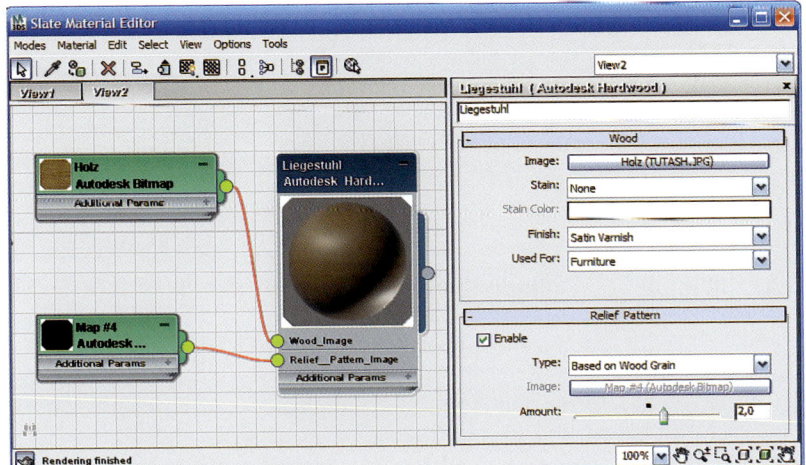

Abbildung 4.12
Für den Liegestuhl bedienen wir uns eines Autodesk-Hardwood-Materials mit Veränderungen.

4.2.4 Die Mauer

Die Mauer im Hintergrund wurde mittels einer extrudierten, geschlossenen Linie generiert, die ebenfalls eigene Texturkoordinaten enthält. Das Material ähnelt dem zuvor erstellten, doch wird uns das Kachelproblem erneut begegnen, und auch hier müssen wir darauf achten, dass die Ziegelsteintextur kein allzu auffälliges Wiederholungsmuster erhält. Dazu werden wir jedoch auf ein anderes Mittel zurückgreifen.

- Kopieren Sie das vergebene A&D-Material »Sand«. Dies tun Sie im SLATE MATERIAL EDITOR, indem Sie im Feld das A&D-Material »Sand« ohne die dazugehörigen Elemente selektieren und es mit gedrückter Shifttaste verschieben. Lösen Sie alle Verbindungen und ändern Sie sogleich den Namen des kopierten Materials um in »Mauer«.
- Ziehen Sie eine COMPOSITE-Map (nicht zu verwechseln mit dem COMPOSITE-MATERIAL) in das Feld. Vergeben Sie erneut »Texturmischung« als Namen. Konnektieren Sie den Ausgang der COMPOSITE-Map mit dem Eingang des DIFFUSE-Kanals des A&D-Materials.

Mit der COMPOSITE-Map werden wir nun drei verschiedene Orientierungsvarianten einer Ziegelsteintextur mischen. Abbildung 4.13 zeigt die bereits fertig bearbeitete COMPOSITE-Map »Texturmischung« zur Orientierung.

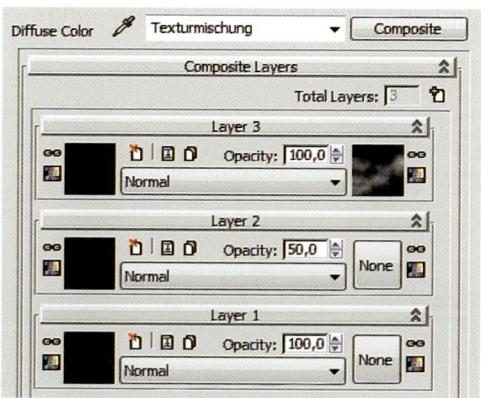

Abbildung 4.13
Materialeditor: die fertige Composite-Map zur Vermeidung der Kachelwirkung

Doch beginnen wir der Reihe nach.

- Laden Sie die Textur brick yellow.jpg, die Sie in ../maps/Brick/ finden, mit Systemgamma in den LAYER 1 der COMPOSITE-Map bzw. in den TEXTURE-Kanal.
- In der Map deaktivieren Sie USE REAL-WORLD SCALE und vergeben Sie die TILING-Werte 75 für die U-Richtung und belassen Sie 1 für die V-Richtung. Bezeichnen Sie die Map mit »Ziegelstein_75«.
- Nun fügen Sie in der COMPOSITE-Map durch Klick auf die Schaltfläche ADD A NEW LAYER eine zweite Ebene hinzu. Hier kopieren Sie einfach die brick yellow.jpg aus LAYER 1 als Copy (nicht als Instanz), aber ändern den U-TILING-Wert auf 110 und die Bezeichnung um in »Ziegelstein_110«.
- Einen dritten Layer mit der Bezeichnung »Ziegelstein_150« bestücken Sie abermals mit derselben Textur, aber mit einem U-TILING-Wert 150.

Nun müssen wir uns in »Texturmischung« noch um das Mischungsverhältnis der drei Texturen zueinander kümmern. Den LAYER 1 belassen wir, wie er ist, er stellt die Grundtextur dar.

- In LAYER 2 reduzieren Sie lediglich die OPACITY von 100 auf 50.
- In LAYER 3 laden Sie eine NOISE-Map (Rauschen) für den Maskenkanal. Schalten Sie in seiner Gruppe NOISE PARAMETERS den TYPE auf FRACTAL um, stellen Sie die SIZE auf 100, unter NOISE THRESHOLD den HIGH-Wert auf 0,62 und den LOW-Wert auf 0,46. Die LEVELS erhöhen Sie auf den höchstmöglichen Wert 10. Vergeben Sie »Maske« als Namen für die NOISE-Map.
- Weisen Sie das Material dem Objekt »Mauer« zu.

Nun wird es Zeit für ein Bild zur Beurteilung des Zwischenergebnisses. Die Mauer besitzt noch keine natürlichen Wetter- und Klimaspuren bzw. ist zu gleichmäßig. Wir werden die Texturen daher farbkorrigieren.

Die COMPOSITE-Map bietet die Möglichkeit der Farbkorrektur. Alle drei Texturen sollen korrigiert werden.

- Klicken Sie zuerst in LAYER 1 auf das Symbol COLOR CORRECT THIS TEXTURE, worauf der Textur eine COLOR-CORRECTION-Map zugewiesen wird. Justieren Sie hier den Schieberegler bei SATURATION auf -8 und den für BRIGHTNESS auf -18 (Abbildung 4.15).

4.2 Oberflächenbearbeitung

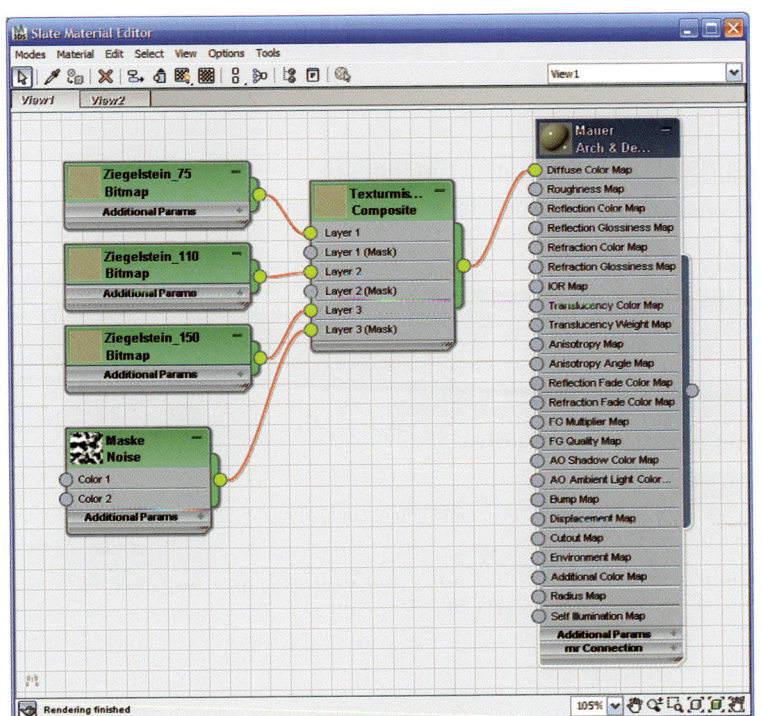

Abbildung 4.14
SLATE MATERIAL EDITOR: das soweit erstellte Material »Mauer«

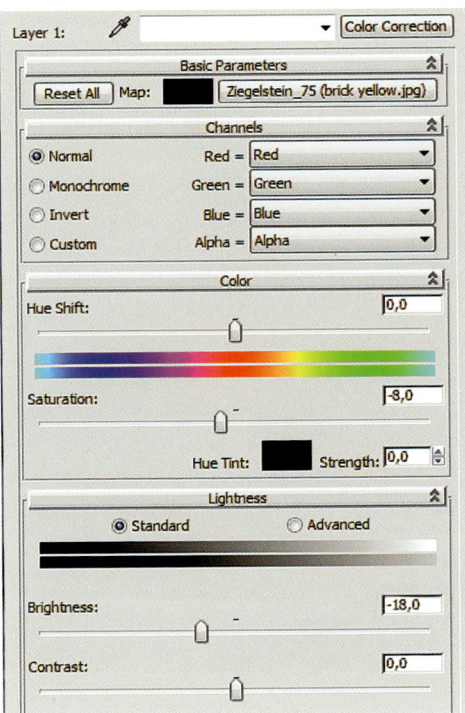

Abbildung 4.15
Farbkorrektur für die Textur von LAYER 1

- Die Korrektur für Layer 2 bzw. »Ziegelstein_110« ist Saturation = -14 und Brightness = -25.
- Für »Ziegelstein_150« Saturation = -14 und Brightness = -20.

Das Material »Mauer« ist nun fertig erstellt. Der Baum sieht aus wie in Abbildung 4.16.

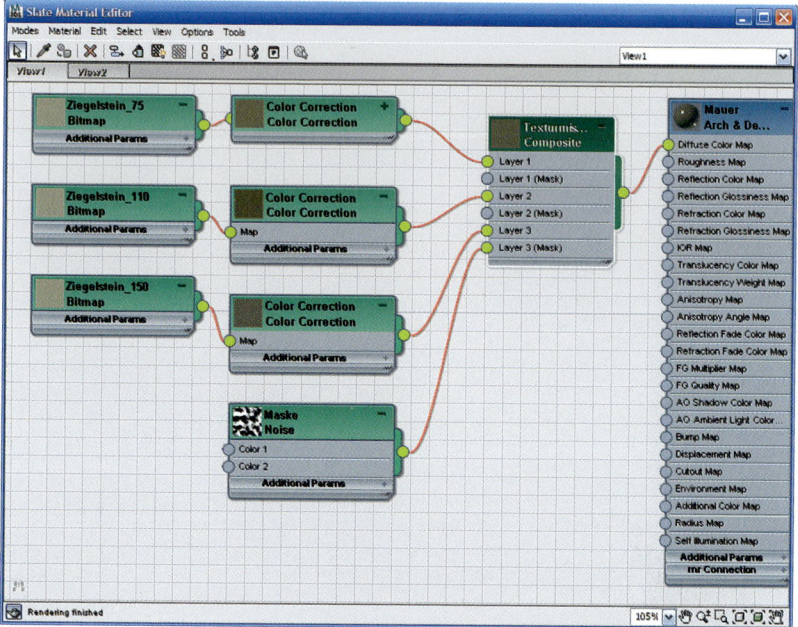

Abbildung 4.16
Slate Material Editor: das fertige Material »Mauer«

Der Hintergrund nimmt allmählich Farbe an (Abbildung 4.17). Diesen Status können Sie auch in der Datei 04_Ext_02.max einsehen.

Abbildung 4.17
Die Geometrien des Hintergrundes sind fertig.

4.2.5 Das Wasser

Arbeiten Sie an Ihrer Szene weiter oder laden Sie alternativ die Datei 04_Ext_02.max. Beim Öffnen übernehmen Sie die Gamma-Einstellungen der Datei. Die Szene greift auf Bildtexturen des maps-Verzeichnisses zurück.

Die Aufgabe unserer Wasseroberfläche ist vergleichsweise komplex. Es lebt nicht nur von der Eigenfarbe, sondern darüber hinaus sowohl von der Reflexion aus der Umgebung als auch durch seine Transparenz, wodurch der Meeresboden nun seine gewichtige Rolle erfährt, falls es sich um ein seichtes Gewässer wie in unserem Falle handelt.

- Für die Wasseroberfläche vergeben Sie einem neuen A&D-Material die Bezeichnung »Wasser«.
- Reduzieren Sie den DIFFUSE LEVEL auf 0,2, weil die Eigenfarbe des Wassers nur eine geringe Rolle spielt. Diese Eigenfarbe stellen Sie bei COLOR ein mit RGB = 0,137/ 0,357/ 0,141. Wichtiger sind die Reflexionseigenschaften unseres Wassers: REFLECTIVITY = 0,8 mit RGB = 1,0/ 1,0/ 1,0 für die Farbe und GLOSSINESS = 0,85. Die GLOSSY SAMPLES belassen wir auf 8.

Wasser reflektiert vieles von der Umgebung, meist kommt damit die Farbe des Himmels in Betracht. Dem haben wir bisher Genüge getan. Aber Wasser reflektiert nicht nur, es ist auch durchsichtig. In unserem Fall schimmert der sandige Meeresboden durch, der ebenfalls seinen Teil zum Erscheinungsbild des Wassers beiträgt.

- Deswegen erhöhen wir TRANSPARENCY auf 0,6 mit einer ebenfalls reinweißen Farbe. Geben Sie unter IOR den Wert 1,33 ein, dem Refraktionsindex für Wasser.

Der eingestellte IOR-Wert kommt erst zur Wirkung, wenn unter BRDF die Option IOR aktiviert wird.

- Aktivieren Sie TRANSLUCENCY mit der eingestellten WEIGHT von 0,5.

Dies bedeutet, dass von der TRANSPARENCY 50% für die Transluzenz verwendet wird. Im Falle von Transluzenz kommt eine einzustellende Farbe ins Spiel, die standardgemäß merkwürdigerweise auf RGB = 0,7/ 0,5/ 0,2 steht, was wir aber belassen können, da dies die Sandfarbe ein wenig charakterisiert.

Transparenz – Transluzenz: Während man Transparenz mit Blickdurchlässigkeit beschreiben kann, handelt es sich bei Transluzenz um eine partielle Lichtdurchlässigkeit, die meist nicht erkennen lässt, was sich hinter dem Objekt befindet, was bei Transparenz der Fall ist.

Hinweis

Die Transluzenzeigenschaft ist primär für Objekte der THIN-WALLED-Beschaffenheit vorgesehen, d.h. ohne Rückfläche (siehe ADVANCED RENDERING OPTIONS des A&D-Materials), wie es beispielsweise bei Plane-Grundkörpern der Fall ist, wie sie typischerweise für Fensterscheiben eingesetzt werden. Zwar kann die Transluzenz auch für Solid-Objekte eingesetzt werden (Objekte mit Vorder- und Rückseite), doch weist mental images darauf hin, dass hierfür der Subsurface-Scattering-Schattierer besser geeignet ist (s. Kapitel 7).

Tipp

Nun werden wir für die GLOSSINESS noch eine Map laden, die ein wenig das Wasserglitzern in der Sonne simuliert.

- Laden Sie für den GLOSSINESS-Kanal unter REFRACTION eine OCEAN (LUME)-Map. Nennen Sie diese Map »Wasserglitzern«. Vergeben Sie folgende Wellenlänge für unsere Wasseroberfläche in OCEAN (LUME): LARGEST = 10,0cm, SMALLEST = 2,5cm mit einer STEEPNESS = 2,0. Deaktivieren Sie LOOP ANIMATION und FLATS (Abbildung 4.18).
- Öffnen Sie im Wassermaterial die Gruppe ADVANCED RENDERING OPTIONS. Hier kommen wir auf die Einstellung zurück, wie wir sie bereits beim getönten Trinkglas aus Kapitel 2 hatten.
- Aktivieren Sie in der Gruppe REFRACTION sowohl MAX DISTANCE mit einem Wert von 100cm als auch COLOR AT MAX DISTANCE. Wählen Sie die Farbe RGB = 0,2/ 0,8/ 0,5.
- Weisen Sie das Material dem Objekt »Wasser« zu.

Das Wasser sieht nun aus wie in Abbildung 4.19.

Abbildung 4.18
Die Einstellungen für die OCEAN-Map

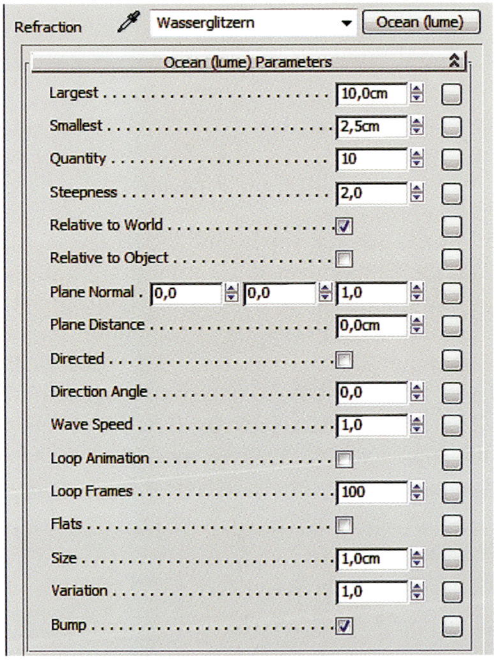

Abbildung 4.19
Die Wasseroberfläche

4.2 Oberflächenbearbeitung

4.2.6 Der Holzsteg

Um die Bretter des Landungsstegs mit einem Holzmaterial zu versehen, werden wir im Gegensatz zum Liegestuhl auf ein A&D-Material zurückgreifen, da wir Displacement (3-D-Verschiebung) einsetzen wollen. Die 3-D-Verschiebung dient dazu, aus den aalglatten Brettern der Szenengeometrie realistische Holzstrukturen zu schaffen, die der Natur nahekommen.

Mittels 3-D-Verschiebung können anhand von Helligkeitsinformationen, die in einer Bitmap enthalten sind, Höhenverformungen auf der 3-D-Geometrie erreicht werden. Abbildung 4.20 zeigt eine Beispieltextur, die auch auf der Buch-DVD vorhanden ist (3-D-Verschiebung.tif). Mit dieser Textur können die Erhöhungen auf der Platte generiert werden, wie sie in Abbildung 4.21 zu sehen sind. Die Szene ist ebenfalls auf der Buch-DVD vorhanden: 04_Dpl_01.max. Sie greift auf die Textur der Buch-DVD zurück.

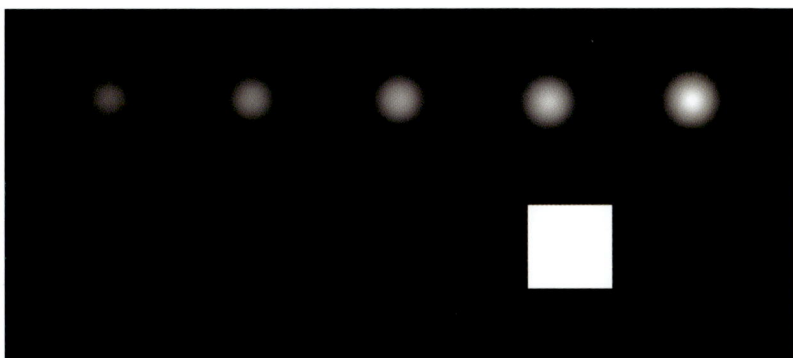

Abbildung 4.20
Displacement/3-D-Verschiebung: eine Textur, die dazu dient, Verformungen auf der Geometrie zu erzielen

Die Verformung geschieht entlang der Oberflächennormalen nach »oben«.

Die Bildtextur wurde in den DISPLACEMENT-Kanal eines A&D-Materials geladen.

Eine weitere Möglichkeit wäre es, innerhalb des A&D-Materials unter der Gruppe MENTAL RAY CONNECTION im dortigen Kanal DISPLACEMENT eine 3D DISPLACEMENT-Map zu laden. Diese 3D DISPLACEMENT-Map bietet als weiterführende Möglichkeit, dass die Verformung der Objektgeometrie nicht notwendigerweise nur nach oben bzw. entlang der Oberflächennormalen praktiziert werden muss, sondern die Richtung mittels Farben auch geändert werden kann, was jedoch hier nicht weiter vertieft werden soll.

Tipp

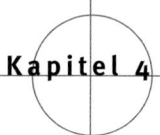

EXTERIEUR

Abbildung 4.21
So können Geometrieverformungen aussehen.

Für unser Projekt lernen Sie neben dem Bump Mapping eine andere Möglichkeit kennen, in mental ray die Holzbretter rauer zu gestalten.

Für das Holz der Bretter wählen wir das Bild OLDWOOD.JPG aus dem bekannten ..\maps\Wood\-Verzeichnis. Die Textur liegt wie alle Texturen dieses Verzeichnisses nur in kleiner Auflösung vor, doch soll dies für unsere Fälle ausreichen. Die einzelnen Bretter des Landungsstegs besitzen bereits geeignete Mapping-Koordinaten für die Streufarbentexturen, nicht jedoch für das Displacement. Diese müssen wir noch vergeben.

- Wir wählen ein A&D-Material und vergeben den Namen »Bretter«.
- Stellen Sie DIFFUSE LEVEL auf 1,0, wohingegen Sie die beiden anderen Parameter REFLECTIVITY und REFRACTION auf null reduzieren.

Wir wollen, dass das Holz in keinster Weise Glanzpunkte aufweist, um einen trockenen Eindruck zu erzeugen.

- Weisen Sie zunächst das begonnene Material »Bretter« der »Bretter_Gruppe« der Szene zu.
- Laden Sie die Textur OLDWOOD.JPG mit Systemgamma in den DIFFUSE-Kanal und nennen Sie es »Oldwood«.

Wir werden nun in vielen Schritten Testrenderings vornehmen, daher liegt es in unserem Interesse, reduzierte Rendereinstellungen vorzunehmen, um die Renderzeit nicht jedes Mal lange dauern zu lassen. Die Holzbretter stehen nun im Mittelpunkt unseres Interesses, und am idealsten wäre es, wenn nicht immer das gesamte Bild gerendert werden müsste, sondern nur die betroffenen Objekte. Hierfür suchen wir uns unter mehreren Möglichkeiten eine aus.

1. Die erste Möglichkeit wäre, den Bildausschnitt im Render-Fenster mit den Brettern zu aktualisieren. Obwohl wir uns nicht für diese Möglichkeit entscheiden werden, soll dieser Weg aufgezeigt werden.
   Falls Sie das Gesamtbild nicht im Frame Buffer haben, rendern Sie es mit den bisherigen Einstellungen erneut, ansonsten klicken Sie auf RENDERING → RENDERED FRAME WINDOW. Das zuletzt gerenderte Bild erscheint wieder.
   - Wählen Sie links oben unter AREA TO RENDER den Eintrag REGION. Daraufhin erscheint ein Rechteck, bestehend aus weißen Linien mit viereckigen

Anfassern. Falls diese Anfasser nicht erscheinen, klicken Sie auf die Schaltfläche EDIT REGION. Dieses Rechteck können Sie nun so verschieben und mit den Anfassern trimmen, dass es genau den Bereich der Holzbretter umfasst (Abbildung 4.22).

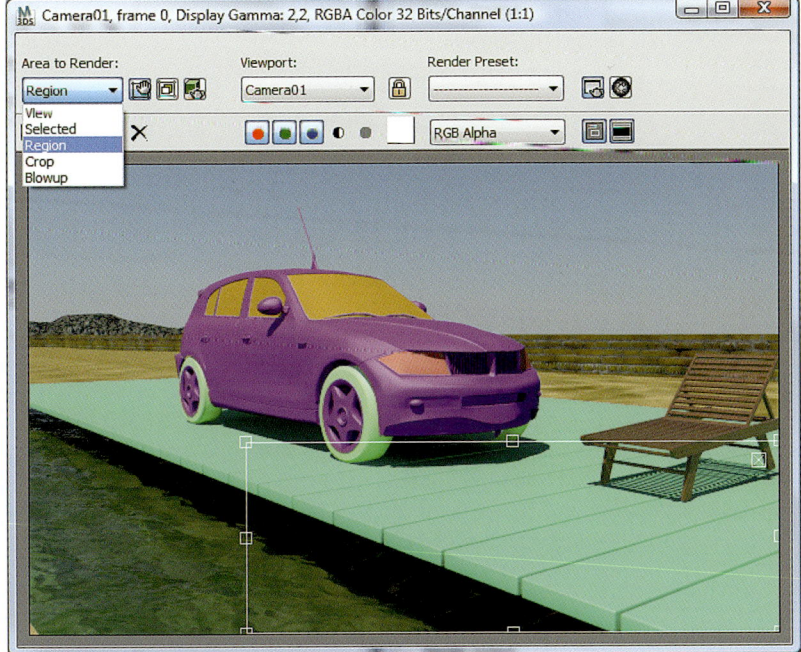

Abbildung 4.22
Das weiße Rechteck markiert den zu rendernden Bereich.

Wenn Sie nach der Justage erneut auf RENDER klicken, wird nur der von Ihnen geänderte Bereich neu gerendert.

- Im Render-Fenster schalten Sie nach diesem Test wieder um auf den Eintrag VIEW.

2. Eine weitere Möglichkeit wäre, mit Hilfe der OBJEKT ISOLATION die zu rendernden Objekte zu isolieren, indem man die Bretter alle selektiert und mittels [Alt] + [Q] den Rest der Geometrie ausblendet. Doch dies birgt den fatalen Fehler, dass alle Objekte, die ihren Beitrag zur indirekten Beleuchtung und zum Schattenwurf liefern, nun von der Berechnung ausgeschlossen werden, was zu einer verfälschten Beleuchtungssituation unserer Bretter führt. Wir wollen unsere Bretter aber so bearbeiten, dass sie sich in das Gesamtbild einfügen, weswegen die übrige Geometrie auf keinen Fall fehlen darf. Deswegen kommt die Objektisolation nicht in Frage.

3. Eine andere Möglichkeit, für die wir uns entscheiden, ist die von mental ray in der Version 2009 neu hinzugekommene Methode, nur selektierte Objekte zu rendern unter kompletter Beibehaltung der globalen Beleuchtung. Das bedeutet, dass nur die Bretter gerendert werden, aber so, dass das reflektierte Licht aller anderen an der Finalgather-Lösung beteiligten Objekte weiterhin berücksichtigt wird.

Kapitel 4 — EXTERIEUR

Diese letztgenannte Möglichkeit werden wir praktizieren.

- Zur Vorbereitung dazu selektieren Sie die Gruppe »Bretter_Gruppe« und öffnen sie, indem Sie auf GROUP → OPEN klicken. Dazu später mehr.

Öffnen Sie den Materialeditor.

- Ziehen Sie vom MATERIAL/MAP BROWSER (Kategorie MAPS/MENTAL RAY) die Map RENDER SUBSET OF SCENE/MASKING (MI) in das freie Feld des SLATE MATERIAL EDITOR bzw. in einen freien Slot des Compact-Materialeditors (Abbildung 4.23).

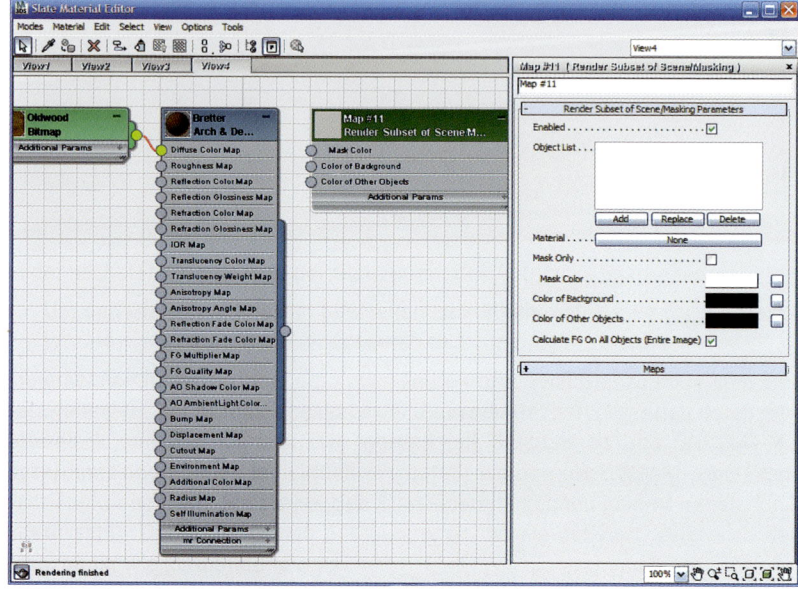

Abbildung 4.23
Das Material RENDER SUBSET OF SCENE/MASKING (MI)

Vergeben Sie »Maskierung« als Bezeichnung für die RENDER SUBSET OF SCENE/MASKING (MR)-Map.

Die Map müssen wir in den Kanal LENS der Rubrik CAMERA SHADERS kopieren.

- Dazu öffnen Sie den Renderdialog und gehen in die Gruppe RENDERER → CAMERA EFFECTS. Dort in der Rubrik CAMERA SHADERS finden Sie den Kanal LENS, wo wir unsere RENDER SUBSET OF SCENE/MASKING (MR) platzieren wollen.

Doch halt! Wie Sie sehen, ist der Kanal bereits belegt durch die MR PHYSICAL SKY-Map (Abbildung 4.24).

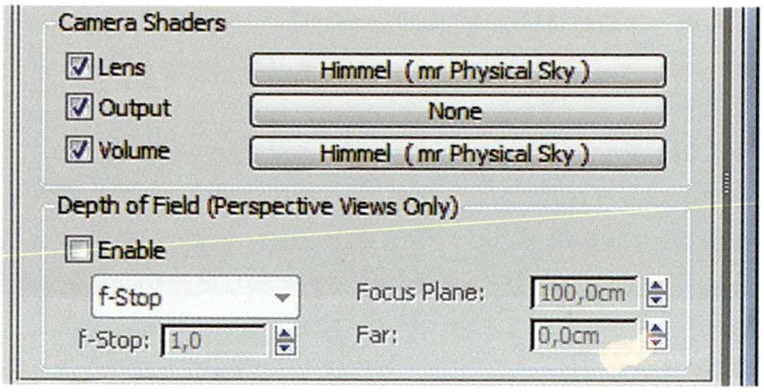

Abbildung 4.24
Renderdialog: Unter den CAMERA SHADERS befindet sich unter LENS bereits eine Map.

4.2 Oberflächenbearbeitung

Diese haben wir eingangs platziert, als wir unsere MR PHYSICAL SKY beim Erstellen des Tageslichtsystems aufgriffen. Wir könnten zwar zu Testzecken diese vorübergehend löschen, um den Kanal freizuräumen für unsere RENDER SUBSET OF SCENE/MASKING, doch es gibt einen eleganteren Weg.

- Klicken Sie auf den Kanal LENS mit der PHYSICAL SKY mit der Map HIMMEL (MR PHYSICAL SKY), worauf sich der MATERIAL/MAP BROWSER öffnet. Dort wählen Sie die SHADER LIST (LENS) aus.

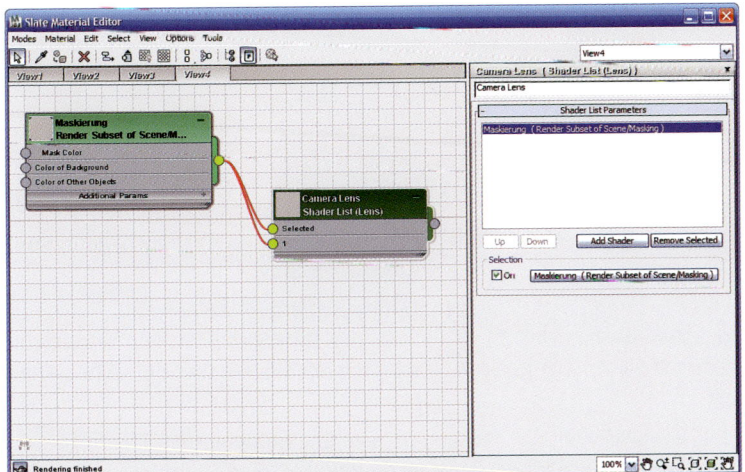

Abbildung 4.25
SLATE MATERIAL EDITOR: Die SHADER LIST hat ein erstes Element aufgenommen.

Eine SHADER LIST kann, wie der Name schon sagt, mehrere Schattierer in einer Liste zusammenfassen, die dann in dem jeweiligen Kanal abgearbeitet werden. Mit anderen Worten, es ist möglich – nicht nur für den LENS-Kanal –, mehrere Schattierer für ein und denselben Kanal wirken zu lassen.

- Die SHADER LIST (LENS) befindet sich nun im Kanal LENS. Ziehen Sie von diesem Kanal eine Instanz in dasselbe Feld des SLATE MATERIAL EDITOR, wo sich die existierende RENDER SUBSET OF SCENE/MASKING befindet. Vergeben Sie »Camera Lens« als Namen.

Nun können wir mittels ADD SHADER mehrere Schattierer in eine Liste hinzufügen. Uns interessieren zwei, nämlich die PHYSICAL SKY und die RENDER SUBSET OF SCENE/MASKING. Dabei ist aber die Reihenfolge der Abarbeitung wichtig. Zuerst soll die zu rendernde Geometrie mittels RENDER SUBSET OF SCENE/MASKING (MR) ausgewählt werden, um hinterher darauf die MR PHYSICAL SKY anzuwenden.

- Stellen Sie im Feld des SLATE MATERIAL EDITOR eine Verbindung von RENDER SUBSET OF SCENE/MASKING zur »Camera Lens« her. Zwei rote Linien erscheinen gleichzeitig als Verbindung, und die Map RENDER SUBSET OF SCENE/MASKING erscheint als erstes Element in der Liste der SHADER LIST »Camera Lens« (Abbildung 4.25).
- Klicken Sie innerhalb »Camera Lens« auf die Schaltfläche ADD SHADER, worauf der MATERIAL/MAP BROWSER erscheint. Hier finden Sie unter der Kategorie SCENE MATERIALS unsere verwendete HIMMEL (MR PHYSICAL SKY) [ENVIRONMENT]-Map. Wählen Sie sie als Instanz aus, die somit als zweites Element in die SHADER LIST geladen wird (Abbildung 4.26).

Abbildung 4.26
Materialeditor: die fertig bestückte SHADER LIST (LENS)

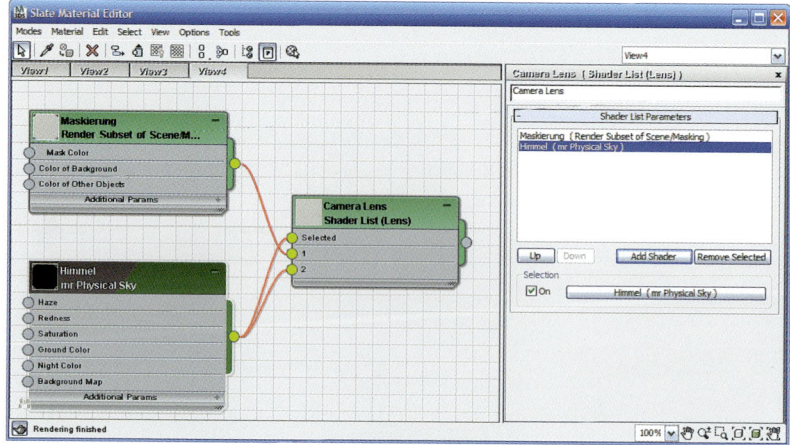

Die SHADER LIST ihrerseits erhält den Namen CAMERA LENS, und in der Liste sollten sich zwei Materialien befinden.

Die SHADER LIST kann natürlich noch weitere Schattierer aufnehmen. Für unsere Zwecke haben wir nun sowohl die RENDER SUBSET OF SCENE/MASKING als auch die HIMMEL (MR PHYSICAL SKY) [ENVIRONMENT] erfolgreich in ein und denselben Kanal gepackt.

Innerhalb von »Maskierung« müssen wir jene Geometrieobjekte hinzufügen, die gerendert werden sollen – unter Aufrechterhaltung aller bestehenden Beleuchtungskonditionen, die die ausgeblendeten Objekte mittels Color Bleed bewirken.

- Begeben Sie sich nun in »Maskierung« bzw. RENDER SUBSET OF SCENE/MASKING. Fügen Sie nun die Objekte »Brett01« bis »Brett32« hinzu, indem Sie zuerst auf ADD klicken und dann die Objekte über die SELECT-BY-NAME-Liste auswählen (Abbildung 4.27).

Hierfür haben wir vorher die Gruppe »Bretter« öffnen müssen, da hier keine gruppierten Objekte erkannt werden können.

- Gehen Sie wieder zurück in die SHADER LIST.

Achtung

Es kann passieren, dass in der SHADER LIST ein markierter Schattierer dupliziert wird, nachdem die Szene gespeichert und wieder aufgerufen wird. Falls dies passiert, löschen Sie den doppelten Schattierer wieder aus der Liste. Um diese Nebenwirkung zu verhindern, sorgen Sie dafür, dass alles in der Liste demarkiert wird, indem Sie kurz auf ADD SHADER und sogleich auf CANCEL klicken. Es sollte keine doppelte rote Linie mehr von einem der beiden Elemente zur SHADER LIST führen.

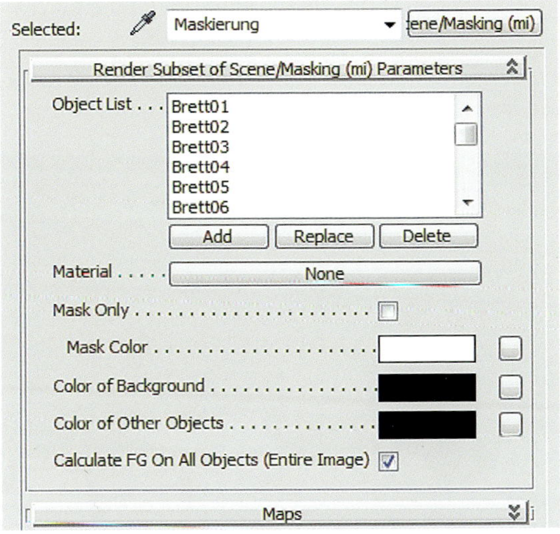

4.2 Oberflächenbearbeitung

Abbildung 4.27
Materialeditor: Über ADD des RENDER SUBSET OF SCENE-Materials werden alle zu rendernden Objekte geladen.

Rendern Sie nun ein Bild. Sie sehen, dass der Finalgather-Basic-Pass noch ausgeführt wird, während der Rendering-Pass alles außer den Brettern schwarz lässt (Abbildung 4.28). Dies beschleunigt die Einsichtnahme unseres Resultats sehr. Wenn wir das berechnete Bild betrachten, sehen wir nur die Bretter, während das Auto und der Liegestuhl schwarz bleiben, doch latent gehen die ausgeblendeten Objekte in die Berechnung ein, denn ihr Schatten fällt auf die Bretter. Für unsere weitere Materialbearbeitung der Bretter dürfen wir sicher sein, dass sie unter der gegebenen Lichtsituation stattfindet.

Abbildung 4.28
Der fertige Holzsteg, dargestellt als selektierte Auswahl mittels des RENDER SUBSET OF SCENE-Schattierers

Betrachten wir die übrigen Parameter. Den Kanal MATERIAL belassen wir leer, da wir den Objekten bereits eines zugewiesen haben, ansonsten könnten wir ihnen hiermit ein neues Material zuweisen. Würden wir die Option MASK ONLY aktivieren, würden die Bretter nicht mit dem A&D-Schattierer berechnet werden, sondern nur in der darunter einzustellenden Farbe. Diese Option ist für die Nachbearbeitung als Maske in Kompositionsanwendungen vorgesehen.

> **Hinweis** Der RENDER SUBSET OF SCENE/MASKING liefert einen Alpha-Kanal mit, der die selektiv gerenderten Objekte markiert.

Abbildung 4.29
Ein Alpha-Kanal wird entweder mitgeliefert oder kann auch eigenständig gerendert werden, was hilfreich ist für eine spätere Nachbearbeitung.

Mit dieser beschleunigten Renderdarstellung können wir nun die Materialbearbeitung unserer Bretter vornehmen.

Kehren wir zu unserem Material »Bretter« zurück, dem wir nun die Komponente DISPLACEMENT hinzufügen. Im Gegensatz zur Reliefbildung über Bump Mapping, die nur als Rendereffekt ausgeführt wird, wird beim Displacement die Objektgeometrie tatsächlich während des Renderprozesses verformt.

Wir verwenden eine neue Bildtextur, die wir zusammen mit der Streufarben-Map als Basis für das Displacement verwenden. Dazu vergeben wir andere Mapping-Koordinaten.

- Wählen Sie alle 32 Bretter gemeinsam aus und weisen Sie ihnen einen zweiten UVW MAPPING-Modifikator zu. Bei diesem deaktivieren Sie REAL-WORLD MAP SIZE und schalten um auf die BOX MAPPING-Methode.
- Bevor wir dafür die entsprechende Textur im Materialeditor laden, machen wir diese Mapping-Koordinaten eigens kenntlich, indem wir den MAP CHANNEL auf 2 einstellen. Ändern Sie auch die Abmessungen des Gizmos mit folgenden Werten: LENGTH = 600cm, WIDTH = 545cm und HEIGHT = 570cm.

Somit haben wir neue Texturkoordinaten vergeben mit dem MAP CHANNEL 2 (Abbildung 4.30).

Im Material »Bretter« werden wir nun den DISPLACEMENT-Kanal befüllen. Sie finden ihn in der Gruppe SPECIAL PURPOSE MAPS.

- Erhöhen Sie den DISPLACEMENT-Betrag zunächst auf 2,0.

4.2 Oberflächenbearbeitung

Er gibt die Höhe an, wie hoch die 3-D-Verschiebung auf den Brettern stattfinden soll.

- Laden Sie eine COMPOSITE-Map in den Kanal, die Sie »Oldwood_Verschiebung« nennen.

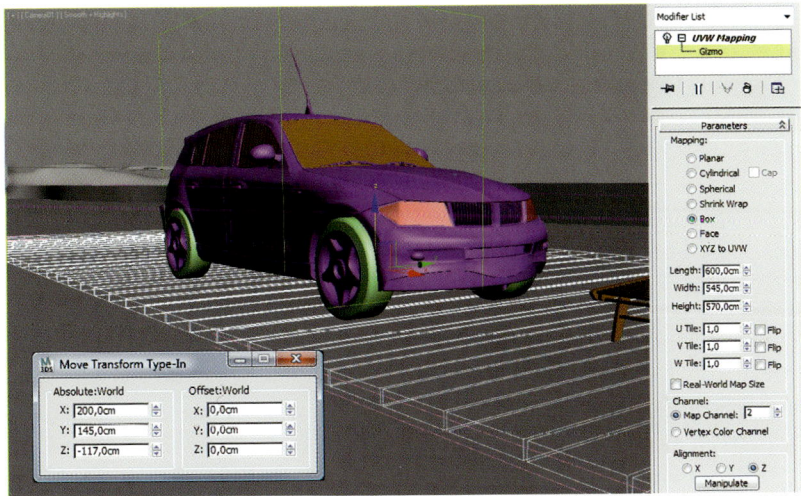

Abbildung 4.30
Den selektierten Brettern wurde ein UVW-Map-Modifikator zugewiesen.

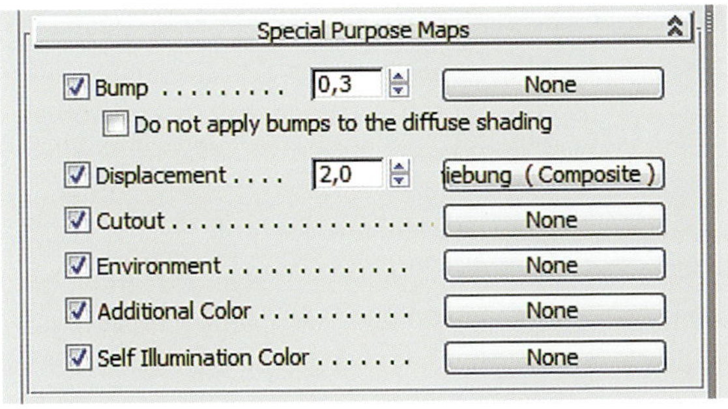

Abbildung 4.31
Materialeditor: Der Kanal für die 3-D-Verschiebung (Displacement) befindet sich in der Gruppe der SPECIAL PURPOSE MAPS.

Gegenwärtig wird in »Oldwood_Verschiebung« Layer 1 angezeigt (Abbildung 4.32), wo Sie die »Oldwood«-Textur aus dem Streufarbenkanal als Kopie anlegen.

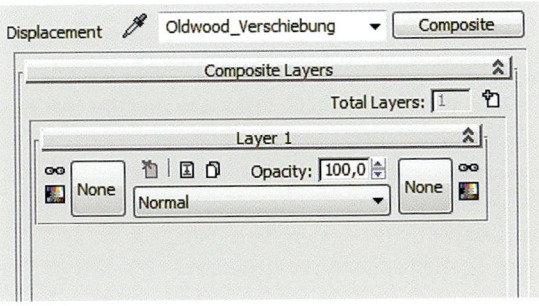

Abbildung 4.32
Materialeditor: die COMPOSITE-Map

- Im Feld des SLATE MATERIAL EDITOR ziehen Sie eine Verbindung von der »Oldwood«-Bitmap zum Eingang LAYER 1 der »Oldwood_Verschiebung«-COMPOSITE-Map (Abbildung 4.33).

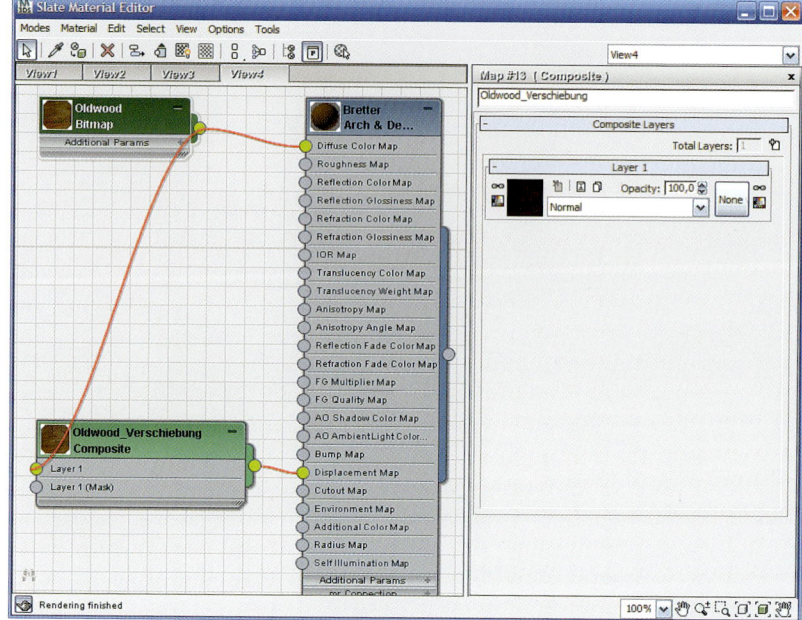

Abbildung 4.33
SLATE MATERIAL EDITOR: Verbindung von der »Oldwood«-Bitmap zum Eingang LAYER 1 der »Oldwood_Verschiebung« -COMPOSITE-Map

- Sodann klicken Sie in der »Oldwood_Verschiebung«-COMPOSITE-Map auf die Schaltfläche COLOR CORRECT THIS TEXTURE.

Wie schon beim Objekt »Mauer« hat sich nun hierarchisch die COLOR-CORRECT-Map zwischen die »Oldwood«-Textur und die COMPOSITE-Map gelegt.

- Nennen Sie die neu entstandene COLOR CORRECT-Map »Kontrastkorrektur« und öffnen Sie die Gruppe LIGHTNESS. Hier finden Sie wieder den BRIGHTNESS-Schieberegler, den Sie auf den Wert 29 stellen, sowie den CONTRAST-Regler, den Sie auf 36 erhöhen. Außerdem aktivieren Sie MONOCHROME in der CHANNELS-Gruppe (Abbildung 4.34).

Nun haben wir aus der Textur eine kontrastreiche SW-Textur geschaffen, die für Displacement besonders geeignet ist, da die Helligkeitsunterschiede besonders betont werden, auf denen unsere 3-D-Verschiebung basieren wird.

- Fügen Sie in »Oldwood_Verschiebung« einen weiteren LAYER hinzu.

Als zweite Bildtextur, die wir mit der ersten kombinieren wollen, laden wir eine aus dem Arsenal der A&D-Texturen.

- Laden Sie unter Beibehaltung der Systemgamma-Einstellungen die Bildtextur Woods&Plastics.FinishCarpentry.Wood.EnglishOak.Bump.jpg, die Sie im Verzeichnis ../maps/ArchMat finden. Verzichten Sie beim Laden auf die Beibehaltung des Systemgammas. Vergeben Sie »Displace_II« als

4.2 Oberflächenbearbeitung

Namen, deaktivieren Sie USE REAL-WORLD SCALE und wählen Sie MAP CHANNEL 2. Außerdem drehen Sie die Orientierung dieser Textur um 90 Grad, indem Sie unter ANGLE/W diesen Wert eintippen.

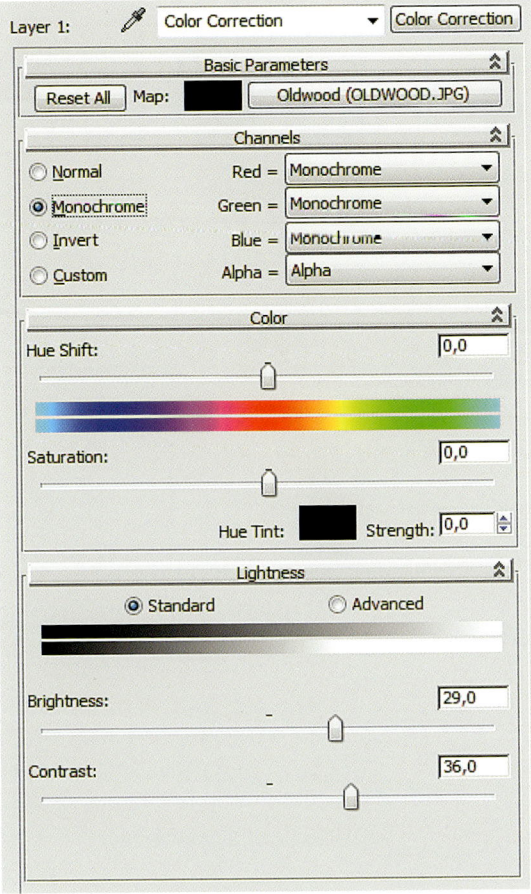

Abbildung 4.34
Materialeditor: die fertigen Einstellungen für die Farbkorrektur

- In »Oldwood_Verschiebung« klicken Sie hier bzw. in Layer 2 ebenfalls auf die Schaltfläche zur Farbkorrektur und nennen die zwischengeschaltete COLOR CORRECT-Map »Displace Korrektur«. Da die Map sowieso nur aus Graustufen besteht, brauchen wir diesmal lediglich den Kontrastregler auf den Wert 9 zu stellen. In »Oldwood_Verschiebung« schalten Sie den BLEND MODE von LAYER 2 um von NORMAL auf OVERLAY.

Nun haben wir die Displace-Map geschaffen (Abbildung 4.35) und wenden uns den Einstellungen für eine effiziente und doch renderzeit- und speichersparende 3-D-Verschiebung zu.

Abbildung 4.35
Das Material ist für mr Displacement konfiguriert.

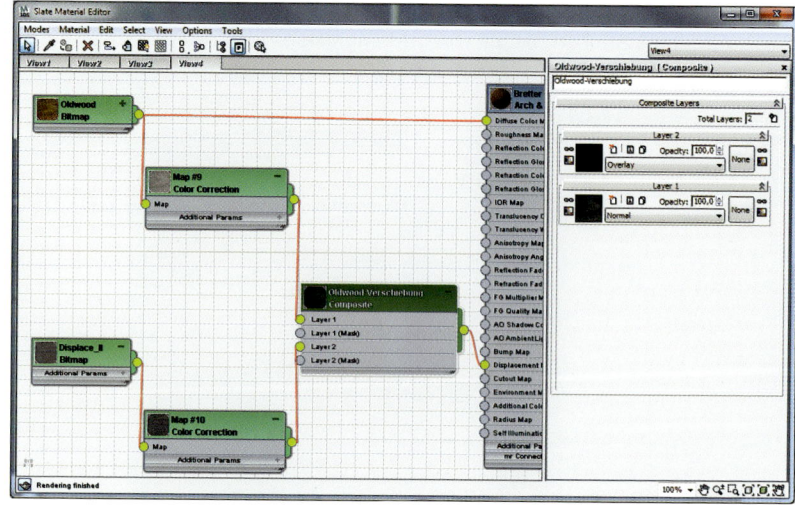

Dazu gehen Sie in die Gruppe RENDERING → RENDER SETUP → RENDERER → SHADOWS & DISPLACEMENT (Abbildung 4.36).

Abbildung 4.36
Die Parameter für die mr 3-D-Verschiebung (Displacement)

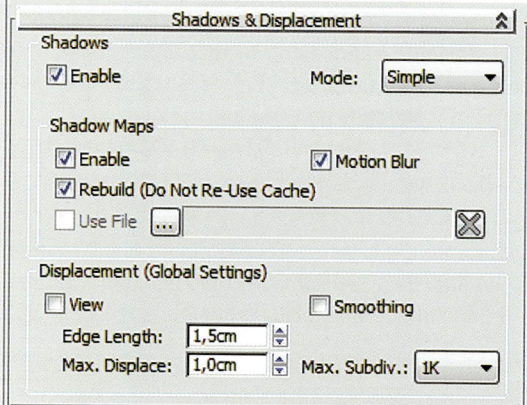

- Deaktivieren Sie ggfs. SMOOTHING, denn erst dann erhalten wir eine 3-D-Verschiebung in Richtung nach oben bzw. entlang der Polygonnormalen.

Die EDGE LENGTH definiert, wie fein das Objekt deformiert werden darf, um die 3-D-Verschiebung auszuführen, bzw. wann der Unterteilungsprozess der vorhandenen Polygone in kleinere Dreiecke (subdivision) gestoppt wird, sobald die gewünschte Größe erreicht wird. Diese Option kann in zwei Varianten angegeben werden: Ist VIEW aktiviert, wird der Wert als Pixel angegeben, bei deaktivierter VIEW wird er in der Längeneinheit der Szene, in unserem Fall also Zentimeter, angegeben. VIEW ist dann empfehlenswerterweise zu aktivieren, wenn Sie beabsichtigen, nach der Parameterjustage Renderings in einer um ein Vielfaches gesteigerten Auflösung auszugeben.

4.2 Oberflächenbearbeitung

Der Prozess der Unterteilungen für die 3-D-Verformung ist immens speicherintensiv. Der Wert unter EDGE LENGTH muss daher mit Vorsicht vergeben werden. Kleinere Werte erhöhen den Speicherbedarf beträchtlich.

- Wir deaktivieren VIEW und geben unter EDGE LENGTH sicherheitshalber den relativ großen Wert 3,5cm ein, der mit den Systemanforderungen korrespondiert, die das Buch an Ihren Rechner stellt.

Führen Sie nun einen Renderprozess aus. Wenn Ihre Speicherressourcen sich als ungenügend herausstellen sollten, bricht mental ray den Renderjob ab, und Sie erhalten den Hinweis aus Abbildung 4.37.

Achtung

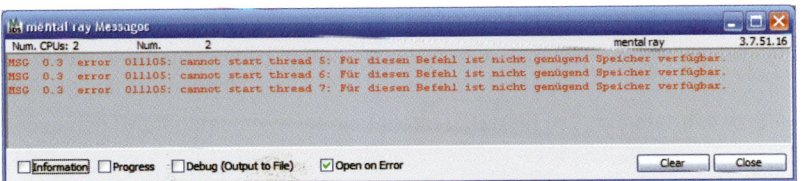

Abbildung 4.37
Falls der verfügbare Speicher für den Unterteilungsprozess von Displacement nicht ausreicht, erhalten Sie diese Warnung von mental ray.

In früheren Versionen von 3ds Max hätte ein nicht ausreichend verfügbarer Speicher sogar ohne Vorwarnung zum Systemabsturz geführt.

- Sollte das Bild jedoch anstandslos gerendert worden sein, können Sie sich überlegen, den Wert auf beispielsweise 1,0cm zu reduzieren, um eine detailliertere 3-D-Verschiebung zu erhalten.

Je größer die Bildabmessungen bzw. die Auflösung des zu rendernden Bildes, desto proportional höher muss der Wert bei EDGE LENGTH ausfallen, um einem unkontrolliert ansteigenden Speicherbedarf vorzubeugen. Für unser Beispiel rendern wir ein Bild der Größe 600x380px, und hierfür gelten auch die EDGE LENGTH-Angaben.

Hinweis

Einem Renderabbruch aufgrund fehlenden Speicherbedarfs kann auch vorgebeugt werden durch die Reduzierung der MAX. SUBDIV. (MAXIMUM SUBDIVISIONS, maximale Unterteilung). Der Wert steht standardgemäß auf 16k, was bedeutet, dass mental ray erlaubt wird, ein Dreieck der Objektgeometrie in 16.484 kleinere Dreiecke zu unterteilen, falls die verwendete Displace-Map eine solch detaillierte Objektverformung einfordert. Diesen Wert, der eigentlich immens hoch ist, können Sie reduzieren, um diesen speicherintensiven Prozess zu minimieren.

Die beiden Parameter EDGE LENGTH und MAX. SUBDIV. bedingen sich gegenseitig. Ein ordentliches Displacement für photorealistische Renderings macht nur Sinn, wenn die EDGE LENGTH möglichst klein gehalten wird. Unsere 3,5cm sind noch zu groß, die Bretter erhalten noch keine schöne Detailgenauigkeit.

- Reduzieren Sie sowohl die EDGE LENGHT auf 1,5cm als auch die MAX. SUBDIV. auf 1k.

Somit erhalten Sie auf einem Rechner mit 2 GB Arbeitsspeicher noch eine relativ hohe Detailgenauigkeit (Abbildung 4.38). Zu guter Letzt kann der Speicherplatzverbrauch auch mit dem Parameter MAX. DISPLACE eingedämmt werden. Die Längenangabe bezeichnet die maximale Höhe, die die 3-D-Verschiebung annehmen darf. Der Wert sollte auf die tatsächlich benötigte Höhe reduziert werden.

- Unsere Holzbretter beispielsweise sollten nicht mehr als 1,0cm nach oben verformt bzw. aufgeraut werden, stellen Sie den Wert daher auf 1,0cm ein.

Abbildung 4.38
Renderdialog: Displacement mit EDGE LENGTH = 1,5 und MAX. SUBDIV. = 1k. Durch RENDER SUBSET OF SCENE erscheint der Rest nur in Schwarz.

Vermeiden Sie unnötige Luft zwischen tatsächlich benötigter Höhe und eingestellter Höhe.

Tipp Manchmal hilft bei Speicherplatzproblemen auch ein Windows-Neustart, um potenziell belegten Speicher freizugeben.

Somit haben wir unsere finalen Displace-Einstellungen vorgenommen.

Nun sind wir mit unseren Holzbrettern fertig.

Der RENDER SUBSET OF SCENE/MASKING ist nicht mehr länger vonnöten.

- In der SHADER LIST deaktivieren Sie das Häkchen bei ON unter SELECTION, um jenen Schattierer aus der Liste inaktiv zu schalten.

Tipp Den Status können Sie in der Datei 04_Ext_03.max einsehen. Die Szene greift auf Texturen des maps-Verzeichnisses zurück. Übernehmen Sie beim Öffnen die Gamma-Einstellungen der Datei.

Löschen Sie vorerst den RENDER SUBSET OF SCENE/MASKING-Schattierer nicht aus der SHADER LIST, so können Sie während des Texturierens immer wieder schnelle Testrenderings starten, indem Sie den Schattierer aktivieren und die betreffenden Objekte definieren.

4.2.7 Die Reifen

Arbeiten Sie an Ihrer Szene weiter oder laden Sie alternativ die Datei 04_Ext_03.max. Beim Öffnen übernehmen Sie die Gamma-Einstellungen der Datei. Die Szene greift auf Bildtexturen des maps-Verzeichnisses zurück.

Wir beginnen nun mit der Texturierung des Autos. Blenden Sie die Ebene »Auto« wieder ein, falls Sie sie zuvor ausgeblendet hatten.

4.2 Oberflächenbearbeitung

Die Szenengeometrie der vier Reifen besteht aus Instanzen, das heißt, es genügt, wenn wir nur den »Reifen VR« bearbeiten, die anderen drei machen jede Veränderung mit (Abbildung 4.39).

Abbildung 4.39
So sieht der fertig texturierte Reifen aus.

- Im Materialeditor laden Sie ein neues A&D-Material und vergeben den Namen »Rad«.
- Die DIFFUSE-Farbe stellen Sie auf RGB = 0,01/ 0,01/ 0,01 ein, was einem tiefen Schwarz gleichkommt. Die ROUGHNESS stellen Sie auf 0,75.

Ein erhöhter ROUGHNESS-Wert sorgt für eine mattere Darstellung, die dem beabsichtigten Reifengummi sehr nahe kommt.

- Auch Gummi besitzt Reflexionseigenschaften, weswegen wir REFLECTIVITY auf 0,2 mit einer GLOSSINESS von 0,3 einstellen.
- Da es sich bei dem schwarzen Reifen um ein sehr dunkles Objekt mit Statistencharakter im Bild handelt, können wir es uns leisten, zum Zwecke der schnelleren Bildberechnung die Option FAST (INTERPOLATE) einzustellen.
- Den Wert CURVE SHAPE unter der BRDF-Gruppe reduzieren Sie von 5,0 auf 3,0.

Wir haben soeben bei dem Material die Beschleunigung FAST (INTERPOLATE) eingeschaltet. Dies ist für Standbilder sehr hilfreich, doch sei für Animationen mit einer sich verändernden Kameraperspektive von renderbeschleunigenden Interplationsalgorithmen abzuraten, da diese unter Umständen ein sanftes, aber unsauberes Flimmern oder Flackern des Materials hervorrufen können. Ich werde auf diese Option in Kapitel 6 zurückkommen.

Achtung

Belassen Sie die übrigen Werte des Materials und wenden Sie sich den Texturen zu. Für die Reifen befinden sich zwei Bildtexturen im Verzeichnis Kapitel 04/ maps der mitgelieferten Buch-DVD: Reifen.jpg und Profil.jpg. Im ersten Schritt werden wir diese Texturen dem »Reifen_VR« zuweisen. Zuvor müssen aber noch Texturkoordinaten vergeben werden, insbesondere deswegen, weil wir auf zwei Bilddateien mit unterschiedlichen Positionsanforderungen zurückgreifen. Die Textur Reifen.jpg wird frontal auf den Reifenring platziert, das

Profil.jpg hingegen auf die Profilfläche des Rades. Zuerst werden wir die Frontaltextur einrichten und zuweisen.

- Selektieren Sie das Objekt »Reifen_VR« und weisen Sie einen UVW-Map-Modifikator zu. Deaktivieren Sie REAL-WORLD MAP SIZE.
- Im Material »Rad« laden Sie für den DIFFUSE-Kanal eine mental-ray-MULTI/SUB-MAP und schalten SWITCH COLOR/MAP BASED ON auf MATERIAL ID, die NUMBER OF COLORS/MAPS TO USE auf 2 und setzen Sie ein Häkchen bei REPEAT.

Diese MULTI/SUB-MAP erinnert sehr an das bekannte 3ds-Max-Material MULTI/SUB-OBJECT, mit dem Unterschied, dass auf Maps zurückgegriffen wird und nicht auf Materialien (Abbildung 4.40).

- Vergeben Sie zunächst »Reifentexturen« als Bezeichnung und laden Sie für den Kanal COLOR/MAP #1 die Bildtextur Reifen.jpg mit Systemgamma, die Sie auch so benennen.

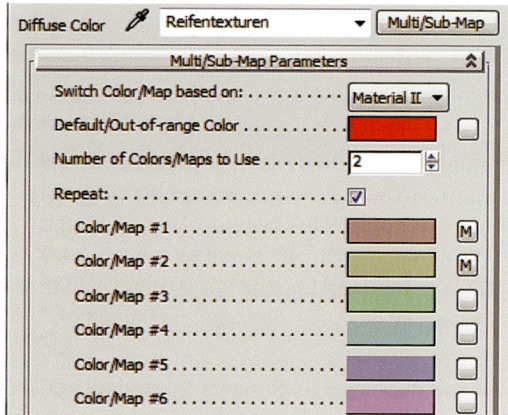

Abbildung 4.40
Materialeditor: Für die Texturierung der Reifen bedienen wir uns der MULTI/SUB-MAP.

Da Bildtexturen wie unser Reifenbild sehr oft eine eigene mitphotographierte Glanzfläche mitbringen, ist es ratsam, diesen Glanzpunkt so zu positionieren, dass er mit der Lichteinfallsrichtung unserer Sonne korrespondiert.

- Drehen Sie die Textur also um ANGLE/W auf 30 Grad, was den Realismus beträchtlich erhöht, und deaktivieren Sie bei dieser Gelegenheit USE REAL-WORLD SCALE.
- Weisen Sie das Material allen vier Reifen zu.
- Rendern Sie ein Testbild eines der Räder, indem Sie im RENDERED FRAME WINDOW sowohl mit der Option REGION das Stück um das rechte vordere Rad eingrenzen als auch unter dem RENDER SUBSET OF SCENE/MASKING des Maske-Schattierers die vorhandene Objektliste löschen und das Objekt »Reifen_VR« definieren.

Abbildung 4.41 zeigt den Reifen ohne Einsatz des RENDER SUBSET OF SCENE.

In diesem Fall ist es besonders wichtig, dass wir das Material unter unseren vorhandenen Lichtkonditionen beurteilen, denn von der Karosserie wird ein Schatten geworfen, außerdem fällt auf die Räder kaum direktes Licht. Um solch ein isoliertes Objekt zu rendern, kann nur der RENDER SUBSET OF SCENE-Schattierer

4.2 Oberflächenbearbeitung

uns die gegebenen Lichtverhältnisse bewahren, falls Sie eine Renderbeschleunigung wünschen. Vergewissern Sie sich, dass bei ihm SELECTION aktiviert ist.

Abbildung 4.41
Der Reifen. Es fehlt noch das Profil.

Wenn Sie nun ein Testbild des Rades rendern, erscheint die Textur zu hell, abgesehen davon, dass die zweite Textur noch fehlt. Wir werden daher die Helligkeit der Textur reduzieren, indem wir die COLOR-CORRECTION-Map zwischenschalten.

- Dazu ziehen Sie aus dem MATERIAL/MAP BROWSER die COLOR-CORRECTION-Map in das Feld des SLATE MATERIAL EDITOR, der Sie den Namen »Farbkorrektur_Reifen« geben. Schalten Sie die COLOR-CORRECTION-Map zwischen der Bitmap REIFEN und dem Eingang COLOR/MAP #1 der MULTI/SUB-MAP (Abbildung 4.42).

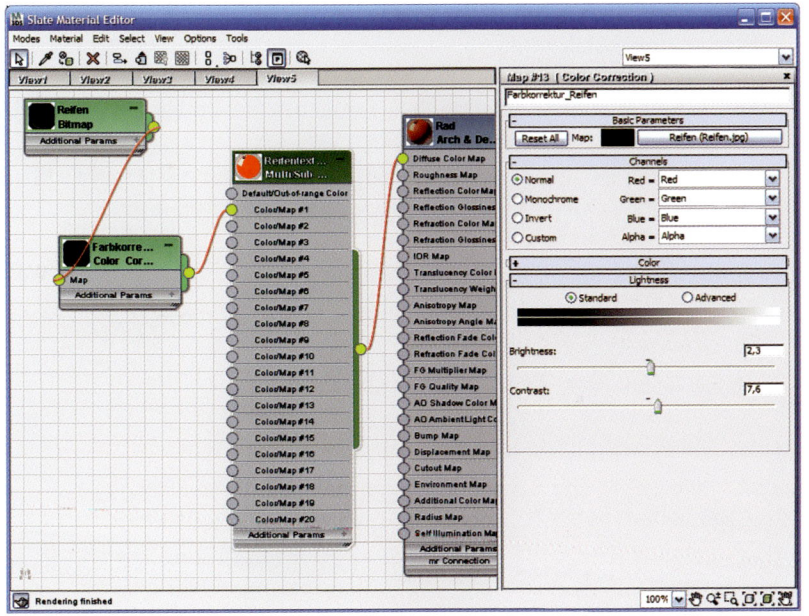

Abbildung 4.42
Wir fügen eine COLOR CORRECTION ein, um die Texturfarbe zu korrigieren.

147

- In COLOR CORRECTION stellen Sie BRIGHTNESS auf 2,3 und CONTRAST auf 7,6.

Nun kommen wir zum Reifenprofil. Eine Textur muss längs des Rades umwickelt werden.

- Bei selektiertem »Reifen_VR«-Objekt fügen Sie erneut einen weiteren UVW-MAP-Modifikator zu, deaktivieren ebenfalls REAL-WORLD MAP SIZE, aber schalten das Mapping-Verfahren um auf CYLINDRICAL und den MAP CHANNEL von 1 auf 2.

- Auf diesen MAP CHANNEL, den wir mit 2 definiert haben, kommen wir im Materialeditor zurück, in dem wir in »Reifentexturen« unter COLOR/MAP # 2 die Bildtextur Profil.jpg mit Systemgamma laden, den Namen »Profil« vergeben und darin den MAP CHANNEL ebenfalls auf 2 einstellen. Deaktivieren Sie auch hier REAL-WORLD MAP SIZE und geben Sie 90 Grad unter ANGLE/W ein, und ebenfalls hier werden wir die Helligkeit reduzieren.

- Schalten Sie auch hier die COLOR CORRECTION-Map zwischen und regeln Sie den Schieber BRIGHTNESS auf -36 und den Schieber CONTRAST auf -50. Vergeben Sie »Farbkorrektur_Profil« als Namen.

- Für das Relief bzw. Bump Mapping kopieren Sie im SLATE MATERIAL EDITOR die gesamte MULTI/SUB-MAP »Reifentexturen« einschließlich der beiden COLOR CORRECTION-Maps, aber ohne die beiden Bitmaps durch Verschieben mit gedrückter Shifttaste. Konnektieren Sie die neue MULTI/SUB-MAP mit dem Eingang des BUMP-Kanals des A&D-Materials. Nennen Sie die neue MULTI/SUB-MAP »Rad_Relief«. Die Bitmaps bleiben automatisch mit den neuen Kopien verbunden.

- Begeben Sie sich hier nun in die neu kopierte COLOR CORRECTION-Map, die der »Farbkorrektur_Reifen« entstammt, und erweitern Sie den Namen auf »Farbkorrektur_Reifen_Relief«. Stellen Sie alle Schieberegler auf null zurück und klicken Sie MONOCHROME an, um wieder passende Grauwerte zu schaffen, wie sie für den Relief-Effekt gebraucht werden, was wir schon bei den Holzbrettern praktizierten.

- Tun Sie dasselbe für die zweite neue COLOR CORRECTION-Map, die »Farbkorrektur_Profil« entstammt, und vergeben Sie »Farbkorrektur_Profil_Relief« als passenden Namen.

Zwar würde sich der Renderer von selbst die Grauwerte aus jedem Farbbild holen, doch können wir mit unserer Methode diese besser begutachten und kontrollieren.

Der fertige Materialbaum sieht aus wie in Abbildung 4.43.

- Zu guter Letzt erhöhen Sie den Betrag für das Bump Mapping im A&D-Material »Rad« von 0,3 auf 2,0.

Das fertige Reifenobjekt sieht aus wie in Abbildung 4.44.

4.2 Oberflächenbearbeitung

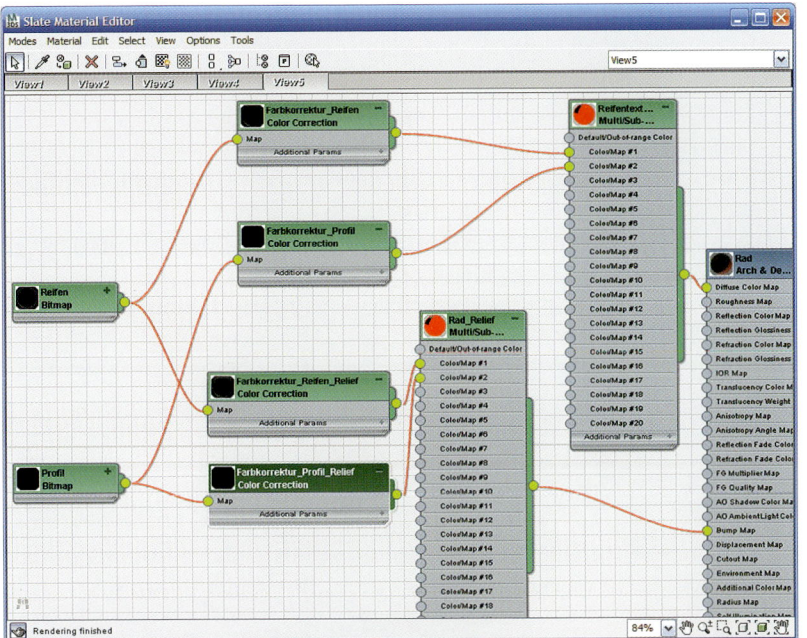

Abbildung 4.43
SLATE MATERIAL EDITOR: die fertiggestellte Reifentextur

Abbildung 4.44
Der fertige Reifen

4.2.8 Die Chrombauteile

Unter den Voreinstellungen des A&D-Schattierers gibt es ein Chrom-Material, das wir aber nicht verwenden, da wir für unsere Bedürfnisse andere Akzente brauchen.

- Wählen Sie also ein neues A&D-Material, das Sie mit »Felgen_Chrom« bezeichnen und den Objekten »FelgeA_VR«, »FelgeA_HR«, »FelgeA_VL« und »FelgeA_VR« zuweisen.

- Der DIFFUSE COLOR geben Sie die Farbe RGB = 0,66/ 0,66/ 0,66 und belassen dabei den LEVEL von 1,0.

Wieder einmal liegt der Schwerpunkt des Materials in der REFLECTIVITY-Gruppe.

- REFLECTIVITY stellen Sie auf 1 mit einer reinweißen Farbe.
- Die REFLECTION/GLOSSINESS reduzieren Sie auf 0,54, belassen die GLOSSY SAMPLES auf 8 und setzen ein Häkchen unter METAL MATERIAL (Abbildung 4.45).
- Unter der BRDF erhöhen Sie 0 DEG REFL. von 0,2 auf 0,9.

Somit erhält das Metall die Eigenschaft, von allen Perspektiven nahezu gleich intensiv zu reflektieren (Abbildung 4.46).

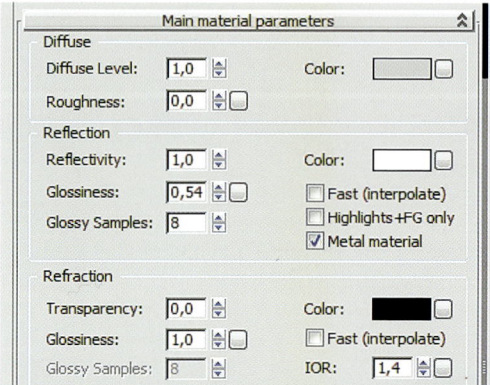

Abbildung 4.45
Materialeditor: Wir aktivieren im A&D-Schattierer die Option METAL MATERIAL.

Abbildung 4.46
Die Felgen besitzen ein Chrommaterial.

4.2.9 Die Frontscheinwerfer

Die Frontscheinwerfer bestehen aus den drei Objekten »FSW_Reflektor«, »FSW_Glas« und »FSW_Birnen« (Abbildung 4.47). Sie erhalten ein hochglänzendes und -reflektierendes Material.

4.2 Oberflächenbearbeitung

Abbildung 4.47
Das Glas der Frontscheinwerfer ist noch massiv, dahinter verbergen sich Reflektoren und Glühlampen.

Lampenreflektoren leben gewissermaßen nur davon, dass sie Licht in großen Mengen reflektieren, sie besitzen kaum eine definierbare Eigenfarbe.

- Ein neues A&D-Material nennen wir »FSW_Reflektoren« und weisen es den Objekten »FSW_Reflektor« und »FSW_Birnen« zu.

Somit sind sowohl der rechte als auch der linke Frontscheinwerfer definiert, da diese topologisch als singuläres Objekt behandelt werden.

- Stellen Sie beide Parameter der DIFFUSE-Gruppe auf null, somit erhält die Reflexion volle Herrschaft über die Materialeigenschaft.
- Die REFLECTIVITY stellen Sie auf den höchstmöglichen Wert 1 mit 0,38 GLOSSINESS bei 8 GLOSSY SAMPLES. Die Farbe belassen Sie auf dem bestehenden reinen Weiß (RGB = 1,0/ 1,0/ 1,0).
- In der Gruppe BRDF ändern Sie die Reflexionswirkung für verschiedene Perspektiven. Dazu erhöhen Sie 0 DEG. REFL. auf 0,86 bei gleichzeitiger Reduktion der CURVE SHAPE von 5,0 auf 1,34 (Abbildung 4.48).

Nun folgt das Schweinwerferglas.

Es ähnelt dem zuvor erstellten »FSW_Reflektoren«, daher kopieren wir dieses Material und werden zunächst geringe Veränderungen vornehmen.

- Kopieren Sie im Feld des SLATE MATERIAL EDITOR das eben erstellte A&D-Material »FSW_Reflektoren« durch Verschieben bei gedrückter Shifttaste.
- Ändern Sie den Namen um in »FSW_Glas« und weisen Sie es dem gleichnamigen Objekt der Szene zu.
- Als erste Veränderung erhöhen Sie die REFLECTION/GLOSSINESS von 0,38 auf 0,9.
- Zweitens schalten wir die höchstmögliche Transparenz ein, indem wir den Wert von null auf 1 erhöhen.
- Als Letztes wählen wir unter BRDF die Option IOR bei gleichzeitiger Übernahme des bestehenden Wertes für IOR = 1,5.

Abbildung 4.48
Materialeditor: Für den Reflektor des Frontscheinwerfers verändern wir die BRDF.

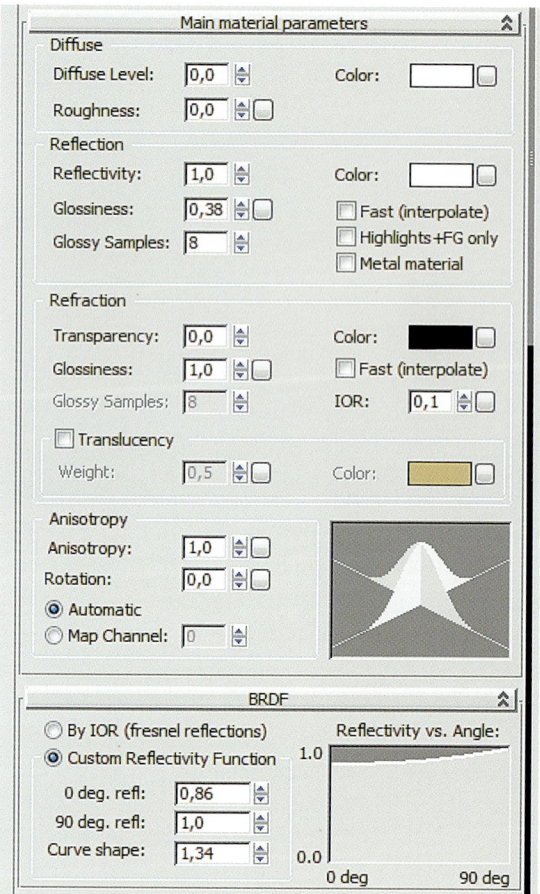

Obwohl es sich bei dem »FSW-Glas« um eine dünne Geometrie handelt, belassen wir den Eintrag SOLID unter den ADVANCED RENDERING OPTIONS, da dies dem Charakter von Scheinwerferglas durch die erhöhte Lichtbrechungsdynamik entgegenkommt.

- ANISOTROPY reduzieren Sie auf 0,66.

Das Scheinwerferglas ist meist eine geriffelte Glasoberfläche, daher wollen wir mit einer geeigneten Relieftextur (Bump Mapping) diesen Effekt simulieren. Die Geometrie besitzt bereits geeignete Texturkoordinaten.

- In der Gruppe SPECIAL PURPOSE MAP laden Sie in den BUMP-Kanal die Textur Concrete.Cast-In-Place.Ribbed.Vertical.2.bump.jpg aus dem mitgelieferten Ordner ..\maps\ArchMat des 3ds-Max-Systemverzeichnisses ohne Gamma-Korrektur.

Bei dieser Bildtextur handelt es sich um ein Zebrastreifenmuster (Abbildung 4.49).

- Nennen Sie sie »FSW_Glas_Riffelung«, deaktivieren Sie USE REAL-WORLD SCALE und erhöhen Sie U/TILING auf 1,5.

4.2 Oberflächenbearbeitung

- Die Riffelung tritt adäquat in Erscheinung, wenn wir den Betrag unter BUMP auf 2,0 erhöhen.

Abbildung 4.49
Mit dieser Bildtextur generieren wir das Relief für das Frontscheinwerferglas.

Ein Geometrieobjekt blieb übrig: »FSW-Gehäuse«. Für dieses Objekt erstellen wir eine dunklere Variante des zuvor angerührten Chrommaterials.

- Kopieren Sie »Felgen_Chrom« und ändern Sie den Namen um in »FSW_Gehäuse«.
- Die einzige Änderung, die wir vornehmen, ist der RGB-Wert des DIFFUSE-Kanals, den wir auf RGB = 0,275/ 0,275/ 0,275 umstellen.
- Weisen Sie »FSW_Gehäuse« dem gleichnamigen Objekt der Szene zu (Abbildung 4.50).

Abbildung 4.50
Die fertigen Frontscheinwerfer

4.2.10 Die Scheiben

Im Gegensatz zum zuvor erstellten »FSW_Glas«-Material sollen die Fensterscheiben des Autos undurchsichtig bleiben, womit wir eine übliche Praxis der Werbebranche verfolgen, um nicht das Interieur des Wagens zeigen zu müssen, verbunden mit der gleichzeitigen Ausklammerung der Frage, ob die Identifikation einer Fahrerfigur notwendig sei oder nicht.

Kapitel 4 — EXTERIEUR

- Ein neues A&D-Material nennen Sie »Scheiben«. Beginnend mit der DIFFUSE-Gruppe laden wir eine Textur SKY.jpg aus dem mitgelieferten Ordner ..\maps\Skies\ unter Beibehaltung des Systemgammas.
- In der COORDINATES-Gruppe der Bitmap, die Sie mit »Wolken« bezeichnen, schalten Sie um auf ENVIRON mit der SPHERICAL ENVIRONMENT-Methode und deaktivieren USE REAL-WORLD SCALE. Erhöhen Sie TILING sowohl für U als auch für V auf jeweils 6,0.
- Um die »Wolken« im Glas nur subtil durchschimmern zu lassen, reduzieren Sie im A&D-Schattierer den DIFFUSE-Wert auf 0,06.
- In der REFLECTION-Gruppe stellen Sie die beiden Parameter auf 1 mit einer weißen Farbe (RGB = 1,0/ 1,0/ 1,0).

Die Farbe Weiß sorgt als Reflexionseigenschaft für eine farbneutrale Spiegelung des Himmels.

- Schalten sie des Weiteren BRDF um auf IOR mit dem bestehenden Wert von IOR = 1,5.
- Da die Windschutzscheibe nur aus einer dünnen Geometrie ohne Rückseite besteht, müssen wir im Bereich ADVANCED TRANSPARENCY OPTIONS die Option THIN-WALLED (CAN USE SINGLE FACES) anklicken.
- Weisen Sie dieses Material den drei Scheiben »Fenster_Scheibe_Seite-vorne«, »-Mitte« und »-hinten« zu sowie »Fenster_Windschutzscheibe« und »Fenster_Scheibe_Heck«.

Auch hier werden die Scheiben der Fahrerseite sowie die der Beifahrerseite angesprochen (Abbildung 4.51).

Abbildung 4.51
Die fertigen Scheiben

4.2.11 Die Plastikbauteile

Autos enthalten eine Menge Kleinteile, die aus schwarzem Kunststoff bestehen. Diesen wollen wir – um den vorgegebenen Rahmen nicht zu sprengen – zusammenfassend ein gemeinsames schwarzes Plastikmaterial vergeben. Wichtig bei diesem schwarzen Plastik ist, dass es einen starken Glanzpunkt aufweist.

- Ein neues A&D-Material, das Sie mit »Plastik« bezeichnen, erhält die DIFFUSE-Parameter 1 für LEVEL und 0,5 für ROUGHNESS mit der Farbe RGB = 0,024/ 0,024/ 0,024. REFLECTIVITY und GLOSSINESS der REFLECTION-Gruppe stellen Sie auf jeweils 0,6, aktivieren HIGHLIGHTS+FG ONLY und stellen RGB = 0,4/ 0,4/ 0,4 als Reflexionsfarbe ein.

Diese Option HIGHLIGHTS+FG beschränkt sich auf die Erhaltung eines Glanzpunktes, ohne dass Reflexionen eingeschaltet werden, und erinnert so ein wenig an den Phong- oder Blinnschattierer, die in früheren Tagen der 3-D-Graphik zum Standard gehörten. Der weit gestreute Glanzpunkt hilft, die Struktur des Reliefs besser zur Geltung kommen zu lassen. Durch einen Trick wird nun doch in Verbindung mit Finalgather eine geringe, unscharfe Reflexion simuliert, die für unsere Zwecke gerade ausreicht.

- Wir aktivieren ROUND CORNERS der SPECIAL EFFECT-Gruppe. Dort runden wir die Kanten ab über eine Kurve (FILLET RADIUS) von 5,0cm (Abbildung 4.52).

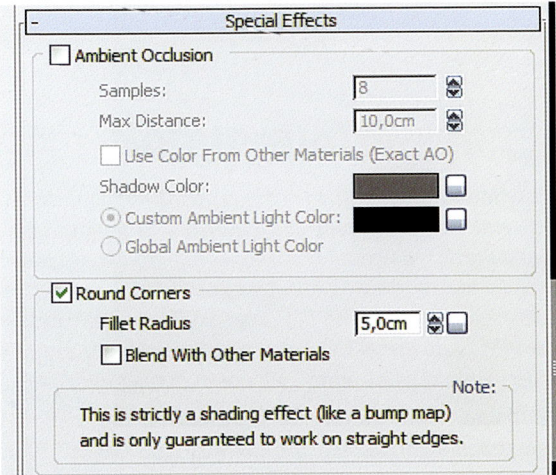

Abbildung 4.52
Materialeditor: Das Werkzeug ROUND CORNERS rundet die in der 3-D-Graphik oft vorkommenden scharfkantigen Geometrieecken ab.

Mit diesem Schattierungseffekt erreichen wir, dass Sie messerscharfe Kanten von Geometrien, wie sie in Wirklichkeit derart kaum vorkommen, rendertechnisch abrunden, um sie realistischer aussehen lassen zu können. Als FILLET RADIUS geben Sie dazu den Wert 5,0cm ein. Es handelt sich hier ähnlich wie beim Bump Mapping um einen Schattierungseffekt, der im Gegensatz zum Displacement keine Veränderungen an der Geometrie selbst vornimmt, sondern diese nur durch geeignete Licht- und Schatteneffekte hervorhebt. Somit gibt es auch gewisse Perspektiven, in denen der Schattierungseffekt geringere bis gar keine Wirkung zeigt, beispielsweise eine direkte Profilansicht.

- Weisen Sie es folgenden Objekten zu: »Fenster_Seite_Leiste_vorne«, »Fenster_Leiste_hinten«, »Unterkante_vorne«, »Karosserie_Kante_unten«, »Karosserie_Dach_Leisten«, »Kühlergrill«, »Antenne«, »Fenster_Windschutzscheibe_Leiste«, »Griffe01«, »Griffe02«, »Spoiler«, »Unterboden« sowie »Wischer01« und »Wischer02«. Alternativ können Sie auch das vorbereitete SELECTION SET »Plastik« wählen.

4.2.12 Die Blinker

Die Blinker bestehen zwar abermals aus einem glasähnlichen Material, doch weisen sie ihrerseits wieder Besonderheiten auf, weshalb wir nicht einfach ein bereits bearbeitetes Glasmaterial aufgreifen können.

- Ein neues A&D-Material bezeichnen Sie mit »Blinker« und weisen es den Objekten »Blinker_Vorne« und »Blinker_Seite« zu.
- Den DIFFUSE-Betrag schwächen wir so auf 0,08 ab, dass die zu vergebende Diffusfarbe RGB = 1,0/ 0,35/ 0,0 nur dezent sichtbar wird.
- In der Hauptsache kommt die Farbe unter der Reflexion hervor, weswegen Sie diesen Farbwert auf den Farbkanal von REFLECTION kopieren.
- Die REFLECTIVITY stellen Sie auf 0,7 bei einer GLOSSINESS von 0,54 und 4 GLOSSY SAMPLES.
- Die TRANSPARENCY verstärken wir auf 0,5, ebenso auch die ANISOTROPY.

Abbildung 4.53
Neben den Plastikteilen sind nun auch die Blinker bearbeitet.

Wieder einmal nehmen wir noch eine Veränderung der BRDF vor.

- 0 DEG REFL. erhöhen Sie auf 0,5 und die CURVE SHAPE des BRDF-Bereichs erweitern wir auch auf 9.
- Unter SPECIAL PURPOSE MAP laden Sie in den BUMP-Kanal die Textur Concrete.Cast-In-Place.Ribbed.Vertical.2.bump aus dem mitgelieferten Ordner ..\maps\ArchMat des 3ds-Max-Systemverzeichnisses ohne Gamma-Korrektur, was dieselbe Riffelung wie bei »FSW_Glas« erwirkt.
- Nennen Sie die Textur »Blinker_Relief« und deaktivieren Sie USE REAL-WORLD SCALE. Danach reduzieren Sie U- und V-TILING auf jeweils 0,05 und drehen ANGLE/W auf 90 Grad. Anschließend erhöhen Sie den BUMP-Betrag von »Blinker« auf 2,0 (Abbildung 4.53).

Den Status der Bearbeitung können Sie in der Datei 04_Ext_04.max einsehen. Die Datei greift auf Texturen sowohl des mitgelieferten maps-Verzeichnisses als auch der Buch-DVD zurück.

4.2.13 Die Karosserie

Arbeiten Sie an Ihrer Szene weiter oder laden Sie alternativ die Datei 04_Ext_04.max. Beim Öffnen übernehmen Sie die Gamma-Einstellungen der

4.2 Oberflächenbearbeitung

Datei. Die Szene greift auf Bildtexturen sowohl des maps-Verzeichnisses als auch der Buch-DVD zurück.

Nachdem wir die Teile des Fahrzeugs bearbeitet haben, können wir das Aussehen des Wagens besser beurteilen, wenn wir uns nun dem Car Paint Material widmen. Das Car Paint Material wurde eigens dafür entwickelt, die recht komplexen Nuancen eines Autolacks zu simulieren.

Der klassische Aufbau von Autolack besteht aus mehreren Schichten. Neben der unsichtbaren Grundierschicht ist es vor allem der Basislack, der die Farbe des Fahrzeugs wesentlich mitbestimmt. Der Basislack ist eine farbgebende Schicht, die mit Effektpigmenten wie Metallic oder Pearleffekt versehen wird. Ganz oben liegt der Klarlack, der Schutz vor mechanischen Einflüssen bietet. Er beeinflusst auch die Glanzeigenschaften des Gesamtlacks.

- Wählen Sie alle Objekte des Fahrzeugs, die mit der Bezeichnung »Karosserie*« beginnen, gemeinsam aus (Selection Set »Karosserie«).
- Ziehen Sie über den MATERIAL/MAP BROWSER das CAR PAINT MATERIAL (MI) in das Feld des SLATE MATERIAL EDITOR (Abbildung 4.54). Bezeichnen Sie es mit »Lack« und weisen Sie es allen selektierten Objekten zu.

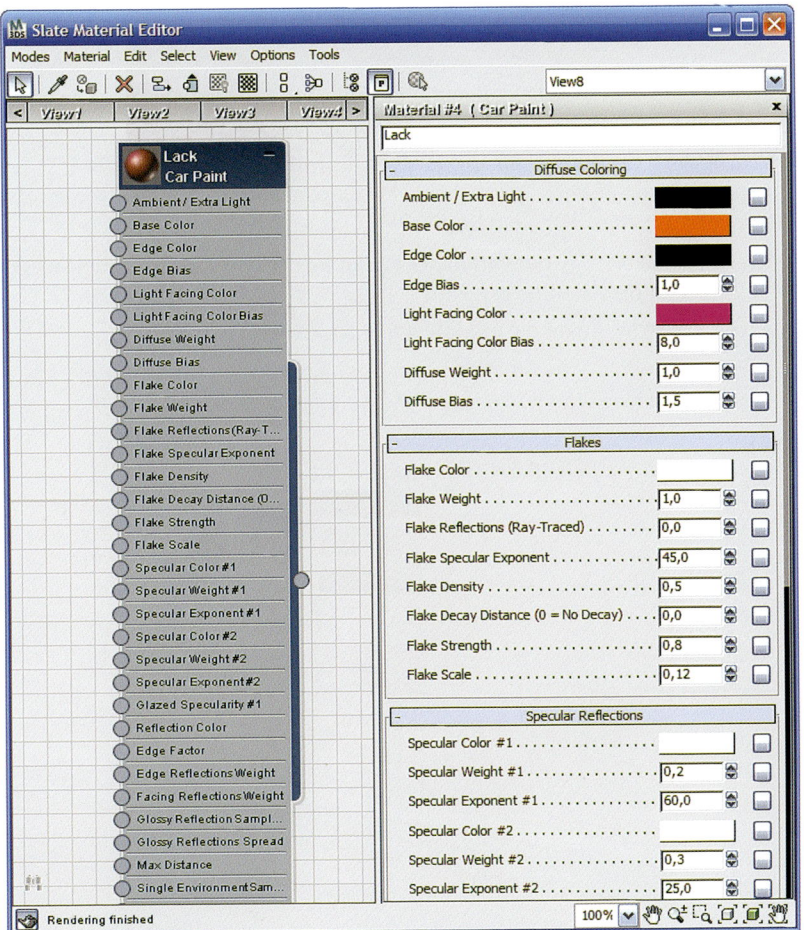

Abbildung 4.54
SLATE MATERIAL EDITOR: CAR PAINT MATERIAL

Rendern Sie ein Testbild.

Tipp

Um die bevorstehenden Testrenderings zu beschleunigen, deaktivieren Sie die Option DISPLACEMENT in den OPTIONS der COMMON-PARAMETERS.

Abbildung 4.55
Die Standardeinstellungen des CAR PAINT-Schattierers ergeben schon ein akzeptables Bild.

Der Wagen zeigt sich in einem Rosarot mit Standardeinstellungen des CAR PAINT-Schattierers. Wir erkennen verschiedene Farbnuancen im Autolack.

BASE COLOR ist der farbgebende Basislack. Er tritt zwar großflächig in Erscheinung, wird aber je nach Blickwinkel der Kamera und Lichteinfallswinkel der Lichtquelle abgelöst durch die LIGHT FACING COLOR.

Doch beim Untersuchen der Parameter gehen wir der Reihe nach vor, betrachten wir also zuerst die BASE COLOR.

Die BASE COLOR bestimmt die grundlegende Lackfarbe des Fahrzeugs.

- Wir wollen eine Silber-Metallic-Ausführung, weswegen wir die BASE COLOR auf ein dunkles Grau RGB = 29/ 29/ 29 einstellen (Abbildung 4.56).

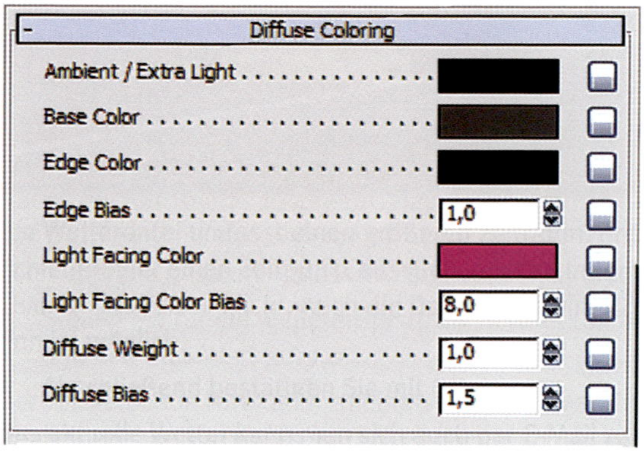

Abbildung 4.56
Materialeditor: Wir verändern die BASE COLOR.

4.2 Oberflächenbearbeitung

Wenn Sie ein Bild rendern, sehen Sie die Wirkung der auf Grau eingestellten BASE COLOR (Abbildung 4.57).

Abbildung 4.57
Die BASE COLOR zeigt sich als Grau im Lack.

Dies erleichtert uns, die Wirkung der beiden übrigen Farbkanäle zu untersuchen. Deutlich sieht man beispielsweise den Einfluss der LIGHT FACING COLOR. Doch gehen wir der Reihe nach vor.

- Wir wagen ein Experiment, indem wir die EDGE COLOR auf Grün (RGB = 0/ 255/ 0) stellen, BIAS auf 1,0 (Abbildung 4.58) belassen und ein Bild rendern (Abbildung 4.59).

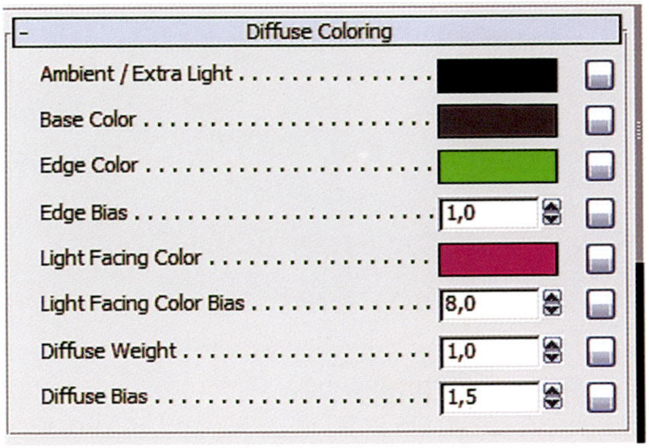

Abbildung 4.58
Um die EDGE COLOR zu ermitteln, stellen wir sie auf ein markantes Grün.

Die EDGE COLOR bestimmt zwar die Farbe an Umrissen der Karosserie. Es zeigt sich, dass eine grüne Umrissfarbe in Anbetracht des Silber-Metallic natürlich nur wenig sinnvoll ist. Aber man erkennt, dass der BIAS-Wert 1,0 dafür sorgt, dass Reste der Kantenfarbe sich mit der BASE COLOR mischen, das Auto wird gelb. Dagegen erkennen wir die Wirkung des BIAS-Parameters, der in anderen Farbkanälen ebenfalls auftritt. Mit dem Wert BIAS dehnen wir das Gebiet dieser Farbe auf die übrige Fläche der Karosserie aus.

Abbildung 4.59
Der Einfluss der EDGE
COLOR bei BIAS = 1,0

- Dies tun wir, indem wir den BIAS-Wert auf 10 erhöhen.

Abbildung 4.60
EDGE COLOR = Grün und
BIAS = 10,0

Somit lernen Sie die Wirkung der Bias-Regler kennen, die es zu jedem Farbparameter gibt. Abbildung 4.60 zeigt, dass sich die grüne Kantenfarbe auf die übrige Fläche der Karosserie ausbreitet. Dagegen bedeutet ein Bias-Wert von 0,1, dass das Grün zwar als Kantenfarbe nicht zur Geltung kommt, aber der Einfluss sich doch über die gesamte Karosserie erstreckt (Abbildung 4.61).

- Stellen Sie für die weiteren Tests die EDGE COLOR wieder auf Schwarz zurück und den BIAS-Wert auf 1,0.

Der verbleibende Farbkanal ist ebenso wie die BASE COLOR leichter zu verstehen. Ähnlich wie die BRDF des A&D-Materials zeigt der Autolack bei verschiedenen Betrachtungswinkeln andere Eigenschaften, insbesondere in der Region um seinen Glanzpunkt. Mit LIGHT FACING COLOR nehmen Sie Einfluss auf die Lackfarbe in der Nähe des Glanzpunktes, oder genauer, in den der Lichtquelle zugewandten Stellen. Die Wirkung der LIGHT FACING COLOR kann man bereits in Abbildung 4.57 erkennen, wo er auf den Standardwert 8,0 eingestellt war.

Abbildung 4.61
EDGE COLOR = Grün und BIAS = 0,1

- Rendern Sie nun ein Bild mit LIGHT FACING COLOR BIAS = 1,0 (Abbildung 4.62) und ein zweites mit dem höchstmöglichen Wert 20 (Abbildung 4.63).

Abbildung 4.62
LIGHT FACING COLOR = Standard, LIGHT FACING COLOR BIAS = 1,0

Sie erkennen, dass ein höherer BIAS-Wert die Ausbreitung der lichtzugewandten Lackpartien reduziert.

Abbildung 4.63
Light Facing
Color Bias = 20,0

Warum es wichtig sein kann, diese Partien beeinflussen zu können, werde ich in einem späteren Abschnitt behandeln, wenn wir das Tageslichtsystem verändern.

- Stellen Sie den Wert wieder auf 8,0 zurück, um weitere Parameter zu untersuchen.

Die Diffuse Weight, bestehend aus den drei bisher kennen gelernten Farbkanälen Base Color, Edge Color und Light Facing Color, lässt sich in einer Art Multiplier-Funktion gewichten, was sich in einer sich verändernden Helligkeitswirkung äußert. Wenn die Diffuse Weight auf 0 reduziert wird, schimmert die Ambient/Extra Light-Farbe hindurch und alle anderen Farben verschwinden. Höhere Werte dagegen erhöhen die Helligkeit der Streufarben bis hin zur Überbelichtung. Wenn der Ambient/Extra Light-Kanal auf Schwarz steht (Standardeinstellung), dann können Sie die Karosserie damit auf eine nächtliche Lichtsituation trimmen, indem Sie die Diffuse Weight gegen null einstellen (Abbildung 4.64).

Abbildung 4.64
Diffuse Weight = 0,0

4.2 Oberflächenbearbeitung

Wenn Sie nur den Kontrast der Lackfarbe ändern wollen, können Sie das mit DIFFUSE BIAS tun. Kleinere Werte mildern den Einfluss der BASE COLOR auf den Gesamtlack, während höhere Werte den Grauton kontrastreicher hervortreten lassen, der Lack wird dunkler, die LIGHT FACING COLOR schwächer, der Wagen verliert an Brillanz.

- Belassen Sie sowohl DIFFUSE WEIGTH auf 1,0 als auch DIFFUSE BIAS auf 1,5.
- Zu guter Letzt werden wir noch eine adäquate Farbe für unsere LIGHT FACING COLOR einstellen, die immer noch auf Lila steht. Wir wählen hierfür einen geringfügig helleren Grauton als für die übrige BASE COLOR, nämlich RGB = 37/ 37/ 37 (Abbildung 4.65).

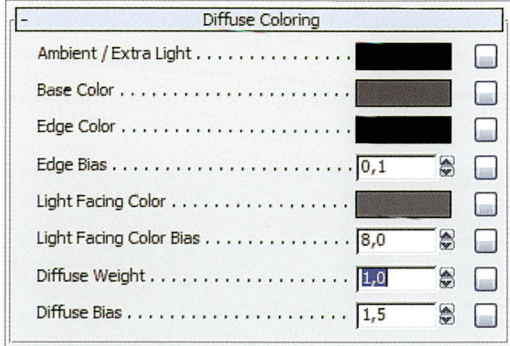

Abbildung 4.65
Die passenden Einstellungen der DIFFUSE COLORING-Gruppe für das Auto basieren größtenteils auf Standardwerten.

Der DIFFUSE COLORING-Lack des Autos basiert somit größtenteils auf Standardwerten (Abbildung 4.66).

Abbildung 4.66
Das fertige DIFFUSE COLORING

Kommen wir nun zur zweiten Gruppe des CAR PAINT-Materials, die FLAKES. Sehr oft besitzen Metallic-Lacke einen glitzernden Flockeneffekt, der mit den Parametern der Flakes simuliert werden soll (Abbildung 4.67).

Abbildung 4.67
Mit FLAKES bestimmen wir das Metallische im Metalliclack.

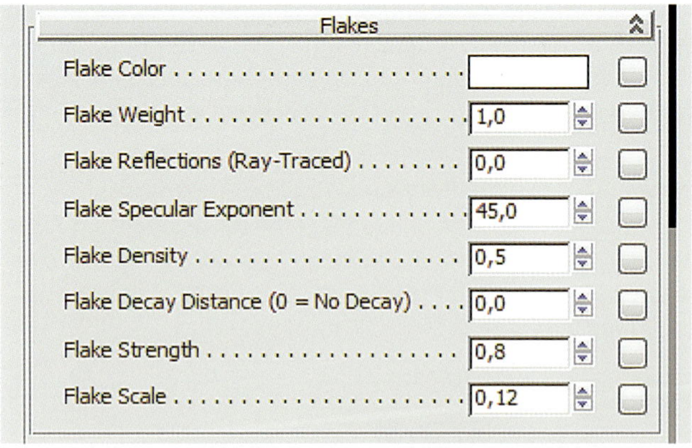

- Wählen Sie die Camera03 aus, die eine Perspektive näher an der Karosserie verschafft (Abbildung 4.68).

Abbildung 4.68
FLAKES WEIGHT = 1,0

Die FLAKE COLOR steht üblicherweise auf Weiß, da dies dem realistischen Glitzereffekt nahekommt. Die FLAKE WEIGHT ist ein Multiplier für diese RGB-Farbe.

- Für unsere Zwecke erhöhen wir den Wert FLAKE WEIGHT von 1,0 auf 5,0, weil die Pigmente somit stärker gegenüber dem Metallic-Lack hervortreten (Abbildung 4.69).

Wie Sie sofort sehen, müssen wir die Skalierung der FLAKES deutlich reduzieren.

- Stellen Sie den Wert FLAKE SCALE auf 0,01 (Abbildung 4.70).

Die Größe der Flakes wird prozedural generiert, was bedeutet, dass die Größe sich nicht durch eine Skalierung des Modells ändert.

4.2 Oberflächenbearbeitung

Abbildung 4.69
FLAKE WEIGHT = 5,0

Normalerweise handelt es sich bei den Pigmenten um kleine Flecken, die die Umgebung reflektieren. Diese Eigenschaft kann mit FLAKE REFLECTIONS gesteuert werden und steht standardgemäß auf null, was bedeutet, dass nur die oben eingestellte Farbe unter FLAKE COLOR zur Geltung kommt. Wählen Sie den Wert 0,1, um die Umgebung der Szene reflektieren zu lassen. Dies lohnt aber wirklich nur, wenn Sie eine Nahaufnahme eines Karosserieteils anvisieren. Für unsere Zwecke ändern wir hier nichts.

Abbildung 4.70
FLAKE WEIGHT = 5,0,
FLAKE SCALE = 0,01

FLAKE SPECULAR EXPONENT #1 bestimmt, wie weit sich der Kreis der Flakes um den Glanzpunkt herum vergrößern darf. Damit verbreitern Sie die Fläche der Flakes, wenn Sie einen kleineren Wert, z.B. 20 eingeben.

Abbildung 4.71
FLAKE WEIGHT = 5,0,
FLAKE SCALE = 0,01,
FLAKE SPECULAR EXPONENT = 20

In der nächsten Gruppe wird der Glanzpunkt des Autolacks bearbeitet.

- Um den Glanzpunkt besser beurteilen zu können, reduzieren wir die FLAKES WEIGHT wieder auf 1,0 mit einer FLAKE SCALE von 0,05.

Sie erkennen in der Gruppe, dass zwei Farben bzw. zwei Glanzpunkte zum Einsatz gelangen. Der Autolack besitzt zwei Glanzpunkte, hervorgerufen durch den Grundlack und den Klarlack. Sie werden mit SPECULAR #1 und SPECULAR #2 bezeichnet und können individuell eingestellt werden über WEIGHT- und EXPONENT-Funktionen, wie Sie sie bei den FLAKES bereits kennen gelernt haben. Eine interessante Option ist GLAZED SPECULARITY #1. Ist sie aktiviert, zeigt sich der Glanzpunkt wie in Abbildung 4.72.

Abbildung 4.72
GLAZED SPECULARITY #1 = eingeschaltet

4.2 Oberflächenbearbeitung

Abbildung 4.73
GLAZED SPECULARITY #1 = ausgeschaltet

- Um die Stärke des SPECULAR #1 etwas zu mildern, reduzieren wir SPECULAR WEIGHT #1 auf 0,01 und SPECULAR EXPONENT #1 auf 100.

Damit haben wir den Glanzpunkt #1 abgeschwächt und gleichzeitig seine Ausdehnung eingeschränkt.

In den meisten Fällen ist eine Veränderung der Glanzpunkteigenschaften weniger wichtig, die Einstellungen gelten als adäquat.

Ebenso wenig sollte man in der REFLECTIVITY-Gruppe etwas ändern. Hier könnte man die Reflexionseigenschaft erhöhen, indem man den Wert unter FACING REFLECTIONS WEIGHT erhöht. Doch damit würde der Lack derart verfälscht, dass es nicht mehr natürlich aussieht.

- Um ein finales Rendering zu starten, reduzieren Sie die FLAKE WEIGHT wieder auf den ursprünglichen Wert von 1,0.

Der Wagen ist fertig bearbeitet. Für ein finales Rendering schalten Sie ggfs. DISPLACEMENT im Renderdialog wieder ein.

Abbildung 4.74
Der fertige Wagen

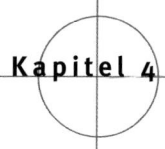

Die finalen Einstellungen können Sie in Abbildung 4.75 einsehen.

Abbildung 4.75
Die finalen Einstellungen des CAR PAINT-Schattierers

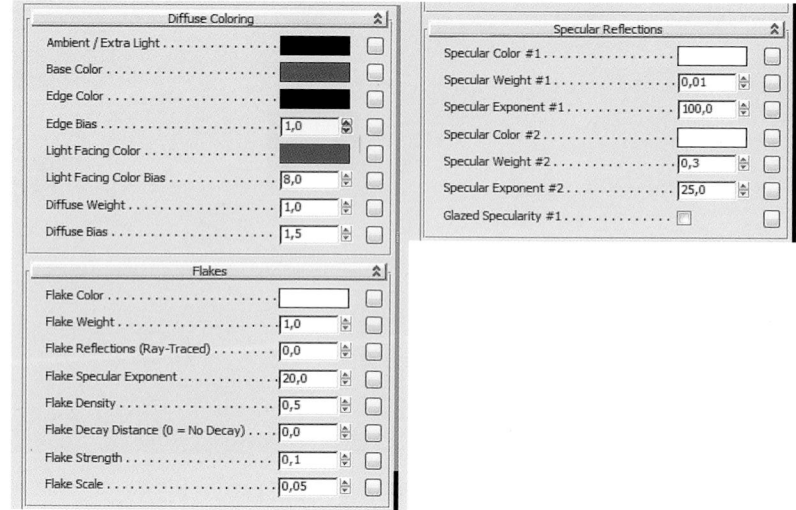

Das Ergebnis können Sie in der Datei 04_Ext_05.max einsehen.

> # Kapitel 5

5

Das Tageslichtsystem

5.1	Einrichtung	171
5.2	Konfiguration	174
5.3	Das Daylight-Objekt	175
5.4	Der physische Himmel	182
5.5	Sonnenuntergang	187
5.6	Wetterdaten	190

Kapitel 5 — DAS TAGESLICHTSYSTEM

Abbildung 5.1
Das Tageslichtsystem mit reichhaltigen Möglichkeiten

Das 3ds Max Daylight System (Tageslichtsystem) wurde im vorigen Kapitel bereits mittelbar eingesetzt, um die Szene adäquat zu beleuchten. Die nähere Untersuchung dieses mächtigen Lichtwerkzeugs soll nun in diesem Kapitel stattfinden, da zum Kennenlernen der Raffinessen eine fertige 3-D-Szene mit bereits erfolgten Oberflächenbearbeitungen und Materialzuweisungen benötigt wird.

Das Tageslichtsystem kommt immer dann zum Einsatz, wenn eine Außenszene mit intensivem oder dämmrigem Sonnenlicht beleuchtet werden soll. Das Tageslicht besitzt im Gegensatz zum beliebig konfigurierbaren Kunstlicht stets wiederkehrende Topoi, die unbewusst mit optischen und verinnerlichten Erfahrungswerten verglichen werden. Darum wirken Szenen unter freiem Himmel erst dann realistisch, wenn bestimmte visuelle Lichtcharakteristika getroffen werden. In der Natur besteht Tageslicht aus insgesamt drei Leuchtkörpern: der Sonne als punktförmige Lichtquelle, dem Himmel und der reflektierenden Bodenoberfläche als flächige Lichtquellen. Das Daylight System vereint diese drei Lichtquellen wirkungsvoll und trifft Farbtemperatur und Nuancen einer jeden Tageszeit adäquat.

Es handelt sich dabei um keine spezielle Applikation von mental ray, doch wurde das System um die mr-Einstellung seit der Version 3ds Max 9 erweitert. Ohne auf weitere Lichtquellen zurückgreifen zu müssen, taucht das System jede Außenszene in photorealistisches Licht. Es werden bestimmte Schattierer mitgeliefert, die das Daylight System abrunden.

Um die Erstellung des Daylight Systems vollständig zu beschreiben, beginnen wir in dem ersten Abschnitt erneut mit der Einrichtung, obwohl diese bereits im vorigen Kapitel kurz beschrieben und ausgeführt wurde. An dieser Stelle werden wir jedoch das Daylight System ruhig noch einmal installieren und diesmal die zahlreichen Möglichkeiten ausloten, um die Szene nicht nur mit Tageslicht, sondern auch mit verschiedenen Sonnenlichtnuancen zu versehen.

5.1 Einrichtung

Wir beginnen mit der Szene, wie sie aus dem vorigen Kapitel mit Oberflächen bearbeitet und beendet wurde, in der sich jedoch kein Tageslichtsystem befindet.

Laden Sie die Szene 05_DS_01.max. Übernehmen Sie die Gammaeinstellungen der Szene. Die Szene nutzt mehrere Bildtexturen, die sowohl im mitgelieferten 3ds-Max-Ordner als auch auf Dateien der beiliegenden Buch-DVD zurückgreifen. Bei Warnhinweisen auf fehlende Texturpfade stellen Sie diese wieder her, siehe dazu den Abschnitt »Erneuern der Pfade von Bildtexturen« in der Einführung.

- (Optional:) Damit das hochpolygonale Automodell nicht zu sehr die Grafik bremst, steht es Ihnen frei, das Wagenmodell über den Ebenenmanager vorübergehend zu verbergen, wie schon im vorigen Kapitel erläutert.

Das Daylight System besteht aus dem Helferobjekt COMPASS001 und aus der Gruppe DAYLIGHT001, die ihrerseits aus den beiden Objekten SUNLIGHT – einem Lichtobjekt vom Typ Directional Light – sowie dem SKYLIGHT besteht. Diese Gruppe kann jedoch nicht aufgelöst werden.

- Aktivieren Sie die Obenansicht. Die Besonderheit des Lichtwerkzeugs zeigt sich auch dadurch, dass es sich nicht wie gewohnt in der Palette der Lichtquellen befindet, sondern nur unter CREATE → LIGHTS → DAYLIGHT SYSTEM oder unter der Systempalette unter DAYLIGHT.
- Sowie Sie das Licht auswählen, werden Sie von 3ds Max gefragt, ob Sie die MR PHOTOGRAPHIC EXPOSURE CONTROL mit einer eingestellten Belichtung von EV = 15 übernehmen wollen. Antworten Sie mit Yes (Abbildung 5.2).

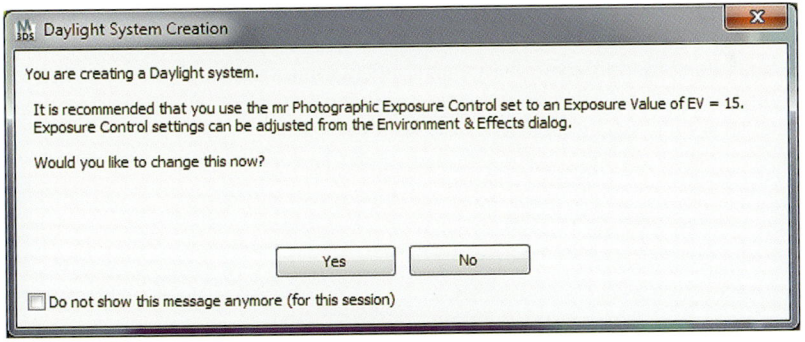

Abbildung 5.2
Beim Einrichten werden Sie nach der mr-Belichtungskontrolle gefragt.

Kapitel 5 — DAS TAGESLICHTSYSTEM

- Ziehen Sie die COMPASS ROSE beliebig groß etwa über dem Landungssteg der Szene auf. Nach dem Loslassen wird Ihnen eine weitere Frage gestellt, ob Sie eine MR PHYSICAL SKY (mr physischer Himmel) als Umgebungs-Map einbinden wollen. Antworten Sie auch hier mit *Yes* (Abbildung 5.3).

Abbildung 5.3
Folgen Sie der Empfehlung, eine MR PHYSICAL SKY-Map als Umgebungs-Map zu installieren.

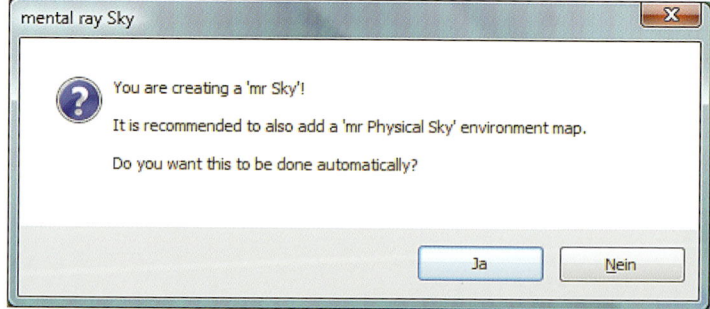

- Danach können Sie mit der Maus schlussendlich das eigentliche Lichtobjekt aufziehen, jedoch noch ohne Positionierungsmöglichkeit, abgesehen von der Höhe (orbital scale).

Abbildung 5.4
Die Größe der Compass Rose ist nicht relevant.

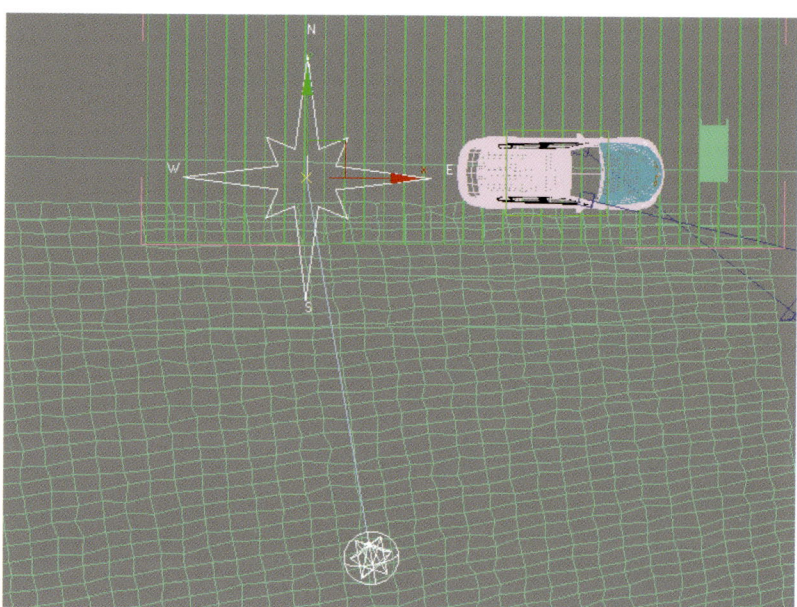

Das Lichtobjekt lässt sich nicht mehr weiter positionieren (Abbildung 5.4). Gemäß den Standardeinstellungen entspricht nun das Licht einer kalifornischen Sonne am 21.6.2009 in San Francisco, was man in den CONTROL PARAMETERS nach Klicken auf die Schaltfläche SETUP ablesen kann.

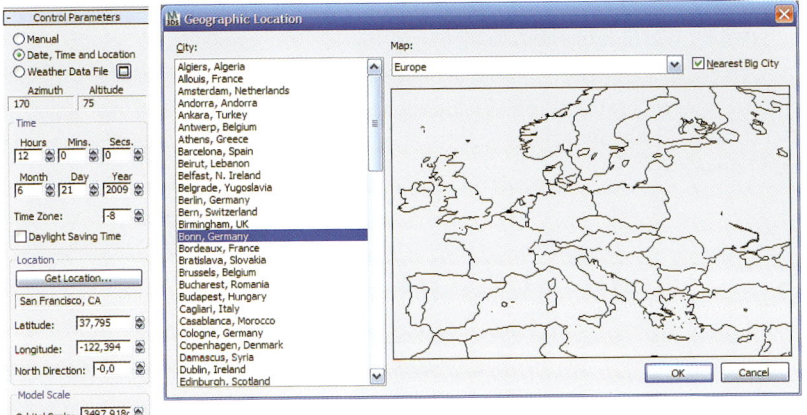

Abbildung 5.5
Modifikationspalette: Standardgemäß lässt sich das Tageslichtsystem über Ort, Datum und Uhrzeit einrichten.

Natürlich kann man die Ortsbestimmung auch nachträglich ändern (Abbildung 5.5). Für Deutschland stehen normativ die Orte Bonn, Berlin, Mannheim, Frankfurt, München und Stuttgart zur Verfügung. Wählen Sie einen Ort aus, und das Daylight System taucht die Szene in das entsprechend vorherrschende Tageslicht mit der angegebenen Uhrzeit.

- Selektieren Sie das »Daylight001«-Objekt. Um das Licht mit der Maus aus Experimentiergründen zu verschieben, gehen wir in die Modifikationspalette und aktivieren dort die Option MANUAL unter der Gruppe POSITION.
- Jetzt, wo wir die Positionierung manuell vornehmen können, verschieben Sie den »Compass01« auf Position x = 0cm / y = 0cm / z = 0cm und die Lichtgruppe auf Position x = 800cm / y = -3200cm / z = 2600cm.

Vergewissern Sie sich in der Modifikationspalette unter der Gruppe DAYLIGHT PARAMETERS, dass sowohl unter SUNLIGHT als auch unter SKYLIGHT jeweils die mr-Einstellung MR SUN bzw. MR SKY eingestellt ist. Seit der Version 3ds Max 2010 ist diese Einstellung standardgemäß vorgegeben.

- Öffnen Sie den Materialeditor und das Fenster für das Environment (RENDERING → ENVIRONMENT). Im Kanal für das Environment finden Sie die MR PHYSICAL SKY-Map, die wir per Drag&Drop in das Feld VIEW1 des SLATE MATERIAL EDITOR als Instanz kopieren. Veränderungen an der Map im Editor wirken sich somit ebenso auch auf die gleichnamige Map im Environment-Kanal aus.
- Vergeben Sie »Himmel« als Namen.

Wir werden dieselbe Map noch zwei weitere Male kopieren.

- Dazu öffnen Sie das Fenster RENDERING → RENDER SETUP → RENDERER mit der Gruppe CAMERA EFFECTS. In der Rubrik CAMERA SHADERS ziehen Sie eine Instanz sowohl in den Kanal LENS als auch in den Kanal VOLUME (Abbildung 5.6).

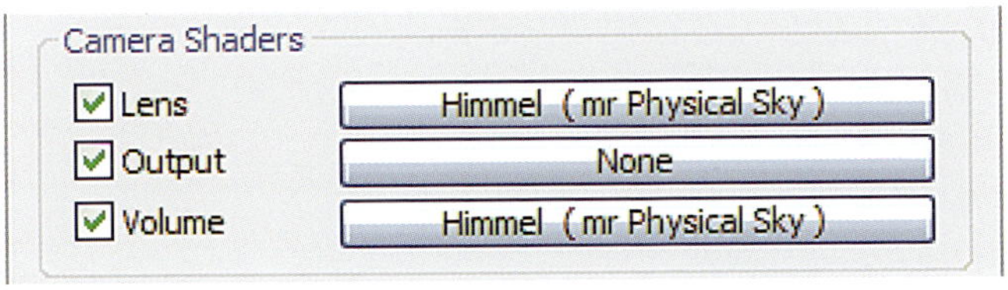

Abbildung 5.6
Renderdialog: Die MR PHYSICAL SKY instanziieren wir in die Kamerakanäle LENS und VOLUME.

DAS TAGESLICHTSYSTEM

- Abschließend gehen wir in die MR PHOTOGRAPHIC EXPOSURE CONTROL, wo wir den EV-Wert, der gegenwärtig auf 15 steht, auf 14 reduzieren.

Den EXPOSURE VALUE (EV) müssen wir auf dem recht hohen Wert belassen, da die Sonne ein sehr intensives und gleißendes Licht abstrahlt. Nun haben wir alle Einrichtungen für das Tageslicht vollbracht, um sämtliche Möglichkeiten ausnutzen zu können.

5.2 Konfiguration

Wir werden als Erstes das Licht einer Nachmittagssonne einstellen.

In vorherigen Abschnitten haben wir nicht nur die Lichtquelle in der Szene positioniert, sondern auch einen Schattierer MR PHYSICAL SKY als Umgebung definiert. Wie im vorigen Abschnitt erwähnt, ist die Sonne nur eine von mehreren Lichtquellen, die das Tageslicht nuancieren, der Himmel strahlt ebenfalls Licht in die Szene ab, was durch die Map MR PHYSICAL SKY simuliert wird. Darüber hinaus bietet diese Map einige Möglichkeiten atmosphärischer Lichtgestaltung, die Sie noch kennen lernen werden.

Mental images empfiehlt wie bei anderen Lichtquellen für den Einsatz des Tageslichts die Berechnung mit indirekter Beleuchtung. Die Notwendigkeit für indirekte Beleuchtung scheint unter freiem Himmel mit klarem Wetter geringer zu sein, doch bei genauerem Hinsehen ergeben sich Motive des Bildes, die keinen Verzicht auf indirekte Beleuchtung erlauben: der Schatten unter dem Wagen und das reflektierende Wasser entlang des Holzstegs.

- Aktivieren Sie FINALGATHER mit folgenden Einstellungen: INITIAL FG POINT DENSITY = 0,1; RAYS PER FG POINT = 150; INTERPOLATE OVER NUM. FG POINTS = 30.

Rendern Sie ein Bild über die Camera04 in der Auflösung 600x380px. Die Einrichtung entspricht dem Endstand aus dem vorigen Kapitel, jedoch mit Betrachtung aus einer anderen Perspektive (Abbildung 5.7).

Abbildung 5.7
Das Daylight System mit Standardeinstellungen

5.3 Das Daylight-Objekt

Wir werden uns nun zunächst die Parameter des Lichtobjekts selbst ansehen, anschließend die Parameter der MR PHYSICAL SKY betrachten und Experimente vornehmen, um so die Möglichkeiten zu eruieren.

5.3 Das Daylight-Objekt

Mit selektiertem »Daylight01« begeben wir uns in die Modifikationspalette. Sie erkennen anhand der ersten Gruppe DAYLIGHT PARAMETERS, dass wir es mit zwei in einer Gruppe zusammengefassten Lichtern zu tun haben: das SUNLIGHT und das SKYLIGHT. Beide sind bereits mit der mr-Einstellung versehen, was seit 3ds Max 2010 zum Standard gehört; in früheren Max-Versionen musste man die mr-Einstellung erst auswählen.

Neben den Grundparametern ist die Palette unterteilt in Parameter der MR SUN und die der MR SKY. Letztere ist die wichtigere Gruppe (Abbildung 5.8).

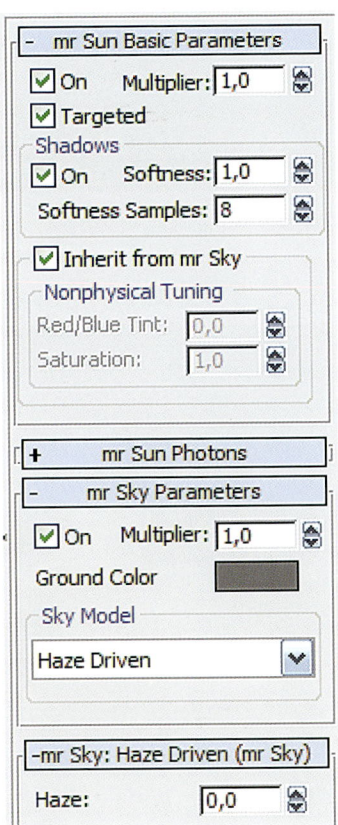

Abbildung 5.8
Modifikationspalette: die Parameter des Daylight Systems

- Bei den MR SKY PARAMETERS erhöhen Sie den MULTIPLIER von 1 auf 2 und rendern ein Bild.

Wir legen eine stärkere Gewichtung auf das diffuse Licht der Hemisphäre mit seinem hohen Anteil des kühl-bläulicheren Lichts des Himmels, was aus einem lauen Sommertag resultiert (Abbildung 5.9).

Abbildung 5.9
MR SKY MULTIPLIER = 2

- Umgekehrt können Sie ein Tageslicht vom Typ sengender Nachmittagssonne generieren, wenn Sie den MULTIPLIER wieder auf 1 zurücksetzen und stattdessen den MULTIPLIER von MR SUN auf 2 erhöhen (Abbildung 5.10).

Abbildung 5.10
MR SUN MULTIPLIER = 2

Hierbei erhält die Sonne mit ihrem Punktlichtcharakter stärkere Betonung, ihre gelblichen Farben und Kontraste nehmen zu.

- Für die weitere Ausführung führen Sie beide Werte auf 1 zurück.

5.3 Das Daylight-Objekt

Wie eingangs schon erwähnt, spielt neben der Sonne und dem Himmel auch die Erdoberfläche mit ihrer reflektierenden Wirkung eine dritte Rolle im Arsenal der Tageslichtquellen. Die Erdoberfläche (GROUND) wird als virtuelle Ebene verstanden, die Streufarbenreflexionen generiert. Das Daylight System sieht keine weitere Einstellmöglichkeit für die GROUND COLOR vor als die Veränderung der Farbe. Ein Experiment soll die Wirkung mit einer roten GROUND COLOR zeigen:

- Ändern Sie als Experiment die GROUND COLOR auf Rot (RGB = 1/ 0/ 0) (Abbildung 5.11).

Abbildung 5.11
Modifikatorpalette: Rote Bodenreflexionen sind im Horizont erkennbar, falls die GROUND COLOR auf Rot eingestellt wird.

- Setzen Sie die GROUND COLOR wieder zurück auf das neutrale Grau der Voreinstellung (RGB 0,2/ 0,2/ 0,2).

Neben dem MULTIPLIER besitzt MR SKY drei SKY MODELS, wovon das HAZE-DRIVEN als Standard vorgegeben wird. Diese SKY MODELS simulieren über eine Kombination aus Luftfeuchtigkeit und Dunst atmosphärischen Naturalismus, der in keiner Freilichtszene fehlen darf. Wir werden alle drei näher betrachten und beginnen mit dem HAZE-Modell.

In der aktuellen Max-Version ist das HAZE-Modell nur noch der MR SKY vorbehalten, in früheren Versionen fand sich der Parameter zusätzlich auch unter MR SUN. HAZE ist als filternder Partikeldunst in der Luft zu verstehen, der es den jeweiligen Lichtstrahlen erschwert, direktes Licht zur Erdoberfläche abzustrahlen, und dieses stattdessen atmosphärisch streut. Ein Wert von null bedeutet klarer Himmel.

- Wir stellen den darunterliegenden HAZE-Parameter auf den höchstmöglichen Wert 15 ein, das zu rendernde Bild sieht aus wie Abbildung 5.12, was an einen Sandsturm in der Sahara erinnert.

Kapitel 5 — DAS TAGESLICHTSYSTEM

Abbildung 5.12
Modifikatorpalette: HAZE-DRIVEN SKY MODEL mit HAZE = 15.

Das HAZE MODEL ist weniger für die Mittagssonne geeignet, sondern mehr für Sonnenauf- bzw. -untergang.

- Wir richten einen animierten Sonnenuntergang ein, indem Sie in den AUTO KEY-Animationsmodus gehen, den Zeitcursor auf Frame Nr. 40 fahren und das Daylight-Lichtobjekt auf Position x = -9000cm / y = -550cm / z = 1900cm verschieben. Verlassen Sie den Animationsmodus.
- Stellen Sie HAZE auf 5,0 und rendern Sie ein Bild. Um den Rendervorgang zu beschleunigen, schalten Sie evtl. DISPLACEMENT unter den Renderoptionen aus.

Das Ergebnis zeigt einen überzeugenden Sonnenuntergang (Abbildung 5.13). Außerdem erkennen wir eine Sonne am Himmel. Wie wir den Diskus der Sonne am Himmel beeinflussen können, werden wir uns später ansehen.

Abbildung 5.13
Tief liegende Sonne mit HAZE-DRIVEN SKY MODEL und HAZE = 5

5.3 Das Daylight-Objekt

Neben dem HAZE-Modell schalten wir nun das PEREZ ALL WEATHER-Modell ein. Im Gegensatz zum HAZE-Modell ist Perez der Standard für Nachmittagssonnenlicht. Es wird im Wesentlichen von den zwei Parametern DIFFUSE HORIZ. und DIRECT NORMAL ILLUMINANCE mit Lux als Maßeinheit bestimmt.

- Fahren Sie den Zeitcursor auf den Anfang (Frame 0) zurück, die Sonne erreicht wieder ihren Höchststand am Mittag, und schalten Sie das PEREZ ALL WEATHER-Modell ein. Mit den beiden Parametern stellen wir die Helligkeit des Tageslichts ein. Da für unsere Szene die Werte ein zu dunkles Ergebnis erwarten lassen, erhöhen wir DIFFUSE HORIZ. auf 50000 (Abbildung 5.14).

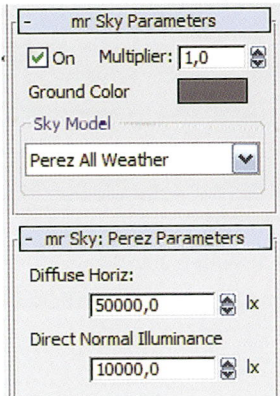

Abbildung 5.14
Modifikatorpalette: Das PEREZ ALL WEATHER SKY MODEL

Wie das Rendering bzw. Abbildung 5.15 zeigt, erhöhen wir die Intensität der Himmelshemisphäre.

Abbildung 5.15
PEREZ ALL WEATHER SKY MODEL mit DIFFUSE HORIZ. = 50.000 und DIRECT NORMAL ILLUMINANCE = 10.000

- Dagegen können wir die Intensität der Sonne mit dem Wert DIRECT NORMAL ILLUMINANCE steigern, wenn wir ihn auf 90000 stellen und DIFFUSE HORIZ. wieder auf den vorgegebenen Wert 10000 reduzieren.

Abbildung 5.16
PEREZ ALL WEATHER SKY MODEL mit DIFFUSE HORIZ. = 10.000 und DIRECT NORMAL ILLUMINANCE = 90000

Das Ergebnis zeigt ein eher dynamisches Licht: Die Sonne ist stark, die Helligkeit des Himmels dagegen düster. Es zieht ein Gewitter von hinten auf.

Für ein adäquates Rendering bleibt DIFFUSE HORIZ. von 50000 ein passender Wert mit einer DIRECT NORMAL ILLUMINANCE von 10000.

Kommen wir zum CIE-Modell.

- Schalten Sie unter MR SKY PARAMETERS um auf CIE.

Das CIE-Modell weist dieselben Parameter auf wie das PEREZ ALL WEATHER-Modell, ist jedoch darüber hinaus mit den beiden Optionen OVERCAST SKY und CLEAR SKY versehen.

- Bei dem standardgemäß eingeschalteten OVERCAST SKY geben Sie die Werte 50000 bei DIFFUSE HORIZ. und 80000 bei DIRECT NORMAL ILLUMINANCE ein (Abbildung 5.17).

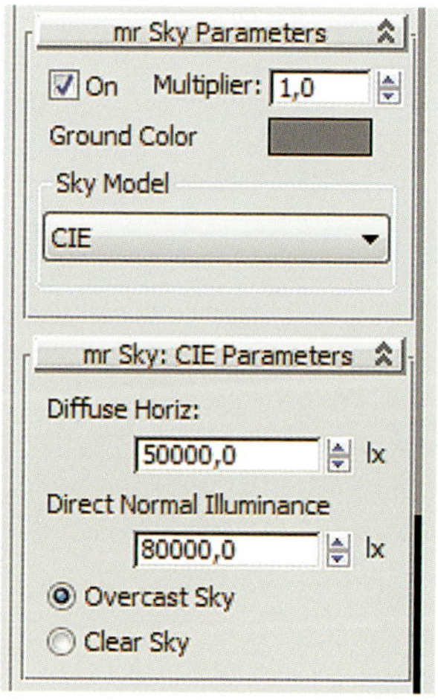

Abbildung 5.17
Modifikatorpalette: Das CIE-Sky-Modell

5.3 Das Daylight-Objekt

Rendern Sie ein Bild. Hier wird für ein äußerst diffuses Tageslicht mit dunstig verschleiertem Himmel gesorgt (Abbildung 5.18).

Abbildung 5.18
Das CIE-Sky-Modell mit DIFFUSE HORIZ. = 50.000, DIRECT NORMAL ILLUMINANCE = 80.000 und OVERCAST SKY

Aktivieren Sie nun CLEAR SKY und übernehmen Sie dieselben Werte bei DIFFUSE HORIZ. und DIRECT NORMAL ILLUMINANCE (Abbildung 5.19).

Abbildung 5.19
Das CIE-Sky-Modell mit DIFFUSE HORIZ. = 50.000, DIRECT NORMAL ILLUMINANCE = 80.000 und CLEAR SKY

Wenn wir ein Bild rendern, so erscheint das Tageslicht unter CIE auffallend brillanter und kontrastreicher, ohne den Helligkeitsanstieg akzeptieren zu müssen wie bei PEREZ ALL WEATHER. Der helle Sandstrand dominiert stark im Helligkeits- und Kontrastumfang des Bildes. Auch hier bleibt das Tageslicht äußerst diffus, trotz des mehr sonnigeren Eindrucks. Mit CIE lässt sich das sonnigste Ambiente erreichen.

Die Intensitätssteuerung der beiden Einheiten SUN und SKY erinnert ein wenig an die Multipliersteuerung, wie wir sie vorher testeten.

Ein Vergleich der drei Modelle ergibt, dass das Perez-Modell bei vergleichbarer Intensität und Helligkeit zum Haze-Modell weniger Kontrast und einen matteren Eindruck hinterlässt, während eine höhere Intensität gegenüber Haze deutlich heller und kontrastreicher wird.

Das CIE-Modell liefert hingegen diffusere und kontrastreichere Ergebnisse ohne Helligkeitsanstieg. Das CIE-Modell wird außerdem als Industriestandard der Internationalen Beleuchtungskommission (*Commission Internationale de l'Éclairage*) anerkannt.

Hinweis Die in Wien ansässige, nichtkommerziell tätige Beleuchtungskommission macht sich den internationalen Informationsaustausch auf Gebieten der Farbwahrnehmung und Beleuchtung zur Aufgabe.

5.4 Der physische Himmel

Die MR PHYSICAL SKY-Map liefert einen optimierten Himmelhintergrund für das Daylight System und trägt damit zum Photorealismus bei. Sein Helligkeits- und Kontrastumfang entspricht dem eines High-Dynamic-Range-(HDR-)Bildes und sollte vor allem dann eingesetzt werden, wenn keine geeigneten HDR-Bilder mit Himmel- oder Wolkenmotiven vorliegen. Darüber hinaus lässt sich viel Arbeit vermeiden, wenn es darum geht, verschiedene Tages- und Nachtzeiten zu simulieren.

Arbeiten Sie an der gegenwärtigen Szene weiter oder laden Sie alternativ die Szene 05_DS_02.max, die unsere Szene mit dem Tageslichtsystem und dem PEREZ ALL WEATHER-Sky-Modell aufweist. Übernehmen Sie die Gammaeinstellungen der Datei und stellen Sie ggfs. die Pfade zu den Texturen neu ein.

- Selektieren Sie das »Daylight01«-System und fahren Sie den Zeitcursor auf Frame 40, die Sonne neigt sich zur Abenddämmerung.

Die Sonne kann im Ansichtsfenster in Echtzeit dargestellt werden.

- Hierzu klicken Sie bei aktiviertem Camera04-Ansichtsfenster auf VIEWS → VIEWPORT BACKGROUND → VIEWPORT BACKGROUND. Im Fenster aktivieren Sie sowohl USE ENVIRONMENT BACKGROUND als auch DISPLAY BACKGROUND (Abbildung 5.20). Bestätigen Sie mit OK, danach wird es im Camera-Ansichtsfenster sichtbar.

Zunächst wird unter Umständen daraufhin der Himmel überbelichtet bzw. völlig weiß dargestellt.

- Um die Belichtungskontrolle auch im Ansichtsfenster zu aktivieren, klicken Sie links oben im Ansichtsfenster auf das Etikett SMOOTH + HIGHLIGHTS → LIGHTING AND SHADOWS → ENABLE HARDWARE SHADING sowie ENABLE EXPOSURE CONTROL IN VIEWPORT und ILLUMINATE WITH SCENE LIGHTS. Wenn Sie nichts sehen, vergewissern Sie sich, dass unter VIEWS → VIEWPORT BACKGROUND → SHOW BACKGROUND ein Häkchen gesetzt ist.

5.4 Der physische Himmel

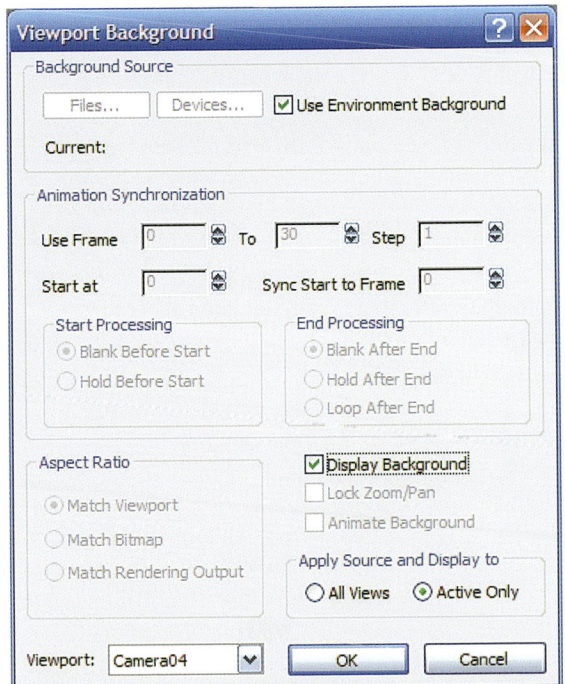

Abbildung 5.20
Mit diesen Einstellungen lassen wir die Sonne auch im Ansichtsfenster sichtbar werden.

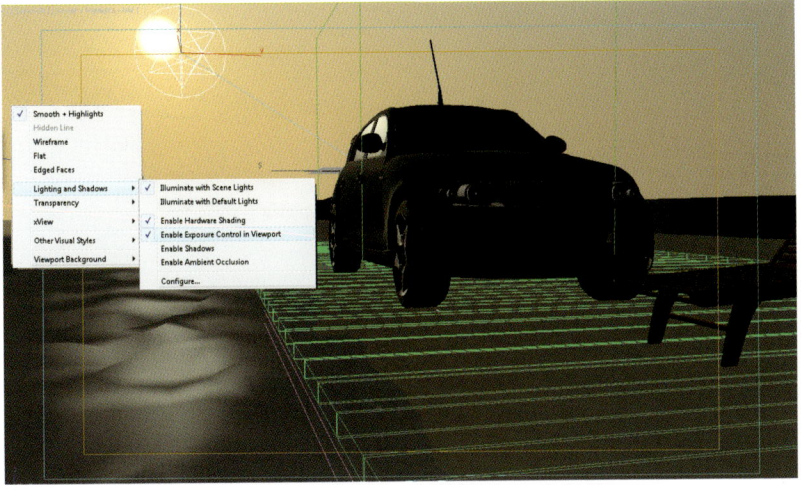

Abbildung 5.21
Das Daylight System im Ansichtsfenster

Alternativ können Sie die beiden Optionen auch unter VIEWS → VIEWPORT CONFIGURATION → LIGHTING AND SHADOWS einstellen, wo Sie ein Häkchen setzen bei ENABLE HARDWARE SHADING und bei ENABLE EXPOSURE CONTROL IN VIEWPORT (Abbildung 5.21).

Tipp

Voraussetzung für das Hardware Shading ist DirectX als gewählte Schnittstelle zur Grafikkarte.

Hinweis

Um sich die Parameterpalette der MR PHYSICAL SKY anzusehen, öffnen wir das Material »Himmel« im SLATE MATERIAL EDITOR, das eine Instanz der Map im ENVIRONMENT-Kanal darstellt, die wir zu Beginn des Kapitels erstellt haben (Abbildung 5.22).

Abbildung 5.22
MR PHYSICAL SKY

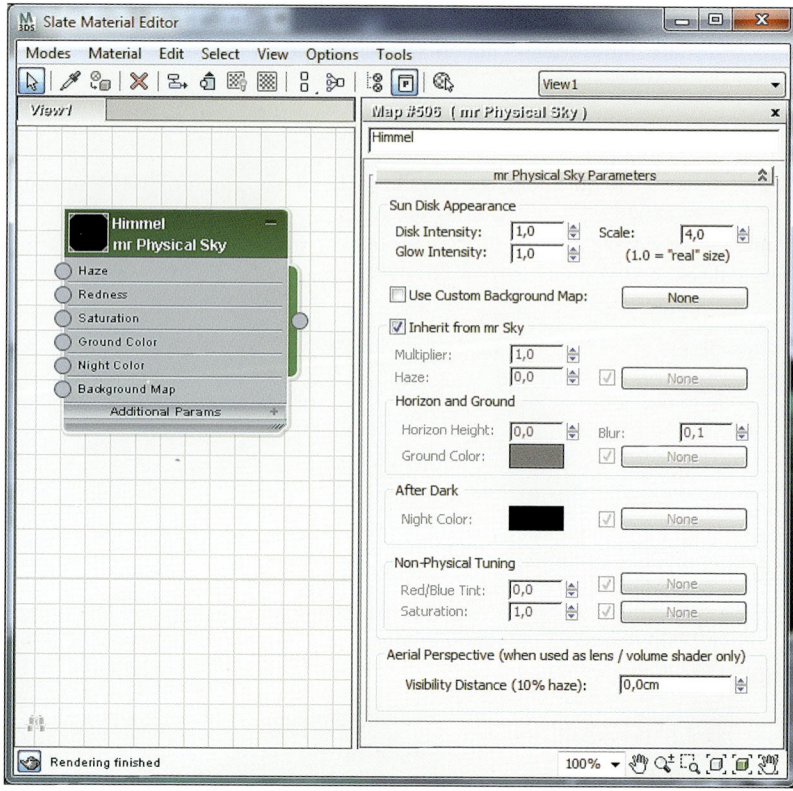

Unter der Gruppe SUN DISK APPEARANCE können Sie die Größe und den Glüheffekt der Sonne ändern.

Falls Ihnen der Himmel zu wolkenlos vorkommt, können Sie den Kanal USE CUSTOM BACKGROUND MAP mit einer Bitmap beladen, die Wolken zeigt:

- Fahren Sie den Zeitcursor an den Anfang bzw. auf Frame null zurück.
- Laden Sie dazu die Textur SKY.JPG aus dem Verzeichnis ../maps/Skies/ unter Beibehaltung des Systemgammas. Als Koordinaten legen Sie die SPHERICAL ENVIRONMENT fest und bestimmen OFFSET/WIDTH = 0,0cm und OFFSET/HEIGHT = 0,24cm, außerdem ändern Sie SIZE WIDTH auf 0,3cm und HEIGHT auf 0,25cm.
- In der EXPOSURE CONTROL schalten Sie in der Gruppe PHYSICAL SCALE um auf UNITLESS und geben den Wert 80000 ein.

Hinweis Der Renderer interpretiert alle Helligkeitswerte nach Candela pro Quadratmeter (cd/m²) und gibt somit korrekte HDR-Pixelwerte pro Quadratmeter im Rendering aus. Diese Option kann nur benutzt werden, solange die Szene ausschließlich mit photometrischen Lichtern und/oder dem Daylight System beleuchtet wird.

5.4 Der physische Himmel

Standardlichter, die wir in unseren Projekten sowieso nicht einsetzen, würden zu dunkel erscheinen. Dies betrifft auch Bildtexturen im Hintergrundkanal, falls diese keinen HDR-Charakter haben, wie z.B. das jpg-Dateiformat. Eine solche Bildtextur aus dem Low-Dynamic-Range-Bereich würde als Hintergrundbild mit 1 cd/m² interpretiert, was dunkler als das dunkelste Schwarz ist. Sie erscheinen dann als völlig dunkel, wenn die Option PROCESS BACKGROUND AND ENVIRONMENT MAPS aktiviert ist, was bedeutet, dass Hintergrundbilder von der Belichtungssteuerung mitbelichtet werden. Bei deaktivierter Option erscheinen diese Bildtexturen als reines Weiß.

Es gibt daher die Möglichkeit, die physikalische Skalierung für Photos aus dem Low-Dynamic-Range-Bereich sowie auch Standardlichter neu zu bestimmen, damit der Renderer diese angemessen interpretiert. Ein Standardlicht mit einer physikalischen Skalierung von 1500 beispielsweise wird als Licht in der Stärke 1500cd/m² interpretiert.

Die MR PHYSICAL SKY-Map kann selbst keine HDR Bildtexturen in den Kanal USE CUSTOM BACKGROUND MAP mit ihrem vollen Dynamikumfang auswerten bzw. sie werden wie eine Low-Dynamic-Range-Bilddatei behandelt, das heißt, die physikalische Skalierung ist auch bei HDR-Bildern auf denselben, oben angegebenen Wert zu erhöhen. Wie HDR-Bilder selbst als Hintergrundbilder eingesetzt werden können, wird am Ende des Kapitels beschrieben.

Achtung

Wenn Sie ein Bild rendern, sehen Sie die Wolken am Himmel (Abbildung 5.23).

Abbildung 5.23
In die MR PHYSICAL SKY kann auch eine Bitmap aus dem Low-Dynamic-Range-Bereich implementiert werden.

- Deaktivieren Sie USE CUSTOM BACKGROUND MAP wieder und deaktivieren ebenfalls die darunterliegende Option INHERIT FROM MR SKY.

Daraufhin werden Parameter der MR PHYSICAL SKY zugriffsbereit. Es sind größtenteils dieselben wie aus der MR SKY-Palette, doch um einige wertvolle Werkzeuge erweitert. Es empfiehlt sich, Tageslichtkonfigurationen über die Parameterpalette der MR PHYSICAL SKY zu steuern. Sie kennen bereits die Funktionen MULTIPLIER und HAZE. Wir haben als Sky-Modell PEREZ ALL WEATHER ausgewählt, und

DAS TAGESLICHTSYSTEM

brauchen nun dennoch nicht auf den Saharadunst des Haze-Modells zu verzichten, da der Parameter hier verfügbar ist.

Neben der bereits bekannten Ground Color gibt es den Parameter Horizon Height. Die Physical Sky-Map generiert einen optischen Horizont in der Szene. Dieser Horizont ist als Trennlinie zwischen der oberen Himmelsfläche und der darunterliegenden Ground Color zu verstehen. Die Ground Color ist keine unwichtige Farbgebung, denn sie ist als dritte Komponente des Gesamtlichts zu verstehen und beeinflusst das Tageslicht, wie eingangs erwähnt. Standardgemäß ist es auf ein dunkles Grau eingestellt. Das Verschieben der Horizontlinie nach z.B. unten wird wichtig, wenn der geometrische Horizont – sofern er im Kamerabild sichtbar ist – höher oder tiefer als die Nulllinie des Koordinatensystems liegt. In unserer Szene liegt die Geometrie bzw. der geometrische Horizont tatsächlich ein wenig unter der Nulllinie, was aber bisher nur in Abbildung 5.11 auffiel.

- Aus diesem Grund setzen wir die Horizon Height auf -0,2 tiefer.

Achtung Es ist in 3ds Max beobachtet worden, dass die Wertangabe bei Horizont Height innerhalb der mr Physical Sky Map nicht umgesetzt wird. Falls dieser Fehler auftritt, selektieren Sie stattdessen das Daylight System aus und nehmen Sie die Änderung im dort befindlichen Parameter Horizon Height vor.

Nachfolgend wollen wir einen Sonnenuntergang erstellen. Zunächst laden wir uns eine Hintergrundbildtextur mit einem Sonnenuntergang.

- Laden Sie in den Kanal Use Custom Background Map der mr Physical Sky die Bildtextur sun cloud.jpg aus dem mitgelieferten ../maps/Skies/-Verzeichnis unter Beibehaltung des Systemgammas. Unter der Coordinates-Gruppe schalten Sie zunächst um auf Texture, um so die vorher ausgegraute Option Use Real-World Scale deaktivieren zu können. Nach dieser Deaktivierung schalten Sie zurück in Environ und wählen die Screen-Methode. Geben Sie folgende Koordinaten ein: Offset/U = 0,0, Offset/V = 0,25 sowie Tiling/U = 0,8 und Tiling/V = 1,8. Vergeben Sie »Wolken« als Bezeichnung.

Je tiefer sich die Sonne zur Horizontlinie senkt, desto stärker tritt die Night Color in Erscheinung. Bevor wir uns diese ansehen, kümmern wir uns um die Aerial Perspective in der Gruppe ganz unten in der mr Physical Sky-Map. Mit dieser Funktion können wir Luftdunst simulieren. Voraussetzung ist, dass sich die mr Physical Sky sowohl im Camera-Lens-Kanal als auch im Camera-Volume-Kanal als Instanz befindet. Diese Voraussetzung haben wir bereits eingangs erfüllt.

- Geben Sie in der mr Physical Sky-Map bei Aerial Perspective den geeigneten Wert 2000cm ein, erhöhen Sie Haze auf 4,0 und rendern Sie ein Bild von Frame 40.

Wie Sie sehen, erhalten wir einen romantischen Sonnenuntergang (Abbildung 5.24).

Achtung Regeln Sie die Aerial Perspective notfalls in der Modifikationspalette des selektierten Daylight Systems, falls Sie keinen Effekt beobachten können. Es ist seit der Version 3ds Max 2010 beobachtet worden, dass die Einstellung dieses Parameters in der mr Physical Sky-Map des Materialeditors keine Wirkung zeigt.

Diese Szene können Sie auch in der beiliegenden Buch-DVD in der Datei 05_DS_03.max betrachten. Die Datei greift auf mehrere Texturen zurück. Fahren Sie den Zeitschieber auf Frame 40.

Abbildung 5.24
PEREZ ALL WEATHER mit
DIRECT HORIZ = 50.000,
INDIRECT NORMAL INFLUENCE
= 50.000, HAZE= 4 und
AERIAL PERSPECTICE =
2000cm

5.5 Sonnenuntergang

Die zahlreichen Änderungen in Farbtemperatur und die Nuancen aller am Tageslicht beteiligten Lichtquellen, die das Phänomen eines Sonnenuntergangs begleiten, übernimmt allesamt das Daylight System in Zusammenarbeit mit der MR PHYSICAL SKY. Wir werden im Folgenden die Sonne neu positionieren und belassen alle bis dahin gefundenen Werte und Einstellungen, mit Ausnahme der NIGHT COLOR. Hierfür laden wir eine Bitmap eines Sternenhimmels, der erst dann in Erscheinung tritt, wenn die Sonne vollständig untergegangen ist.

Arbeiten Sie an Ihrer Szene weiter oder laden Sie alternativ die Datei 05_DS_03.max. Übernehmen Sie die Gammaeinstellungen der Datei. Sie greift auf Bildtexturen sowohl aus dem in 3ds Max mitgelieferten maps-Verzeichnis als auch auf Dateien der beiliegenden Buch-DVD zurück.

- Laden Sie in der MR PHYSICAL SKY-Map des SLATE MATERIAL EDITOR aus dem Verzeichnis ../maps/Space/ die Bilddatei Stars10.JPG in den Kanal von NIGHT COLOR und vergeben Sie »Sterne« als Namen. Schalten Sie ggfs. um auf ENVIRON/SPHERICAL ENVIRONMENT.
- Deaktivieren Sie in der MR PHYSICAL SKY-Map USE CUSTOM BACKGROUND MAP, da nicht beide Bilder – »Wolken« und »Sterne« – gleichzeitig benutzt werden können. Erhöhen Sie die AERIAL PERSPECTIVE auf 1.000.000cm. Vergewissern Sie sich, dass dieser Parameter in der Modifikationspalette bei selektiertem »Daylight001« deaktiviert ist.
- Selektieren Sie das Daylight System, löschen Sie u.U. alle Keys aus der Zeitleiste und positionieren Sie die Sonne neu auf x = -2000cm / y = -33cm / z = 26cm.
- Wie eingangs erwähnt, ist das HAZE-Modell für nächtliche Szenen besser geeignet. Schalten Sie daher im Daylight System um auf das HAZE DRIVEN-Modell und geben Sie einen HAZE-Wert von 4,0 ein.

- Stellen Sie die EXPOSURE VALUE auf EV = 13 ein.

Rendern Sie die Szene über Camera04 (Abbildung 5.25). Die fertige Szene können Sie in der Datei 05_DS_04.max einsehen. Sie greift auf mehrere Texturen zurück.

Abbildung 5.25
HAZE-Modell mit HAZE = 4 und einer Textur als NIGHT COLOR

5.5.1 HDRI als Hintergrundbild

Anstelle der MR PHYSICAL SKY-Map können natürlich auch andere Bilder für den Kanal des Hintergrunds innerhalb des Tageslichtsystems geladen werden. Empfehlenswert ist jedoch dabei der Rückgriff auf Bilddateien aus dem High-Dynamic-Range-Bereich, da diese zusätzliches Licht in die Szene abstrahlen. Sollten Sie nur Hintergrundbilder aus dem Low-Dynamic-Range-Bereich nutzen wollen, binden Sie jene wie oben beschrieben in die MR PHYSICAL SKY-Map ein.

Laden Sie erneut die Szene 05_DS_02.max, die unsere Szene mit dem Tageslichtsystem und dem PEREZ ALL WEATHER-Sky-Modell aufweist. Übernehmen Sie die Gammaeinstellungen der Datei und stellen Sie ggfs. die Pfade zu den Texturen neu ein.

- Fahren Sie den Zeitcursor auf Frame null zurück bzw. zur Mittagssonne, falls das nicht schon so eingestellt ist.
- Öffnen Sie RENDERING → ENVIRONMENT. Im ENVIRONMENT-Kanal entdecken Sie die MR PHYSICAL SKY-Map. Entfernen Sie diese, indem Sie in den Kanal eine neue Map laden, nämlich die HDRI-Datei KC_outside_hi.hdr aus dem mit 3ds Max mitgelieferten Verzeichnis ../maps/HDRs/. Sie brauchen beim Laden der Datei diesmal keine Gammakorrektur vorzunehmen.
- Im Dialog stellen Sie WHITE POINT auf 1,1 (Abbildung 5.26).

Eine Reduzierung auf 1,0 oder weniger ist nicht zu empfehlen, da Sie sonst das HDR-Bild zu einem Low-Dynamic-Range-Bild wie jpg oder tif degradieren.

- Ziehen Sie vom geladenen Kanal eine Instanz in einen freien Slot des Materialeditors, da wir noch Veränderungen vornehmen wollen.

5.5 Sonnenuntergang

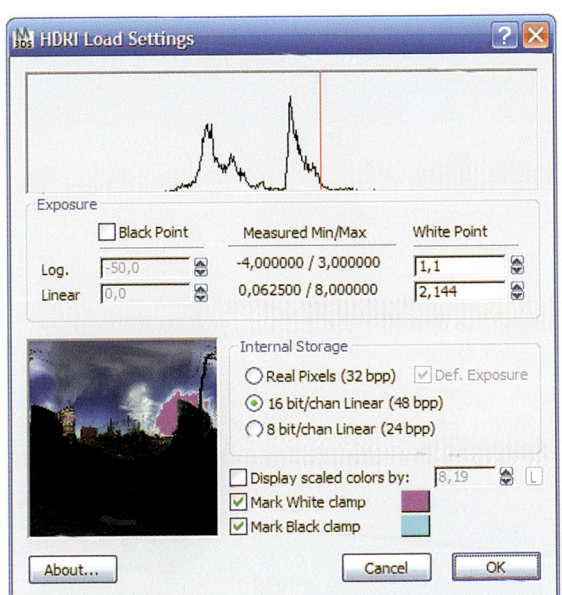

Abbildung 5.26
Die Einstellungen für das HDR-Bild

- Nennen Sie das geladene HDR-Bild »Wolken«, schalten Sie um auf ENVIRON mit der SPHERICAL ENVIRONMENT-Methode und vergeben Sie noch folgende Bildjustagewerte: OFFSET/WIDTH = 0,41cm, OFFSET/HEIGHT = 0,0cm, SIZE/WIDTH = 0,15 und SIZE/HEIGHT = 0,2cm. Reduzieren Sie BLUR von 1,0 auf 0,001.
- Vergewissern Sie sich im Bereich EXPOSURE CONTROL, dass PHYSICAL SCALE auf CD/M^2 geschaltet ist.
- Selektieren Sie das DAYLIGHT SYSTEM und deaktivieren Sie ggfs. AERIAL PERSPECTIVE.
- Entfernen Sie die beiden MR-PHYSICAL-SKY-Map-Instanzen aus den Camera-Kanälen LENS und VOLUME (Rechtsklick → CLEAR, siehe Abbildung 5.6).

Wenn Sie das Bild rendern, erscheint das HDRI im Hintergrund (Abbildung 5.27).

Abbildung 5.27
Das HDRI im Hintergrund

5.6 Wetterdaten

Anstelle einer manuellen Positionierung der Sonne bzw. über Datum, Ort und Uhrzeit können Winkel und Intensität der Sonne auch durch Wetterdaten geladen werden über eine epw-Datei.

Die Wetterdaten über alle Regionen der Welt kann man sich von der Internetseite des U. S. Department of Energy herunterladen:

http://apps1.eere.energy.gov/buildings/energyplus/cfm/
weather_data.cfm

Nachdem man sich für eine Region und ein Land entschieden hat, kann man sich jene Wetterdaten als zip-Datei herunterladen.

- In der Modifikationspalette muss man unter der Gruppe POSITION die Option WEATHER DATA FILE auswählen, und unter SETUP öffnet sich das Fenster CONFIGURE WEATHER DATA. Dort lädt man sich die heruntergeladene epw-Datei durch Klick auf LOAD WEATHER DATA (ABBILDUNG 5.28).

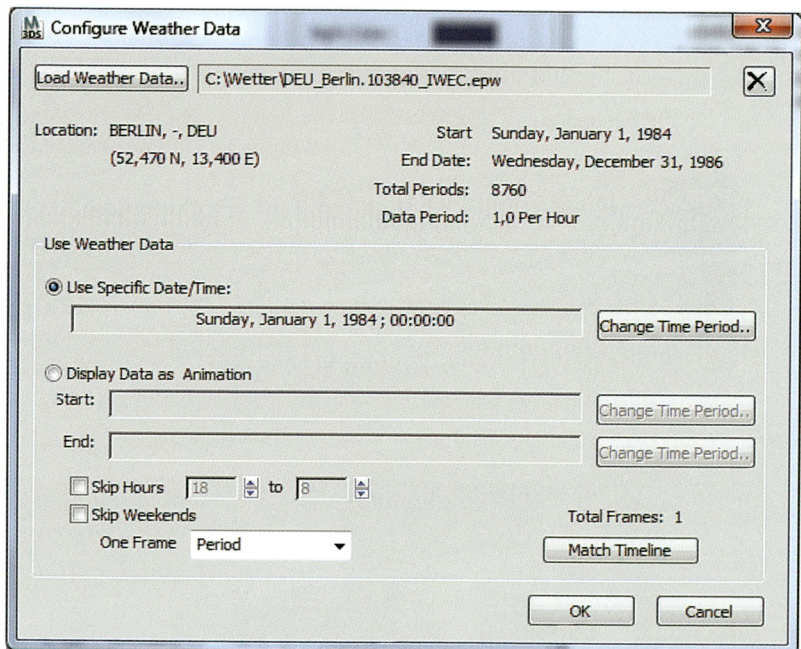

Abbildung 5.28
Das Fenster zum Laden einer Wetterdatei

Die Wetterdatei umfasst einen größeren Zeitraum, unter dem man sich mit dem Schieberegler einen Zeitpunkt aussuchen kann, indem man auf die Schaltfläche CHANGE TIME PERIOD klickt. Auch die Darstellung einer Zeitspanne für eine Animation ist möglich.

- Abschließend bestätigen Sie mit OK.

Das aktuelle Wetter kann man sich auch per E-Mail zukommen lassen:

http://apps1.eere.energy.gov/buildings/energyplus/cfm/
weatherdata/weather_request.cfm

Kapitel 6

Interieur

6.1 Tag/Innen 193
6.2 Abend/Innen 239
6.3 Nacht/Innen 240

Kapitel 6 — INTERIEUR

Abbildung 6.1
Der Innenraum

Nachdem wir in den letzten beiden Kapiteln eine Szene unter dem freien Himmel ausgestalteten, kommen wir nun zur Licht- und Oberflächensituation eines Innenraums. Anhand dieser Innenraumszene werden Sie teilweise schon gefundene Kenntnisse anwenden, insbesondere im Hinblick auf die indirekte Beleuchtung, die in Innenräumen größeres Gewicht erhält als in Außenszenen. Des Weiteren werden wir diesen Raum sowohl mit Tageslicht beleuchten als bei nächtlichem Ambiente mit Lampenlicht versehen.

Laden Sie die Szene `06_Int_01.max`. Übernehmen Sie die Gamma-Einstellung der Datei. Die »Camera01« zeigt den Innenraum eines Hauses aus vorbereiteter Perspektive (Abbildung 6.1). In der Mitte des Wohnzimmers steht eine Sitzgruppe auf einem Teppich. Die Elemente sind teilweise zu Ebenen zusammengefasst, die im Ebenenmanager ersehen werden können.

6.1 Tag/Innen

Wie üblich zu Beginn der Oberflächenbearbeitung müssen wir zuerst für das richtige Licht sorgen. Der Innenraum ist mit Türen und Fenstern ausgestattet. Durch sie soll externes Tageslicht hereinfallen, was bedeutet, dass wir uns Gedanken darüber machen müssen, welche Tageszeit wir einstellen wollen. Grob lässt sich Tageslicht in Nachmittagssonne oder Dämmerung unterscheiden. Wir entscheiden uns im ersten Schritt für die Nachmittagssonne, gefolgt von der Dämmerung als zweiten Schritt, und zuletzt schalten wir bei Nacht die Lampen im dritten Schritt ein.

Das von außen hereinfallende Tageslicht werden wir wieder wie in den vorigen Kapiteln mit dem Daylight System generieren.

6.1.1 Beleuchtung

Das Daylight System hatte ich im vorigen Kapitel behandelt.

- Aktivieren Sie die Top-Ansicht.
- Erstellen Sie ein »Daylight01« über CREATE → LIGHTS → DAYLIGHT SYSTEM. Installieren Sie sowohl die MR PHYSICAL SKY als auch die MR PHOTOGRAPHIC EXPOSURE CONTROL gleich mit. Wenn dies nicht automatisch geschieht, richten Sie sie nachträglich ein (siehe Kapitel 5). Bezeichnen Sie die MR PHYSICAL SKY-Map als »Himmel«.
- Platzieren Sie die COMPASS ROSE in einer Vorabposition etwa links neben dem Haus.
- Noch in der Erstellungsphase können Sie auf die Schaltfläche SETUP der Gruppe POSITION klicken, um die Uhrzeit »16:20« des Tages »21.6.2009« einzugeben. Wählen Sie unter GET LOCATION als Region EUROPA aus und wählen Sie BONN, GERMANY.
- Den »Compass01« verschieben Sie auf x = -600cm / y = 680cm / z = 0cm (Abbildung 6.2).

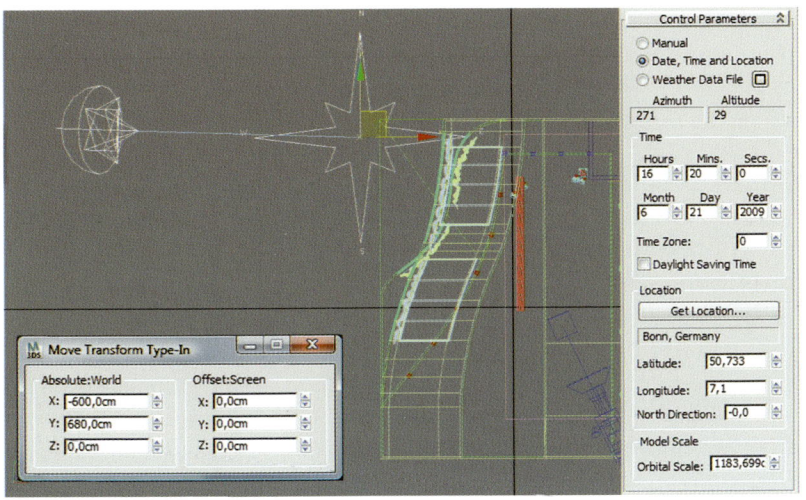

Abbildung 6.2
Das Daylight System ist auch wichtig, wenn Tageslicht in Innenräume fallen soll.

Wir können diesmal auf die Instanziierung der MR PHYSICAL SKY in den Camera-Effects-Kanälen wie LENS und VOLUME verzichten, da wir keinen atmosphärischen Dunst benötigen.

Wir werden später GI als indirekte Beleuchtung hinzuziehen, daher soll auf eine noch nicht erwähnte Option des Daylight Systems Bezug genommen werden. Die Gruppe MR SUN PHOTONS schießt Photonen in einen bestimmten Kegel in Richtung COMPASS01. Den Radius dieses Kegels können wir verkleinern, damit wir den Wirkungskreis der Photonen nicht unnötig groß auftreten lassen müssen.

- Aktivieren Sie USE PHOTON TARGET. Ein guter Wert für den Radius ist 600cm, den Sie dort eingeben (Abbildung 6.3).

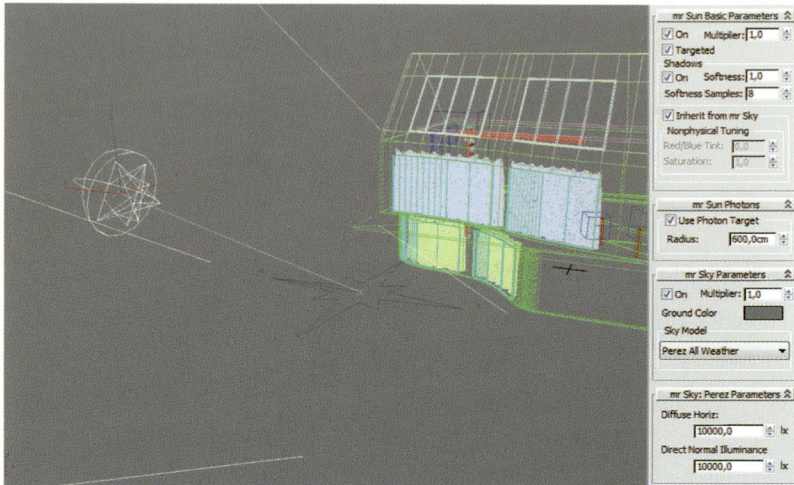

Abbildung 6.3
Dem »Daylight01«
verleihen wir das PEREZ
ALL WEATHER-Sky-Modell
und aktivieren USE PHOTON
TARGET.

In der Modifikationspalette belassen wir zunächst alle Parameter in ihrer Standardeinstellung, doch wollen wir einen kontrastreicheren Horizont erhalten:

- Aktivieren Sie AERIAL PERSPECTIVE mit dem gegebenen Wert 1000000,0cm.

Widmen wir uns sogleich der EXPOSURE CONTROL. Sie steht auf EV = 15, was für Innenräume generell ein zu hoher Wert ist, der einer zu weit geschlossenen Blende der Photokamera entspricht. Öffnen wir die Blende bzw. reduzieren wir EV auf einen niedrigeren Wert.

- Hierfür bietet sich die Voreinstellung PHYSICALLY BASED LIGHTING, INDOOR DAYLIGHT an, die eine Belichtung für Innenräume bei Tag aktiviert. Stellen Sie diese Einstellung unter PRESET ein.
- Diese Voreinstellung stellt EV auf 10. Wir werden später prüfen, ob wir den Wert beibehalten werden.

Bevor wir aber ein erstes Testbild rendern, müssen wir noch die indirekte Beleuchtung wählen.

Wie Sie in den vorigen Kapiteln herausgefunden haben, erhalten wir sehr gute Ergebnisse bei kürzester Renderzeit durch eine Kombination von GI und FG. Wir werden beide Beleuchtungstechniken aktivieren und jeweils Einstellungen für schnelle Bildberechnungen wählen.

6.1 Tag/Innen

- Aktivieren Sie sowohl FG mit der Voreinstellung DRAFT als auch GI mit MAXIMUM PHOTONS PER SAMPLE = 200 (Abbildung 6.4).

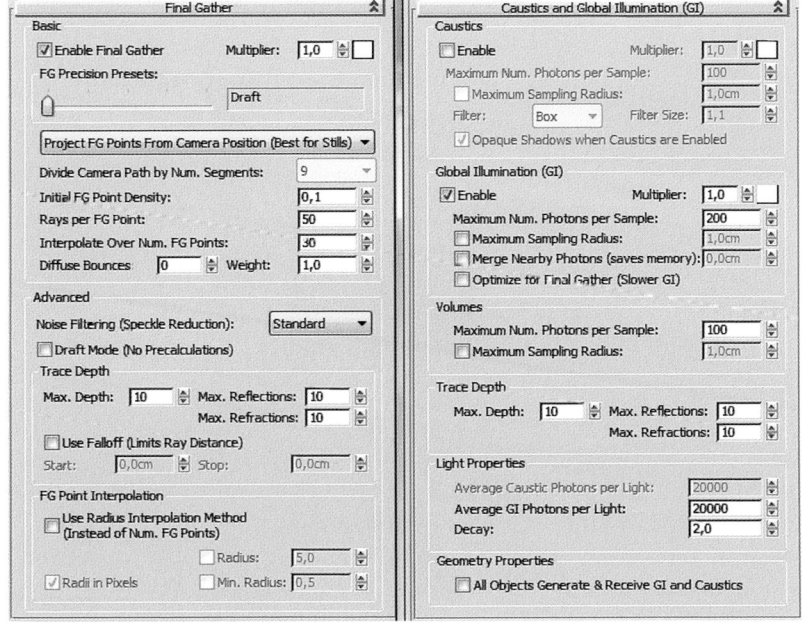

Abbildung 6.4
Einstellungen für indirekte Beleuchtung

Aber noch sind wir nicht so weit, dass wir ein erstes Bild berechnen lassen können.

Analysieren wir erst die dramaturgische Topologie der Szene: Der Innenraum besitzt Fenster und Gardinen. Diese sollen später mit transparenten/transluzenten Oberflächen versehen werden, damit sie Licht des externen Tageslichtsystems hereinscheinen lassen. Davon sind wir weit entfernt, die Objekte besitzen derzeit noch kein transparentes Material bzw. sind völlig massiv. Wir müssen daher für einen Belichtungstest diese Objekte vorübergehend unsichtbar schalten, um so Licht hereinstrahlen lassen zu können. Die Objekte Türen, Fenster und Gardinen befinden sich gemeinsam auf einer Ebene, die wir im Layer Manager (Ebenenmanager) ausblenden können. Die Ebene »Sitzgruppe« ist bereits ausgeblendet.

- Rufen Sie den Ebenenmanager auf über die Schaltfläche in der Hauptsymbolleiste bzw. über TOOLS → MANAGE LAYERS. Dort finden Sie drei Ebenen, von denen Sie die »Türen_Fenster_Gardinen« ausblenden, indem Sie auf HIDE klicken, wodurch das Glühbirnensymbol sichtbar wird (Abbildung 6.5).

Nun sind die Objekte unsichtbar geworden.

Wenn Sie nun in der Gruppe EXPOSURE CONTROL über die Schaltfläche RENDER PREVIEW starten, erkennen Sie, dass die Belichtung zu hell eingestellt ist.

- Erhöhen Sie in der EXPOSURE CONTROL den EV-Wert auf 12 (Abbildung 6.6).

Abbildung 6.5
Die Szene ist in drei Ebenen unterteilt. Blenden Sie die dritte Ebene weg.

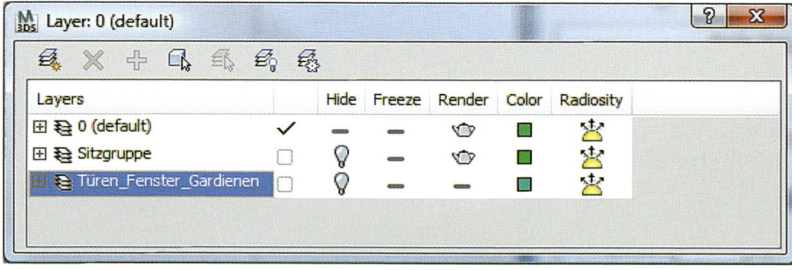

Abbildung 6.6
Die EXPOSURE CONTROL stellen wir auf 12 ein.

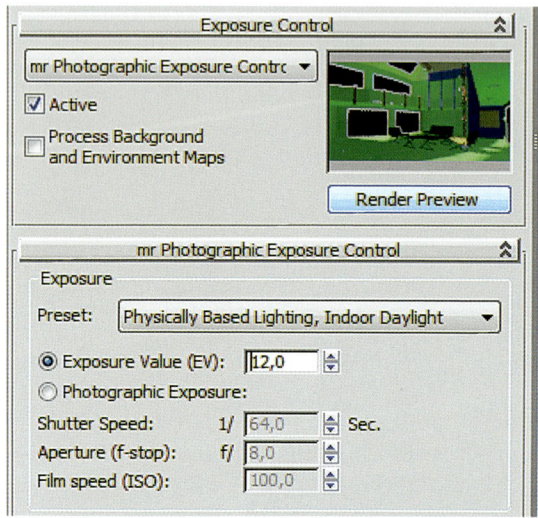

- Rendern Sie nun ein Testbild über die bereits installierte Camera01 mit der empfohlenen Bildauflösung 600x330px (Abbildung 6.7).

Abbildung 6.7
Der nackte Innenraum ohne Sitzgruppe und ohne Türen, Fenster und Gardinen

Beide Techniken GI und FG wurden nur mit einer geringen Qualitätsstufe bzw. im DRAFT-Modus eingesetzt. Schon liefert die globale Beleuchtung ein erstaunlich gutes Ergebnis, aber noch sind kleine Flecken erkennbar.

6.1 Tag/Innen

Hier zeigen sich ganz andere Stärken der mental-ray-Implementierung in 3ds Max. Für die indirekte Beleuchtung wählten wir u.a. GI, die im Gegensatz zu FG besondere Schattierer voraussetzen. Obwohl wir noch überhaupt kein solches Material zugewiesen haben, liefert mental ray bereits eine akzeptable GI-Lösung. 3ds Max berücksichtigt intern die Photon Shader, die für GI notwendig ist. Selbstverständlich geschieht dies nur auf rudimentärer Basis ohne Steuerungsmöglichkeiten, und dies war in früheren Max-Versionen noch nicht der Fall. Falls damals Photonen auf eine Geometrie ohne bzw. mit inadäquatem Material trafen, erhielten Sie die Meldung, dass die Emission der Photonen aufgrund der fehlenden Photon-Map-Erstellung gestoppt werden musste.

Das Bild ist zwar schon relativ weich, aber nur beinahe. Um die letzten dunklen Ecken mit indirektem Licht zu versorgen und somit den fleckigen Charakter zu beseitigen, müssten wir die Einstellungen erhöhen. Doch das würde auch die Rechenzeit erhöhen, was wir vermeiden wollen.

Stattdessen werden wir auf ein Werkzeug für derartige Situationen zurückgreifen – das MR Sky Portal. Das MR Sky Portal ist eine Art Sammelbecken für Außenlicht, das in einen Innenraum geschleust werden soll, damit dieser erhellt wird. Sky Portals können als Flächenlicht betrachtet werden, die außerhalb des Innenraums in der Höhe von Fenstern platziert werden.

Insgesamt drei Fenster kommen für Sky Portals in Betracht, das Dachfenster ignorieren wir.

- Beginnen Sie im LEFT-Ansichtsfenster und erstellen Sie mittels CREATE → LIGHTS → PHOTOMETRIC LIGHTS → MR SKY PORTAL ein »Sky Portal01« an beliebiger Position und geben Sie unter den DIMENSIONS-Parametern die richtige Größe ein: LENGTH = 230cm und WIDTH = 656cm (Abbildung 6.8).

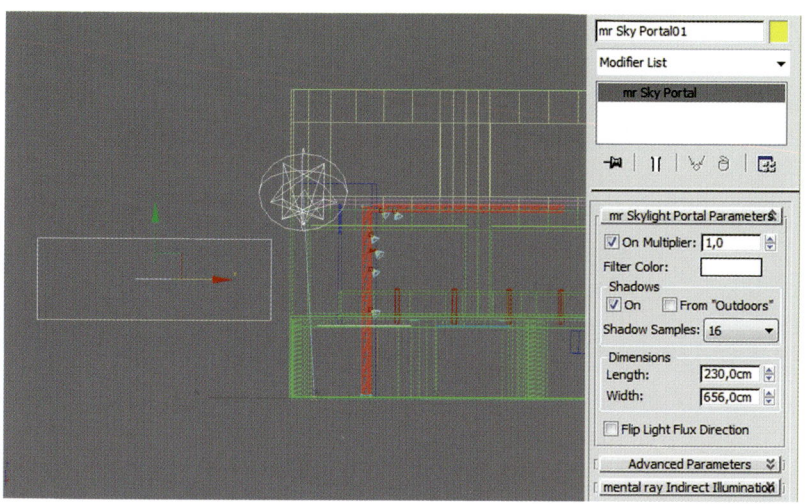

Abbildung 6.8
Das LEFT-Ansichtsfenster mit dem MR SKY PORTAL links als weißes Rechteck und den richtigen DIMENSIONS

- Positionieren Sie es an x = -370cm / y = 444cm / z = 100cm. Drehen Sie das Sky Portal in eine Richtung, dass es ungefähr beide Fenster des Erdgeschosses abdeckt bzw. um y (OFFSET:SCREEN im LEFT-Ansichtsfenster) = -19,5 Grad (Abbildung 6.9).

Abbildung 6.9
Das richtig positionierte
MR SKY PORTAL

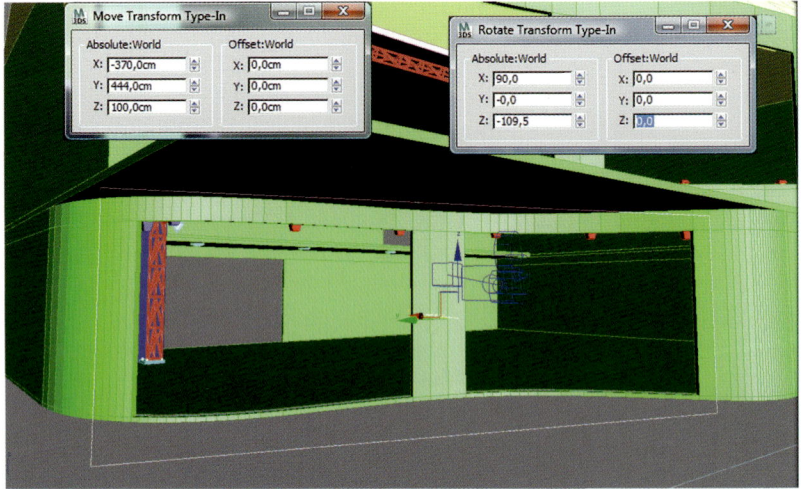

- Kopieren Sie dieses SKY PORTAL für das obere Geschoss, indem Sie es via Shift-Klonen (Verschieben mit gedrückter Shifttaste) als COPY über beliebige Distanz nach oben ziehen. Ändern Sie die Abmessungen des SKY PORTALS LENGTH = 265cm und WIDTH = 860cm und platzieren Sie es auf x = −458cm / y = 268cm / z = 378cm bei gleicher Orientierung (Abbildung 6.10).

Abbildung 6.10
Ein zweites MR SKY PORTAL wird eingerichtet.

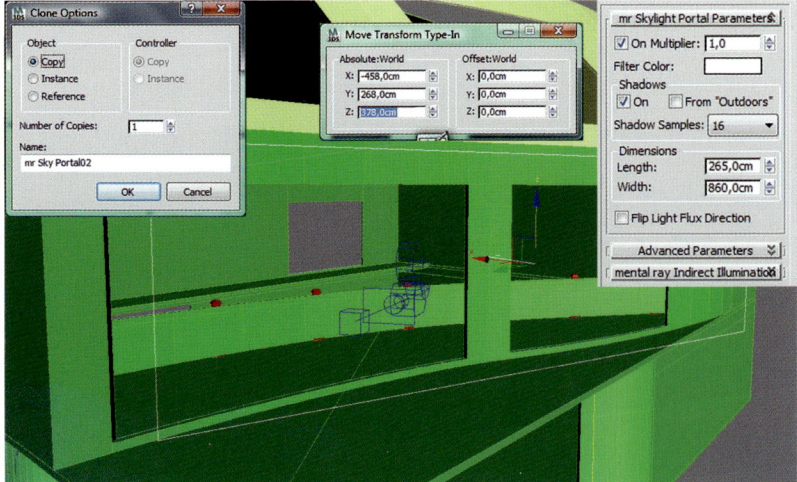

- Erstellen Sie ein drittes und letztes SKY PORTAL mit den Abmessungen LENGTH = 200cm und WIDTH = 290cm an x = 537cm / y = 300,7cm / z = 101cm und einer Rotation von z = −90 Grad (ABSOLUTE:WORLD) (Abbildung 6.11).

Betrachten wir die MR SKY PORTALS näher. Wir erkennen an ihnen einen Pfeil, der in den Innenraum zeigt. Dies bedeutet, dass das SKY PORTAL Tageslicht von außen in die angegebene Richtung nach innen schleust. Sollte der Pfeil eines Portals nach außen zeigen, ändern Sie seine Richtung durch Aktivierung der Option FLIP LIGHT FLUX DIRECTION. Würde der Pfeil ins Leere zeigen bzw. sich in sei-

6.1 Tag/Innen

ner Richtung keine Zielgeometrie befinden, erhielten Sie von mental ray beim Rendern die Warnmeldung, dass die Photonenemission dieses Lichtes eingestellt würde.

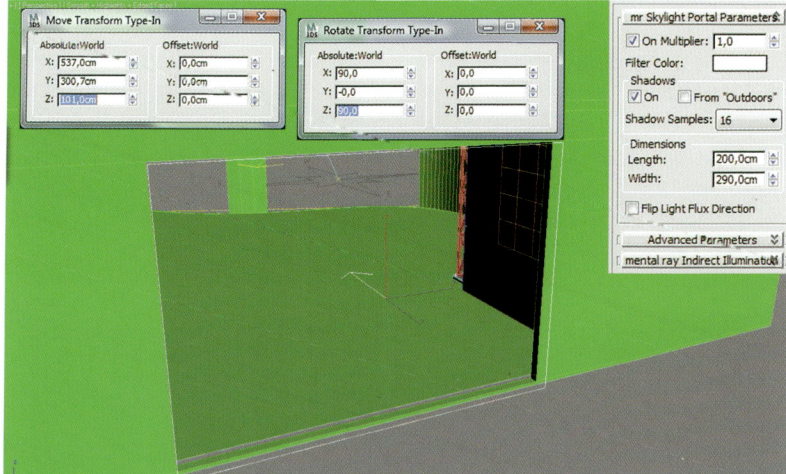

Abbildung 6.11
Das dritte MR SKY PORTAL

- Stellen Sie bei allen MR SKY PORTALS die SHADOW SAMPLES auf 8.
- Bei den ersten beiden MR SKY-Portalen (»mr Sky Portal001« und »mr Sky Portal002«) ändern Sie die Farbe unter TRANSPARENCY auf RGB = 0,15/ 0,15/ 0,15.
- Mit der Farbe können wir wie bei einer Sonnenbrille die Durchsichtigkeit für dahinterliegende Objekte abdunkeln. In unserem Fall empfiehlt sich dieser Schritt, denn durch unsere Kamerablende (EV = 12) ist der Himmel hoffnungslos überbelichtet.

Rendern wir ein Bild über Camera01 (Abbildung 6.12).

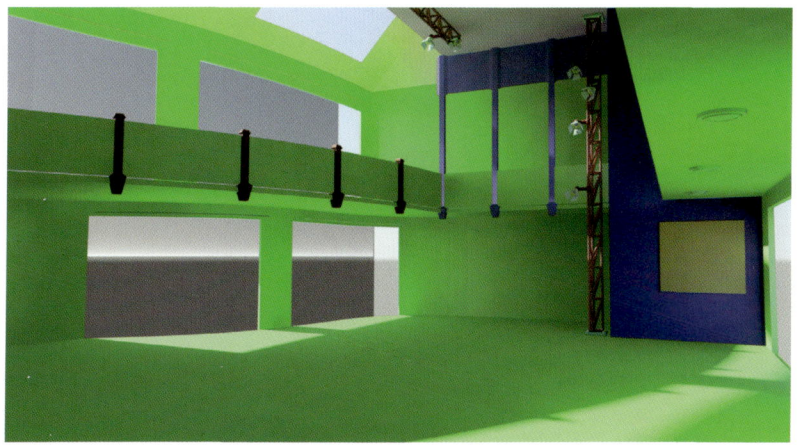

Abbildung 6.12
Der Innenraum mit Sky-Portalen beleuchtet

Deutlich erkennen Sie die MR SKY-Portale als abgedunkelte Fläche. Zu sehen ist ein Rand an der rechten Seite der beiden großen Portale, wo die MR PHYSICAL SKY unverdeckt durchscheint. Dieser Bereich wird später so durch die Gardinen verdeckt werden, dass wir keine Korrekturen ausführen müssen.

Sie sehen, dass die letzten Flecken der indirekten Beleuchtung verschwunden sind, obwohl wir keine Änderungen an den GI- oder FG-Parametern vorgenommen hatten. Des Weiteren wird durch zusätzliches Licht der Raum heller beleuchtet. Die wahren Stärken zeigen sich, wenn das Daylight System kein direktes Licht in den Raum mehr hineinstrahlt, denn auch dann können wir mit einer adäquaten Beleuchtung des Innenraums rechnen.

So schön die MR SKY PORTALS auch sind, sie sind leider rechenintensiv und damit teuer; eine Renderbeschleunigung ist derweil nicht in Sicht. Darum seien folgende Regeln zu beherzigen:

1. Versuchen Sie, möglichst viele Fenster einer Hausfassade mit nur einem SKY PORTAL zusammenzufassen.
2. Vermeiden Sie eine Berührung oder Überlappung der MR SKY PORTALS mit der Geometrie, beispielsweise durch offenstehende Fensterscheiben oder Ähnlichem, dies erhöht die Berechnungszeit enorm, vor allem, wenn diese Objekte reflektierende Materialien tragen.

Die beste Platzierung eines jeden MR SKY PORTALS befindet sich außen, ein kurzes Stück vor der Fassade, da wir Platz benötigen für die sich öffnenden Türen.

6.1.2 Fensterscheiben

Unsere ersten Objekte, denen wir eine Oberfläche zuweisen, sind die Fenster. Sie müssen als Erstes ein Glasmaterial erhalten, um so die Einrichtung von Beleuchtung und Belichtung weiter fortführen zu können. Im Ebenenmanager blenden Sie die Ebene »Türen_Fenster_Gardinen« wieder ein. Blenden Sie dagegen die »Gardine01« bis »Gardine04« wieder separat aus (Abbildung 6.13). Nun haben wir die Fenster sichtbar, ohne Gardinen davor.

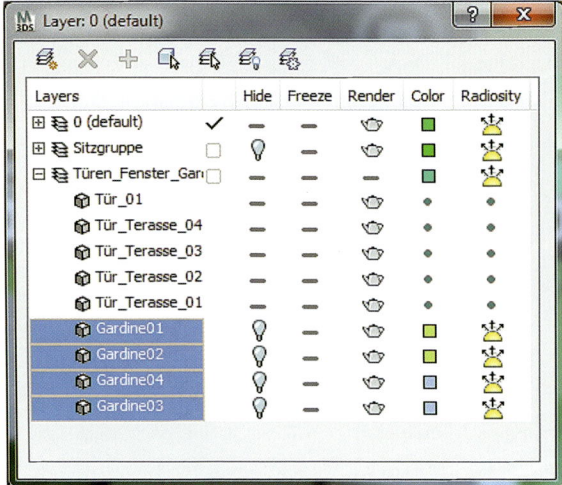

Abbildung 6.13
Die Türen werden über den Ebenenmanager wieder eingeblendet.

6.1 Tag/Innen

Es befinden sich in der Szene insgesamt vier Türfenster, die zur Terrassenseite nach links gelegen sind, sowie einer Wohnungstür zur Rechten. Wir bearbeiten die Terrassenfenster zuerst. Diese Fenster entstanden aus einem Grundkörper namens PROJECTEDWINDOW, wie er in der Erstellungspalette auswählbar ist. Diese Fenster besitzen zwei verschiedene zugewiesene Material-IDs (Abbildung 6.14).

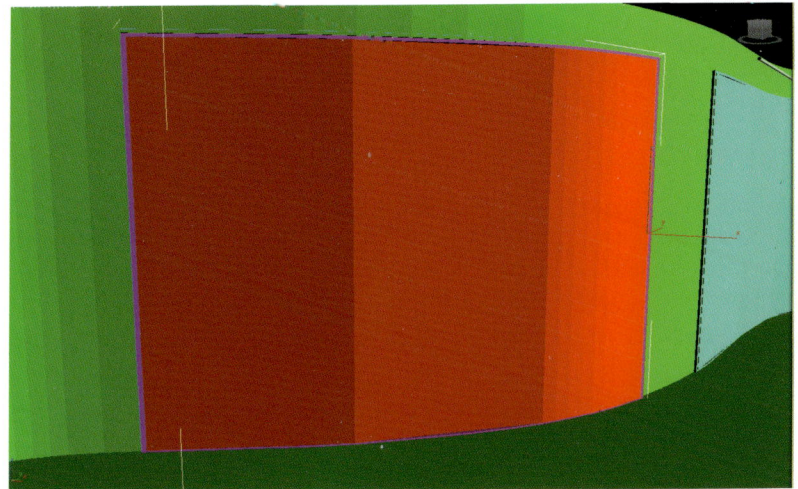

Abbildung 6.14
Die lila Leisten besitzen MID = 1, die rot eingefärbten Flächen MID = 2.

MID 1= Rahmen

MID 2= Glas bzw. Scheibenfläche

Das Objekt »Tür_01« besteht aus einem etwas anders gearteten CASEMENTWINDOW-Grundkörper, doch besitzt er nun dieselbe ID-Topologie.

Wir rühren ein A&D-Material mit derselben ID-Struktur an.

- Im SLATE MATERIAL EDITOR holen wir uns ein MULTI/SUB-OBJECT-Material in das VIEW1-Feld, bei dem wir den Namen »Fenster« vergeben und die Anzahl der ID-Kanäle auf 2 stellen (löschen Sie im Feld alle Materialien # 1 bis # 10, da es sich um Standard-Materialien handelt, mit denen wir nichts anfangen können).
- Für den Kanal mit der ID 1 holen Sie ein A&D-Material und bezeichnen es mit »Fenster-Füllung-ID1«. Wählen Sie für DIFFUSE-Color RGB = 0,7/ 0,65/ 0,5. Reduzieren Sie die REFLECTIVITY von 0,6 auf 0,1 mit GLOSSINESS = 0,35. Aktivieren Sie außerdem FAST (INTERPOLATE), und belassen Sie die TRANSPARENCY auf null.

Ein Häkchen bei FAST (INTERPOLATE) schaltet die Funktion der Gruppe FAST GLOSSY INTERPOLATION ein, wo die INTERPOLATION GRID DENSITY auf ½ steht (Abbildung 6.15).

Diese Einstellungen, die wir hier noch unverändert lassen, haben den kleinen Nachteil, dass die Reflexion unschärfer wird, doch in Anbetracht des Gewinns der Berechnungszeit und der Rauschfreiheit sind sie sehr akzeptabel. Wir werden noch öfters auf diese Option zurückkommen, da wir als Renderings nur Standbilder ausgeben wollen.

Kapitel 6 — INTERIEUR

Abbildung 6.15
Die Renderbeschleunigung für Reflexionseigenschaften

Achtung

Wie schon in Kapitel 5 erwähnt, ist von diesen renderbeschleunigenden Interpolationsmaßnahmen im Falle einer Animation mit einer sich verändernden Kameraperspektive abzuraten, da Interpolationen unsaubere Flimmereffekte am Material hervorrufen können.

Für ID2 laden wir ein A&D-Material für Glas, wie Sie es bereits in Kapitel 2 kennen lernten.

- Schalten Sie alle Parameter der drei Gruppen DIFFUSE, REFLECTIVITY und TRANSPARENCY auf 1 mit Ausnahme von ROUGHNESS, der auf null bleiben soll. Stellen Sie IOR unter BRDF ein und wählen Sie den Wert IOR = 1,5 für Glas. Für die TRANSPARENCY-Color vergeben wir RGB = 0,8/ 0,8/ 0,9.
- Sie erinnern sich aus Kapitel 2, dass das A&D-Material unter der Gruppe ADVANCED RENDERING OPTIONS die Materialien GLASS (SOLID) (DICKE GEOMETRIE) und GLASS (THIN) (DÜNNE GEOMETRIE) anbietet. Solid ist für Objekte mit einer Rückenfläche gedacht. Wir haben unser »ProjectedWindow« untersucht und festgestellt, dass die Glasscheibe sowohl aus Vorder- und Rückseite besteht, somit wäre GLASS (SOLID) die richtige Wahl.
- Deaktivieren Sie unter ADVANCED RENDERING OPTIONS die Option BACK FACE CULLING (siehe Kapitel 2).
- Vergeben Sie »Fenster-Füllung-ID2« als Namen.
- Weisen Sie das Material allen fünf Objekten »Tür_Terrasse_*« sowie »Tür_01« zu.
- Wenn Sie den Zeitschieber auf Frame 100 bzw. ans Ende der Zeitskala fahren, öffnen sich die Türen durch eine vorbereitete Animation. Die Glasscheiben bieten so eine wirksamere Orientierung für Spiegelungen (Abbildung 6.16).

Bei der Gelegenheit werden wir noch das Dachfenster bearbeiten.

- Kopieren Sie im Slate Material Editor das Material »Fenster« mit seinen beiden Elementen und ändern Sie den Namen um in »Fenster_Dach«.

Wir haben die Absicht, ein grüngetöntes Glas für dieses Dach anzurühren.

- Begeben Sie sich in die Kopie »Fenster-Füllung-ID2«. In der DIFFUSE-Gruppe verringern Sie den DIFFUSE-Betrag auf null. Reduzieren Sie ebenfalls die TRANSPARENCY auf 0,77 und vergeben als Farbe RGB = 0,13/ 0,43/ 0,17. Weisen Sie es dem Objekt »Fenster_Dach« zu.

6.1 Tag/Innen

Abbildung 6.16
Die Glasscheiben besitzen nun ein transparentes Material.

6.1.3 Verputz

Als Grundoberfläche für die meisten Wände werden wir ein hellgraues und neutral anmutendes Verputzmaterial mit einem Ziegelsteinmuster anrühren.

- Ein neues A&D-Material nennen Sie hierfür »Wand_Verputz«.
- In der DIFFUSE-Gruppe setzen Sie die beiden Parameter auf 1,0 und laden für den Kanal eine Bildtextur, die Sie im Verzeichnis ../maps/ArchMat/ finden: Masonry.Stone.Ashlar.Patterned.jpg. Beim Laden dieser Textur wenden Sie die Gamma-Einstellung des Systems an und stellen TILING für U und V auf jeweils 2,0 ein, nachdem Sie USE REAL-WORLD SCALE deaktiviert haben.

Das Bild erscheint zu dunkel, deswegen werden wir der Textur mehr Helligkeit verleihen. Wir könnten es mit der COLOR-CORRECTION-Map tun, doch sollen Sie diesmal eine alternative Methode in der OUTPUT-Gruppe der Map kennen lernen.

- Öffnen Sie die OUTPUT-Gruppe, aktivieren Sie ENABLE COLOR MAP und justieren Sie die COLOR MAP-Kurve wie in Abbildung 6.17 zu sehen.
- Bezeichnen Sie die Map als »Wand_Verputz_Diffuse«.
- Mit denselben Einstellungen laden Sie die dazugehörige Relief-Map Masonry.Stone.Ashlar.PatterndedBump.jpg aus demselben Verzeichnis in den Bump-Kanal von »Wand_Verputz« ohne Gamma-Korrektur. Deaktivieren Sie auch hier USE REAL-WORLD SCALE und stellen Sie TILING für U und V auf jeweils 2,0 ein.
- Vergeben Sie »Wand_Verputz_Relief« als Namen. Erhöhen Sie den BUMP-Betrag von 0,3 auf 2,0.
- In der REFLECTION-Gruppe von »Wand_Verputz« wählen Sie 0,3 für REFLECTIVITY und 0,5 für GLOSSINESS. Wir wünschen in der rauporösen Wand nur geringe Reflexionen, weswegen wir ein Häkchen bei HIGHLIGHTS+FG ONLY setzen.

Abbildung 6.17
Die Helligkeit der Map kann man unter OUTPUT regulieren.

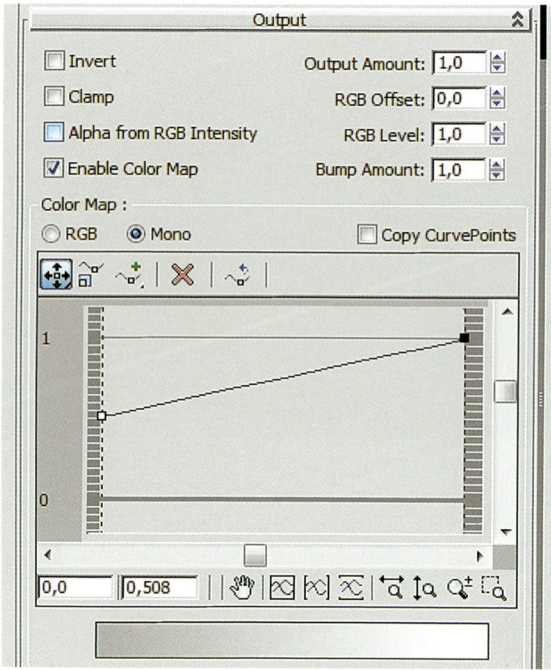

Mit HIGHLIGHTS+FG ONLY schalten wir die Algorithmen, die sich für Reflexionen nach benachbarten Objekten in der Umgebung umsehen, im Grunde völlig aus, was die Renderzeit auch nebenbei erhöht. Trotzdem haben wir den Wert für REFLECTIVITY auf 0,3 eingestellt, damit sich die durch Finalgather verschaffte Reflexion geringen Grades etabliert.

- Zu guter Letzt aktivieren Sie in der Gruppe SPECIAL EFFECTS die Option AMBIENT OCCLUSION mit einer MAX DISTANCE von 100cm und einer reinschwarzen Farbe für SHADOW COLOR (Abbildung 6.18, s. u.).

Abbildung 6.18
Umgebungsverdeckung (AO)

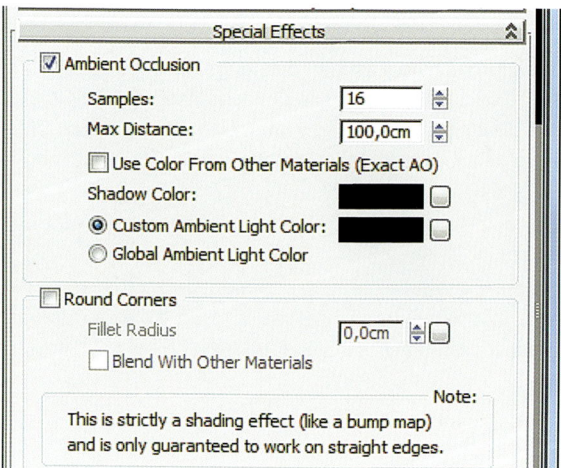

- Weisen Sie das Material dem Objekt »Wand_Verputz« zu. Speichern Sie die Szene mit diesem Zwischenstatus ab.

Wenn Sie ein Testbild rendern, zeigt sich das Relief insbesondere an jener Wand zur Linken mit den Glastüren, die nur mit indirektem Licht beleuchtet werden (Abbildung 6.19).

Abbildung 6.19
Der fertige Verputz

Hier erkennen wir wieder einen Vorzug von mental ray, dass Relief (Bump Mapping) auch unter ausschließlich indirektem Licht problemlos berechnet wird, einer Funktion, die einige bekannte Renderer der Konkurrenz nicht bieten können.

6.1.4 Ambient Occlusion (Umgebungsverdeckung)

Wir haben bei dem obigen Material »Wand_Verputz« den Rendereffekt AMBIENT OCCLUSION (AO, Umgebungsokklusion) eingeschaltet.

AO haben Sie in Kapitel 1 kennen gelernt, und es dient in erster Linie dazu, Kontaktschatten zweier naheliegender oder sich berührender Objekte zu erzeugen. Wir greifen auf AO zurück, weil somit Wandecken und Wandkanten etwas abgedunkelt und stärker betont werden, was für einen zusätzlichen Kontrast sorgt.

Um die Wirkung von AO in unserer Szene zu testen und zu verdeutlichen, wollen wir folgendes Experiment durchführen. Wir werden unser Material vorübergehend auf alle Objekte der Szene zuweisen und anschließend den Unterschied ohne und mit aktiviertem AO vergleichen.

- Das tun Sie gefahrlos, indem Sie den Reiter RENDERING → RENDER SETUP → PROCESSING öffnen und die Option MATERIAL OVERRIDE aktivieren.
- Ziehen Sie sodann mit gedrückter Maustaste (Drag&Drop) das Material »Wand_Verputz« aus dem Materialeditor in den daneben befindlichen Kanal von MATERIAL OVERRIDE als Instanz (Abbildung 6.20).

Abbildung 6.20
Mit der Funktion MATERIAL OVERRIDE wird ein einziges Material sämtlichen Objekten der Szene zugewiesen.

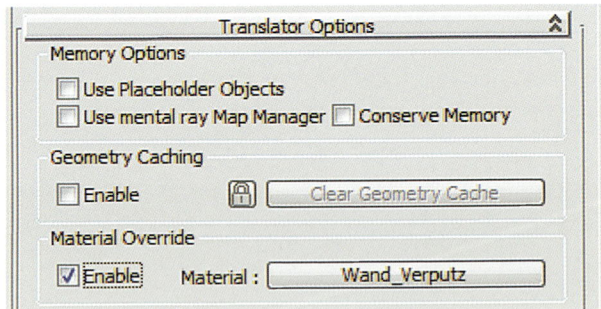

- Im Material selbst deaktivieren Sie zunächst AO und außerdem noch das Bump Mapping, da wir dieses nicht für unseren Vergleich benötigen.
- Im Ebenenmanager verdecken Sie die gesamte Ebene »Türen_Fenster_Gardinen«.
- Rendern Sie nun die Szene über die installierte Kamera (Abbildung 6.21) und speichern Sie es im Kanal A des RAM-PLAYERS ab.

Abbildung 6.21
Ambient Occlusion = aus

- Den RAM-PLAYER hatten Sie als Vergleichsinstrument bereits kennen gelernt.
- Nun aktivieren Sie AO wieder, rendern dasselbe Bild noch einmal (Abbildung 6.22) und speichern es in Kanal B des RAM-PLAYERS.

Wenn Sie nun beide Renderings vergleichen, erkennen Sie, dass in Zimmerecken und in sonstigen Kantenbereichen eine verstärkte Schattenwirkung eingetreten ist. Die Farbe und Intensität dieses simulierten Schattens hängt von dem Parameter MAX DISTANCE, von der Dunkelheit der Schattenfarbe, die wir unter AO im A&D-Material einstellten, und von der Helligkeit der Oberfläche selbst ab.

Kehren Sie nun zum vorigen Status zurück:

- Deaktivieren Sie die MATERIAL OVERRIDE-Funktion, blenden Sie die Ebene »Türen_Fenster_Gardinen« ein und aktivieren Sie den BUMP-Kanal des Materials »Wand_Verputz«. Alternativ können Sie auch die Zwischenspeicherung Ihrer Szene aufrufen oder Sie laden die neue Szene des nächsten Abschnitts.

6.1 Tag/Innen

Abbildung 6.22
Ambient Occlusion = ein

6.1.5 Platzhaltergrau

Arbeiten Sie an Ihrer gegenwärtigen Szene weiter oder laden Sie die Szene 06_Int_02.max unter Beibehaltung der Gamma-Einstellungen der Datei. Die Szene greift auf Texturen des mitgelieferten maps-Verzeichnisses zurück.

Rendern wir ein weiteres Bild des jetzigen Status mit dem Material »Wand_Verputz« bei Frame 100 (Abbildung 6.23).

Abbildung 6.23
Die mit einem Material versehene Wand wird vom grünen Einfluss der unbearbeiteten Flächen aufgrund von Color Bleeding verschluckt.

Hier werden wir mit einem klassischen Oberflächenbearbeitungsproblem konfrontiert, das existiert, seit es indirekte Beleuchtung gibt. Obwohl die Wände mit dem Verputzmaterial hellgrau sein sollen, werden sie mittels Color Bleeding durch das Übermaß der grünen bzw. unbearbeiteten Wände so stark beeinflusst, dass sie ebenfalls grünlich erscheinen. Alles erscheint in Grün. Aufgrund dieses Umstands wird es schwierig, Materialien mit ihrer Zielwirkung künftig beurteilen zu können, wenn der grüne Einfluss dominiert.

Eine geeignete Methode zur Abhilfe ist die Zuweisung eines neutralen, grauen, nicht reflektierenden Ersatzmaterials für alle unbearbeiteten Objekte. Es soll zudem möglichst schnell berechnet werden können.

- Dazu werden wir ein MENTAL-RAY-Material holen, das wir mit »Platzhaltergrau« bezeichnen (Abbildung 6.24).

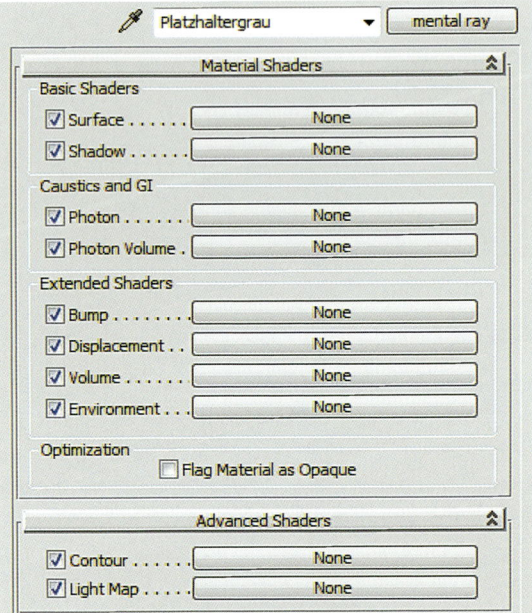

Abbildung 6.24
Das obsolete MENTAL-RAY-Material

Das etwas in die Tage gekommene MENTAL-RAY-Material (MR-Material), das wir für diese Aufgaben aussuchen, stammt aus der Zeit, bevor das A&D-Material eingeführt wurde. Im MR-Material muss der Graphiker die einzelnen Kanäle mit weiteren geeigneten Schattierern zu einem so genannten Materialbaum (shader tree) ausbauen. Wir werden dies in abgespeckter Weise tun.

- Für den SURFACE-Kanal laden Sie ein MATERIAL TO SHADER (Abbildung 6.25) mit der Bezeichnung »Altes 3ds-Max-Material«.

Der MATERIAL TO SHADER verwandelt 3ds-Max-Standardmaterialien in mental-ray-fähige Materialien. Der Schattierer besitzt nur einen Kanal zum Laden eines Standardmaterials.

- Laden Sie in den MATERIAL TO SHADER ein 3ds-Max-Standardmaterial und belassen Sie alle Einstellungen, wie sie sind.
- Zurück zum MR-Material, wo wir noch unbedingt einen PHOTON BASIC (BASE)-Schattierer in den Kanal PHOTON holen müssen, den wir bereits in Kapitel 1 behandelten; ohne diesen PHOTON BASE SHADER würde die Berechnung mit GI deutlich länger dauern.
- In PHOTON BASIC (BASE) ändern Sie die Farben für SPECULAR und TRANSPARENCY ebenfalls auf Schwarz (Abbildung 6.26).

6.1 Tag/Innen

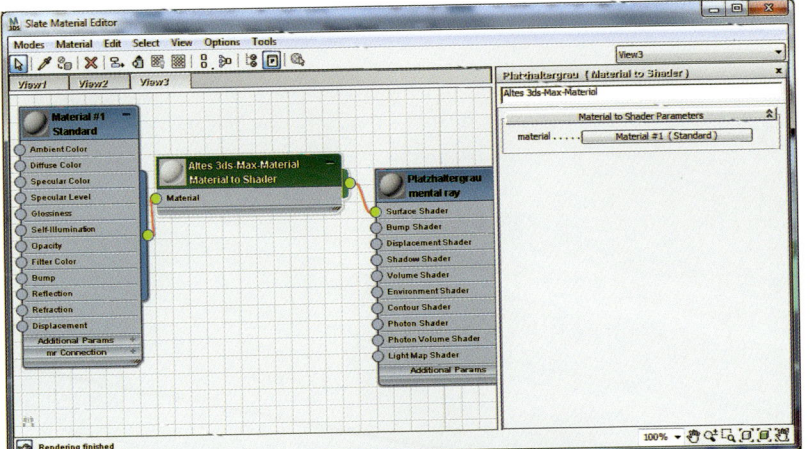

Abbildung 6.25
SLATE MATERIAL EDITOR: Das Standardmaterial befindet sich im MATERIAL TO SHADER, das sich wiederum im SURFACE-Kanal des MR-Materials befindet.

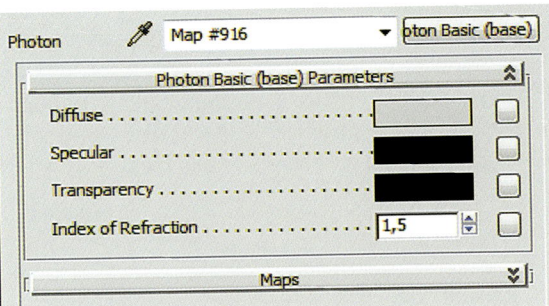

Abbildung 6.26
Das PHOTON BASIC (BASE)-Material

- Die schwarze Farbe verhindert, dass Energie für überflüssige Glanzeffekte verschwendet wird.
- Nennen Sie das Material »Platzhaltergrau« (Abbildung 6.27) und weisen Sie es den Objekten »Boden«, »Decke«, »Geländer«, »Obergeschoss«, »Pfosten01« bis »Pfosten06«, »Wand_Ziegelstein_01«, »Wand_Ziegelstein_02« und »Zwischenwand« zu. Diese Objekte sind auch als SELECTION SET mit der Bezeichnung »NeutraleObjekte« auswählbar.

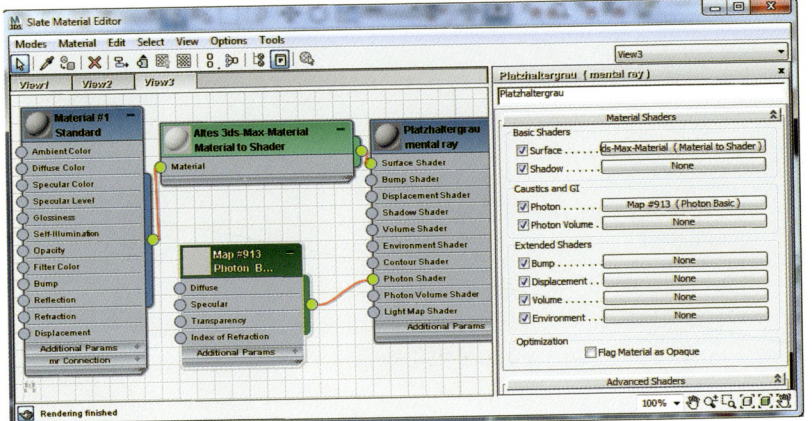

Abbildung 6.27
Das fertige mr-Material, das wir ersatzweise allen Objekten zuweisen

Kapitel 6

INTERIEUR

Wenn wir nun ein Bild rendern, erscheint der gesamte Innenraum in einem mehr oder weniger neutralen Grau, mit Ausnahme kleinerer Details (Abbildung 6.28).

Abbildung 6.28
Das störende grüne Color Bleeding ist weg. Weitere Materialien können nun besser beurteilt werden.

Dies erleichtert die Beurteilung farbiger Oberflächen, die wir im weiteren Verlauf der Szene zuweisen werden. Dank des eingeschalteten PHOTON BASIC-Schattierers wird es schneller als alle anderen Materialien berechnet. Es benötigt nur ca. 75% der Renderzeit, die ein A&D-Material mit ausgeschalteten Reflexionen brauchen würde, obwohl der A&D-Schattierer sonst sehr schnelle Ergebnisse liefert.

6.1.6 Dachgeschoss

Das Dachgeschoss soll sowohl die Fortsetzung des soeben erstellten »Wand_Verputz«-Materials aufweisen als auch für die implementierte Dachschräge eine eigene Dachoberfläche besitzen. Da es sich um ein einheitliches Objekt handelt, müssen wir ein MULTI-/SUB-OBJECT-Material wählen. Die Dachwand besitzt die vorgegebene Material-ID1 und die Schräge ID2.

Im nächsten Schritt erschaffen wir das Material für die Schräge. Dabei sollen Sie ein weiteres Autodesk-Material kennen lernen.

- Laden Sie ein AUTODESK CONCRETE-Material und benennen Sie es mit »Dachschräge«.
- Stellen Sie folgende Parameter ein: USE COLOR mit RGB = 1,0/ 1,0/ 1,0 (Weiß). FINISH BUMP → TYPE = STAMPED/CUSTOM.
- Unter IMAGES wollen wir nun eine Bildtextur laden, die aus dem Stammverzeichnis der Autodesk-Materialien stammt.
- Laden Sie die Bilddatei
  Simple_Concrete_Mtl_BroomStraight_pattern.jpg aus dem Verzeichnis ../maps/adskMtl ohne Systemgamma.
- Den AMOUNT justieren Sie auf 1,0 (Abbildung 6.29).

Die Textur stammt aus dem Verzeichnis der Autodesk-Dateien.

- Unter SCALE vergeben Sie die Werte 1,0cm für WIDTH und für HEIGHT.

Nun werden wir beide vorliegenden Materialien in ein MULTI-/SUB-OBJECT einbetten.

- Holen Sie sich ein MULTI-/SUB-OBJECT-Material und wählen über SET NUMBER zwei benötigte Kanäle. Benennen Sie es mit »Dachgeschoss«. Löschen Sie im Feld VIEW die nicht benötigten Materialien # 3 bis #10.

6.1 Tag/Innen

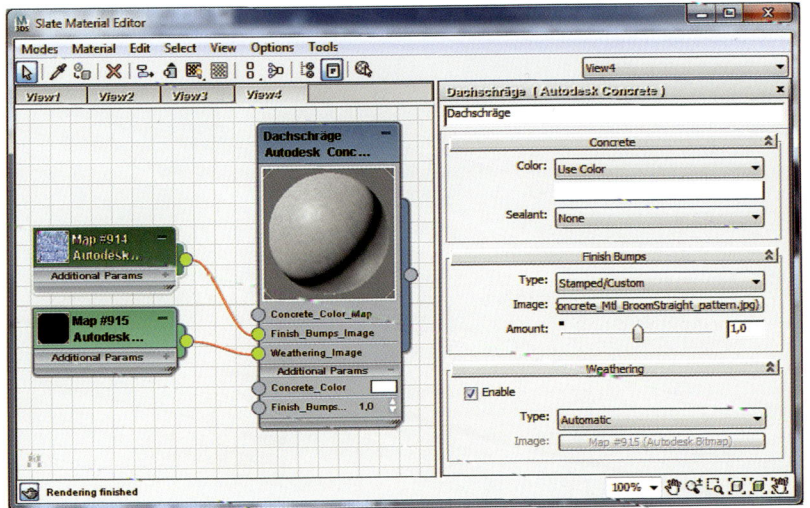

Abbildung 6.29
Slate Material Editor: Das fertige Material »Dachschräge«.

- Nun ziehen Sie per gedrückter Maustaste eine Instanz des Materials »Wand_Verputz« in den Kanal mit der ID-Nummer 1 und das Material »Dachschräge« in den anderen Kanal mit der ID-Nummer 2 (Abbildung 6.30).

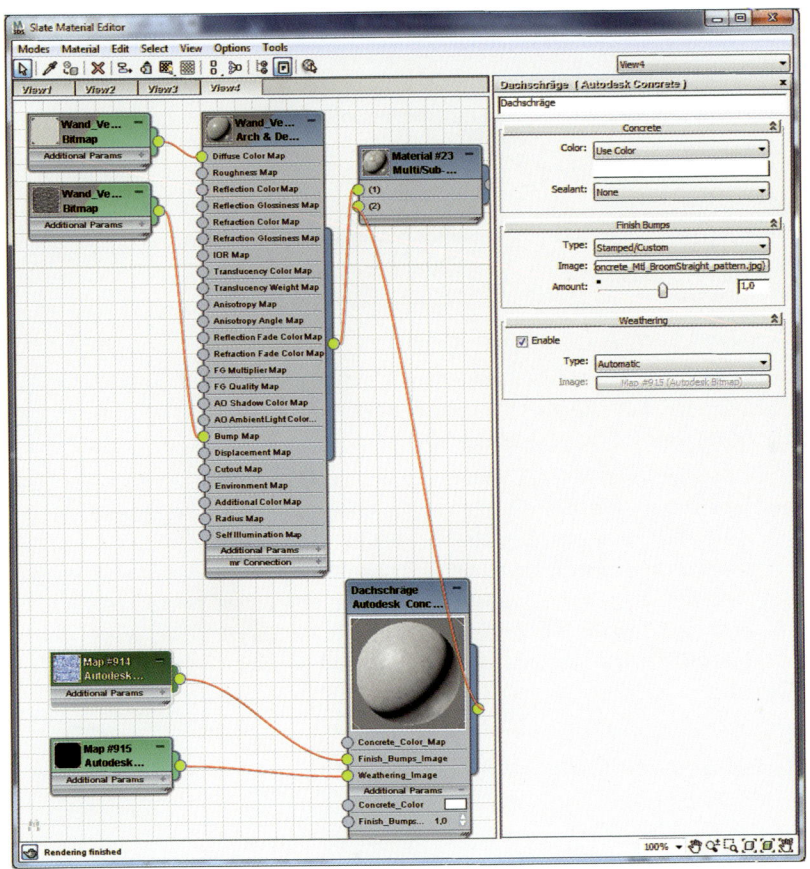

Abbildung 6.30
AUTODESK CONCRETE

- Weisen Sie das Material dem Objekt »Dachgeschoss« zu.

6.1.7 Pfosten und Zwischenwand

Für die Pfosten des Geländers und die Zwischenwand probieren wir ein Metallmaterial aus.

- Dazu lernen Sie die A&D-Voreinstellung PATTERNED COPPER (Abbildung 6.31) kennen, die Sie in einem neuen A&D-Material einschalten, und vergeben hierfür den Namen »Pfosten_Zwischenwand«. Weisen Sie es den Objekten »Pfosten01« bis »Pfosten06« und »Zwischenwand« zu.

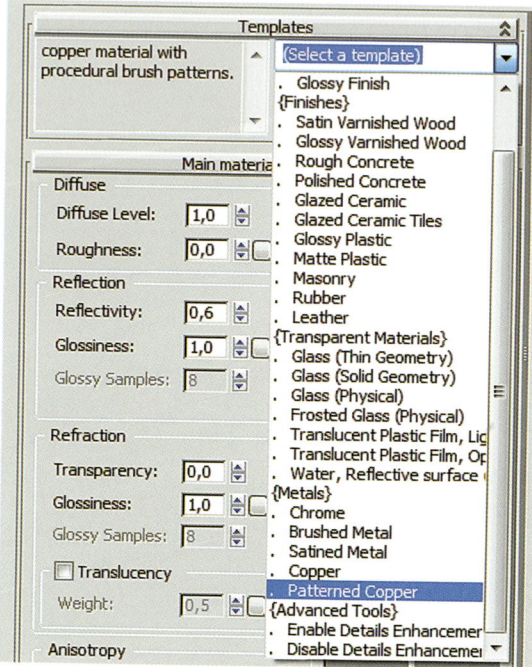

Abbildung 6.31
Das A&D-Material mit der Voreinstellung PATTERNED COPPER

Wir werden aber Veränderungen vornehmen.

Das Kupfermaterial lebt wie beinahe alle Metalle von seinen Reflexionen. Da überzeugende Reflexionen sehr schnell rechenintensiv werden können, müssen wir die Parameter sorgfältig einstellen.

Wenn Sie die Szene rendern, erkennen Sie, dass die gegebenen Reflexionseinstellungen für unsere Szene wenig geeignet sind. Um die Reflexion zu verstehen, untersuchen wir zunächst das Material selbst. Das Kupfer besitzt im Kanal ANISOTROPY/ROTATION eine prozedurale Map, die sich in der Reflexion äußern soll. Des Weiteren ist die REFLECTIVITY auf den höchstmöglichen Wert 1 gestellt ohne Interpolation. Obwohl alles im Raum reflektiert wird, sieht das Ergebnis dürftig aus. Das Muster kommt kaum zur Geltung, und der überwiegende Anteil sieht flach aus.

Schuld sind in erster Linie die Werte für REFLECTIVITY und für GLOSSINESS.

- Reduzieren Sie REFLECTIVITY auf 0,3.
- Erhöhen Sie GLOSSINESS von 0,54 auf 0,8.

Außerdem werden wir ANISOTROPY justieren:

- Stellen Sie ANISOTROPY auf 0,01.

Erfahrungsgemäß wirken sich Reflexionen auf planaren Objekten immer nur dürftig aus. Da wir davon ausgehen, dass der Modellierer der Szene nicht erreichbar ist, helfen wir uns selber und verleihen dem Material etwas Relief.

- Kopieren Sie die Textur, die sich im Kanal ANISOTROPY/ROTATION befindet, in den BUMP-Kanal. Reduzieren Sie den BUMP-AMOUNT auf 0,05.

Würden wir die Zwischenwand rendern, erhielten die Reflexionen noch ein leichtes Rauschen, was man in erster Linie mit einer Erhöhung der Samples per Pixel des Renderers verbessern könnte unter Billigung erhöhter Berechnungszeiten. Erfahrungsgemäß bieten erst stolze 64 GLOSSY SAMPLES ein zuverlässig rauschfreies Ergebnis. Doch dieser Schritt ist für das finale Rendering vorbehalten, deswegen akzeptieren wir vorerst das Reflexionsrauschen.

Die Reflexionsstärke sieht etwas schwach aus, doch das liegt daran, dass viele Bildteile noch grau erscheinen. Im weiteren Verlauf werden wir der Szene stärkere Komplementärfarbkontraste verleihen, die die Reflexion lebendiger werden lassen (Abbildung 6.32).

6.1.8 Ziegelsteinwand

Kommen wir zu einer Oberfläche, die etwas mehr Farbe ins Spiel bringt: »Wand_Ziegelstein«. Mit gelben Ziegelsteinen sollen die Wände des Untergeschosses versehen werden.

- Hierfür vergeben Sie einem neuen A&D-Material die Bezeichnung »Wand_Ziegelstein« und weisen es den Objekten »Wand_Ziegelstein_01« und »Wand_Ziegelstein_02« der Szene zu.

Abbildung 6.32
Die Voreinstellung PATTERNED COPPER auf den Pfosten und auf der Zwischenwand

- In der DIFFUSE-Gruppe stellen Sie DIFFUSE LEVEL auf 1 und ROUGHNESS auf 0,2; laden Sie für den Bitmap-Kanal die Textur brick_multi.jpg aus dem Verzeichnis ../maps/Brick/ unter Anwendung des Systemgammas. Bezeichnen Sie sie mit »Ziegelsteine_gelb« und erhöhen Sie die Kachelung auf 2,5 für die beiden TILING-Parameter U und V, nachdem Sie sich vergewissert haben, dass USE REAL-WORLD SCALE deaktiviert ist.

Noch haben wir keinen gelben Anstrich für unser Ziegelsteinmuster erreicht, die Bildtextur zeigt ein rotes Steinmuster. Mit einer COLOR CORRECTION können wir die Farben beeinflussen.

- Bauen Sie die COLOR CORRECTION zwischen der Bitmap »Ziegelsteine_gelb« und dem DIFFUSE-Kanal des A&D »Wand_Ziegelstein«.
- In der COLOR-Gruppe der COLOR CORRECTION ändern Sie HUE SHIFT auf 22 und SATURATION auf 20. Nennen Sie diese Map »Farbkorrektur_Ziegelsteine«.

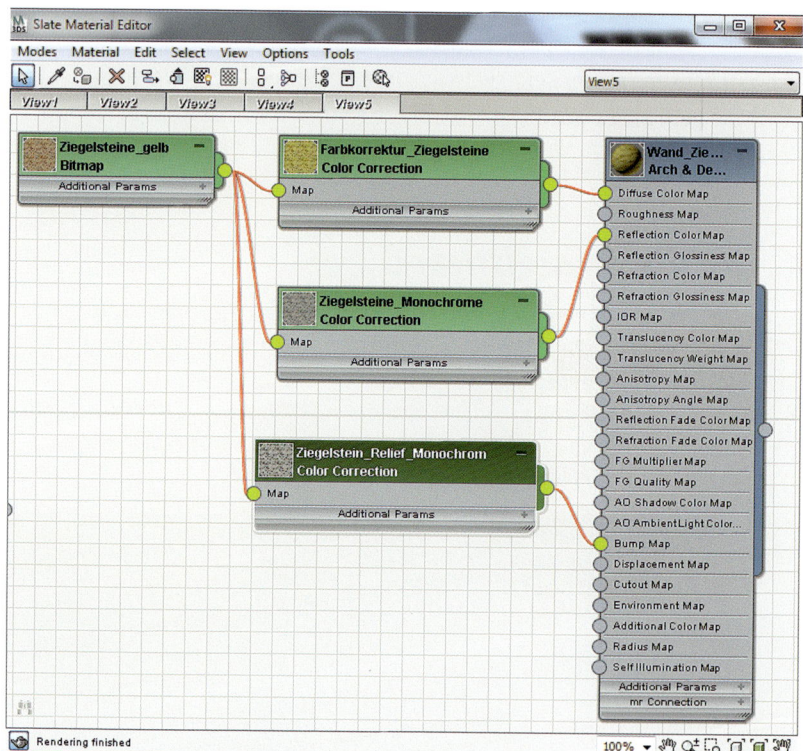

Abbildung 6.33 Das Material »Wand_Ziegelstein«

Wenden wir uns der A&D-Reflexionsgruppe zu.

- Dort stellen Sie REFLECTIVITY auf 0,3 und GLOSSINESS auf 0,1. Aktivieren Sie HIGHLIGHTS+FG ONLY, aus demselben Grund wie bei »Wand_Verputz«.
- Kopieren Sie »Farbkorrektur_Ziegelsteine« ohne die Bitmap, und stellen eine Verbindung her zum REFECTION-COLOR-Kanal als Copy, nicht als Instanz. Eine Verbindung zum Bitmap »Ziegelsteine_gelb« entsteht im Slate Material Editor automatisch.
- Setzen Sie die beiden zuvor getätigten Farbkorrekturen in der kopierten COLOR CORRECTION zurück auf jeweils null und schalten Sie stattdessen in der

CHANNELS-Gruppe um von NORMAL auf MONOCHROME. Vergeben Sie »Ziegelsteine_Monochrome« als Namen.

Somit haben wir eine Graustufenvariante von der Bildtextur erhalten, die unserem Anspruch als Reflexionstextur entgegenkommt.

- Kopieren Sie die COLOR CORRECTION »Ziegelsteine_Monochrome« wiederum in den BUMP-Kanal, ebenfalls als Copy, nicht als Instanz, und wieder mit der COLOR CORRECTION. Ändern Sie den Namen um in »Ziegelstein_Relief«.
- Die CHANNELS der COLOR CORRECTION stehen auf MONOCHROME, aber nun erhöhen wir zusätzlich die BRIGHTNESS auf 28 und den CONTRAST auf 100. Benennen Sie den Namen um in »Ziegelsteine_Relief_Monochrome«.
- Den A&D-BUMP-Betrag erhöhen Sie auch von 0,3 auf 1,0.
- Abschließend aktivieren Sie in »Wand_Ziegelstein« AO mit einer schwarzen Schattenfarbe und einer MAX. DISTANCE von 100cm (Abbildung 6.33).

Inzwischen ist es an der Zeit, die Belichtung ein wenig zu korrigieren.

- Verringern Sie EV auf 10 (Abbildung 6.34).

Abbildung 6.34
Die Ziegelsteinwand mit der neuen Belichtung

6.1.9 Geländer

Arbeiten Sie an Ihrer gegenwärtigen Szene weiter oder laden Sie die Szene 06_Int_03.max unter Beibehaltung der Gamma-Einstellungen der Datei. Die Szene greift auf Texturen des mitgelieferten maps-Verzeichnisses zurück.

Vom Geländer haben wir bereits die Pfosten texturiert, es folgt nun das Geländerglas und der Geländerrand.

- Holen Sie sich ein MULTI-/SUB-OBJECT-Material, löschen Sie alle mitgelieferten Materialien #1 bis #10 des Feldes VIEW im SLATE MATERIAL EDITOR, benennen Sie es mit »Geländer« und stellen Sie die Anzahl der benötigten Kanäle auf 2 ein. Die Glasanteile des Geländers besitzen die Material-ID 1, der Rand die ID 2. Diese Begriffe können Sie unter der Spalte NAME eintragen.

- Für den ersten Kanal laden Sie ein A&D-Material mit der Bezeichnung »Geriffeltes_Glas«.

Das Material wird im Gegensatz zur Glasvoreinstellung Differenzen aufweisen, weswegen wir auf keine Voreinstellung zurückgreifen.

- In »Geriffeltes_Glas« stellen Sie jeden Parameter der drei Gruppen DIFFUSE, REFLECTION und REFRACTION auf 1,0, mit Ausnahme von ROUGHNESS, den Sie auf null stellen.
- Um das Glas farblos zu gestalten, benötigen wir als Farbe bei DIFFUSE und REFLECTION ein reines Weiß (RGB = 1,0/ 1,0/ 1,0), lediglich die Farbe bei TRANSPARENCY tönen Sie mit RGB = 0,82/ 0,91/ 1,0.

Da wir nur planare Glasobjekte rendern, können wir die komplexere Methode der Tönung, wie sie in Kapitel 2 beschrieben wurde, umgehen.

- Schalten Sie in der BRDF-Gruppe um auf IOR. Für IOR vergeben Sie den Wert 1,6.
- Um das geriffelte Muster zu erhalten, laden wir für den BUMP-Kanal eine OCEAN (LUME)-Map.

Diese Karte ist ursprünglich für Wasseroberflächen gedacht und wird somit zweckentfremdet.

- In den OCEAN (LUME) Parameters ändern Sie folgende Werte: LARGEST = 2cm, SMALLEST = 0,1cm, QUANTITY = 1, STEEPNESS = 5, SIZE = 1cm. Vergeben Sie »Riffelung_Relief« als Namen (Abbildung 6.35).

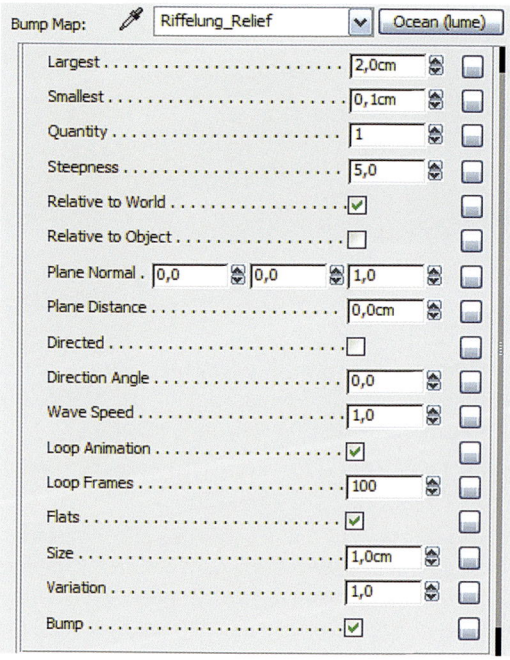

Abbildung 6.35
Materialeditor: die Einstellungen für die Riffelung des Glases am Geländer

Des Weiteren schalten wir eine Renderbeschleunigung ein. Die unebene Oberflächenbeschaffenheit des geriffelten Glases muss nicht mehr unbedingt eine

6.1 Tag/Innen

klare Spiegelung des Raumes wiedergeben. Somit können wir es uns bedenkenlos leisten, die Glasspiegelung auf ein minderwertigeres Maß zu reduzieren.

- Das tun wir, indem wir im A&D unter REFLECTION die Option FAST (INTERPOLATE) aktivieren.
- Standardgemäß steht die FAST GLOSSY INTERPOLATION auf 1/2 HALF RESOLUTION, die wir beibehalten.
- Als Letztes vergewissern Sie sich, dass unter den ADVANCED TRANSPARENCY OPTIONS die Option SOLID angewählt ist.
- Für den zweiten Kanal des MULTI/SUB-MATERIALS laden wir ein weiteres A&D-Material mit der Voreinstellung SATIN VARNISHED WOOD (Holz, seidenglänzend) mit dem Namen »Holzrand«.

Diese Voreinstellung leisten wir uns, weil der Rand keine bilddramaturgisch tragende Bedeutung hat.

- Weisen Sie das Material dem Objekt »Geländer« der Szene zu (Abbildung 6.36) und rendern Sie ein Bild (Abbildung 6.37).

Hinweis

Abbildung 6.36
SLATE MATERIAL EDITOR: das Material »Holzrand«

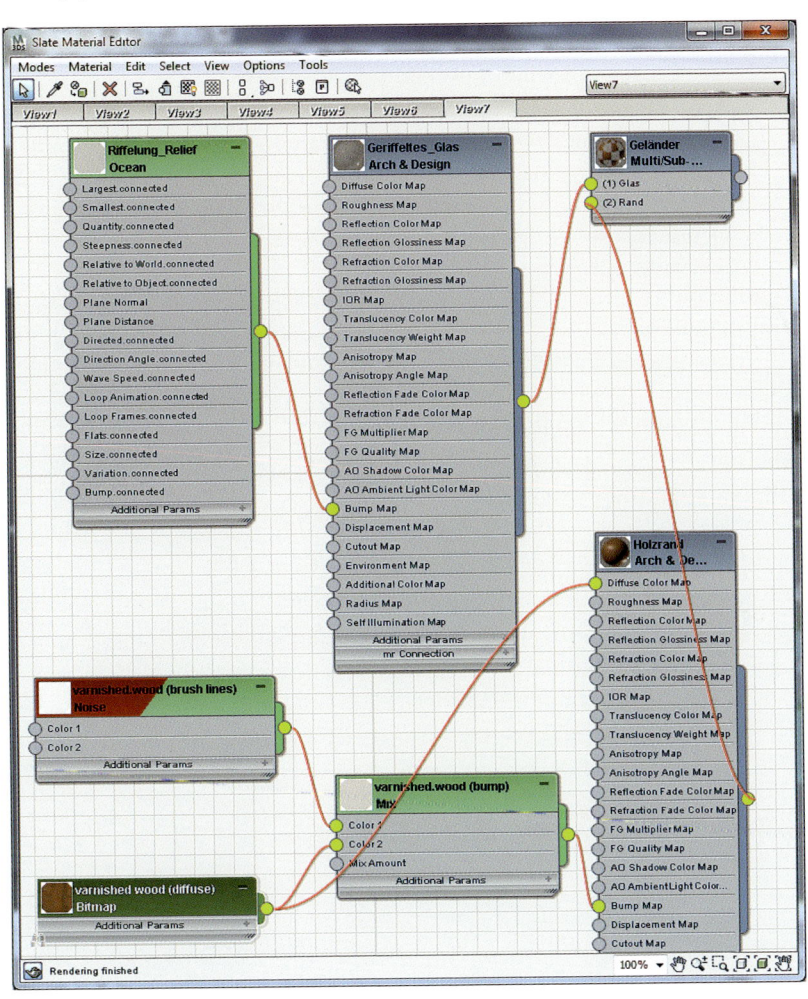

Abbildung 6.37
Das geriffelte Glas am
Geländer

6.1.10 Decken

Die beiden Decken sollen ein dunkel glänzendes Holzmaterial erhalten.

- Dazu vergeben Sie einem neuen A&D-Material den Namen »Obergeschoss«, und Sie lernen eine Materialvoreinstellung kennen, die wir variieren werden.
- Wählen Sie GLOSSY VARNISHED WOOD (Holz, hochglänzend) und ändern Sie lediglich die Parameter der REFLECTION-Gruppe: REFLECTIVITY = 0,3, GLOSSINESS = 0,6 und GLOSSY SAMPLES = 16. Weisen Sie das Material dem gleichnamigen Objekt in der Szene zu.
- Ersetzen Sie die im DIFFUSE-Kanal befindliche Map durch eine aus dem mitgelieferten Verzeichnis ../maps/Wood/: BURLOAK.JPG unter Beibehaltung der Systemgamma-Einstellung. In der Bitmap entfernen Sie unter der Gruppe OUTPUT das Häkchen bei ENABLE COLOR MAP. Beachten Sie, dass dieselbe Bitmap auch Verwendung im BUMP-Kanal findet.

Wir aktivieren in »Obergeschoss« einen Spezialeffekt des A&D-Materials: ROUND CORNERS (abgerundete Kanten).

- Öffnen Sie dazu die Gruppe SPECIAL EFFECTS und aktivieren Sie ROUND CORNERS. Als FILLET RADIUS geben Sie dazu den Wert 2cm ein.

Beachten Sie, dass bereits der Special Effect AO aktiviert ist.

Nun kümmern wir uns noch um das Relief. Wenn Sie den BUMP-Kanal öffnen, erkennen Sie, dass unsere geladene »Burloak«-Textur hier ebenfalls innerhalb einer MIX-Map auftaucht, zusammen mit einer NOISE-Map (Rauschen).

- Erhöhen Sie etwas das Mischungsverhältnis zugunsten der »BURLOAK«-Textur, indem Sie den MIX AMOUNT von 29,7 auf 50 erhöhen. Ändern Sie auch die Bezeichnung um in »Burloak_Relief«.
- Weisen Sie das Material den Objekten »Decke« und »Obergeschoss« zu (Abbildung 6.39).

6.1 Tag/Innen

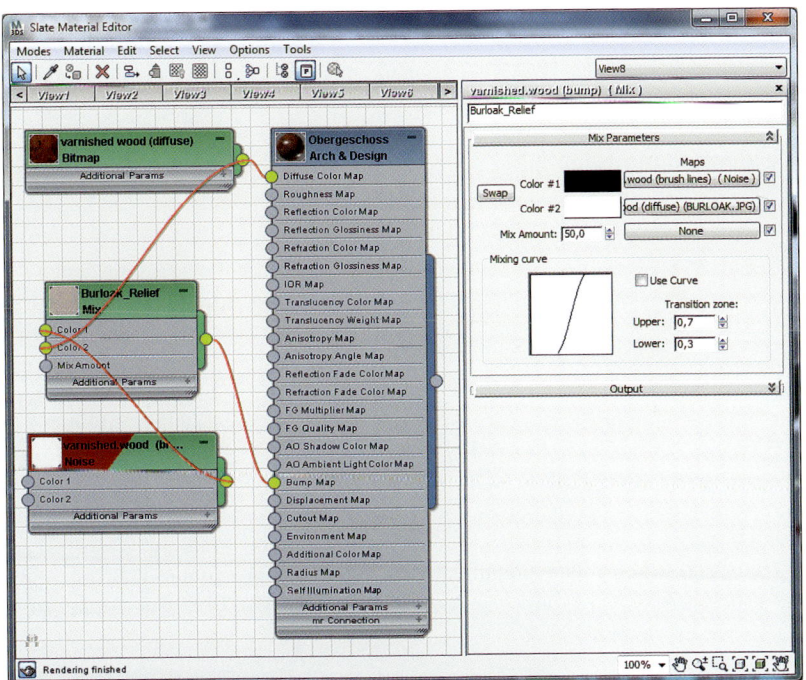

Abbildung 6.38
Materialeditor: der vollendete BUMP-Kanal von »Obergeschoss«

Abbildung 6.39
Die polierte Holzoberfläche

6.1.11 Kleinteile

Mit Kleinteilen sind die Deckenlampen und das Gemälde gemeint, die ebenfalls viel Aufmerksamkeit verlangen.

Deckenlampen

Wir beginnen mit den eingebauten Lampen unterhalb der Decke. Sie bestehen aus zwei Elementen, dem Glas und dem Lampengehäuse.

- Weisen Sie jeder der vier Lampen »Lampe01« bis »Lampe04« gemeinsam ein neues MULTI-/SUB-OBJECT-Material mit wieder zwei benötigten Kanälen zu, das Sie mit »Deckenlampen« bezeichnen. In jedem der beiden Kanäle laden Sie ein A&D-Material.
- Im ersten Kanal mit der ID Nr. 1 vergeben Sie dem A&D-Material den Namen »Lampengehäuse«. Hierfür werden wir ein Plastikmaterial erschaffen.
- Stellen Sie DIFFUSE auf 1,0 mit ROUGHNESS = null und in der REFLECTION-Gruppe alle Werte auf 0,1 sowie alle Farben auf Weiß (RGB = 1,0/ 1,0/ 1,0).
- Zur schnelleren Bildberechnung aktivieren Sie FAST (INTERPOLATE). Somit gilt wieder die unter FAST GLOSSY INTERPOLATION eingestellte Wahl der INTERPOLATION GRID DENSITY, die standardgemäß auf ½ (HALF RESOLUTION) steht. Wir übernehmen diese Einstellung, aber vergewissern uns, dass NEIGHBOURING POINTS TO LOOK UP auf null steht (Abbildung 6.40).

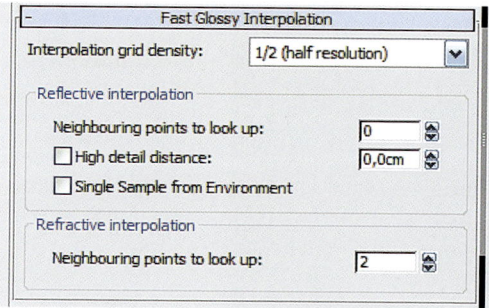

Abbildung 6.40
Materialeditor: die Renderbeschleunigung für Reflexionen

- Die Farbe Weiß verleihen Sie auch der REFRACTION-Gruppe, falls dies nicht schon der Fall ist. Hier erhöhen Sie TRANSPARENCY auf 0,3, GLOSSINESS auf 0,8 mit 4 GLOSSY SAMPLES. Aktivieren Sie auch TRANSLUCENCY mit 0,3.
- Da wir eine leichte Blick- (Transparency) und Lichtdurchlässigkeit (Translucency) wünschen, schalten wir unter BRDF die Option IOR ein mit einem IOR-Wert von 1,5.
- Aktivieren Sie AO mit 8 SAMPLES, schwarzer Schattenfarbe und einer MAX. DISTANCE von 10cm.

Damit haben wir graues Plastikgehäuse erstellt, nun folgt noch das Lampenglas.

- Für das A&D-Material des zweiten Kanals von »Deckenlampen« vergeben Sie den Namen »Lampenglas«. Auch hier vergeben Sie mit Ausnahme von ROUGHNESS für alle Parameter der DIFFUSE- und der REFLECTION-Gruppe den Wert 1,0. Da wir nicht wirklich auf eine Transparenz des Glasmaterials angewiesen sind, können wir TRANSPARENCY auf null belassen, solange wir keine Nahaufnahme der Lampen beabsichtigen.

- Erhöhen Sie in der BRDF-Gruppe den Wert für 0 DEG. REFL. von 0,2 auf 0,8 – das Material reflektiert aus jeder Perspektive tendenziell gleich intensiv.
- Reduzieren Sie ANISOTROPY von 1,0 auf 0,1.

Nun sorgen wir aber noch für eine Renderbeschleunigung.

- Aktivieren Sie FAST (INTERPOLATE) in der REFLECTION-Gruppe und wählen Sie unter der FAST GLOSSY INTERPOLATION-Gruppe die Einstellung 1/5 (FIFTH RESOLUTION) mit 2 NEIGHBOURING POINTS TO LOOK UP (Abbildung 6.41).

Abbildung 6.41
Die fertigen Deckenlampen

Das Gemälde

Das Gemälde an der rechten Ziegelsteinwand kann mit einer Bildtextur Ihrer Wahl versehen werden. Ansonsten sei eine Bilddatei aus dem mit 3ds Max migelieferten maps-Verzeichnis empfohlen (Abbildung 6.42).

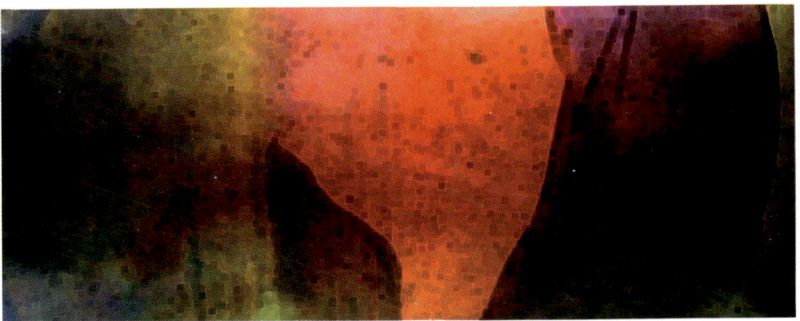

Abbildung 6.42
Die Textur für das Wandgemälde

- Laden Sie ein neues A&D-Material, bei dem Sie REFLECTIVITY auf null reduzieren, die Bildtextur aus dem Verzeichnis ../maps/Misc/ abstract shimmer.jpg unter Beibehaltung des Systemgammas laden, es mit »Wandbild« bezeichnen und dem gleichnamigen Objekt zuweisen.

Dach

Das Dach befindet sich gegenwärtig außerhalb des Kamerablickfeldes. Trotzdem sollten wir ihm ein Material zukommen lassen, da wir sonst mit einer Warnung des Lichtanalysewerkzeugs rechnen müssten, das wir zum späteren Zeitpunkt einsetzen werden.

- Selektieren Sie das Objekt »Dach« und weisen Sie das Material »Wand_Verputz« zu.

6.1.12 Die Lampengerüste

In der Szene befinden sich Gerüststangen, die Scheinwerfer tragen. Diese sollen eine Metalloberfläche zugewiesen bekommen.

- Bezeichnen Sie ein neues A&D-Material mit dem Namen »Gerüst«.
- Stellen Sie DIFFUSE und REFLECTIVITY auf den Betrag 1, mit GLOSSINESS von 0,3 bei 8 GLOSSY SAMPLES.
- In der BRDF-Gruppe erhöhen Sie den Wert für 0 DEG. REFL. von 0,2 auf 0,8, wie zuletzt beim »Lampengehäuse« schon praktiziert.
- Weisen Sie »Gerüst« allen Objekten der Szene zu, die mit der Bezeichnung »Gerüst*«, »VerstrebungLampe*«, »Scheinwerfer_Tube*«, »Sockel*« und »Schraube*« beginnen. Alternativ können Sie alle genannten Objekte auch mit dem vorbereiteten Selection Set »Gerüst« in der Hauptsystemleiste auswählen.

Es bleiben noch die Scheinwerferbirnen übrig. Diesen wollen wir das bereits vergebene Material »Deckenlampen« zuweisen, genauer ausgedrückt, das Material mit der ID 2, dem Glas-Anteil. Bevor wir es zuweisen können, müssen wir den Geometrieobjekten ebenfalls dieselbe Identifikation (ID) zuweisen.

- Dazu wählen Sie alle Objekte der Szene mit der Bezeichnung »Scheinwerfer_Birne*« aus und fügen im Modifikatorstapel gemeinsam den Modifikator MATERIAL hinzu, wo Sie ID auf 2 einstellen.
- Nun können Sie »Deckenlampen« den selektierten Scheinwerferbirnen zuweisen.

Es fehlen noch die Scheinwerferflügel.

- Hierzu kopieren wir das A&D-Material »Gerüst«, indem wir es im Feld des SLATE MATERIAL EDITOR mit gedrückter Shifttaste verschieben bzw. im Compact-Materialeditor mit gedrückter linker Maustaste in einen neuen, leeren Slot des Materialeditors ziehen.
- Ändern Sie die Bezeichnung um in »Scheinwerferflügel« und weisen Sie es allen Objekten zu, die mit dem Namen »Scheinwerfer_Flügel*« beginnen.
- Reduzieren Sie den Betrag für DIFFUSE von 1,0 auf 0,75 und vergeben Sie neue Werte: REFLECTIVITY = 0,7 mit RGB = 0/ 0,012/ 0,196 und 0,55 GLOSSINESS.
- Unter BRDF werden wir die CUSTOM REFLECTIVITY FUNCTION nachjustieren: Stellen Sie 0 DEG REFL auf 0,5.

Damit verringert sich ein wenig die Abhängigkeit der Reflexion vom Betrachtungswinkel.

- Der eigentliche einzubauende Clou bei dieser Reflexion ist die Beschränkung der Reflexionsdistanz, die wir unter der Gruppe ADVANCED RENDERING OPTIONS im Bereich REFLECTIONS unter MAX. DISTANCE einstellen: 10cm.
- Je mehr die Reflexionsumgebung eingeschränkt wird, desto schneller wird es berechnet, weil durch den engeren Umkreis weniger Umgebungsmotive in die Lösung einfließen. Dadurch verliert jedoch die Reflexion zusehends ihre genuine Funktion. Für unseren Fall ist es jedoch von Vorteil, da die Scheinwerferflügel keine bildwichtige Bedeutung besitzen. Dennoch können wir auf Reflexionen nicht vollends verzichten, da dies auf Kosten des Realismus ginge (Abbildung 6.43).

Abbildung 6.43
Das Wandbild und das Lampengerüst

6.1.13 Die Gardinen

Arbeiten Sie an Ihrer gegenwärtigen Szene weiter oder laden Sie die Szene 06_Int_04.max unter Beibehaltung der Gamma-Einstellungen der Datei. Die Szene greift auf Texturen des mitgelieferten maps-Verzeichnisses zurück.

Die Gardinen hatten wir zu Beginn des Kapitels unsichtbar geschaltet, da sie als untexturiertes und damit massives Objekt die Lichteinstrahlung beeinträchtigt hätten.

- Über den Ebenenmanager schalten Sie die vier Gardinenobjekte nun wieder auf sichtbar.

- Fahren Sie den Zeitschieber auf Bild Nr. 100 bzw. ans Ende der gegebenen Zeitskala.
- Durch eine vorbereitete Animation öffnen sich Türen und ziehen sich die Gardinen zusammen. Somit gelangt etwas mehr Tageslicht in den Raum.

Abbildung 6.44
Die Gardinen bestehen nur aus einer Vorderseite. Das zu erstellende Stoffmaterial wird Vorder- und Rückseite bestimmen.

- Die Gardinen wurden mit dem GARMENT-MAKER-Modifikator erstellt, weswegen sie nur aus einem Spline bestehen, ohne Rückflächen. Daher sehen sie im Rendering teilweise durchsichtig aus.
- Ein neues A&D-Material benennen Sie mit »Gardinen« und weisen es den vier gleichnamigen Objekten gleichzeitig zu.
- In der DIFFUSE-Gruppe ändern Sie lediglich die Farbe auf RGB = 1,0/ 0,324/ 0,0. Die Farbe für REFLECTIVITY stellen Sie auf Weiß, ändern den Wert für REFLECTIVITY auf 0,75 und die GLOSSINESS auf 0,25. Aktivieren Sie HIGHLIGHTS+FG ONLY.
- Deaktivieren Sie BACK FACE CULLING unter ADVANCED RENDERING OPTIONS.

Die REFRACTION-Gruppe spielt eine wichtige Rolle.

- Stellen Sie die TRANSPARENCY auf 0,63 mit GLOSSINESS von 1,0. Aktivieren Sie TRANSLUCENCY und versehen Sie ihn mit einem Wert von 0,9. Der Farbkanal von TRANSLUCENCY erhält ein etwas gemäßigteres Orange mit RGB = 1,0/ 0,49/ 0,0. Der Farbkanal von TRANSPARENCY bleibt weiß.

Nun werden wir noch die Rauheit des Gardinenstoffes bestimmen.

- Laden Sie eine NOISE-Map für den BUMP-Kanal und vergeben Sie »Stoff_Relief« als Namen.
- In den NOISE-Parametern vergeben Sie für SIZE 0,8. Für dessen Kanal COLOR #2 (Weiß) laden Sie wiederum eine NOISE-Map, der Sie den Namen »Stoff_Relief_2« geben (Abbildung 6.45).

6.1 Tag/Innen

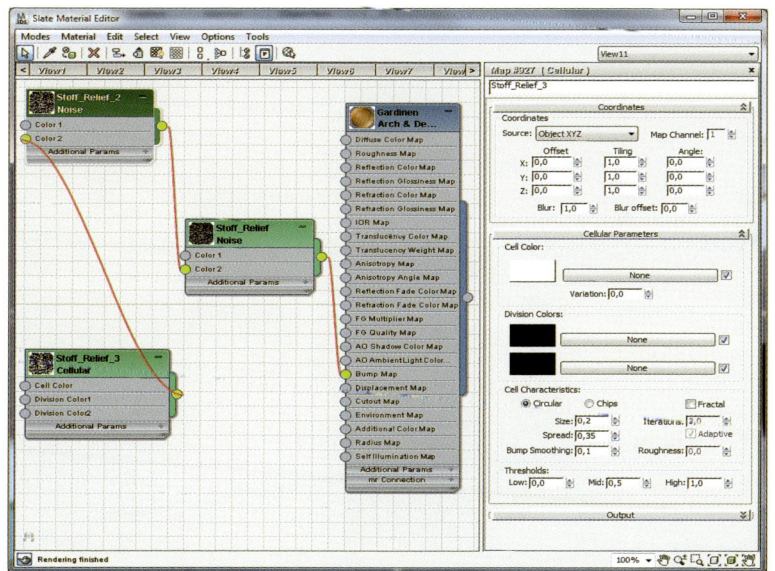

Abbildung 6.45
Materialeditor: der Schattiererbaum für den BUMP-Kanal von »Gardine«

- In »Stoff_Relief_2« reduzieren Sie die SIZE auf 0,4 und schalten zusätzlich um auf FRACTAL. Laden Sie in den Kanal COLOR #2 (Weiß) von »Stoff_Relief_2« eine CELLULAR-Map, der Sie den Namen »Stoff_Relief_3« vergeben.
- In der CELLULAR-Map »Stoff_Relief_3« ändern Sie die graue Farbe unter der Gruppe CELLULAR PARAMETERS auf Schwarz, so dass beide DIVISION COLORS auf nunmehr Schwarz stehen. Justieren Sie die SIZE auf 0,2 und die SPREAD auf 0,35 (Abbildung 6.46).

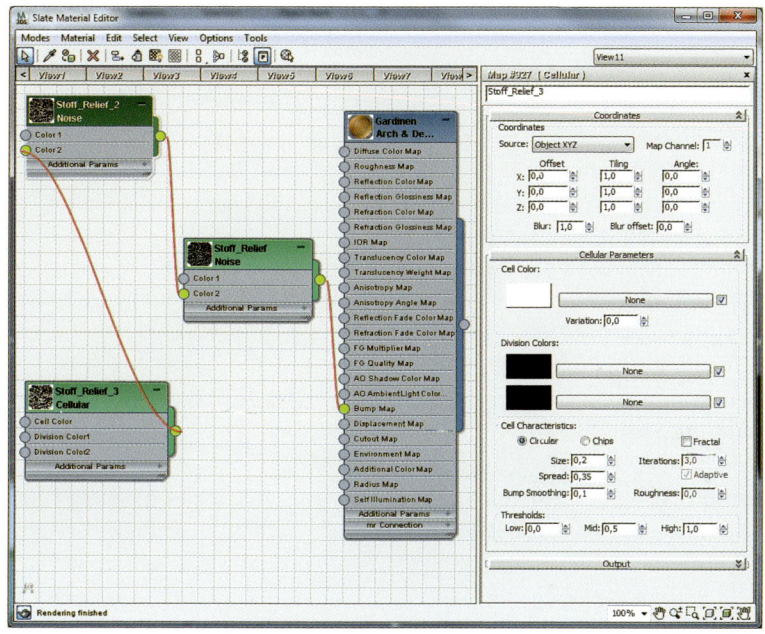

Abbildung 6.46
Materialeditor: der fertige BUMP-Kanal

Somit haben wir ein Stoffmaterial für die Gardinen angerührt, der sich auch für die Nahaufnahme eignet. Die Gardinenobjekte, die mit dem GARMENT-MAKER-Modifikator aus einem Spline erstellt wurden, bestehen nur aus einer Vorderfläche. Für das A&D-Material ist dies nicht von Bedeutung, denn mr-Materialien werden immer beidseitig (Vorder- und Rückfläche) berechnet (Abbildung 6.47). Sollten Sie jedoch einmal ein mental-ray-fremdes Material verwenden wollen, müssen Sie die Unsichtbarkeit der Rückflächen berücksichtigen.

Abbildung 6.47
Die Gardinen im geschlossenen Zustand auf Frame 1

An dieser Stelle erlauben wir uns eine Diagnose mit Finalgather, um die Anzahl der FG-Messpunkte auf dem hochpolygonalen Stoff zu prüfen.

- Dazu rufen Sie unter RENDERING → RENDER SETUP → PROCESSING die Gruppe DIAGNOSTICS auf und aktivieren DIAGNOSTICS für FINAL GATHER.
- Wenn Sie nun das Bild rendern, erhalten Sie ein Bild mit grün markierten FG-Messpunkten (Abbildung 6.48).
- Wir erkennen, dass die Gardinen keine übermäßig hohe Dichte verlangen. Somit brauchen wir keine Überlegungen anzustellen, die Gardinen eventuell von der Finalgather-Lösung auszuschließen, um ein besseres Kosten-Nutzen-Verhältnis anzustreben.

Hinweis Um ein Objekt von der Finalgather-Lösung auszuschließen, aktivieren Sie in seinen Objekteigenschaften (RECHTSKLICK → OBJECT PROPERTIES → MENTAL RAY) die Option PASS THROUGH (INVISIBLE TO FG).

- Für die Vorhangstangen »Gardinenstange01«, »Gardinenstange02« und »Gardinenstange03+04« weisen Sie das bereits vergebene Material »Gerüst« zu.

6.1 Tag/Innen

Abbildung 6.48
Renderdialog: DIAGNOSTICS mit Finalgather

6.1.14 Der Boden

Sehr großen Anteil an den Bildmotiven beansprucht der Boden. Sie lernen hierfür ein voreingestelltes A&D-Material kennen, werden dieses aber deutlich nach unseren Bedürfnissen verändern.

- In einem neuen A&D-Material stellen Sie die Voreinstellung »Glazed Ceramic Tiles« (Keramische Kacheln, glasiert) ein. Vergeben Sie »Boden« als Namen und weisen Sie es dem gleichnamigen Objekt der Szene zu.

Der Boden soll aus Fliesen bestehen, die ein marmorähnliches Muster aufweisen. Obwohl der Boden bereits die richtigen Texturkoordinaten besitzt, wollen wir diesmal keine Bildtextur für das Marmormuster verwenden, sondern aufgrund des weitläufigen Bodens dieses Muster prozedural erzeugen, um eine Musterwiederholung zu vermeiden. Prozedurale Texturen verwenden keine Texturkoordinaten und behalten ihre Größe konstant bei, auch wenn sich die Objektgröße durch Skalierung ändert. Die Texturkoordinaten des Bodens benötigen wir aber dennoch für die Fugen der geplanten Bodenoberfläche.

Die Zeitersparnis, keine geeignete und hoch aufgelöste Bildtextur für den Boden mehr suchen zu müssen, wird andererseits durch einen hohen Aufwand an Entwicklung der prozeduralen Textur aufgewogen. Diese hat aber wiederum den Vorteil, das beliebig große Nahaufnahmen mit der Kamera geschossen werden können, ohne dabei Gefahr zu laufen, dass die Textur ab einer bestimmten Nähe pixelig wird.

- Beginnen wir damit, dass wir den BUMP-Kanal unter SPECIAL PURPOSE MAPS vorübergehend deaktivieren.

Analysieren wir nun die GLAZED CERAMIC TILES (TILES)-Map im DIFFUSE-Kanal. Sie sorgt für die Fugen, die die einzelnen Kacheln voneinander trennen. In der Voreinstellung sind die Fugen dunkel, dagegen wollen wir aber weiße Fugen haben, was unsere erste Veränderung darstellt.

- Werfen Sie daher in der Gruppe ADVANCED CONTROLS die SPECKLE-Map »glazed ceramic tiles (grout) (Speckle)« des GROUT SETUP-Kanals ersatzlos raus (Rechtsklick → CLEAR bzw. Löschen aus der VIEW-Ansicht) und ändern Sie die dunkelgraue Farbe um in ein reines Weiß (Abbildung 6.49).

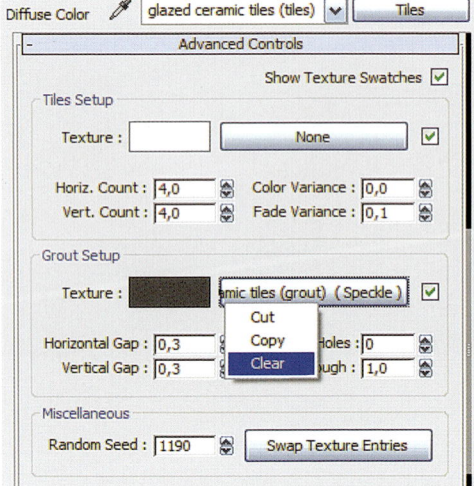

Abbildung 6.49
Materialeditor: In der TILES-Map des DIFFUSE-Kanals befindet sich eine SPECKLE-Map, die wir entfernen.

- Für den leeren Texturkanal unter TILES SETUP laden Sie eine MIX-Map und benennen sie mit »Marmor«.
- In »Marmor« laden Sie wiederum eine CELLULAR-Map für den Kanal unter COLOR #1, die Sie mit »Große_Brocken« bezeichnen. In der hiesigen Gruppe CELLULAR PARAMETERS laden Sie im Kanal CELL COLOR eine DENT-Map (Kerbe), die Sie mit »Ornament« benennen (Abbildung 6.50).

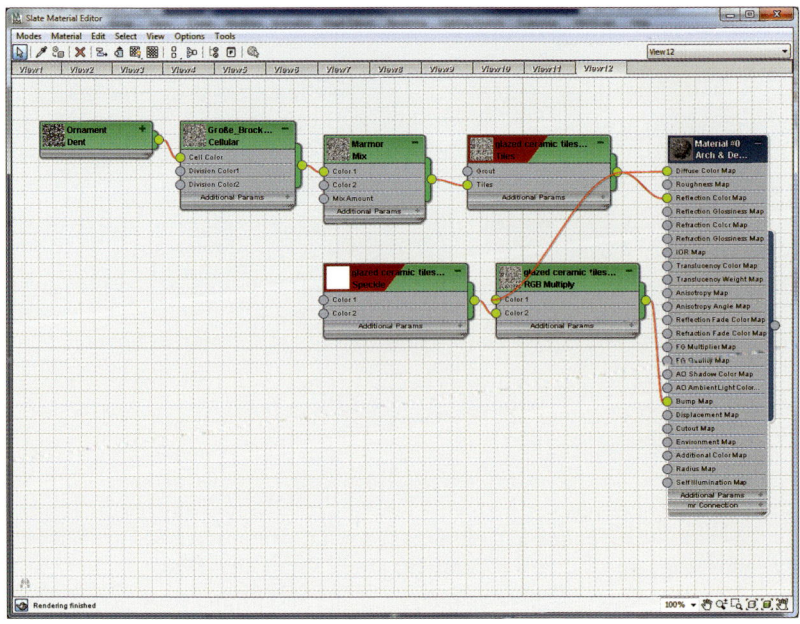

Abbildung 6.50
Materialeditor: Wir erstellen einen Schattiererbaum.

- In »Ornament« justieren Sie die SIZE auf 500, die STRENGTH auf 8,3, die ITERATIONS auf 10. Die schwarze Farbe unter COLOR #1 erhält den Wert RGB = 240/ 192/ 0.

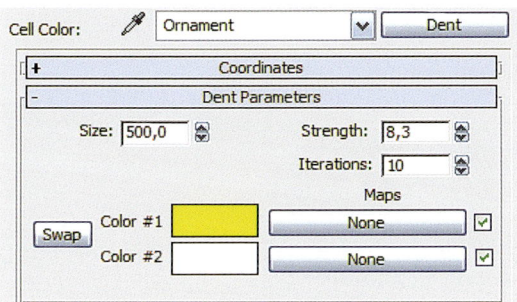

Abbildung 6.51
Materialeditor:
»Ornament«-Map

- Zurück in »Große_Brocken«. Unter DIVISION COLORS befinden sich zwei Farbfelder, deren Farbwerte Sie ändern: den oberen in RGB = 255/ 197/ 59 und den unteren in RGB = 162/ 105/ 7. Unter der Gruppe CELL CHARACTERISTICS wählen Sie CHIPS mit einer SIZE = 50, SPREAD = 0,43 und THRESHOLD/MID = 0,02.

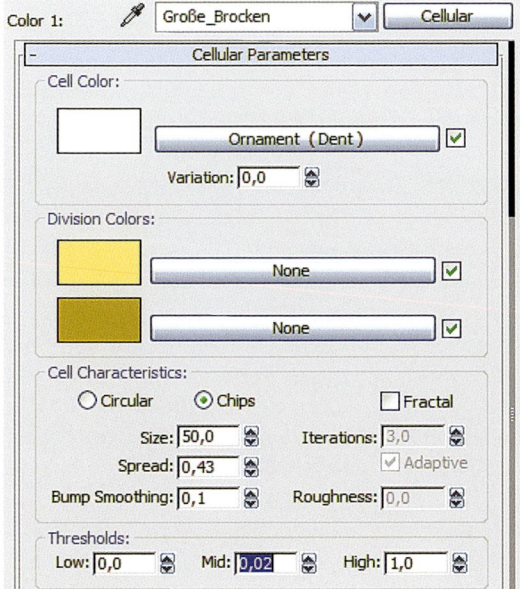

Abbildung 6.52
Materialeditor:
»Große_Brocken«

- Zurück in »Marmor« gehend laden Sie eine MIX-Map für den Kanal COLOR #2 und benennen ihn mit »Kleine_Brocken«.
- Gehen Sie in die Map, laden Sie für COLOR#1 wiederum eine CELLULAR-Map und versehen Sie sie mit dem Namen »Brocken_A«. Für den hiesigen Kanal bei CELL COLOR laden Sie eine DENT-Map mit dem Namen »Ornament_01«. Bevor Sie »Ornament_01« bearbeiten, ändern Sie die darunterliegenden DIVISION COLORS um in RGB = 255/ 199/ 65 (oben) und RGB = 146/ 40/ 0 (unten). Darüber hinaus stellen Sie unter der Gruppe CELL CHARACTERISTICS auf

CHIPS mit aktiviertem FRACTAL, die SIZE = 75, SPREAD = 0,8, ITERATIONS = 1,5 und ROUGHNESS = 0,6 ein. Ändern Sie noch die THRESHOLDS LOW = 0,2, MID = 0,3 und HIGH = 1 (Abbildung 6.53).

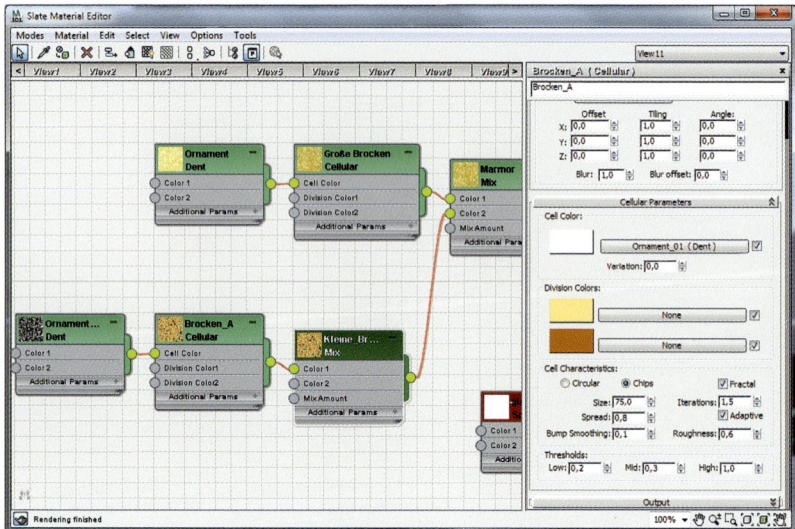

Abbildung 6.53
Materialeditor:
»Brocken_A«

- Begeben Sie sich nun in »Ornament_01«. Darin stellen Sie die SIZE auf 5000, STRENGTH auf 4,7 und ITERATIONS auf 10. Laden Sie eine NOISE-Map (Rauschen) für den Kanal COLOR #1 (mit der schwarzen Farbe) mit dem Namen »Rauschen«.
- In »Rauschen« wählen Sie FRACTAL, ändern die SIZE auf 50, HIGH auf 0,81 und LOW auf 0,4. Die beiden Farbwerte ändern Sie wie folgt: COLOR #1 = RGB 171/ 136/ 0 und COLOR #2 = RGB 255/ 255/ 150.
- Zurück in »Ornament 01« ändern Sie den Farbwert unter COLOR #2 auf RGB = 251/ 209/ 142.
- Wechseln Sie zurück zur Map »Kleine_Brocken«. Laden Sie hier für den Kanal COLOR #2 abermals eine CELLULAR-Map mit der Bezeichnung »Brocken_B«. Auch hier laden Sie in den Kanal CELL COLOR eine DENT-Map, der wir den Namen »Ornament_02« geben und später bearbeiten. Unterhalb des Kanals, innerhalb dessen sich nun »Ornament_02« befindet, stellen wir den Parameter VARIATION auf 10.
- Stellen Sie in »Brocken_B« folgende Parameter ein: DIVISION COLOR RGB = 255/ 255/ 150 (oben) und RGB = 248/ 237/ 176 (unten). CELL CHARACTERISTICS: CHIPS mit aktiviertem FRACTAL, SIZE = 100, SPREAD = 0,8, ITERATIONS = 5 und ROUGHNESS = 0,8. THRESHOLD/MID = 0,6 (Abbildung 6.54).

Bearbeiten wir noch die DENT-Map »Ornament_02«.

- In den DENT-Parametern stellen Sie SIZE = 3000, STRENGTH = 4,7 und ITERATIONS = 10 ein. Die Farbe bei COLOR #1 ändern Sie auf RGB = 176/ 91/ 0.
- In »Kleine_Brocken« benötigen wir noch eine CELLULAR-Map für den Kanal MIX AMOUNT. Diese Map erhält den Namen »Trenner_Klein«. Sie wird nur als Graustufentextur benutzt, daher ändern Sie in »Trenner_Klein« sowohl die

Farbe für CELL COLOR als auch für DIVISION COLOR (oben) in Weiß, während die untere DIVISION COLOR Schwarz erhalten soll. Die CELL CHARACTERISTICS justieren Sie wie folgt: CHIPS ohne FRACTAL, SIZE = 100, SPREAD = 0,34, THRESHOLD/MID = 0,02 (Abbildung 6.55).

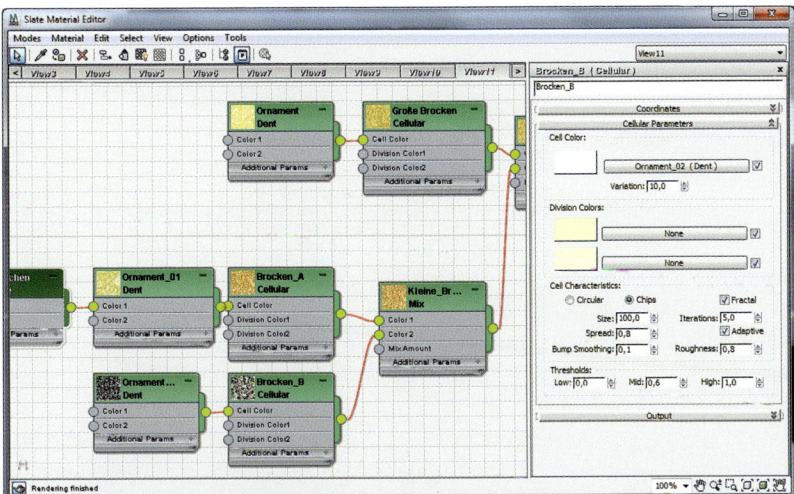

Abbildung 6.54
Materialeditor:
»Brocken_B«

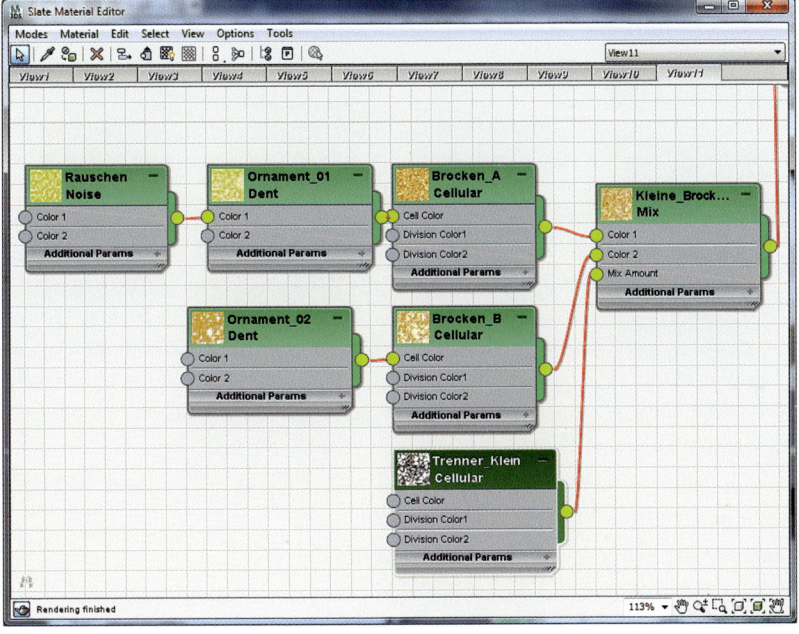

Abbildung 6.55
Materialeditor:
»Kleine_Brocken« und Zulieferer-Maps

- Nun fehlt uns in »Marmor« noch der Kanal MIX AMOUNT, für den wir eine DENT-Map laden, die wir mit »Trenner_Groß« bezeichnen. Stellen Sie darin unter der Gruppe DENT PARAMETERS die SIZE auf 1000, STRENGTH auf 8 mit ITERATIONS = 10.

Nun haben wir für den DIFFUSE-Kanal ein prozedurales Marmormuster angelegt.
- Den Betrag unter DIFFUSE LEVEL von »Boden« justieren Sie auf 0,6, der genauso auch unter REFLECTIVITY eingestellt wird.
- Der Steinboden soll glänzen, aber die Reflexion verlaufsartig unscharf werden, daher ändern Sie GLOSSINESS auf 0,25 mit 8 GLOSSY SAMPLES.
- Beachten Sie bitte, dass sich voreinstellungsbedingt die »Marmor«-Map auch im Reflexionskanal befindet. Außerdem müssen wir noch den deaktivierten BUMP-Kanal bearbeiten.

Im BUMP-(Relief-)Kanal befindet sich eine RGB MULTIPLY-Map, die bereits mit unseren zuvor erstellten Maps gefüllt ist.
- Sie heißt »glazed ceramic tiles (bumps)«. Ändern Sie zunächst den Namen um in »Boden_Relief«.

Wir benötigen keineswegs alle der in diesem Kanal verarbeiteten Maps und werden den Aufbau vereinfachen. Wir wollen die »Marmor«-Map aus dem BUMP-Kanal entfernen. Im Folgenden ist der Weg zur Bearbeitung mit dem SLATE MATERIAL EDITOR beschrieben, hinterher wird dasselbe Ziel noch einmal mit dem COMPACT MATERIAL EDITOR aufgezeigt.
- Werfen Sie die »glazed ceramic tiles (speckle bumps) (Speckle)«-Map, die in den zweiten Kanal der »Boden_Relief«-RGB MULTIPLY-Map mündet, raus.
- Die »glazed ceramic tiles (Tiles)«, die mit »Boden« über DIFFUSE COLOR MAP und über REFLECTION COLOR MAP verbunden ist, hat eine dritte Verbindung zu »Boden_Relief«.
- Trennen Sie diese Verbindung von »glazed ceramic tiles (Tiles)« zu »Boden_Relief«.
- Kopieren Sie die »glazed ceramic tiles (Tiles)« durch Verschieben mit gedrückter Shifttaste. Trennen Sie die mitgebrachte Verbindung von »Marmor«.
- Diese kopierte »Tiles«-Map benennen Sie um in »Kachel_Relief« und verbinden sie mit COLOR 1 von »Boden_Relief«. In »Kachel_Relief« schalten Sie im Bereich ADVANCED CONTROLS unter TILES SETUP die Farbe bei TEXTURE um in Schwarz.
- Zu guter Letzt aktivieren Sie den BUMP-Kanal und ändern seinen Betrag von 1,0 auf -0,5.

Der negative Wert bewirkt, dass das Weiß der Fugen um jenen Wert in den Boden nach unten abgesenkt wird.

Zurück bleibt im BUMP-Kanal lediglich die Textur, die für die Fugen bzw. für die Kachelung verantwortlich ist.

Damit ist der Boden fertig bearbeitet (Abbildung 6.56).

Im Folgenden wird der letzte Schritt noch einmal unter Zuhilfenahme des COMPACT MATERIAL EDITORS geschildert:

6.1 Tag/Innen

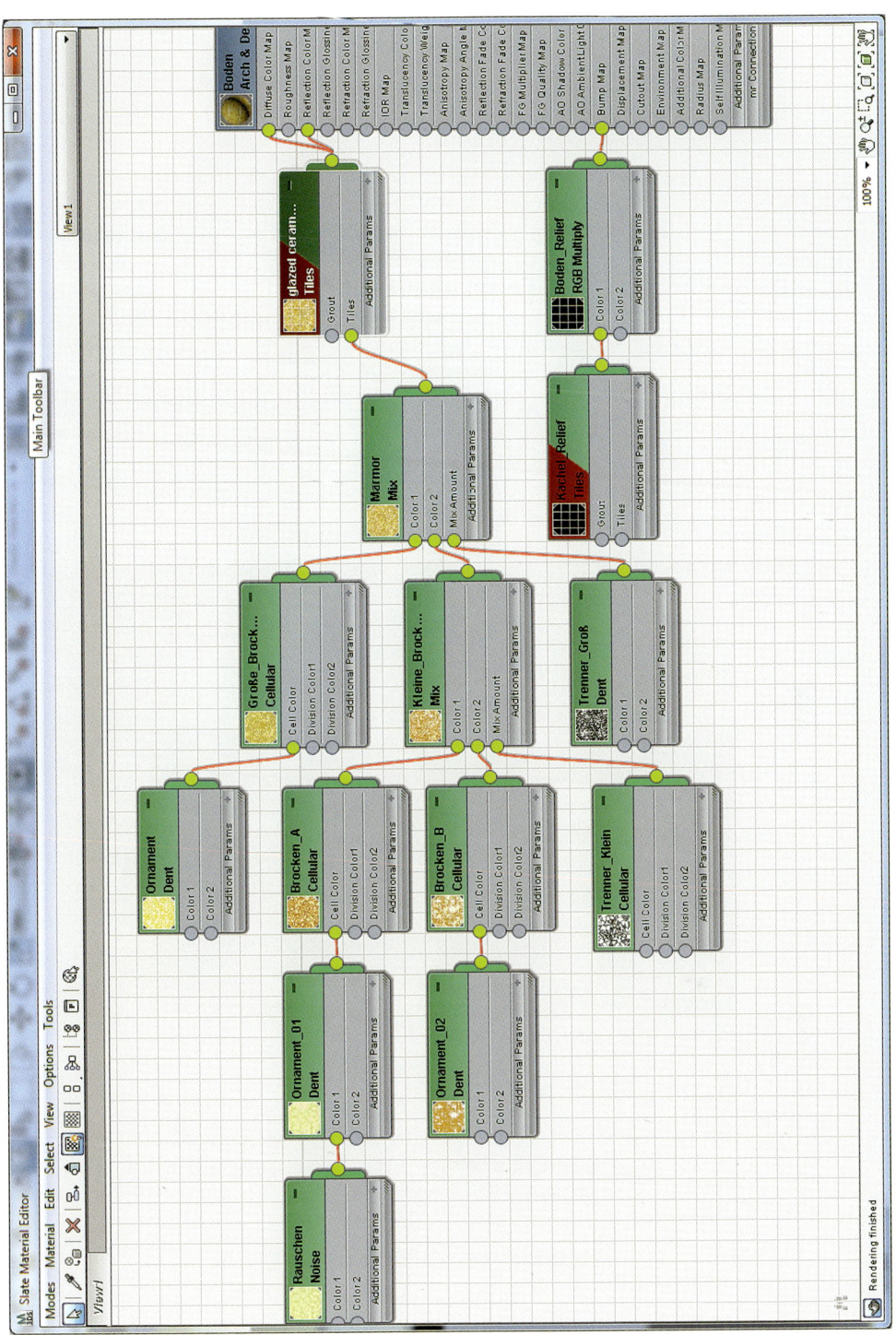

Abbildung 6.56 Materialeditor: die BUMP-Map

Im BUMP-(Relief-)Kanal befindet sich eine RGB MULTIPLY Map, die bereits mit unseren zuvor erstellten Maps gefüllt ist.

- Ändern Sie zunächst den Namen um in »Boden_Relief«.
- Gehen Sie in den oberen Kanal der RGB MULTIPLY Map und ändern Sie den Namen um in »Kachel_Relief«.
- In »Kachel_Relief« entdecken sie »Marmor« unter TILES SETUP der ADVANCED CONTROLS Gruppe. Bei dieser Map handelt es sich um eine Instanz der DIFFUSE Map. Änderungen hier werden sich auch auf die oben erstellte DIFFUSE Map auswirken.
- Um nun gefahrlos Änderungen vornehmen zu können, klicken Sie auf die Schaltfläche MAKE UNIQUE in der Symbolleiste des COMPACT MATERIAL EDITORS. Werfen Sie anschließend die »Marmor« Map aus dem Kanal (Rechtsklick → CLEAR) und schalten Sie die Farbe um in Schwarz.
- Werfen Sie außerdem noch die SPECKLE Map aus dem zweiten Kanal der RGB MULTIPLY Map. Zurück bleibt im BUMP Kanal lediglich die Textur, die für die Fugen bzw. für die Kachelung verantwortlich ist.
- Aktivieren Sie den BUMP-Kanal und ändern seinen Betrag von 1,0 auf -0,5.

Die Bodenoberfläche sehen Sie in Abbildung 6.57.

Abbildung 6.57
Der fertige Boden

6.1.15 Die Sitzgruppe

Arbeiten Sie an Ihrer gegenwärtigen Szene weiter oder laden Sie die Szene 06_Int_05.max unter Beibehaltung der Gamma-Einstellungen der Datei. Die Szene greift auf Texturen des mitgelieferten maps-Verzeichnisses zurück. Fahren Sie den Zeitschieber ans Ende der Zeitskala.

- Über den Ebenenmanager schalten Sie die Ebene SITZGRUPPE ein, die bisher unsichtbar blieb.
- Die Sitzgruppe besteht aus zwei Tischen, zwei Sesseln mit Lederbezug sowie einer Couch, die sich auf einem Teppich befinden.

6.1 Tag/Innen

Die Gebeine aller Sitzmöbel sollen verchromt werden, denen wir das bereits vorhandene Material »Gerüst« zuweisen können.

- Selektieren Sie dazu alle Objekte, die mit »Tischbein*« und »Kapsel*« beginnen, sowie alle Objekte, die die Bezeichnung »Sessel*Stangen*« oder »Sofa*Stangen*« aufweisen. Alternativ können Sie diese genannten Objekte auch mit dem vorbereiteten SELECTION SET »SitzgruppeGebeine« auswählen. Weisen Sie das Material »Gerüst« zu.

Die Tischplatten sollen ein braun getöntes Glas erhalten.

- Dazu bezeichnen Sie ein neues A&D-Material mit dem Namen »Tischplatte« und weisen es den beiden Objekten »Tischplatte01« und »Tischplatte02« zu.
- Um das Glas zu generieren, stellen Sie in der DIFFUSE-Gruppe alle Werte auf null.
- In der REFLECTION-Gruppe erhöhen Sie REFLECTIVITY auf 1 und vergeben für GLOSSINESS 0,6.
- Wir können leider keine Renderbeschleunigung aktivieren, da wir in der gegebenen flachwinkligen Perspektive alle Strahlen der Strahlenverfolgung (ray trace) für die Reflexion benötigen.
- Das Glas ist teilweise blickdurchlässig, deswegen erhöhen wir die TRANSPARENCY auf 0,9 und übernehmen GLOSSINESS von 1,0.
- Schalten Sie unter BRDF auf IOR um und vergeben Sie den Refraktionsindex 1,5 für Glas.
- Die Farbigkeit des getönten Glases erhalten wir, indem wir unter ADVANCED RENDERING OPTIONS im Bereich REFRACTION die MAX DISTANCE mit einem Wert von 500,0cm aktivieren. Setzen Sie außerdem ein Häkchen bei COLOR AT MAX DISTANCE und ändern Sie die Farbe auf RGB = 0,4/ 0,17/ 0,0 (siehe Kapitel 2 und Abbildung 6.58).

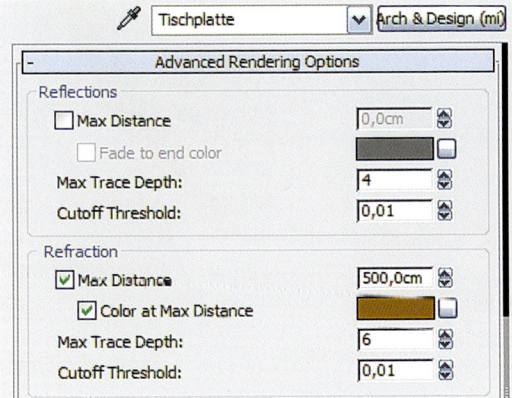

Abbildung 6.58
Materialeditor: Mit diesen Werten erhalten wir eine adäquate Glastönung.

Für das schwarze Polster erlauben wir uns die Zuweisung eines voreingestellten Materials, dessen Bekanntheitsgrad als dunkle Oberfläche sowieso weniger auffällt.

- In einem neuen A&D-Material laden Sie die LEATHER-(Leder-)Voreinstellung, bezeichnen das Material mit »Sessel_Poster« und weisen es allen Objekten zu, die mit dem Namen »Sessel*Polster*« bzw. »Sofa*Polster*« beginnen (SELECTION SET »Polster«).

Analysieren wir das LEATHER-Material: In der DIFFUSE-Gruppe befindet sich eine NOISE-Map, um die Farbigkeit zu definieren. Hier werden zwei ähnliche RGB-Werte über eine Rauschfunktion miteinander vermischt. Wichtiger ist das Zustandekommen der Reflexion. Hier wurde die Funktion HIGHLIGHTS+FG ONLY aktiviert. Echte Reflexionen werden deaktiviert, es bleibt eine durch Finalgather initiierte unscharfe Sanftreflexion inklusive des Glanzpunkts zurück. Je dunkler und matter die Oberfläche ist, auf der die Reflexion erscheinen soll, desto eher empfiehlt sich die Aktivierung dieses Renderbeschleunigers.

- Eine kleine Änderung nehmen wir jedoch vor: Erhöhen Sie unter REFLECTION die GLOSSINESS von 0,25 auf 0,5. Dies bündelt den Glanzpunkt und lässt ihn intensiver werden.

Die Sessel besitzen noch Latten aus Holz, die ein entsprechendes Material erhalten sollen. Aufgrund der Unauffälligkeit werden wir ein schnell zu berechnendes Holzmaterial erstellen.

- In einem neuen A&D-Material laden Sie für den DIFFUSE-Kanal die Textur TUTASH.JPG aus dem ../maps/Wood/-Verzeichnis unter Anwendung des Systemgammas. Belassen Sie alle Bitmap-Parameter, wie sie sind, vergeben Sie lediglich den Namen »Tutash«. Stellen Sie beide Parameter der REFLECTION-Gruppe auf jeweils 0,5 und aktivieren Sie HIGHLIGHTS+FG ONLY.
- Wir benötigen für diese kaum auffällige Holzgeometrie keine echten, raytrace-basierten Reflexionen.
- Benennen Sie das Material mit »Sessel_Latten« und weisen Sie es den Objekten zu, die mit der Bezeichnung »Sofa*Latten*« bzw. »Sessel*Latten*« aufwarten (SELECTION SET »Latten«).

6.1.16 Der Teppich

Den Teppichboden behandeln wir deswegen als letztes Objekt in der Szene, da er bei den bisherigen Testrenderings nur hinderlich gewesen wäre, denn die Teppichfussel sollen mit Hilfe von HAIR AND FUR berechnet werden, was einen zusätzlichen Renderdurchlauf bedingt.

- Um HAIR AND FUR zu nutzen, fügen wir dem zu selektierenden Teppichobjekt noch einen HAIR AND FUR (WSM)-Modifikator auf dem Modifikationsstapel zu.
- Die Bearbeitung seiner Parameter beschränkt sich auf die Gruppe der GENERAL PARAMETERS, während wir die Gruppe der MATERIAL PARAMETERS umgehen können.
- Zunächst stellen Sie die Anzahl von HAIR COUNT auf 46000. Geben Sie für die HAIR SEGMENTS eine 3 ein und belassen Sie die PASSES auf 1.
- Die HAIR-Segmente geben den Grad der Verbiegung an, und die PASSES zeichnen für die Dicke der Haarborsten verantwortlich.
- Die SCALE setzen wir auf 4 herab, damit die Borsten nicht einen Meter hoch bleiben. Sowohl ROOT THICK (Dicke der Haarwurzeln) verändern wir auf 1,5 als auch die TIP THICK (Dicke der Haarspitzen) auf 1,0. Vergewissern Sie sich, dass INTERPOLATE aktiviert ist (Abbildung 6.59).

6.1 Tag/Innen

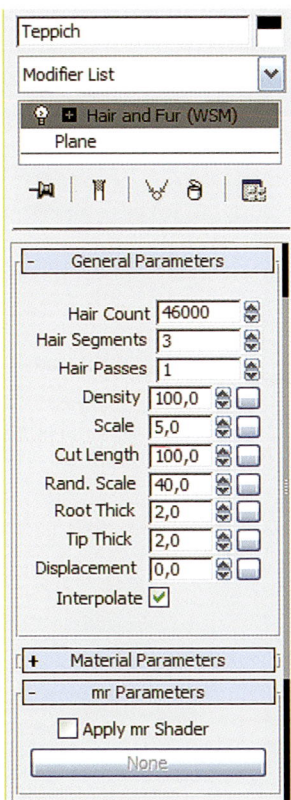

Abbildung 6.59
Modifikationspalette: die Einstellungen für HAIR AND FUR

Wir überspringen nun die Gruppe der MATERIAL PARAMETERS, weil für uns ausschließlich die Gruppe MR PARAMETERS von Bedeutung ist.

- Aktivieren Sie APPLY MR SHADER.
- In den hiesigen Kanal können wir nun ein mental-ray-Material kopieren, das wir nachfolgend im Materialeditor erstellen. Die HAIR AND FUR-eigenen MATERIAL PARAMETERS werden damit ungültig.

Genaugenommen müssen wir zwei Materialien anrühren, eines für das Geometrieobjekt »Teppich« und ein zweites für die Borsten innerhalb des HAIR AND FUR-Modifikators. Erfahrungsgemäß erhält man bessere Resultate, wenn die beiden Materialien nicht völlig identisch sind. Wir beginnen mit dem Teppich.

- Diesen Namen »Teppich« vergeben wir einem neuen A&D-Material, wo wir die beiden Parameter der DIFFUSE-Gruppe auf 1 und alle Parameter der REFLECTION-Gruppe auf null stellen. Als Farbe unter DIFFUSE vergeben wir ein dunkleres Rot: RGB = 0,66/ 0,075/ 0,075.
- Kopieren Sie dieses Material durch Shiftklonen im Feld des SLATE MATERIAL EDITOR bzw. im Compact Material Editor in einen freien Slot des Materialeditors als Copy (nicht als Instanz) und ändern Sie die Bezeichnung um in »Borsten«. Die Farbe wird etwas abgedunkelt: RGB = 0,11/ 0,012/ 0,012. Stellen Sie REFLECTIVITY auf 0,3 und GLOSSINESS auf 0,4. Aktivieren Sie HIGHLIGHTS+FG ONLY.

- »Teppich« weisen Sie dem gleichnamigen Objekt der Szene zu und »Borsten« ziehen Sie mit gedrückter Maustaste in den Kanal des Modifikators als Instanz.

Bevor wir ein Testrendering starten, müssen wir im HAIR AND FUR RENDEREFFECT noch eine Schaltung tätigen. Der Rendereffekt wird automatisch beim Laden des Modifikators in die Effektliste hinzugefügt:

- Öffnen Sie das ENVIRONMENT AND EFFECTS-Fenster mittels RENDERING → EFFECTS. Dort finden Sie den Eintrag HAIR AND FUR. Wählen Sie diesen aus bzw. markieren Sie diesen und begeben Sie sich in die Gruppe HAIR AND FUR. Dort wählen Sie unter HAIRS den Eintrag MR PRIM (Abbildung 6.60).

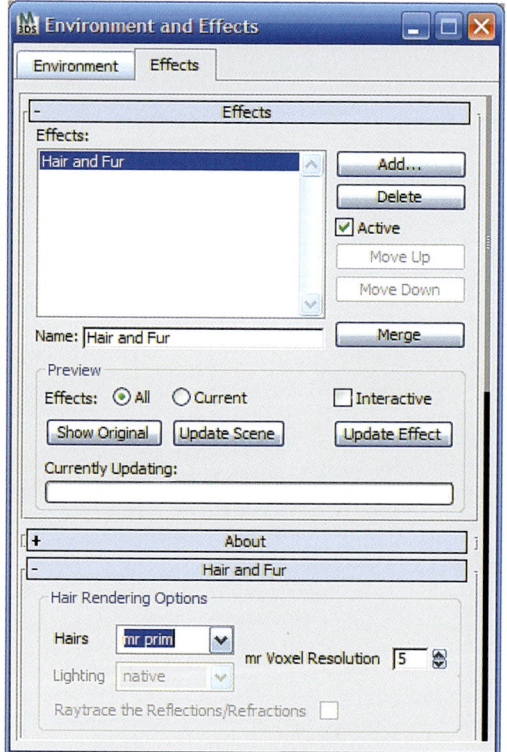

Abbildung 6.60
ENVIRONMENT AND EFFECTS: Der Effekt wird erst nach dem Rendern berechnet.

- Somit werden alle Parameter ausgegraut und mental ray übertragen. Erst hierdurch wird auch unser MR MATERIAL berücksichtigt.
- Schließen Sie das Fenster wieder.

Der Vorteil des mr-Materials ist Geschwindigkeit. Im Gegensatz zu dem konventionellen HAIR AND FUR-Material wird die Renderzeit aufgrund unseres mr-Materials auf zwei Drittel verkürzt.

Damit ist die Szene fertig texturiert. Wenn Sie alles richtig gemacht haben, rufen Sie zwecks Kontrolle das LIGHTING ANALYSIS-Werkzeug auf.

- Gehen Sie auf LIGHTING ANALYSIS → MATERIALS und überprüfen Sie, ob ein Objekt vergessen wurde. Wenn nichts vergessen wurde, gibt das Analysewerkzeug den Befund »0 found« aus (Abbildung 6.61). Falls ja, suchen Sie das Objekt auf und prüfen Sie, welches Material im Editor dafür bestimmt war.

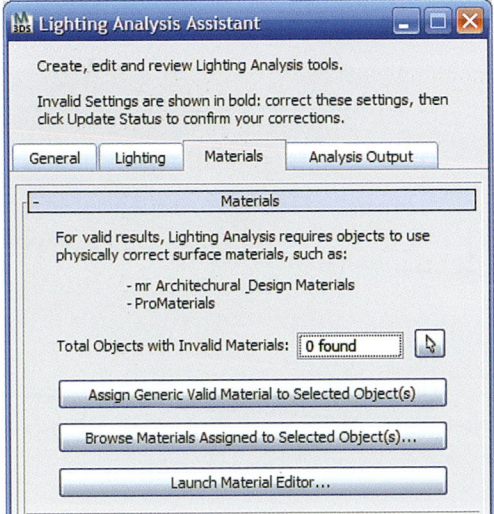

Abbildung 6.61
Der LIGHTING ANALYSIS ASSISTANT ist behilflich u.a. bei der Entdeckung von unbearbeiteter Geometrie.

Die Tageslichtvariante unseres Interieurs ist vollbracht. Den beendeten Status bis hierher zeigt die Datei 06_Int_06.max und Abbildung 6.62.

Abbildung 6.62
Die fertige Tageslichtvariante

6.2 Abend/Innen

- Um eine Abendstimmung zu erhalten, selektieren Sie das DAYLIGHT SYSTEM und stellen mittels SETUP eine neue Uhrzeit ein, z.B. 19:38 Uhr.
- Das Tageslichtsystem setzt die neue Sonne mit den erforderlichen Intensitäten, und die zugewiesenen Materialien erstrahlen automatisch in der richtigen Nuancierung.

Die EXPOSURE CONTROL muss hierfür nachjustiert werden. Bedienen Sie sich dazu der RENDER PREVIEW im Menü MR PHOTOMETRIC EXPOSURE CONTROL.

- Reduzieren Sie den EV-Wert. Ein passender Wert könnte EV = 7,0 sein (Abbildung 6.63).

Abbildung 6.63
Bei Sonnenuntergang.
Ort = Bonn,
Zeit = 21.6.2011,
19:38 Uhr

6.3 Nacht/Innen

Etwas aufwendiger wird es, wollen wir eine Nachtstimmung erstellen, in der die Sonne untergegangen ist und Zimmerlampen den Raum beleuchten.

Arbeiten Sie an Ihrer gegenwärtigen Szene weiter oder laden Sie die Szene 06_Int_06.max unter Beibehaltung der Gamma-Einstellungen der Datei. Die Szene greift auf Texturen des mitgelieferten maps-Verzeichnisses zurück.

- Für das DAYLIGHT SYSTEM geben Sie eine Uhrzeit zur nächtlichen Stunde ein, z.B. 2:00 Uhr.
- Selektieren Sie »mr Sky Portal_A_01« und schalten Sie es aus, indem Sie das Häkchen bei ON entfernen.
- Wiederholen Sie dies für die verbleibenden zwei Sky Portals. Die Sky Portals müssen ausgeschaltet werden, da sie sonst noch immer zu viel Licht trotz der untergegangenen Sonne in den Raum schleusen.

Nun werden wir Lichtquellen installieren. Wir beginnen zunächst an der rechten Seite mit den Deckenlampen.

- Im Ansichtsfenster von vorne erstellen Sie dazu ein photometrisches Ziellicht »TPhotometricLight01« an beliebiger Position neben dem Haus mit einem Target unterhalb des Lichtes. Verschieben Sie »TPhotometricLight01« nachträglich auf die Position x = 430cm / y = 402cm / z = 219cm. Das Target kommt an die Position x = 430cm / y = 402cm / z = 10cm (Abbildung 6.64).

6.3 Nacht/Innen

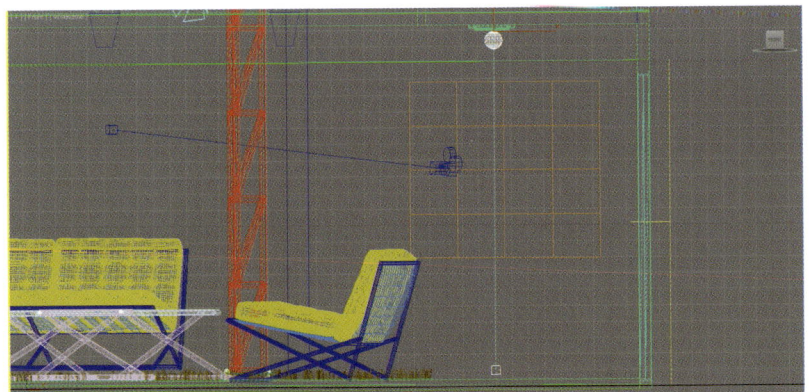

Abbildung 6.64
Wir installieren ein photometrisches Licht.

- Kopieren Sie das Licht zwei Mal als Instanz und verschieben Sie die Instanzen auf Positionen gemäß den Koordinaten der untenstehenden Tabelle.

Objekt	Pos X	Pos Y	Pos Z	Objekt	Pos X	Pos Y	Pos Z
TPhotometric Light02	430cm	150cm	219cm	Target	430cm	150cm	10cm
TPhotometric Light03	430cm	-98cm	219cm	Target	430cm	-98cm	10cm

Erstellen Sie sechs weitere Instanzen des Lichts und platzieren Sie sie an den Lichtgerüsten der Szene gemäß nachfolgender Koordinaten:

Objekt	Pos X	Pos Y	Pos Z	Objekt	Pos X	Pos Y	Pos Z
TPhotometric Light04	4cm	443cm	508cm	Target	-80cm	185cm	10cm
TPhotometric Light05	45cm	476cm	512cm	Target	10cm	-174cm	10cm
TPhotometric Light06	248cm	508cm	442cm	Target	243cm	224cm	10cm
TPhotometric Light07	268cm	496cm	402cm	Target	-124cm	100cm	10cm
TPhotometric Light08	250cm	506cm	346cm	Target	278cm	224cm	10cm
TPhotometric Light09	242cm	504cm	234cm	Target	100cm	237cm	10cm

Somit haben wir nun insgesamt neun instanziierte Lampen erstellt (Abbildung 6.65).

Kapitel 6

INTERIEUR

Abbildung 6.65
Das Interieur wird von neun Lampen beleuchtet.

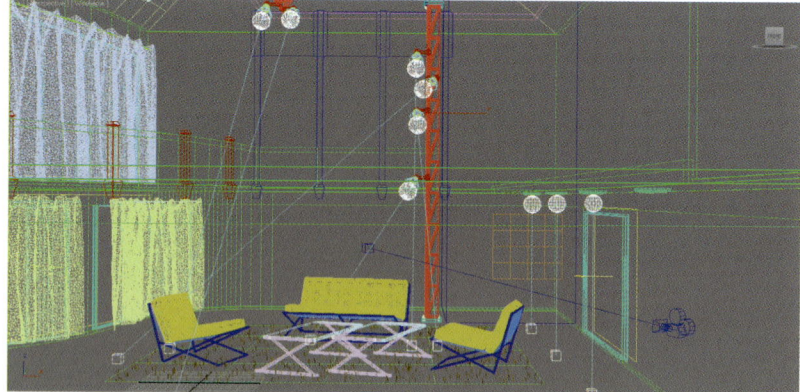

- Für Ihre Konfiguration selektieren Sie ein beliebiges »TPhotometricLight«. Die Veränderungen machen sich bei allen anderen ebenfalls bemerkbar.

- In der Modifikationspalette wählen Sie RAY TRACED SHADOWS.

Diese Methode zur Schattenberechnung ist realistischer, da sie im Gegensatz zu den Schatten-Maps den tatsächlichen Strahlengang des Lichts berücksichtigt. Diese Schatten haben messerscharfe Kanten, die sich aber nur dann manifestieren, wenn die Lichtquelle als punktförmige Ausdehnung installiert wird, was aber in Wirklichkeit kaum anzutreffen ist (siehe Kapitel 1). Wir werden daher der Lichtquelle die Gestalt einer Scheibe verleihen.

- Zunächst schalten wir als LIGHT DISTRIBUTION (TYPE) ein PHOTOMETRIC WEB aus. Nun sind wir in der Lage, eine ies-Datei zur Lichtstreuung zu laden.

- Wir nutzen eine Datei, die wir im mitgelieferten Verzeichnis ../sceneassets/photometric/ finden: `point_street.ies`. Laden Sie diese, indem Sie auf die Schaltfläche CHOOSE PHOTOMETRIC FILE klicken und die ies-Datei auswählen.

- Unter Color der Gruppe INTENSITY/COLOR/ATTENUATION wählen wir für unser Interieur ein Licht vom Typ FLOURESCENT (LITE WHITE), einem Licht, das immerhin annähernd weiß erscheint (Abbildung 6.66).

Nun wählen wir noch die Intensität. Hierbei stoßen wir auf ein Belichtungsproblem. Unsere EXPOSURE CONTROL (Belichtungskontrolle) steht auf EV = 10,0 (Tageslichtvariante) bzw. EV = 7 (Dämmerungsvariante). Streng genommen müssten wir diesen Wert reduzieren, da Kunstlicht immer eine deutlich niedrigere Intensität als Sonnenlicht aufweist. Andererseits würde aber das Nachtlicht heller werden, würden wir die Blende öffnen durch eine Reduzierung des EV-Wertes. Wir wählen einen anderen Weg. Um das Nachtlicht (Mondlicht) zu erhalten bzw. um die Abschaltung des Daylight Systems zu vermeiden, verstärken wir die Intensität des photometrischen Lichtes um ein Vielfaches.

- Vergewissern Sie sich, dass EV auf 10 steht.
- Geben Sie unter INTENSITY den Wert 18.000cd ein.

6.3 Nacht/Innen

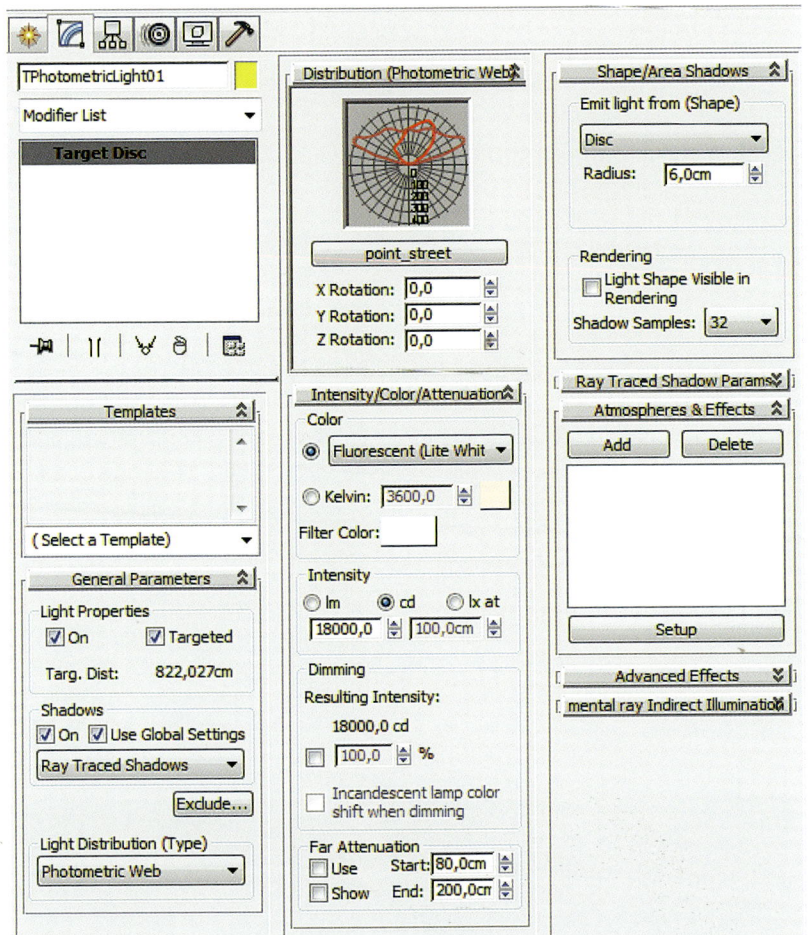

Abbildung 6.66
Alle photometrischen Lichter werden mit dieser Einstellung gefüttert.

Nun müssen wir für die Gestalt der Lichtquelle selbst eine Form auswählen. Standardgemäß ist zwar POINT ausgewählt, doch ein Punktlicht ist in der Natur nirgends anzutreffen.

Bleibt die Frage, wenn Punktlichter in der Natur nie auftauchen, wozu gibt es noch die Einstellung POINT? Die Antwort lautet: Geschwindigkeit! Unsere Einstellung DISC-Licht mit 6cm RADIUS steigert die Renderzeit um das Dreifache, so dauert die Szene bei 800x430px auf einem Intel QuadCore mit 8 GB Speicher 15 Minuten, wohingegen die POINT-Einstellung aller 9 Lichter mit 5 Minuten auskommt. In unserem Fall machen die Disc-Lichter auch gar nicht so viel her, da die Schatten durch die hohe Anzahl an Lichtern stark aufgehellt werden. Untersuchen Sie also Ihre zukünftigen 3-D-Szenen, ob messerscharfe Schatten wirklich störend sind. Falls nicht, schalten Sie um auf die POINT-Einstellung und gewinnen viel Zeit.

Falls Sie jedoch mutig bezüglich der Renderzeit sind, können Sie die nachfolgend erwähnte Einstellung in Erwägung ziehen:

- (Optional:) Wählen Sie in der Gruppe SHAPE/AREA SHADOWS eine DISC mit einem RADIUS von 6cm aus.

Somit handelt es sich um ein Flächenlicht (area light), welches gleichzeitig für weichere Schattenkanten der Ray-Trace-Schatten sorgt. Als Faustregel gilt: Je großflächiger die Gestalt der Lichtquelle angelegt ist, desto weicher werden die Schatten, falls RAY TRACE SHADOWS ausgewählt wurden. Dafür müssen jedoch auch die SHADOW SAMPLES ausreichen, da sonst ein zu weicher Schatten auch rauschig werden kann. Die gegebene Einstellung von 32 Samples sollte aber für unsere Zwecke ausreichen.

Als Letztes müssen wir die Hintergrund-Map bearbeiten. Die Sonne ist zwar untergegangen, aber die MR PHYSICAL SKY strahlt noch zu viel Himmelslicht ab.

- Ziehen Sie sich aus dem MATERIAL/MAP BROWSER, wo unsere vergebene MR PHYSICAL SKY auftaucht, aus der Rubrik SCENE MATERIALS eine Instanz der MR PHYSICAL SKY in das Feld bzw. in einen freien Slot des Materialeditors. Es genügt hier nun, das Häkchen bei INHERIT FROM MR SKY zu deaktivieren und den HAZE-Parameter auf 4,0 zu stellen.

Den beendeten Status können Sie auch unter der Datei 06_Int_07.max einsehen. Hier wurden den Lichtern noch die Rendereffekte GLOW, RING und STAR verliehen, um die Scheinwerfer optisch deutlicher strahlen zu lassen (Abbildung 6.67). Falls Sie sich für den Einsatz dieser Lens Effects entscheiden, müssen Sie unter RENDERING → RENDER SETUP → RENDERER → SAMPLING QUALITY im Bereich OPTIONS den FRAME BUFFER TYPE auf INTEGER (16 BITS PER CHANNEL) umstellen.

Abbildung 6.67
Den Lampen wurde ein Lens Effect verliehen.

Kapitel 7

7

Subsurface Scattering

7.1 Vorbereitung und Konfiguration 246
7.2 Kerngruppen des SSS-Materials 249
7.3 Gebrauch von Texturen 260
7.4 Augen 269

Kapitel 7 — SUBSURFACE SCATTERING

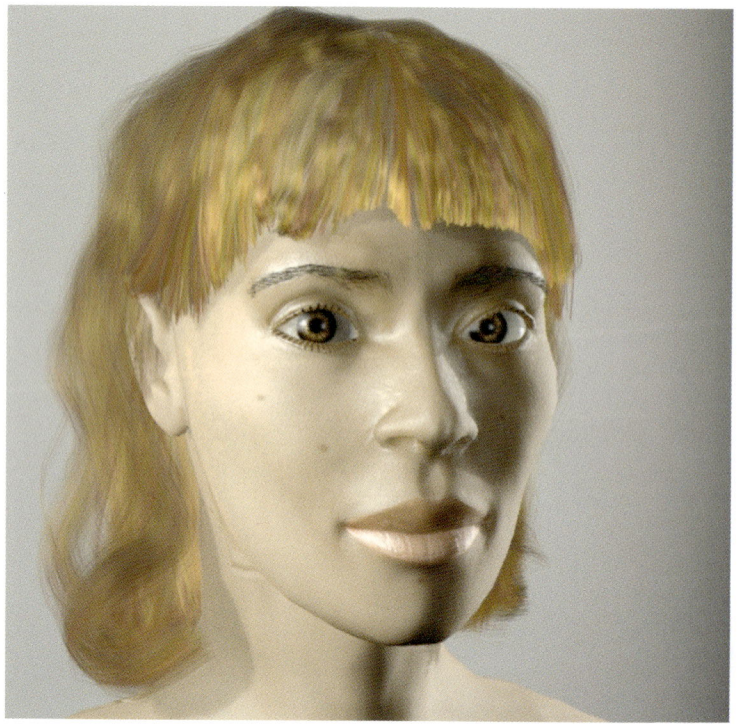

Abbildung 7.1
Mental ray bietet das Subsurface Scattering Material an, mit dem man menschliche Haut simulieren kann.

7.1 Vorbereitung und Konfiguration

Die menschliche Haut (Abbildung 7.1) ist ein Beispiel für jene Oberflächen, die Licht nicht als Gesamtheit reflektieren, sondern nebenher bestimmte Lichtanteile auch unter die Oberfläche durchscheinen lassen. Dies ist nach der Lektüre der vorangegangenen Kapitel nichts Neues, denn diesen Effekt kennen Sie bereits vom Glasmaterial. Im Unterschied zu Transparenzen wie Glas oder Wasser setzen die durchgelassenen Lichtstrahlen ihren Weg bei menschlicher Haut nicht ungehindert fort, sondern werden aufgrund der Fleischmaterie bzw. des Volumens unterhalb der Hautoberfläche diffundiert bzw. in alle Richtungen gestreut, bis sich die Lichtstrahlen unter der Haut schließlich vollends verlieren. Dies hat den Effekt, dass die Haut auch von innen her leuchtet. Wir kennen diesen Effekt im Alltag weniger von der menschlichen Haut, viel intensiver ist er bei einer brennenden Kerze zu beobachten, denn Kerzenwachs gehört auch zu dieser Kategorie, genauso wie Milch, Butter, aber auch Wolken, obgleich die Volumenstruktur der genannten Objekte unterschiedlich ist. Gemeinsam ist ihnen, dass Licht teilweise ins Volumen unter der Außenhülle eindringt und dann hin- und herreflektiert wird. Damit menschliche Haut realistisch dargestellt werden kann, muss dieser Effekt auch hier simuliert werden.

Subsurface Scattering bedeutet präzise ausgedrückt das Durchscheinen von Licht durch eine Oberfläche mit der anschließenden Streuung jener Restlichtmenge im Volumen unterhalb der Materialoberfläche, wodurch Illumination nicht nur auf, sondern auch hinter bzw. unter der Oberfläche festzustellen ist, was den Charakter jener Oberfläche entscheidend beeinflusst.

Mental ray hat für diese Sorte von Oberflächen vier Schattierer der Kategorie Subsurface Scattering entwickelt: SUBSURFACE SCATTERING FAST MATERIAL, SUBSURFACE SCATTERING FAST SKIN, SUBSURFACE SCATTERING FAST SKIN+DISPLACEMENT, SUBSURFACE SCATTERING PHYSICAL.

Stellvertretend für alle vier wollen wir uns in diesem Kapitel den SSS FAST SKIN MATERIAL (MI) näher ansehen.

Laden Sie die Datei 07_SS_01.max. Beim Öffnen der Szene übernehmen Sie die Gamma-Einstellungen der Datei. Die Szene greift auf zwei Bildtexturen des mitgelieferten maps-Verzeichnisses zurück (Abbildung 7.2).

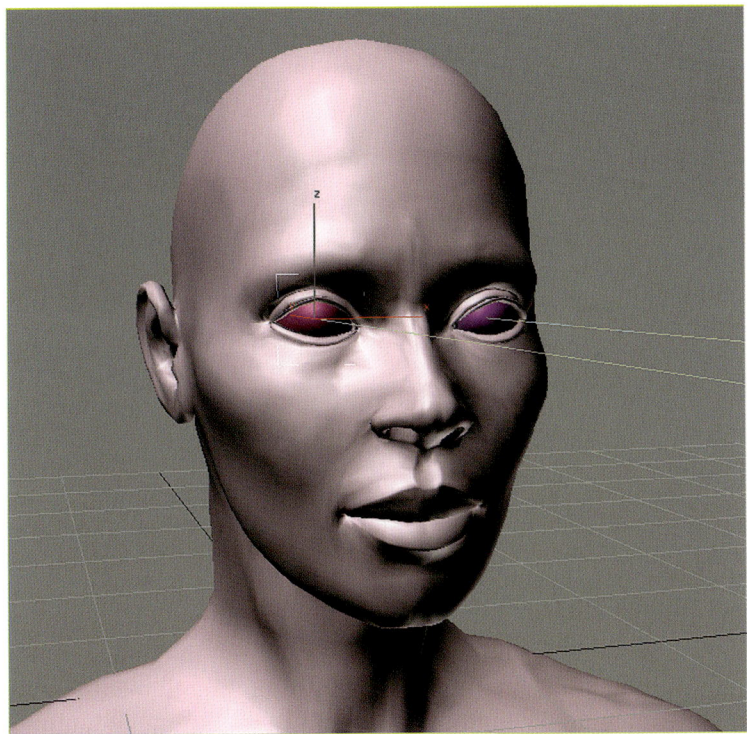

Abbildung 7.2
Der Kopf der Szene in seiner Rohform

Sie finden darin den Kopf sowie eine Wand für den Hintergrund. Die Figur wurde aus der Applikation Poser importiert, einer Software zur Generierung von virtuellen Figuren. Die MR PHOTOGRAPHIC EXPOSURE CONTROL steht auf EV = 9,0. Als Hintergrundtextur verwenden wir wieder die KC_outside_blur.hdr. Außerdem ist die FG als globale Beleuchtung hinzugeschaltet worden.

Ziel ist es bei diesem Projekt, den Kopf mit einer lebensechten Hautoberfläche zu versehen. Im Gegensatz zu dem in 3ds Max mitgelieferten SSS-Lehrgang (HELP → ADDITIONAL HELP → MR FAST SUBSURFACE SCATTERING TUTORIAL), wo der Kopf eines Außerirdischen bearbeitet wird, sollen in diesem vorliegenden Projekt

Erfordernisse des menschlichen Gesichts berücksichtigt werden. Die Simulation von Organik mit realen, vorgegebenen Prämissen in Einklang zu bringen, darf als gestiegene Anforderung im Vergleich zu einem beliebig-spielerischen Fiktionalcharisma einer Alienfigur betrachtet werden.

Bevor wir den Kopf mit einem entsprechenden SSS-Material versehen werden, kümmern wir uns zunächst um die Augen, denn mit einem vorhandenen Blickfang fällt es leichter, den Charakter des Gesichtes zu beurteilen.

- Im Materialeditor nennen Sie ein neues A&D-Material »Augen«. Laden Sie für den DIFFUSE-Kanal die Textur eyeball_spherical copy.jpg aus dem mitgelieferten Verzeichnis ../maps/Organics unter Beibehaltung des Systemgammas. Reduzieren Sie REFLECTIVITY auf null.

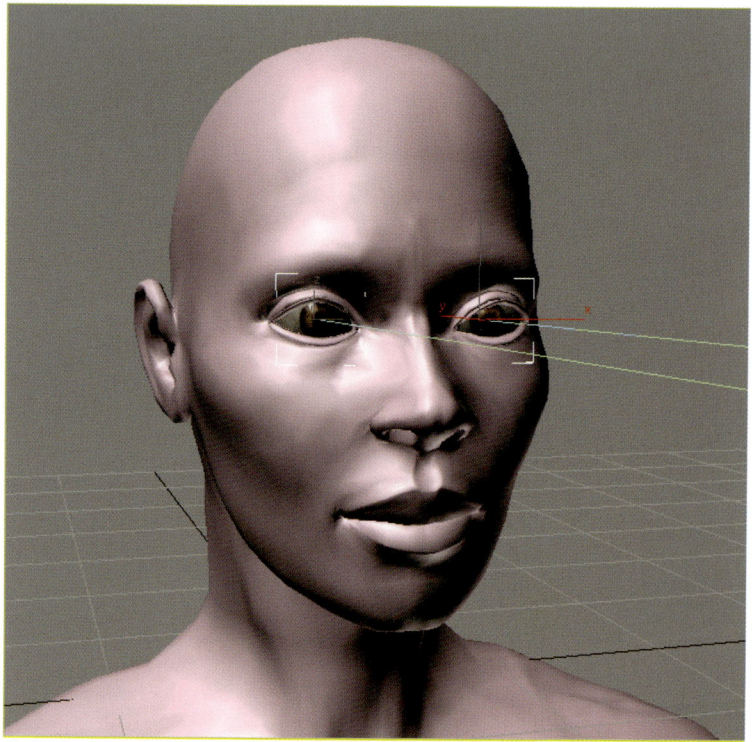

Abbildung 7.3
Wir haben den Augen eine Textur zugewiesen, um die Beurteilung der weiteren Oberflächenbearbeitung zu erleichtern.

- In der Koordinatengruppe erhöhen Sie die TILING-Werte bei U und V auf 1,2, nachdem Sie USE REAL-WORLD SCALE deaktiviert haben, und reduzieren Sie REFLECTIVITY auf null.
- Weisen Sie das Pro-forma-Material den beiden Augen »Auge,links« und »Auge,rechts« in der Szene zu.

Die Augen werden durch einen Look-At-Controller gesteuert. Wir werden später dieses Material durch ein SSS-Material ersetzen (Abbildung 7.3).

- Nun laden wir über den MATERIAL/MAP BROWSER in das freie Feld VIEW1 des SLATE MATERIAL EDITOR das SSS FAST SKIN MATERIAL (MI) (Abbildung 7.4), nennen es »Gesicht« und weisen es dem Kopf zu.

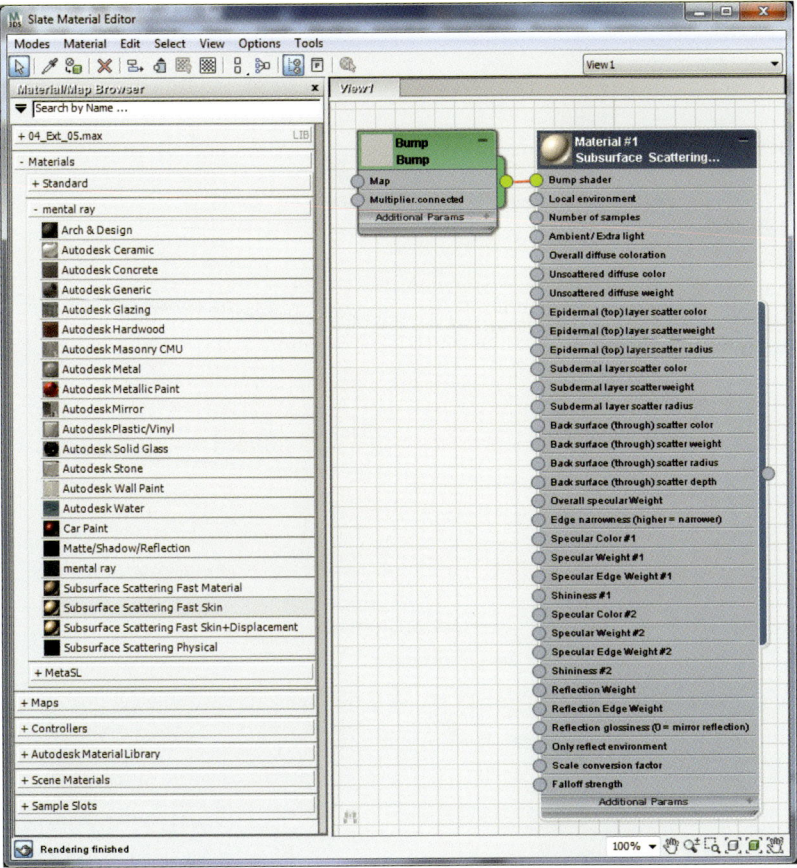

Abbildung 7.4
MATERIAL/MAP BROWSER:
Wir wählen das SSS FAST
SKIN MATERIAL (MI).

Betrachten wir zunächst die Parameter. Erst sieht das Material ziemlich unübersichtlich aus, deswegen wollen wir eine Ordnung einführen.

7.2 Kerngruppen des SSS-Materials

Nun gelangen wir zu den Kerngruppen des Materials.

Mental ray hat die menschliche Haut in drei Illuminationsgruppen unterteilt. Die obere Schicht ist die Epidermis (griechisch *epi* = über, darauf; *derma* = Haut). Das unter dieser Außenhülle liegende Volumen (das Fleisch unter der Haut) wird in eine so genannte subdermale Schicht und in eine Backface-Schicht unterteilt (Abbildung 7.5).

Abbildung 7.5
Das Drei-Schichten-Modell, wie es in der 3ds-Max-Hilfe gezeigt wird

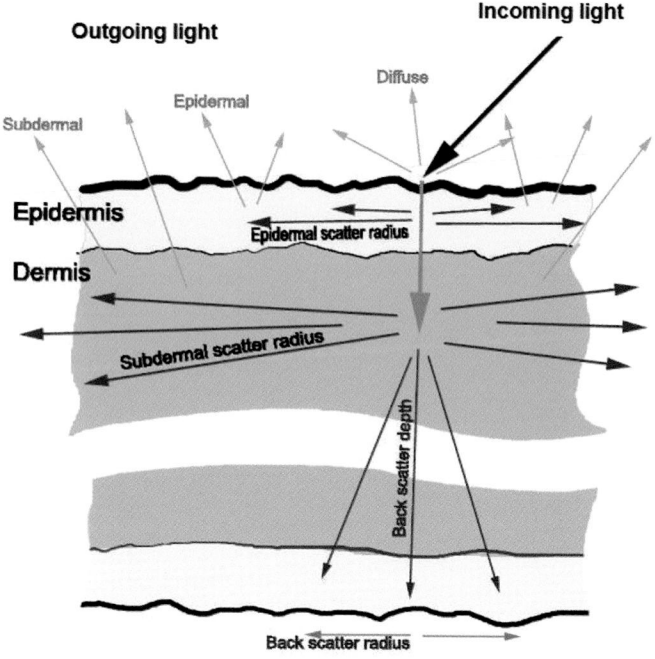

Das Drei-Schichten-Modell finden Sie im Material wieder (Abbildung 7.6).

Die drei Schichten sind unter der Gruppe 3-LAYER DIFFUSE SUBSURFACE SCATTERING individuell benannt:

1. EPIDERMAL (TOP) LAYER
2. SUBDERMAL LAYER
3. BACK SURFACE (THROUGH)

Um das Lichtverhalten zu steuern, wird für jeden dieser Schichten jeweils ein Farbkanal (SCATTER COLOR), ein Kanal für die Gewichtung (SCATTER WEIGHT) und ein Kanal für die Ausdehnung (SCATTER RADIUS) zugewiesen.

Für Texturierungen von Hautmerkmalen, die wie Augenbrauen oder Hautbemalungen nicht dem Effekt der Volumenstreuung unterliegen, stehen in dieser Gruppe die beiden Zusatztexturkanäle OVERALL DIFFUSE COLORATION und UNSCATTERED DIFFUSE COLOR zur Verfügung.

In der Gruppe 2-LAYER SPECULARITY AND REFLECTIONS kommen Werkzeuge zum Einsatz, die die Glanzeigenschaften der Haut bestimmen. Da Haut ähnlich wie der zuvor kennen gelernte Autolack aus mehreren glanzfähigen Schichten besteht, stehen hier zwei unabhängig voneinander steuerbare Glanzpunkte zur Verfügung (Abbildung 7.7).

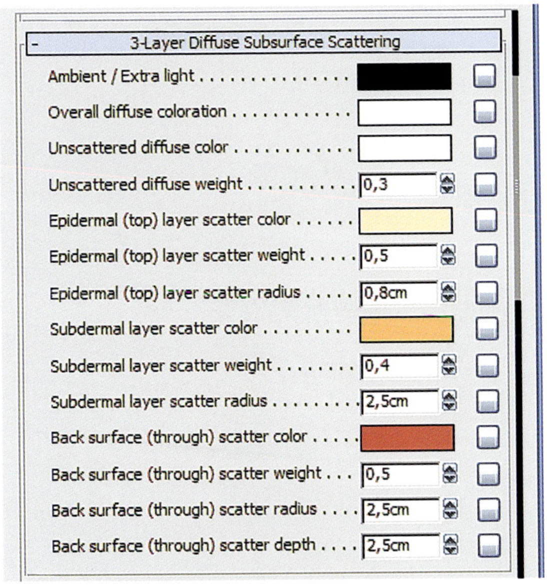

7.2 Kerngruppen des SSS-Materials

Abbildung 7.6
Materialeditor: die Farbeinstellungen des SSS-Materials

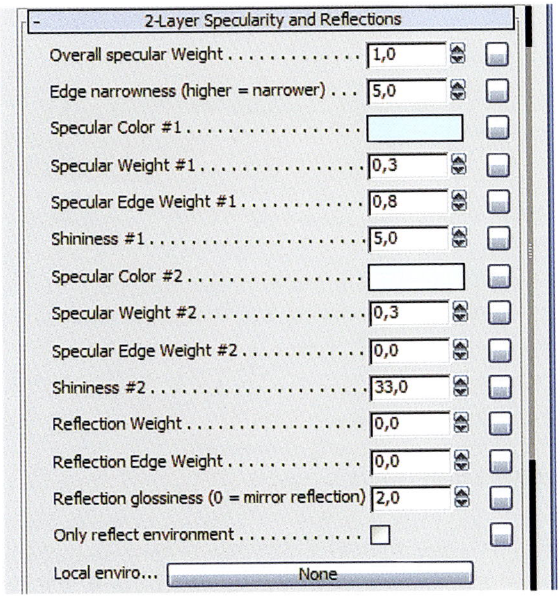

Abbildung 7.7
Materialeditor: Die Parameter für Glanz- und Reflexionseinstellungen

Rendern Sie ein Bild mit den Voreinstellungen des Materials über Camera02 mit der empfohlenen Auflösung 650x640px. Wie Sie erkennen, hat mental ray versucht, sich größtmöglich an menschliche Haut anzunähern. Doch gibt es noch eine Menge zu tun (Abbildung 7.8).

Abbildung 7.8
Das SSS Fast Skin-
Material mit den
Standardeinstellungen

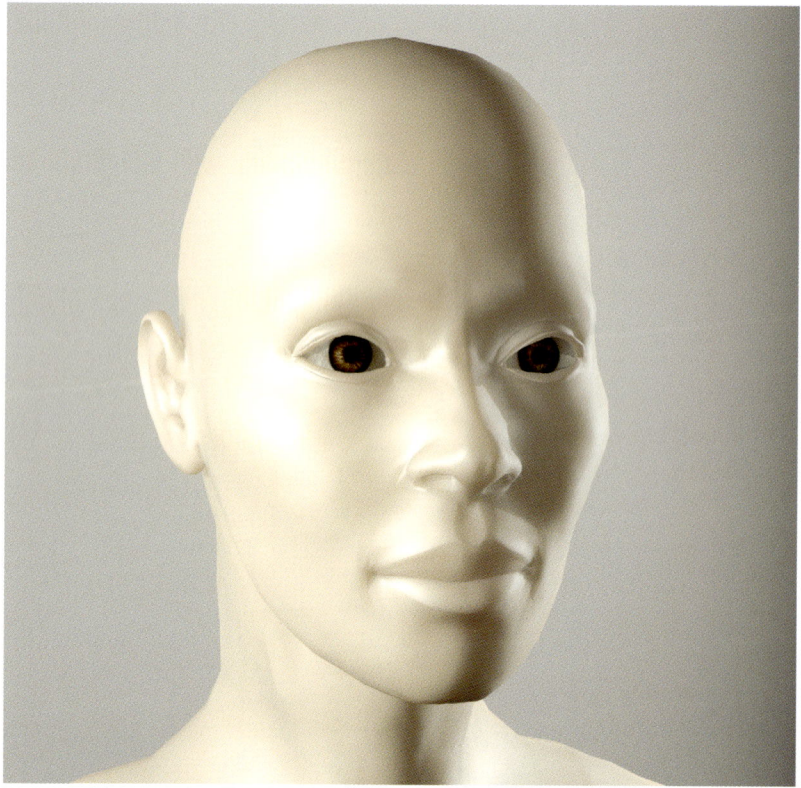

Bevor wir das virtuelle Gesicht bearbeiten, analysieren wir die Wirkung der einzelnen Kanäle isoliert.

Wir beginnen mit der EPIDERMAL (TOP) LAYER-Gruppe. Um diesen Kanal isoliert rendern zu können, schalten wir die anderen Kanäle aus, indem wir jeweils den WEIGHT-Parameter auf null stellen. Stellen Sie ein:

- UNSCATTERED DIFFUSE WEIGHT = 0
- EPIDERMAL (TOP) LAYER SCATTER WEIGHT = 1,0
- SUBDERMAL LAYER SCATTER WEIGTH = 0
- BACK SURFACE (THROUGH) SCATTER WEIGHT = 0

Abbildung 7.9 zeigt das gerenderte Bild. Obwohl der Farbkanal von EPIDERMAL (TOP) LAYER SCATTER COLOR mit einer hautähnlichen Farbe ausgestattet ist, erscheint das Gesicht in einer gräulicheren Farbe. Dies ist korrekt, denn wie Sie später sehen werden, definiert sich die Hautfarbe nicht durch die Nutzung bunter Streufarbentexturen, sondern durch das darunterliegende Volumen, während die Oberfläche grau-weiß verbleibt. Aus diesem Grund dürfen wir keine Gesichtstexturen verwenden, in denen eine Farbigkeit zu sehen ist.

7.2 Kerngruppen des SSS-Materials

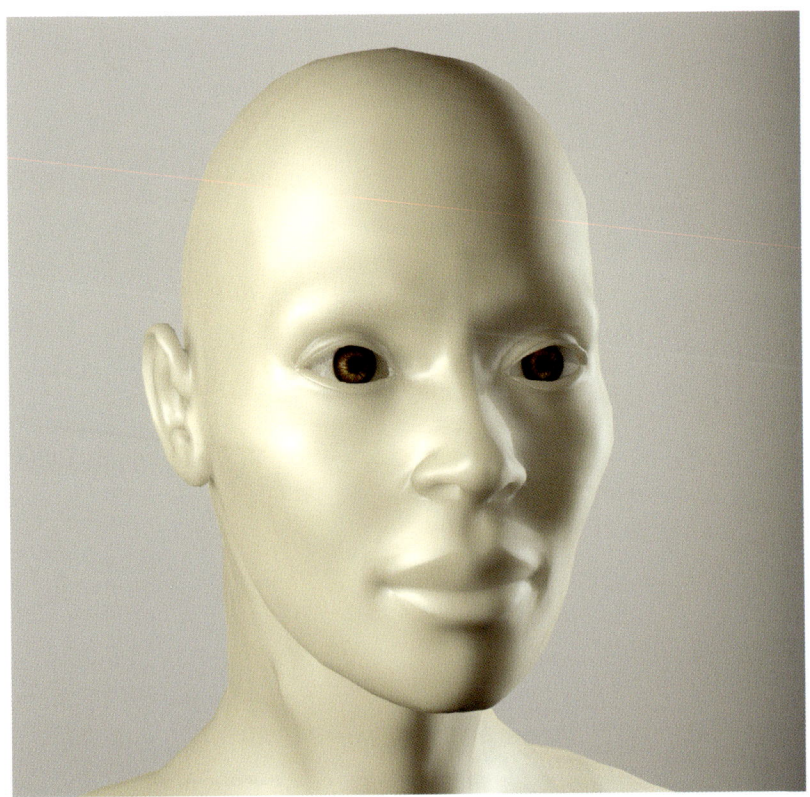

Abbildung 7.9
EPIDERMAL LAYER SCATTER
WEIGHT = 1,0,
EPIDERMAL LAYER SCATTER
RADIUS = 0,8cm

Sollen farbige Texturen auf der Haut zu sehen sein, steht hierfür der Kanal OVERALL DIFFUSE COLORATION zur Verfügung, doch wir vermeiden es, die Hautfarbe selbst über Texturfarben darzustellen.

Dazu später mehr.

Zur EPIDERMAL-Gruppe gehört wie bei den anderen Kanälen der RADIUS-Parameter. Er definiert den Bereich unter der Haut, in der sich die Lichtstrahlen ausbreiten können. Er ist gegenwärtig auf 0,8cm eingestellt, was eigentlich zu viel ist. In einem Experiment ermitteln wir, wie wir den korrekten Radius finden:

- Erhöhen Sie EPIDERMAL (TOP) LAYER SCATTER RADIUS auf ein übertriebenes Niveau von 10cm.

Je höher wir ihn stellen, desto intensiver wird der Wachseindruck des Objekts (Abbildung 7.10). Der Kopf sieht wie ein weicher Karamellpudding aus, Schatten verschwinden.

Nun wollen wir den Radius stark verkleinern.

- Reduzieren Sie EPIDERMAL (TOP) LAYER SCATTER RADIUS auf 0,01cm.

Je kleiner wir den Radius setzen, desto mehr ähnelt das Material einer Phong-schattierten Streufarbentextur (Abbildung 7.11).

Abbildung 7.10
EPIDERMAL LAYER SCATTER
WEIGHT = 1,0, EPIDERMAL
LAYER SCATTER
RADIUS = 10,0cm

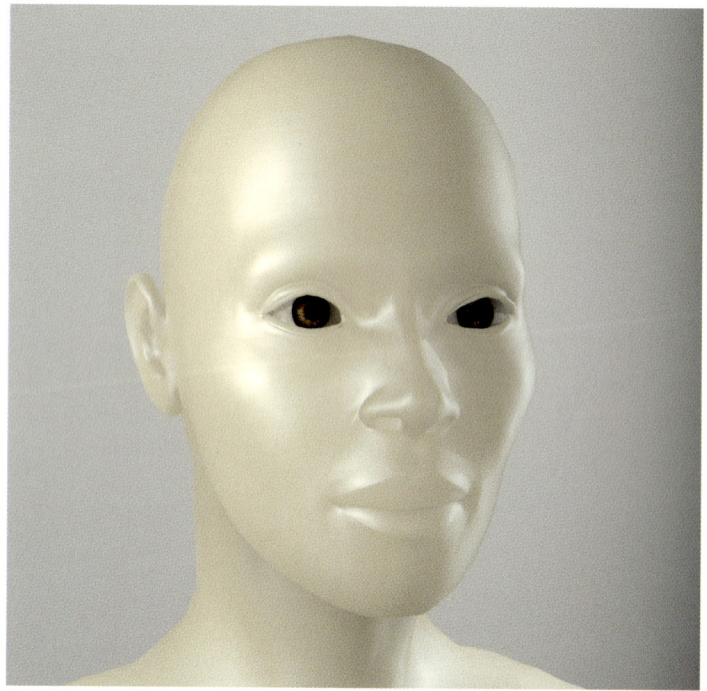

Abbildung 7.11
EPIDERMAL LAYER SCATTER
WEIGHT = 1,0, EPIDERMAL
LAYER SCATTER
RADIUS = 0,01cm

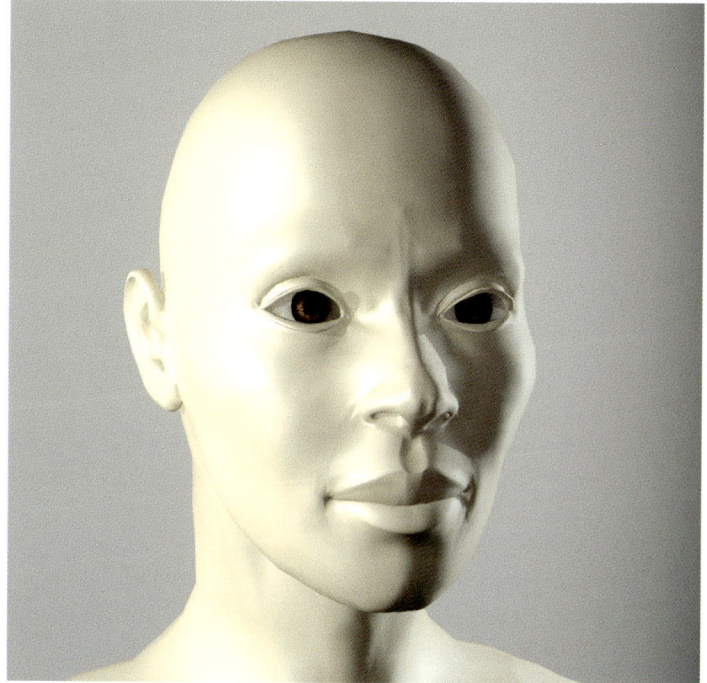

Der korrekte Wert liegt bei ca. 0,08cm.

7.2 Kerngruppen des SSS-Materials

- Stellen Sie EPIDERMAL (TOP) LAYER SCATTER RADIUS auf 0,08cm ein (Abbildung 7.12).

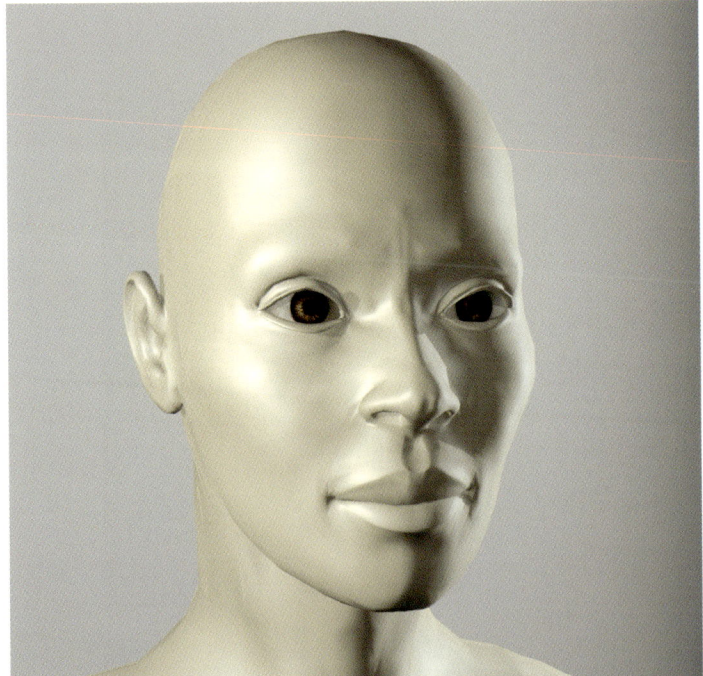

Abbildung 7.12
EPIDERMAL LAYER SCATTER WEIGHT = 1,0,
EPIDERMAL LAYER SCATTER RADIUS = 0,08cm

Natürlich wirkt die richtig eingestellte Epidermal-Schicht alleine noch nicht überzeugend, und wir werden noch weitere Einstellungen vornehmen.

Wenden wir uns nun den Bereichen unter der Haut zu und gelangen in die Regionen, die dem Subsurface Scattering ihren Namen verleihen. Stellen Sie ein:

- EPIDERMAL (TOP) LAYER SCATTER WEIGHT = 0
- SUBDERMAL LAYER SCATTER WEIGHT = 1,0
- BACK SURFACE (THROUGH) SCATTER WEIGHT = 0

Wir sehen anhand vom Rendering (Abbildung 7.13) nun die subdermale Schicht in Aktion.

Das Gesicht wirkt, als bestünde es aus Wachs. Der Grund liegt darin, dass auch hier der Radius noch zu groß eingestellt ist. Um den Radius adäquat einzustellen, bedarf es einer gewissen Übung. Wir wollen den Radius zunächst so belassen und üben die Einstellung des Radius an der letzten Ebene, der BACK SURFACE (THROUGH) SCATTER. Stellen Sie ein:

- EPIDERMAL (TOP) LAYER SCATTER WEIGHT = 0
- SUBDERMAL LAYER SCATTER WEIGHT = 0
- BACK SURFACE (THROUGH) SCATTER WEIGHT = 1,0
- BACKFACE SURFACE (THROUGH) SCATTER RADIUS und DEPTH = jeweils 10,0cm

Kapitel 7 — SUBSURFACE SCATTERING

Abbildung 7.13
SUBDERMAL LAYER SCATTER
WEIGHT = 1,0,
SUBDERMAL LAYER SCATTER
RADIUS = 2,5cm

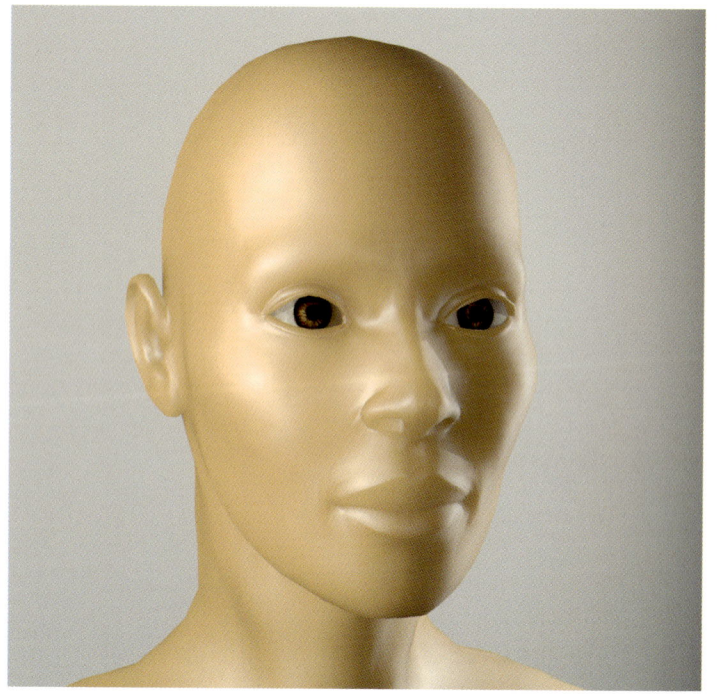

Abbildung 7.14
BACK SURFACE SCATTER
WEIGHT = 1,0,
BACK SURFACE SCATTER
RADIUS/DEPTH = 10,0cm

7.2 Kerngruppen des SSS-Materials

Wir haben der BACK SURFACE-Schicht ein übertriebenes Aussehen verliehen (Abbildung 7.14). Das Gesicht ist schwarz, da sich hier keinerlei Streufarbeneinflüsse auswirken. Die BACK SURFACE manifestiert sich als dunkle rot schimmernde Fläche in den Direktlichtzonen. Dies ist der deutlichste Effekt der Volumenstreuung: Der Körper scheint von innen her zu leuchten.

- Der RADIUS ist für menschliche Verhältnisse zu groß, wir reduzieren ihn wieder auf den ursprünglichen Wert von 2,5cm mit einer WEIGHT von 0,5.

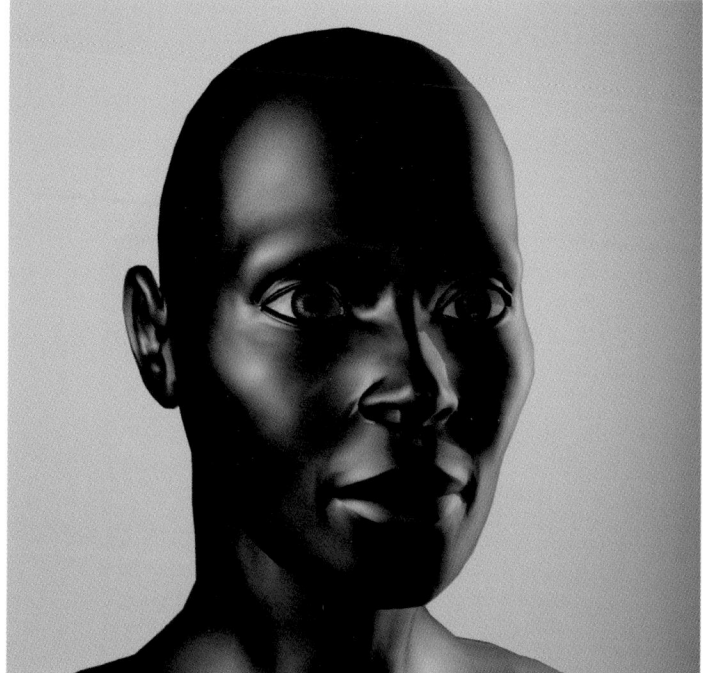

Abbildung 7.15
BACK SURFACE SCATTER
WEIGHT = 0,5, BACK SURFACE
SCATTER RADIUS = 2,5cm

Wir sehen in Abbildung 7.15 nun geringere Volumenstreuung, die jedoch für unseren Kopf adäquat ist. Für humanoide Körperteile stellen Sie RADIUS und DEPTH am besten auf identische Werte.

Nun werden wir adäquate Werte für alle Schichten einstellen und gleichzeitig auch die Werte für die noch verbleibende SUBDERMAL LAYER SCATTER ermitteln. Gleichzeitig müssen wir jedoch einen Schritt vorausdenken: Wir haben die Absicht, später Grauwerttexturen zu verwenden, um verschiedene Gesichtszonen zu akzentuieren. Diese werden die Helligkeit des Materials herabsetzen. Da wir diese Texturen jedoch erst nach der Parametergrundeinstellung einführen wollen, behelfen wir uns mit einer Überbrückung.

- Ändern Sie die Farbe bei OVERALL DIFFUSE COLORATION auf ein mittleres Grau RGB = 126/ 126/ 126.

Damit haben wir die Helligkeit reduziert. Das Grau der Farbe dient als Platzhalter für unsere späteren Texturen.

Stellen Sie des Weiteren ein:

- UNSCATTERED DIFFUSE WEIGHT = 0,5
- EPIDERMAL (TOP) LAYER SCATTER WEIGHT = 0,5
- EPIDERMAL (TOP) LAYER SCATTER RADIUS = 0,08cm
- BACK SURFACE (THROUGH) SCATTER WEIGHT = 0,5
- BACKFACE SURFACE (THROUGH) SCATTER RADIUS und DEPTH = jeweils 2,5cm

Dies sind die bisher gefundenen Werte, lediglich die Gewichtung von UNSCATTERED DIFFUSE WEIGHT und EPIDERMAL (TOP) LAYER SCATTER WEIGHT haben wir in ein egalisierendes Verhältnis zueinander gebracht. Nun kommen wir zur SUBDERMAL LAYER SCATTER. Stellen Sie ein:

- SUBDERMAL LAYER SCATTER WEIGHT = 1

Der Radius ist in der Standardeinstellung 2,5cm zu groß eingestellt (Abbildung 7.16).

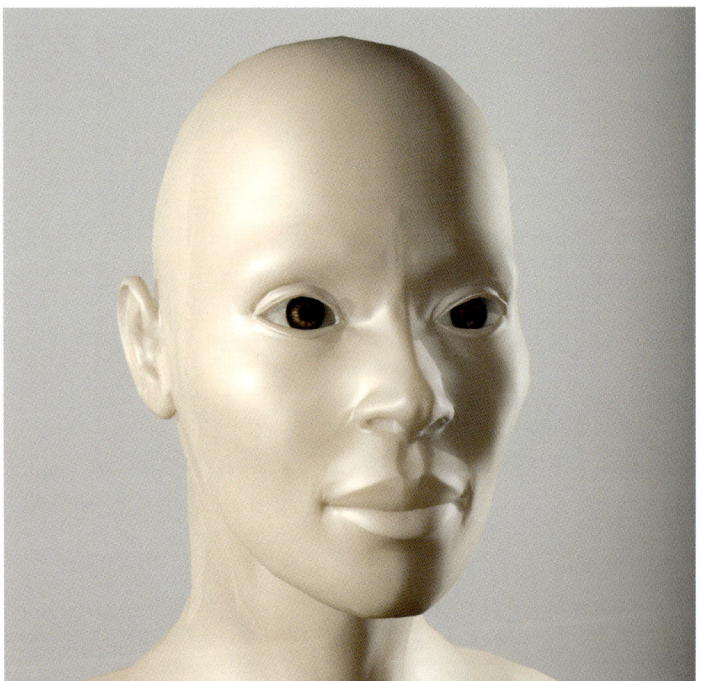

Abbildung 7.16
SUBDERMAL LAYER SCATTER WEIGHT = 1, SUBDERMAL LAYER SCATTER RADIUS = 2,5cm

Wir verkleinern den Radius, außerdem soll die Farbe der subdermalen Schicht stärker hervortreten, da sie im Wesentlichen die Hautfarbe bestimmt, wenn wir die Gewichtung erhöhen. Stellen Sie ein:

- SUBDERMAL LAYER SCATTER WEIGHT = 0,75
- SUBDERMAL LAYER SCATTER RADIUS = 0,6cm
- SUBDERMAL LAYER SCATTER COLOR = RGB 230/ 128/ 59

Die Farbe der Subdermalschicht haben wir noch ein wenig angeglichen.

7.2 Kerngruppen des SSS-Materials

Nun haben wir alle Parameter eingestellt, was die Farben und die Gewichtung der drei Schichten betrifft (Abbildung 7.17).

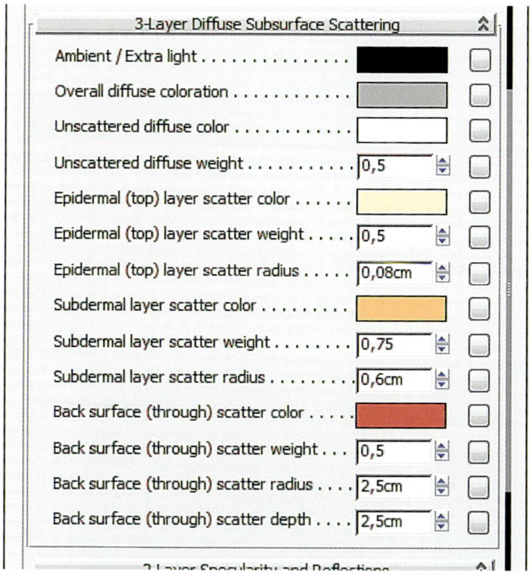

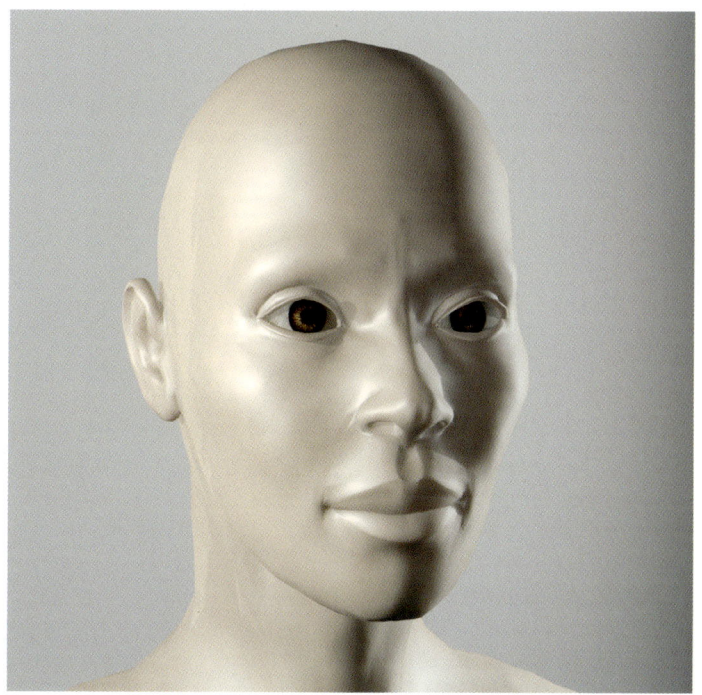

Abbildung 7.17
Materialeditor: alle getroffenen Einstellungen auf einen Blick

Das gerenderte Bild sieht aus wie in Abbildung 7.18.

Abbildung 7.18
Dem Material fehlen noch Texturen und Glanzeigenschaften.

Es fehlen noch die Texturen, die die Homogenität durchbrechen.

7.3 Gebrauch von Texturen

Arbeiten Sie an Ihrer offenen Szene weiter oder laden Sie alternativ die Datei 07_SSS_02.max unter Beibehaltung der Gamma-Einstellung der Szene. Die Szene greift auf Texturen des mitgelieferten maps-Verzeichnisses zurück.

Das menschliche Gesicht ist nicht in allen Zonen homogen. Eine notwendige Akzentuierung von Nase, Wangen, Lippen erreicht man mit Hilfe von Texturen. Hier setzt die Gestaltung von Hautunregelmäßigkeiten wie Bräune, Muttermale und Pickel ein. In den nachfolgenden Schritten wollen wir uns einige für die Haut relevante Texturen ansehen und zuweisen.

Dem Modell liegen wie schon eingangs erwähnt die Texturkoordinaten einer von der 3-D-Figurensoftware Poser importierten Geometrie zugrunde (Abbildung 7.19).

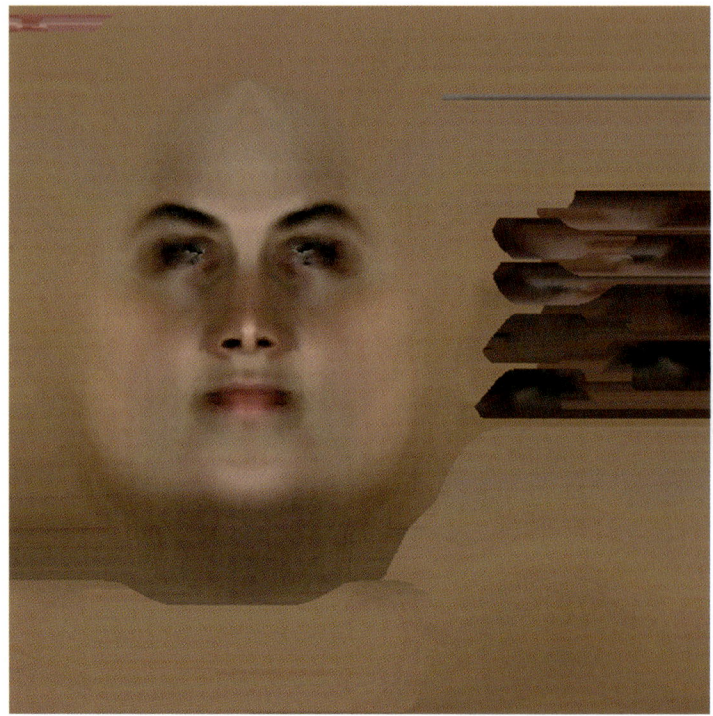

Abbildung 7.19
Die originale Gesichtstextur der Anwendung Poser 5

Die durch Poser ausgelieferte Gesichtstextur bildet die Grundlage für die nachfolgenden Variationen. Da es sich um eine Streufarbentextur handelt, ist sie selbst für die Bearbeitung mit dem SSS FAST SKIN-Material nicht geeignet, wie Sie noch sehen werden.

Das SSS FAST SKIN-Material bietet mit OVERALL DIFFUSE COLORATION einen Streufarbenkanal an, der für Texturen im klassischen Sinn verwendbar ist. Wie schon oben erwähnt, ist es jedoch zu vermeiden, eine farbige Textur für das gesamte Gesicht zu verwenden. Stattdessen dient der Kanal vielmehr dafür, farbige Nuan-

7.3 Gebrauch von Texturen

cen im Gesicht zu unterstreichen: Make-up für Lippen und Augenlider, Leberflecken und Muttermale, Tätowierungen. Alles andere bleibt weiß.

- Laden Sie die Bildtextur `SSS_Overall diffuse coloration.jpg` für den Kanal OVERALL DIFFUSE COLORATION unter Beibehaltung des Systemgammas. Vergeben Sie den Namen »Overall_diffuse_Textur.jpg«.

Betrachten wir die geladene Bilddatei (Abbildung 7.20).

Abbildung 7.20
Die Textur für den Kanal OVERALL DIFFUSE COLORATION: Wir benötigen nur die Augenbrauen. Der Rest bleibt neutral.

Auf einer weißen Fläche befindet sich nur die Textur für die Augenbrauen, die wir für unsere Übung textural lösen wollen.

Wesentlich detaillierter ist dagegen die Textur, die wir in den UNSCATTERED DIFFUSE-Kanal laden wollen (Abbildung 7.21).

Abbildung 7.21
Diese Textur laden wir sowohl für den UNSCATTERED DIFFUSE COLOR-Kanal als auch für den EPIDERMAL (TOP) LAYER SCATTER COLOR.

- Laden Sie die Bildtextur SSS_Epidermal.jpg für den Kanal UNSCATTERED DIFFUSE COLOR unter Beibehaltung des Systemgammas und stellen Sie den dazugehörigen Parameter UNSCATTERED DIFFUSE WEIGHT auf 0,5. Nennen Sie die Map »Unscattered_diffuse_Textur«.

Obwohl der Kanal die Bezeichnung COLOR trägt, sollte man hier Texturen mit überwiegenden Graustufenanteilen verwenden. Hier sind Hautmerkmale wie Leberflecken oder Muttermale am besten aufgehoben, da sie sich hier in den Hautduktus einfügen. Sie werden nicht mehr in ihrer vollen Farbigkeit wiedergegeben, weswegen man auch hier am besten auf Graustufenbilder zurückgreift, und der Kontrast der Graustufen bildet den Kontrast der Hautakzente im Gesicht. Lediglich für stark auffallende Gesichtspartien, die keine Hautfarbe aufweisen wie die Lippen, können diese neben der OVERALL DIFFUSE COLORATION auch hier akzentuiert werden.

- Im Feld des SLATE MATERIAL EDITOR kopieren Sie diese Textur durch Shiftklonen (Verschieben bei gedrückter Shifttaste). Nennen Sie die Kopie »Epidermal_Textur«.

Wir erhalten gute Ergebnisse, wenn wir die beiden Kanäle mit identischen Texturen beladen, zumindest sollte es sich hierbei um Graustufenbilder handeln. Wir dürfen aber die Textur dieses Kanals zusätzlich einer Farbtönung unterziehen. Wir wollen sie gelblich tönen, wie es die Standardfarbe des Kanals vorschlägt.

- Aus dem MATERIAL/MAP BROWSER ziehen Sie die Map RGP MULTIPLY (RGB multiplizieren) ins Feld, die Sie mit »Tönung« bezeichnen.
- Konnektieren Sie »Epidermal_Textur« zum Eingang »Color 1« von »Tönung«.
- Mit der RGB MULTIPLY-Map »Tönung« können Sie unsere Textur, die sich im oberen der beiden COLOR-Kanäle befindet, tönen, indem Sie innerhalb von »Tönung« die Farbe des unteren Kanals »Color« (wo keine Textur geladen ist) auf RGB = 255/ 217 /135 stellen (Abbildung 7.22).
- Konnektieren Sie »Tönung« zum Kanal EPIDERMAL (TOP) LAYER SCATTER COLOR von »Gesicht«.
- In »Gesicht« stellen Sie den dazugehörigen Parameter EPIDERMAL (TOP) LAYER SCATTER WEIGHT auf 0,5.

Stellen Sie die übrigen Werte ein wie folgt:

- EPIDERMAL (TOP) LAYER SCATTER RADIUS= 0,08cm
- SUBDERMAL LAYER SCATTER WEIGHT = 0,75
- SUBDERMAL LAYER SCATTER RADIUS = 0,6cm
- BACK SURFACE (THROUGH) SCATTER COLOR = RGB 128/ 26/ 26
- BACK SURFACE (THROUGH) SCATTER WEIGHT = 0,5
- BACK SURFACE (THROUGH) SCATTER RADIUS = 2,5cm
- BACK SURFACE (THROUGH) SCATTER DEPTH = 2,5cm

7.3 Gebrauch von Texturen

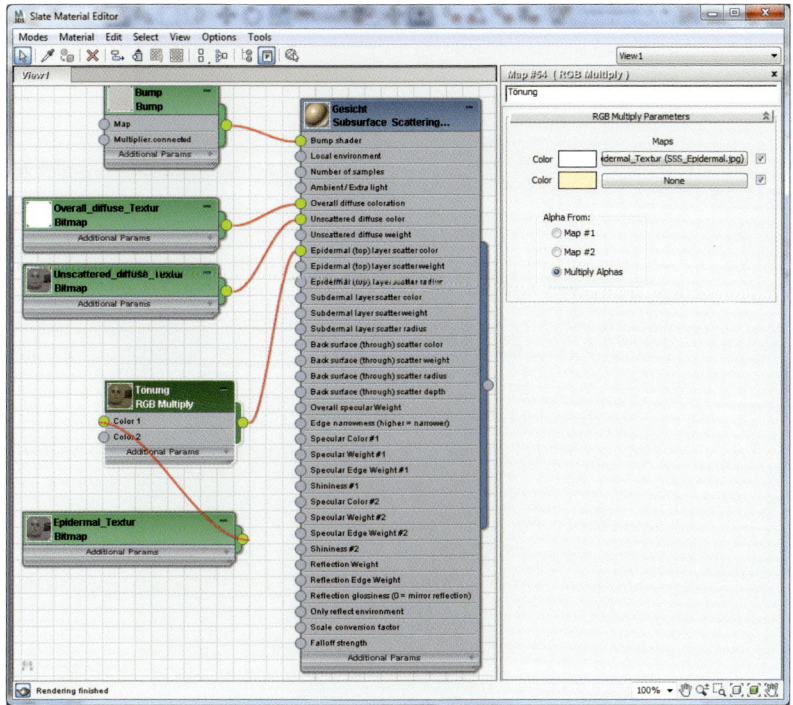

Abbildung 7.22
SLATE MATERIAL EDITOR: drei geladene Texturen

Kommen wir nun zur Gruppe der 2-LAYER SPECULARITY AND REFLECTIONS (Abbildung 7.7).

Ähnlich wie beim Autolack bzw. Car-Paint-Schattierer besitzt Haut eine mehrstufige Reflexionseigenschaft. Der Fast-Skin-Schattierer bietet daher zwei Reflexionsstile an, die ganz simpel mit SPECULAR #1 und SPECULAR #2 bezeichnet werden.

In der Gruppe der 2-LAYER SPECULARITY AND REFLECTIONS laden wir ebenfalls Bildtexturen. Damit können wir die Fettigkeit der Haut am besten simulieren, die im Gesicht nicht überall gleich verteilt ist.

- Laden Sie für den Kanal SPECULAR WEIGHT #1 die Textur Specular Weight #1.jpg ohne Gamma-Korrektur (Abbildung 7.23). Bezeichnen Sie sie mit »Specular_Weight_Textur«.

Auch hier kommt es nicht auf die Farbigkeit an, denn der Kanal ist genuin darauf eingestellt, nur Helligkeitswerte bzw. Grauwerte einer Textur zu verwerten und zu interpretieren. Helle Bildzonen der Textur neigen zu mehr Glanz, wie er in den Parametern eingestellt wurde. Dunklere Partien schwächen den Glanz ab. In rein schwarzen Bildzonen würde kein Ganzeffekt stattfinden. Justieren Sie folgende Parameter:

- SPECULAR EDGE WEIGHT #1 = 0,8
- SHININESS #1 = 5,0

Uns steht noch ein weiterer Kanal zur Verfügung, mit dem wir den Hautglanz simulieren können.

263

Abbildung 7.23
Materialeditor: die
Bildtextur für SPECULAR
WEIGHT #1

- Wir nutzen ihn und laden für SPECULAR COLOR #2 die gleichnamige Bildtextur `Specular Color #2.jpg` unter Beibehaltung des Systemgammas (Abbildung 7.24) mit dem Namen »Specular_Color_Textur«.

Abbildung 7.24
Materialeditor: die
Bildtextur für SPECULAR
COLOR #2

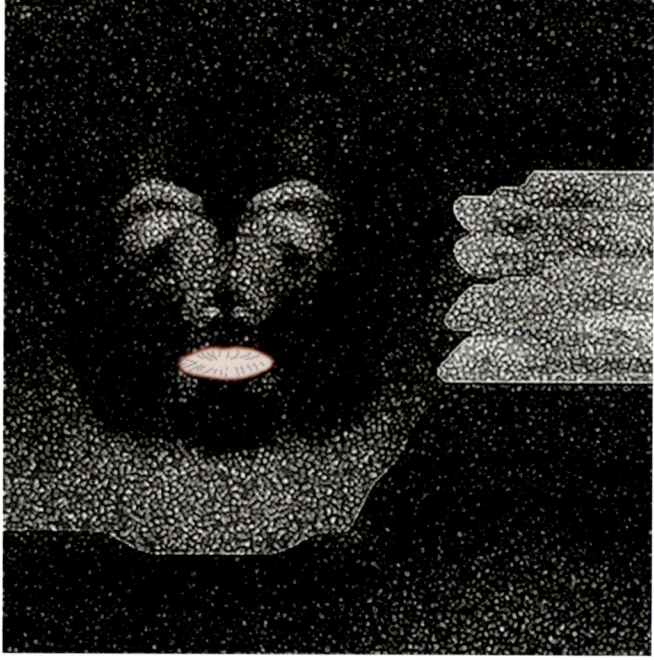

7.3 Gebrauch von Texturen

Diese Textur soll subversiv den gesprenkelten Hautcharakter farbig in einer solch geringen Dosis vermitteln, dass sie mittels des niedrigen SHININESS-Wertes unterschwellig wirkt. Stellen Sie diesen und die beiden anderen Werte ein:

- SPECULAR WEIGHT #2 = 0,5
- SPECULAR EDGE WEIGHT #2 = 0,8
- SHININESS #2 = 11,0

Betrachten wir noch die übrigen Parameter dieser Gruppe.

Der erste Parameter ist eine Art Hauptschalter: OVERALL SPECULAR WEIGHT. Mit ihm können alle Reflexionen verstärkt, abgemildert oder mit null ganz ausgeschaltet werden. Er ähnelt funktional der REFLECTIVITY des A&D-Materials. Wir belassen ihn für unsere Zwecke auf dem Wert 1,0.

EDGE NARROWNESS bedeutet eine hellere Gesichtskante, wenn der Wert erhöht wird. Das seitlich einfallende Licht führt im Kantenbereich zu einer erhöhten Reflexion. Wir belassen diesen Wert ebenfalls auf dem Standardwert 5.

- Aktivieren Sie ONLY REFLECT ENVIRONMENT.

Diese Renderzeit einsparende Option ONLY REFLECT ENVIRONMENT sorgt dafür, dass nur das Licht der im Environment eingesetzten HDR-Bilddatei in die Reflexionsberechnung eingeht. Bei Szenen, in denen die Kopfgeometrie zusammen mit weiterer Umgebungsgeometrie abgebildet werden soll, empfiehlt sich diese Funktion, da Hautreflexionen derart diffus sind, dass umliegende Objekte sowieso nicht erkennbar gespiegelt würden.

Wir sind noch nicht ganz fertig. Wir wollen noch ein Bump-(Relief-)Mapping verleihen. Dazu öffnen wir die Gruppe SSS FAST SKIN MATERIAL (MI) PARAMETERS ganz oben (Abbildung 7.25).

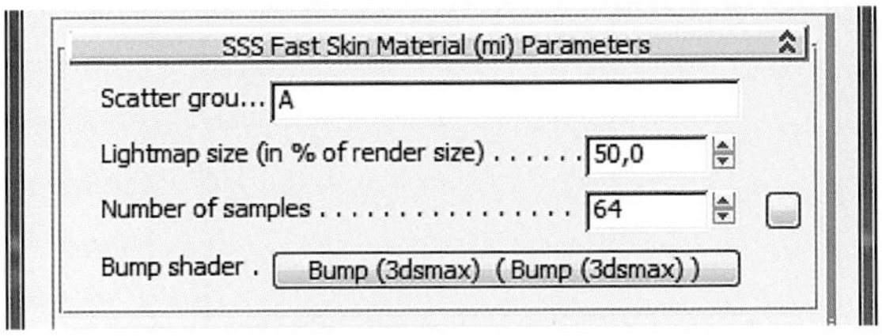

Abbildung 7.25
Materialeditor: Der Kanal für das Relief-Mapping befindet sich in der obersten Gruppe.

Wir stellen uns die Relief-Map selbst her.

Die Bump-(Relief-)Textur beeinflusst nur die SPECULAR- und DIFFUSE-Schichten des Materials, nicht jedoch die unter der Haut liegenden Schichten.

Der Kanal BUMP SHADER ist bereits mit einer BUMP (3DSMAX)-Map belegt. In diese Map können wir nun eine weitere Map laden.

Dieser BUMP SHADER wird standardgemäß im MATERIAL/MAP BROWSER nicht aufgeführt, sondern erscheint nur in Begleitung bestimmter Materialien (siehe Kapitel 3 »Kaustiken für Wasser«).

Hinweis

- Laden Sie in der BUMP-Map im Kanal MAP (Abbildung 7.26) eine MIX MAP und nennen Sie sie »SSS_Relief« ohne Gamma-Korrektur. Stellen Sie den MULTIPLIER von der BUMP-Map auf 0,4

Abbildung 7.26
Im BUMP SHADER-Kanal befindet sich bereits eine BUMP (3DSMAX)-Map.

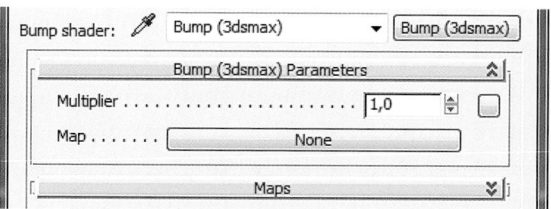

- In »SSS_Relief« laden Sie für den obersten Kanal COLOR #1 eine NOISE-Map, die Sie ihrerseits mit »Rauschen« benennen.
- In »Rauschen« belassen Sie die COLOR #1 unter der Gruppe NOISE PARAMETERS bei Schwarz, aber ändern den RGB-Wert bei COLOR #2 auf RGB = 45/ 45/ 45. Reduzieren Sie SIZE auf 0,1 und justieren Sie HIGH = 0,7 und LOW = 0,4. In der Gruppe OUTPUT reduzieren Sie RGB LEVEL auf 0,01.
- Zurück in »SSS_Relief« laden Sie in den unteren Kanal bei COLOR #2 die auf der Buch-DVD mitgelieferte Datei SSS_Bump.jpg ohne Systemgamma (Abbildung 7.27). Vergeben Sie »SSS_Bump_Textur« als Bezeichnung für diese Map.
- Als Trennertextur für den Kanal MIX AMOUNT von »SSS_Relief« laden Sie die ebenfalls auf der Buch-DVD mitgelieferte Datei SSS_Lippen_Maske.jpg ohne Gamma-Korrektur.

Abbildung 7.27
Die Textur für das Bump Mapping SSS_BUMP.JPG

Damit ist unsere Projektarbeit mit dem SSS FAST SKIN-Material beendet. Den vollständigen Materialbaum zeigt Abbildung 7.28.

7.3 Gebrauch von Texturen

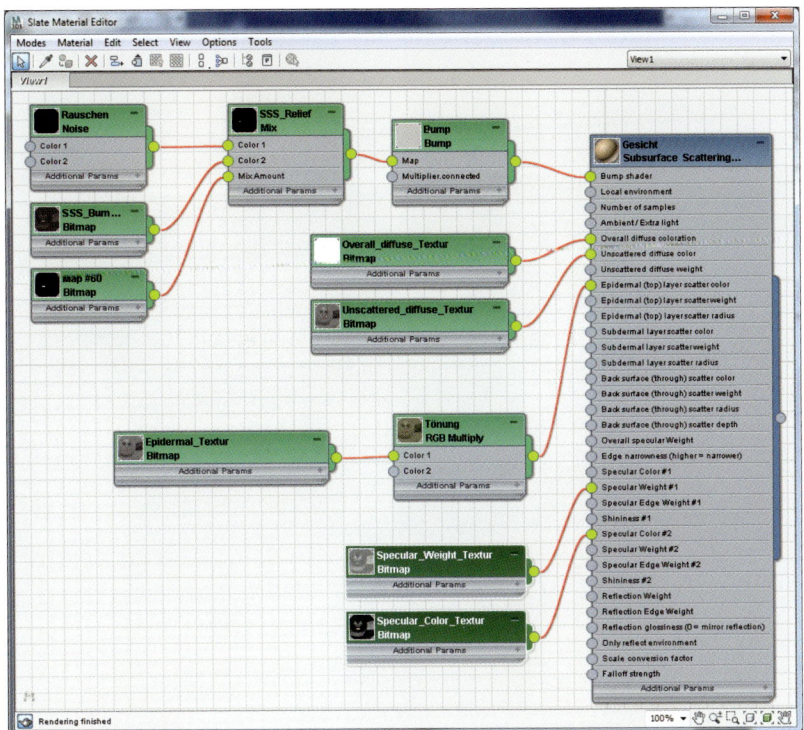

Abbildung 7.28
SLATE MATERIAL EDITOR: das fertige SSS FAST SKIN-Material

Betrachten wir bei dieser Gelegenheit noch die übrigen Parameter dieser zuletzt benutzten Gruppe.

LIGHTMAP SIZE: Mental ray legt bei diesem Material eine so genannte Lightmap an. Deren Auflösung trägt maßgeblich zur Qualität der Renderings bei. Standardgemäß wird zum Zwecke der Render- und Speicherplatzersparnis diese Map auf 50% des auszugebenden Renderbildes gehalten. Bei größeren Renderings, beispielsweise 2k oder mehr, können jedoch Artefakte entstehen, die das Ergebnis beeinträchtigen. Sie treten vor allem bei der EPIDERMAL-Schicht hervor (Abbildung 7.29). In diesem Fall ist die Größe der Lightmap zu erhöhen, beispielsweise auf 100% oder noch mehr. Beachten Sie, dass hierdurch der Seicherplatzbedarf immens ansteigt.

NUMBER OF SAMPLES: Höhere Samples verringern den rauschigen Effekt, insbesondere bei großen Renderings.

Neben diesen Optionen finden wir auch noch Parameter bei den ADVANCED OPTIONS:

LIGHTMAP GAMMA CURVE: Bei einem Wert von 1,0 wird normales Lambert-basiertes Streulicht in die Lightmap gespeichert. Geringere Werte flachen die Kurve ab, wodurch Bildzonen mit stark reflektierendem Lichtausfallswinkel gedehnt werden und den Kontrast schmälern. Geringere Werte isolieren die Bildzonen mit reflektierendem Lichtausfallswinkel. In den meisten Fällen soll ein Wert zwischen 0,4 und 0,8 ausreichend sein (Abbildung 7.30).

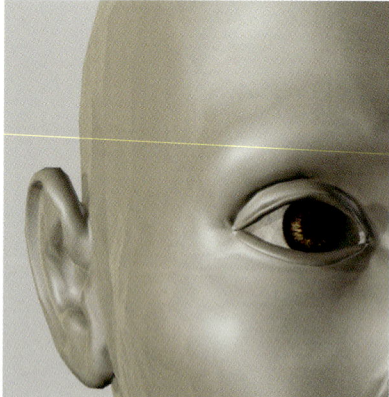
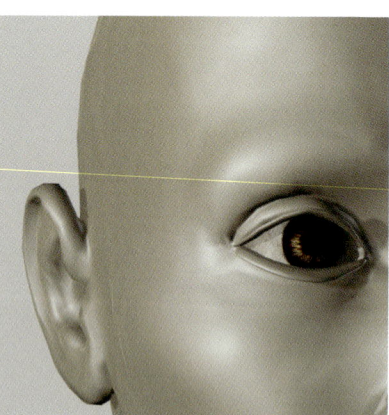

Abbildung 7.29
EPIDERMAL-Schicht in einem gerenderten Bild von 2000 x 2000 Pixeln: links: LIGHTMAP SIZE = 50% (Standard), rechts: LIGHTMAP SIZE = 150%

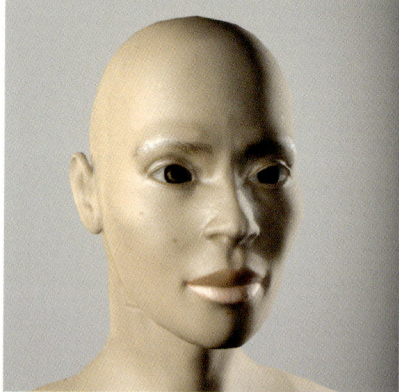
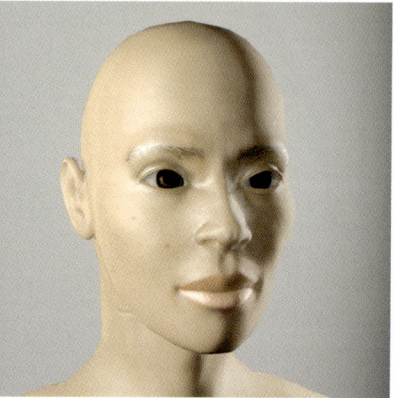

Abbildung 7.30
Links: Lightmap gamma curve = 1,0, rechts: Lightmap gamma curve = 0,5

SCATTER INDIRECT ILLUMINATION: Die Aktivierung zeigt nur geringe Unterschiede, lässt aber die Renderzeit steigen. Wir verzichten auf die Option, dass indirektes Licht zusätzlich in die Hautschichten eindringt und gestreut wird.

SCALE CONVERSATION FACTOR: Mehr denn je ist das Material vom gegebenen Maßstab abhängig. Mit dem SCALE CONVERSATION FACTOR können alle Radien mit diesem Faktor multipliziert werden, was aber nur einen Sinn macht, wenn zwar die Zentimetermaße beibehalten werden, der Kopf aber um ein Vielfaches größer bzw. kleiner ist als in Realität. Wir belassen für unser Projekt den Parameter auf 1,0, da unser Kopf etwa so groß ist wie ein natürlicher.

'SCREEN'(SOFT) COMPOSITING OF LAYERS: Gerade bei der Arbeit mit photometrischen Lichtquellen empfiehlt sich die Aktivierung der Option 'SCREEN'(SOFT) COMPOSITING OF LAYERS. Durch die Vielzahl von additiven Schichten des Materials können Überbelichtungen geschehen, wenn diese Schichten in normaler Weise miteinander addiert werden. Die Folge: ein weißüberladenes Motiv. Diese Option verhindert dies und wählt einen so genannten »screen transfer mode«, der durch Algorithmisierung ein harmonischeres Ergebnis liefert.

- Setzen Sie ein Häkchen bei 'SCREEN'(SOFT) COMPOSITING OF LAYERS, wenn Sie mit photometrischen Lichtern nur Überbelichtungen erhalten.

Diesen bis hierher bearbeiteten Status (Abbildung 7.31) dieser Szene finden Sie in der Datei 07_SSS_03.max.

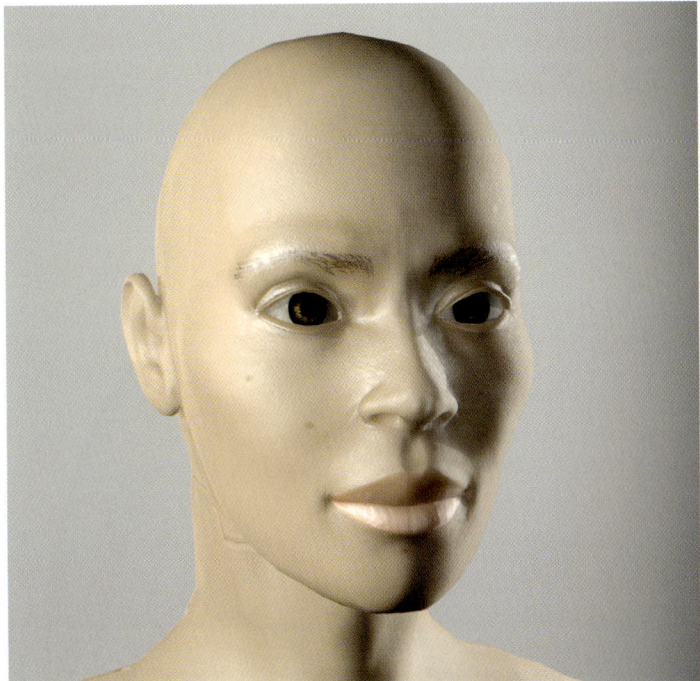

Abbildung 7.31
Der fertig bearbeitete Kopf mit dem SUBSURFACE SCATTERING-Material

7.4 Augen

Für die folgende Übung arbeiten Sie an Ihrer gegenwärtigen Szene weiter oder laden alternativ die Szene 07_SSS_03.max unter Beibehaltung der Gamma-Einstellung der Szene. Die Szene greift auf Texturen des mitgelieferten maps-Verzeichnisses sowie der mitgelieferten Buch-DVD zurück.

Wir erhalten beste Ergebnisse, wenn wir die Augen ebenfalls über das SSS FAST SKIN MATERIAL (MI) bearbeiten. Für die Augen gilt dasselbe Lichtverhalten wie für die Haut, auch wenn die Volumenstreuung eine andere Ausprägung hat. Bisher haben wir uns für die Darstellung der Augen mit einer einfachen Streufarbentextur für den gesamten Augapfel beholfen, was wir nun ändern wollen.

- Laden Sie ein neues SSS FAST SKIN-Material und bezeichnen dieses mit »SSS_Augen«.

Die Augen besitzen ebenfalls eine aus mehreren Schichten bestehende Topologie, doch lohnt es sich in den meisten Fällen nicht, diese exakt nachzuvollziehen, da die Augen nicht nur einen relativ kleinen Bereich des Gesamtbilds abdecken, sondern auch von keinem Hintergrundlicht beschienen werden. Daher werden wir für die Augen auf ein SSS FAST SKIN-Material zurückgreifen, dieses aber im

Vergleich zur Hautoberfläche in einer nur abgespeckten Nutzungsvariante zuweisen.

Als ersten Schritt kopieren wir die Augentextur, die wir zuvor schon benutzt haben:

- Laden Sie die Textur eyeball spherical copy.jpg aus dem ../maps/Organics-Verzeichnis bzw. kopieren Sie sich diese aus dem Material zuvor in den Kanal OVERALL DIFFUSE COLORATION. Vergewissern Sie sich, dass USE REAL-WORLD SCALE deaktiviert ist und dass TILING U und V auf jeweils 1,2 eingestellt wurde. Nennen Sie sie Iris.

Wenden wir uns den Parametern EPIDERMAL (TOP) LAYER SCATTER zu:

- Ändern Sie die RGB-Farbe des Kanals EPIDERMAL (TOP) LAYER SCATTER COLOR auf Weiß und erhöhen Sie EPIDERMAL (TOP) LAYER SCATTER WEIGHT auf 1,0.

Die Erhöhung des Gewichts (WEIGHT) nehmen wir gefahrlos vor, da dies unsere einzige Textur für den Augapfel bildet, die sowohl für die Sclera (weiße Lederhaut) als auch für die Cornea (durchsichtige Hornhaut) bestimmt ist.

Die durchschnittliche Größe eines Augapfels beträgt 2,4cm.

- Wir erhöhen daher den Radius des EPIDERMAL (TOP) LAYER SCATTER RADIUS-Kanals ebenfalls auf 1,0cm.

Dies kommt dem Lichtvolumen der Sclera am nächsten.

Die Parameter der Gruppe SUBDERMAL LAYER SCATTER sind ähnlich:

- Stellen Sie die SUBDERMAL LAYER SCATTER COLOR ebenfalls auf Weiß, vergeben Sie 1,0 für die WEIGHT und justieren Sie den RADIUS auf 2,0cm.

Die Gruppe BACK SURFACE (THROUGH) SCATTER können wir für den Augapfel, der fast vollständig vom Kopf umhüllt wird, ignorieren, da von hinten kein Licht scheinen wird.

- Stellen Sie alle drei Parameter der Gruppe BACK SURFACE (THROUGH) SCATTER auf null.

Nun kommen wir zur Gruppe der Reflexionseigenschaften.

Der Augapfel ist naturgemäß mit Tränenflüssigkeit bedeckt, daher müssen die Glanzlichter entsprechend eingestellt werden. Der einzustellende Wert ist auch von der Intensität der Lichtquelle abhängig.

- Stellen Sie SPECULAR WEIGHT #1 auf 2,0 und SHININESS #1 auf 120.

Die SPECULAR EDGE WEIGHT #1 ist für unser Auge nicht relevant, da der Augapfel zum größten Teil durch die Kopfgeometrie verdeckt wird und somit keine Kanten sichtbar werden.

- Setzen Sie SPECULAR EDGE WEIGHT #1 auf null.

Die zweite Reflexionsebene nutzen wir, um die Feuchtigkeit zu simulieren.

- Erhöhen Sie SPECULAR WEIGHT #2 auf 3,0 und SHININESS #2 auf 90.

Dadurch wird das Glanzlicht des Augapfels überdeutlich verstärkt. Diese Werte haben wir in Abhängigkeit unserer vorgegebenen Beleuchtung eingestellt.

Die übrigen Werte sowie die Farbkanäle brauchen wir nicht zu ändern.

7.4 Augen

- Weisen Sie das Material den beiden Objekten »Auge,rechts« und »Auge,links« zu.

Abbildung 7.32 zeigt das Ergebnis des fertig bearbeiteten Kopfes. Diesen Status können Sie auch in der Szene 07_SSS_04.max einsehen. Beim Öffnen der Szene übernehmen Sie die Gamma-Einstellung der Datei. Die Szene greift auf Texturen des mitgelieferten maps-Verzeichnisses sowie auf Texturen der Buch-DVD zurück.

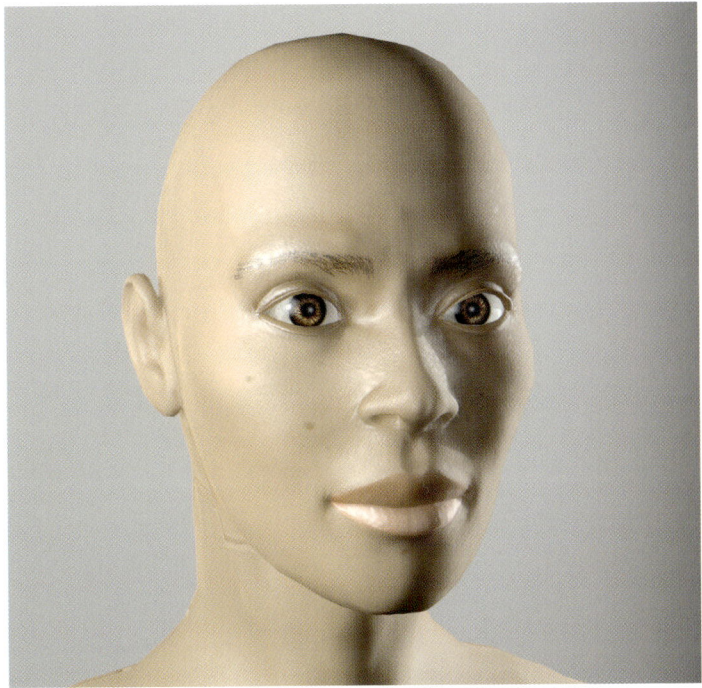

Abbildung 7.32
Die Augen wurden ebenfalls mit dem SSS Fast Skin-Material bearbeitet.

Diesen bis hierher bearbeiteten Status dieser Szene finden Sie in der Datei 07_SSS_04.max.

Damit haben wir das Gesicht im Wesentlichen fertig bearbeitet.

Um Menschen mit einer schwarzen Hautfarbe darzustellen, versehen wir die Subdermal layer scatter color mit einem entsprechenden RGB-Wert:

- Ändern Sie Subdermal layer scatter color auf RGB = 36/ 7/ 0 (Abbildung 7.33).

Neben dem Material für die Haut müssen natürlich nun eine Frisur und Augenwimpern entworfen werden. Über Hair and Fur können Haare generiert werden. Das Endresultat finden Sie in der Szene 07_SSS_05.max (Abbildung 7.1).

Kapitel 7 — SUBSURFACE SCATTERING

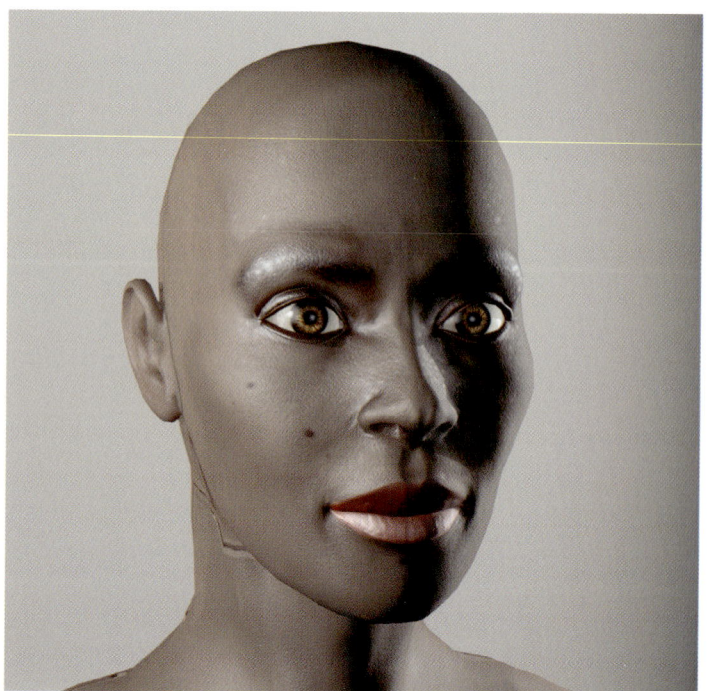

Abbildung 7.33
Die SUBDERMAL LAYER SCATTER COLOR entscheidet maßgeblich über die Hautfarbe.

Index

Numerisch
2-Layer Specularity and Reflections 250, 263
    Specular #1 263
    Specular #2 263
3D Displacement 131

A
A&D siehe Arch & Design
Abenddämmerung 182
Advanced Controls 228
Advanced Ray Traced Shadows 60
Advanced Rendering Options 81, 129, 152, 224, 235
Advanced Transparency Options 76, 77, 96, 154, 217
Aerial Perspective 186, 187, 189, 194
Ambient / Extra Light 162
Ambient Occlusion 38, 204
    Max Distance 204
    Shadow Color 204
Animation 37, 52
Anisotropy 68, 152, 156, 213
Arch & Design 64
    BRDF 69
    Bump Map 70
    Reflectivity 123
    Transparency 123
    Use default System Gamma 123
Augen 269
Außenszene 170
AutoCAD 91
Autodesk Ceramic 87
Autodesk Concrete-Material 210
Autodesk Hardwood 86, 124
    Based on Wood Grain 125
    Finish 124
    Furniture 124
    Relief Pattern 125
    Satin Varnished 124
    Stain 124
Autodesk Material Library 92
Autodesk Materials 84
Autodesk Metal 88
Autodesk Solid Glass 89, 95

Average Caustic Photons per Light 99, 109
Average GI Photons per Light 28, 43
Average Photons Num. Per Light 51

B
Back Face Culling 77
Back surface (through) 250
Back surface (through) scatter weight 252
Backface Surface (Through) Scatter 255
    depth 255
    radius 255
Base Color 158, 160
Belichtungskontrolle siehe Exposure Control
Bias 159
Bidirectional Reflectance Distribution Function siehe BRDF
Blend Mode 141
Box Mapping 138
BRDF 69, 129, 145, 150, 151, 154, 156
Brightness 148, 215
Bump 148, 152, 153, 156, 213
Bump (3ds Max)-Map 107, 109, 265
Bump Map 70
Bump Mapping 205
Bump Shader 265

C
Camera Effects 111, 119, 173
Camera Shader 119, 134, 173
    Lens 119, 134
    Volume 119
Candela 58
Caustics 95
Caustics and Global Illumination (GI) 28, 95, 105
Cellular-Map 228, 229, 230
Change Time Period 190
CIE siehe Internationale Beleuchtungskommission
CIE-Modell 180
Clear Sky 180
Color at Max Distance 78, 79, 130
Color Bleeding 34, 207

INDEX

Color Correction 148, 214
    Brightness 215
    Contrast 215
Color-Correction-Map 126, 148, 203
    Brightness 126
    Color correct This Texture 126
    Saturation 126
Commission Internationale de l'Éclairage 182
Common-Parameters 158
Compass Rose 172, 193
Composite-Map 125, 126
Contrast 148
Curve Editor 53
Curve Shape 70, 145, 151, 156
Cutout 88

D

D65 Illuminant (Reference White) 23
Daylight System 117, 170, 193, 240
    Compass Rose 117
    Compass01 118
decay 30
Dent-Map 228, 229, 230, 231
Depth of Field 109
Depth of Field / Bokeh 110, 112
Diagnostics 31, 41, 47
Diffuse 68
Diffuse Bias 163
Diffuse Bounces 51
Diffuse Coloring 163
Diffuse Horiz. 179, 180
Diffuse Level 121, 123
Diffuse Weight 162
Direct Normal Illuminance 179, 180
Displacement 131, 158
Divide Camera Path by Num. Segments 54

E

ean (lume) Parameters 216
Ebenenmanager 195
Edge Color 159, 160
Edge Length 142
Enable Exposure Control in Viewport 182
Enable Hardware Shading 182
Environment 66, 78, 102, 118, 188
Environment and Effects 238
Environment Map 85, 119
Environment Mapping 102
Epidermal (top) layer 250, 252

Epidermal (top) layer scatter weight 252
EV siehe Exposure Value (EV)
Exposure Control 24, 118
Exposure Value (EV) 65

F

Facing Reflections Weight 167
Fade to end color 78
Farbtemperatur 55, 56, 170
Fast (interpolate) 145, 201
Fast Glossy Interpolation 201, 217, 220
    Interpolation grid density 201
FG-Points siehe Finalgather
FG-Punkte siehe Finalgather
Fillet Radius 155
Filter 99, 109
Final Gather Map 54
Finalgather 41, 119
    Initial FG Point Density 119
Flake Color 164
Flake Reflections 165
Flake Scale 164
Flake Specular Exponent #1 165
Flake Weight 164, 167
Flakes 163
Flats 130
Flecken siehe Speckle-Map
Flip Light Flux Direction 198
Frame Buffer Type 244
Frisur 271
From 0 to 100, Every 10 Frame(s) 55
f-Stop 111

G

Gamma & LUT 18
Gamma-Korrektur 18
Gardinen 223
Garment-Maker-Modifikator 224
Generate Caustics 95, 105
Generate Final Gather Map File Now 55
Generate Photon Map File Now 37
GI siehe Global Illumination
Glas, Dicke Geometrie siehe Solid Glass
Glass 84
    Glass (Solid) 202
    Glass (Thin) 202
Glazed Ceramic Tiles 227
Glazed Specularity #1 166
Global Illumination (GI) 22, 95

INDEX

Glossiness 68, 75, 156, 212
Glossy Samples 68, 74, 213
Glossy Varnished Wood 218
Ground 177
Ground Color 177, 186

H

Hair and Fur 236, 271
Hair and Fur Rendereffect 238
Haut 246
Hautfarbe 258
Haze-Driven 177
Haze-Modell 177, 187
HDRI 20, 66, 91, 188
High-Dynamic-Range siehe HDRI
Highlights+FG only 92, 155, 204, 214, 236
Holz, hochglänzend siehe Glossy Varnished Wood
Horizon Height 186

I

ies 58
Illuminate with Scene Lights 182
Incrementally Add FG Points to Map Files 54
Index of Refraction 75, 106
indirekte Beleuchtung siehe Global Illumination (GI)
Industrial Light & Magic 38
Inherit from mr Sky 185
Initial FG Point Density 46, 47, 51, 174
Innenraumszene 192
Insensity/Color/Attenuation 57, 242
Internationale Beleuchtungskommission 182
Interpolate Over Num. FG Points 47, 50, 174
Interpolation grid density 220
Inventor 91
IOR 104, 129, 151, 154

K

Kaustiken siehe Kaustische Lichteffekte
Kaustische Lichteffekte 93
Kelvin 55
Keramische Kacheln, glasiert siehe Glazed Ceramic Tiles
Kerbe siehe Dent-Map
Kunstlicht 170
Kupfermaterial 212

L

Layer Manager 195
Leather-Material 236
Lens 186, 189, 194
Lichtquelle 55
light bounces 26
Light Distribution (Type) 33, 58, 242
Light Facing Color 158, 159, 161
Light Facing Color Bias 161
Light Properties 28, 99, 109
Lighting Analysis 238
Lighting and Shadows 183
Lightmap gamma curve 267
Lightmap Size 267
Lightness 140
Logarithmic Exposure Control 65
Loop Animation 130
Low-Dynamic-Range 185, 188

M

Make Unique 234
Manage Layers 195
Map Channel 138
Marble 72
Marble-Map 72
Marmor siehe Marble-Map
Mask only 137
Material Override 39, 205
Material to Shader 107, 208
Materialvoreinstellungen 83
Matte Finish 32
Matte Finish-Map 95
Matte Oberfläche siehe Matte Finish
Max Distance 77, 130
Max. Displace 143
Max. Subdiv. (Maximum Subdivisions) 143
Maximum Num. Photons per Sample 28, 67, 98
Maximum Sampling Radius 28, 80, 98
mental ray Connection 35, 45, 105
mental ray Shadow Map 61, 82
mental-ray-Material 208
Metal material 74, 150
Mix-Map 121, 218, 229
Monochrome 140, 148, 215
mr Exposure Control 100
mr fast subsurface scattering tutorial 247
mr Material 238
mr Photographic Exposure 52

INDEX

mr Photographic Exposure Control 22, 65, 100, 171, 193, 247
mr Photometric Exposure Control 240
mr Physical Sky 172
mr Physical Sky-Map 118, 173, 182, 185, 193
mr physischer Himmel siehe mr Physical Sky
mr prim 238
mr Sky 173, 175
mr Sky Portal 197
    Shadow Samples 199
    Transparency 199
mr Sun 173, 175
mr Sun Photons 194
Multi/Sub-Map 148
Multi/Sub-Material 217
Multi-/Sub-Object 210
Multi-/Sub-Object-Material 32, 201, 210, 215
Multi-Pass Effect 111

N

Neighbouring points to look up 220
Night Color 186, 187
no exposure control 24
Noise Filtering 49
Noise-Map 122, 123, 126, 218, 230, 236, 266
    Fractal 123, 126
    Levels 123
    Noise Parameters 122, 126
    Noise Threshold 123
NTSC 38
Number of Colors/Maps to Use 146
Number of Samples 267
Number of Sub-Materials 32

O

Object Properties 95, 105
Objekteigenschaften 95
Ocean (lume) Parameters 216
Ocean (lume)-Map 104, 216
One File Per Frame (Best for Animated Objects) 37, 54, 55
Only reflect environment 265
Overall Diffuse Coloration 260, 270
Overcast Sky 180

P

PAL 38
Patterned Copper 212
Perez All Weather 182, 188
Perez All Weather-Modell 179
Photometric Web 58
photometrisches Licht 22, 55
Photon 105
Photon Base Shader 34, 208
Photon Basic 210
Photon Basic (Base) 35, 208
    Map 106, 107
    Specular 208
    Transparency 208
Photon-Mapping siehe Global Illumination
Photons (Density) 41
Physical Scale 189
Physically Based Lighting 194
point_recessed_wallwash_250W 58
point_street 58
primary rays siehe Ray-Trace
Process Background and Environment Maps 185
Project Points From Positions Along Camera Path 54
ProjectedWindow 201
ProMaterials 84
Prozedurale Textur 227

R

Radius 28
RAM Player 33, 206
Rauschen siehe Noise-Map
Ray per FG Point 47
Ray Trace Shadows 56, 60, 244
Ray Traced Shadows 242
Rays per FG Point 49, 174
Ray-Trace 20
Read FG Points Only from Existing Map File 55
Read Photons Only from Existing Map Files 38, 54
Read/Write Photons to Map File 37, 54
Real-World Map Size 138, 148
Recessed 250 Wallwash (web) 58, 60
Reflectance 89, 95
Reflection 68
Reflection Glossy Samples 87
Reflectivity 32, 68, 104, 121, 132, 145, 150, 151, 156, 167, 212
Refract light and generate Caustic effects 96
Refraction 68, 95, 130, 132

INDEX

Refraction Glossy Samples 87
Refraktion 75
Refraktionsindex 75
Region 146
Relief 205
Render
    Area to Render 132
    Edit Region 133
Render Subset of Scene/Masking 144
Rendered Frame Window 132, 146
Reuse FG und GI Disk Caching 28, 36
Revit 91
RGB multiplizieren siehe RGB Multiply Map
RGB Multiply Map 102, 232, 234
RGP Multiply Map 262
Roughness 121, 145
Round Corners 155, 218

S

Satin Varnished Wood 32
Scale Conversation Factor 268
Scanline 21
Scatter indirect illumination 268
Schatten 60
'Screen'(soft) compositing of layers 268
secondary rays siehe Ray-Trace
Selection Set 155, 209, 235, 236
Shadow Maps 60, 82
Shadows & Displacement 142
Shape/Area Shadows 60
Shutter Speed 53
Single File only (Best for Walkthrough and Stills) 37, 53, 54
Sky Models 177
Skylight 173, 175
Solid 76, 84
Solid Glass 89, 95
Sonnenlicht siehe Sunlight
Sonnenuntergang 187
Special Effect-Gruppe 155
Special Effects 40, 204, 218
Special Purpose Map 70, 138, 152, 156
Speckle-Map 124, 228, 234
Specular Exponent #1 167
Spherical Environment 154
SSS Fast Skin 107
SSS Fast Skin Material (mi) 269
SSS Fast Skin Material (mi) Parameters 265
SSS siehe Subsurface Scattering

Strahlenrückverfolgung siehe Ray-Trace
Streufarbenreflexionen siehe light bounces
Subdermal layer 250
Subdermal layer scatter weigth 252
Subsurface Scattering 245
    Overall diffuse coloration 250
    Scatter Color 250
    scatter radius 250
    scatter weight 250
    Shininess 265
    Unscattered diffuse color 250
Subsurface Scattering Fast Material 247
Subsurface Scattering Fast Skin 247
Subsurface Scattering Fast Skin+Displacement 247
Subsurface Scattering Physical 247
Sun Disk Appearance 184
Sunlight 170, 171, 173, 175
Switch Color/Map based on 146

T

Tageslichtsystem siehe Daylight System
Templates 83, 95, 104
Thin Glass 84
Thin-walled 77
Tiefenunschärfe 109, 112
Trace Depth 27
Translator Options 116
Transparency 68, 75, 79, 106, 121, 129, 156

U

Umgebungsfarbe 78
Umgebungsokklusion siehe Ambient Occlusion
Umgebungsverdeckung siehe Ambient Occlusion
Unscattered Diffuse 261
    color 262
    weight 262
Unscattered diffuse weight 252
Use Custom Background Map 184, 185, 187
Use Environment Background 182
Use Falloff 50
Use Radius Interpolation Methode 50
Use Real-World Scale 122, 123, 141, 152, 154, 155, 156, 186, 203
Use system default gamma 68
Use Transparent Shadows 81
UVW-Map 89

INDEX

V
Verschlusszeit siehe Shutter Speed
Viewport Background 182
    Display Background 182
    Use Environment Background 182
Volume 173, 186, 189, 194

W
walkthrough 37
Walktrough-Animation siehe walktrough
Waves-Map 107, 109
Weather Data File 190
    Configure Weather Data 190
    Load Weather Data 190
Wetterdaten 190
White Point 188

Doug Chiang

MECHANIKA
Digital Painting für Science Fiction

- Traditionelle Techniken kombiniert mit modernem Digital Painting
- Von Schritt-für-Schritt-Erklärungen bis hin zu kompletten Designs
- Autor erhielt 1993 einen Oscar® für die besten visuellen Effekte

Tauchen Sie ein in eine fantastische Welt voller Riesenroboter, futuristischer Fahrzeuge, Aliens und anderer Science-Fiction-Kreaturen und lernen Sie, Ihren eigenen Kosmos mithilfe von Bleistift und digitalen Techniken zu erschaffen!

Der renommierte Autor Doug Chiang, dessen preisgekrönte Arbeiten in der ganzen Welt bekannt sind, zeigt Ihnen in diesem einmaligen Lehrbuch, wie Sie Schritt für Schritt faszinierende Science-Fiction-Figuren erstellen können. So bekommen Sie einen einzigartigen Einblick in die Arbeitsweise eines Profis und lernen, welche Techniken und Theorien angewendet werden können, um beeindruckende Science-Fiction-Kunstwerke zu kreieren. Diese haben sich bereits in Blockbustern wie Star Wars, Krieg der Welten oder Terminator bewährt.

In 25 Lektionen zeigt der Autor, wie diverse Kreaturen, Roboter, futuristische Fahrzeuge oder andere Bestandteile phantastischer Welten ins Leben gerufen werden können. Hierzu verwendet er sowohl traditionelle Maltechniken als auch die neuen Möglichkeiten des Digital Paintings, z.B. mit Adobe Photoshop. Sie erhalten zahlreiche praktische Tipps – angefangen von den Grundlagen des Skizzierens über die Schlüssel guten Designs bis hin zur digitalen Kolorierung und den Möglichkeiten, die Photoshop außerdem für Digital Art zur Verfügung stellt.

So werden Sie in die Lage versetzt, eigene faszinierende Science-Fiction-Kunstwerke zu erschaffen!

Probekapitel und Infos erhalten Sie unter:
www.mitp.de/5889

ISBN 978-3-8266-5889-1

Uli Staiger

3D-Design mit Photoshop CS4 und Cinema 4D

- Erzeugen von 3D-Objekten
- Materialien und Texturen, Beleuchtung von Objekten, Rendern
- Zahlreiche Praxis-Workshops

Eine der größten Neuerungen von Photoshop CS4 sind die 3D-Funktionen. Diese lassen sich hervorragend in Kombination mit Cinema 4D einsetzen, um beeindruckende 3D-Modelle zu kreieren.

Im ersten Teil des Buches zeigt Ihnen Uli Staiger detailliert, was die neuen 3D-Funktionen in Photoshop leisten und wie Sie diese sinnvoll und kreativ einsetzen. Er zeigt Ihnen ausführlich die gesamte 3D-Palette und Photoshops Möglichkeiten im Umgang mit 3D-Dateien. Sie lernen, wie Sie einfache Grundobjekte herstellen, Oberflächen mit den verschiedensten Materialien texturieren und die Objekte beleuchten.

Da Photoshop bisher aber nur Grundformen zur Verfügung stellt, erfahren Sie im zweiten Teil des Buches, wie Sie mit Cinema 4D einfache und ausgefallene 3D-Modelle entwerfen können. Sie lernen darüber hinaus, wie Sie in Cinema 4D Materialien anlegen und virtuelle Beleuchtung einsetzen, um schließlich alles zu einem fotorealistischen Ganzen zu rendern. Hier werden auch die vielfältigen Rendereinstellungen im Hinblick auf die weiteren Verarbeitungsschritte in Photoshop praxisnah erklärt.

Im dritten Teil des Buches finden Sie mehrere Workshops zu Photoshop und Cinema 4D. Im letzten Beispiel werden beide Programme in Kombination eingesetzt, um einen ausgefallenen Laubscooter zu entwerfen und in einem Gesamtwerk zum Leben zu erwecken.

Alle in Cinema 4D konstruierten Modelle sowie alle Photoshop-Dateien können Sie kostenlos von der Webseite des Verlages downloaden unter www.it-fachportal.de/5550.

Die **EDITION PROFI**FOTO:

Die Experten der Redaktion **PROFI**FOTO und aus dem mitp-Verlag bündeln ihr Know-how und publizieren in Zusammenarbeit mit erfahrenen Autoren, die unmittelbar aus der Foto-Praxis kommen, eine einmalige Fachbuchreihe „made for professionals": Ergänzend und flankierend zum Magazin **PROFI**FOTO bieten die mitp-Bücher der **EDITION PROFI**FOTO professionelles Wissen zum richtigen Umgang und zur effizienten Nutzung digitaler Fototechnik und Bildbearbeitung.

Probekapitel und Infos erhalten Sie unter:
www.mitp.de/5550

ISBN 978-3-8266-5550-0

Christian da Silva Caetano

3D-Architektur-Visualisierung
Atmosphäre mit Konzept, Licht und Struktur in 3ds Max

- Professionelle Anleitung zur Realisierung qualitativ hochwertiger Architektur-Visualisierung
- Modellierung, Inszenierung, Beleuchtung, Materialien & Rendering in 3ds Max 9 / 2008 / 2009
- DVD mit Produktionsplaner, Szenendateien und Texturen

Christian da Silva Caetano zeigt in diesem Buch, wie man Architektur – von innen und von außen – mit 3ds Max (Versionen 2008 und 2009) visualisiert. Vom Grundkonzept über den Datenimport bis zur Geometrie der 3D-Modellierung geht er Schritt für Schritt vor. Dabei lässt er auch nicht die Feinheiten wie Schatten und animierte virtuelle Kamerafahrten außer Acht, so dass am Ende eine realistische Architektur-Darstellung überzeugt.

Grundlage für die realistische Architektur-Visualisierung bildet dabei der Produktionsplan, der später im Detail umgesetzt wird. Neben Planung und Bereitstellung der notwendigen Ressourcen geht es hier um Modellierung, Bildkomposition, Beleuchtung, Material, Rendering und die Postproduktion und Animation. Dabei wird auch ein Schwerpunkt auf die korrekte Vorkonfiguration von 3ds Max gelegt, um optimale Renderergebnisse zu erzielen.

Aus dem Inhalt:

- Produktionsplan
- Ressourcen
- Modellierung
- Bildkomposition
- Beleuchtung
- Materialien
- Rendering
- Renderoptimierung
- Postproduktion
- Animation
- Konfiguration von 3ds Max und mental ray
- Neuerungen in 3ds Max 2008 und 2009

Auf der DVD:

Beispiele, Szenendateien und Texturensammlung zum Üben

Probekapitel und Infos erhalten Sie unter: **www.mitp.de/5923**

ISBN 978-3-8266-5923-2

Maik Eckardt

Cinema 4D R11
Inklusive Module und BodyPaint 3D

- 3D-Modellierung, Texturierung, Animation und Rendern an einem durchgehenden Filmprojekt
- Einstieg in die Module und BodyPaint 3D
- Auf CD: Demoversion von Cinema 4D R11 und alle Projekt-Dateien

Cinema 4D von MAXON gewinnt als 3D-Grafik- und -Animationsprogramm weltweit immer mehr an Bedeutung und wird von den meisten der großen Studios und Agenturen eingesetzt.

Der 3D-Experte Maik Eckardt erleichtert Ihnen den Einstieg in dieses komplexe Programm, indem er sich den verschiedenen Stufen eines Filmprojektes widmet und Ihnen so Schritt für Schritt das gesamte Programm anschaulich nahebringt. Innerhalb des Projektes werden Sie sich von der einfachen Modellierung von Objekten bis zur skriptbasierten Animation mit dem Xpresso-Editor vorarbeiten. Im Anschluss daran gibt Ihnen der Autor einen schnellen und kompakten Einstieg in die Module und das Texturierungs-Tool BodyPaint 3D.

Die zugrunde liegende Lernmethode basiert auf der jahrelangen Erfahrung des Autors als Cinema-4D-Trainer. Dabei legt er den Schwerpunkt auf die wesentlichen Features, mit denen Sie Cinema 4D effizient einsetzen können. Zugleich erhalten Sie Einblick in die Prinzipien des gesamten Basis-Programms sowie der Module und können so dieses Wissen später in Ihren eigenen Projekten kreativ einsetzen.

Leserstimmen zu den Vorauflagen:

„Erfreuliche Ausnahme unter vielen Software-Fachbüchern. Man merkt, dass Eckardts umfangreiches Fachwissen aus der Arbeitspraxis kommt. Der Autor erklärt ausgesprochen nachvollziehbar und auch „alte Hasen" können hier noch einiges entdecken. Sehr empfehlenswert!"

„Das Buch ist eine eindrucksvolle Kombination von fachlichem und schriftstellerischem Können. Gerade Anfänger sollten sich das Buch kaufen. Man findet sich schnell in das Programm ein. Jeder Schritt ist anschaulich und klar beschrieben. Man sollte es als Lehrbuch zur Pflichtlektüre machen."

„Ich hatte selten so viel Spaß mit einem C4D-Buch wie mit diesem. Das behandelte Projekt macht Spaß und ist supertoll erklärt."

Probekapitel und Infos erhalten Sie unter:
www.mitp.de/5506

ISBN 978-3-8266-5506-7